司法解释适用指引丛书
— 18 —

民事诉讼司法解释适用指引

司法实务版

人民法院出版社 编

人民法院出版社

图书在版编目（CIP）数据

民事诉讼司法解释适用指引 / 人民法院出版社编.
北京：人民法院出版社，2025. 4. -- ISBN 978-7
-5109-4306-5
Ⅰ. D925.105
中国国家版本馆CIP数据核字第2024FU4931号

民事诉讼司法解释适用指引
人民法院出版社　编

策划编辑	姜　峤
责任编辑	尹立霞
出版发行	人民法院出版社
地　　址	北京市东城区东交民巷27号（100745）
电　　话	（010）67550637（责任编辑）　67550558（发行部查询）
	65223677（读者服务部）
客服QQ	2092078039
网　　址	http://www.courtbook.com.cn
E - mail	courtpress@sohu.com
印　　刷	三河市国英印务有限公司
经　　销	新华书店

开　　本	787毫米×1092毫米　1/16
字　　数	538千字
印　　张	34
版　　次	2025年4月第1版　2025年4月第1次印刷
书　　号	ISBN 978-7-5109-4306-5
定　　价	118.00元

版权所有　侵权必究

编写说明

为准确理解和适用司法解释，助力人民法院统一法律适用，更好地满足法律工作者办案与查询的需求，我们编写了本套丛书。本丛书每本以某一类别或某一司法解释为主题，汇集与该司法解释相关的最高人民法院司法政策精要、司法解释、司法观点、人民法院案例库案例、法答网精选答问以及相关的法律、法规、规章、司法文件等内容，兼具检索与研习功能，能够让广大法律实务工作者全面、快捷、方便地查找到该类案件办理所需的全部材料。

本丛书立足审判，涵盖婚姻家庭、劳动争议、公司企业、诉讼证据、民事诉讼、刑事诉讼、贪污贿赂渎职案件等27个法律专业领域，品类丰富齐全，为立案、调解、仲裁、诉讼、执行等工作提供权威指导，可以更好地服务司法审判、公众学法、学者科研、律师办案。本书为其中的《民事诉讼司法解释适用指引》。

本丛书各栏目具体编写情况如下：

【司法政策精要】该栏目摘编自最高人民法院公布的各种审判指导意见、会议纪要，最高人民法院院长对审判工作有重要指导意义的讲话，最高人民法院分管副院长在全国性审判工作会议上的讲话等。文中序号为原文序号，未作删改。

【司法解释】该栏目收录最新公布的司法解释，并在司法解释后附"导读及适用要点"，摘编自最高人民法院专家法官对该司法解释的权威解读，为该司法解释的准确适用提供参考、借鉴。

【司法观点】该栏目针对当前审判实务中难点、疑点、热点以及前沿问题，全面系统地总结和梳理了最高人民法院类案审判实践中的裁判理念和法律适用问题，帮助读者全面快速了解最高人民法院对审判实践中重点、难点问题的立场、观点，准确把握审判实践的具体方法、办案依据和裁判尺度。

【人民法院案例库案例】该栏目收录了人民法院案例库中的相关指导性案例及参考案例，精选裁判要点及裁判要旨，为司法实务提供了权威、规范、全面的案例指引。本书收录的人民法院案例库案例截至2025年2月。

【法答网精选答问】最高人民法院发布的精选答问具有释法说理、普法宣传等多方面的功能效用，一个精选问答可以解决一类法律问题，指导一批争议案例，是"附理由书的批复"。

【相关规定】该栏目精选现行有效相关法律、法规、司法解释、规章等内容，版本权威、内容实用，方便读者对照查询。

值得一提的是，本丛书为首次将最高人民法院裁判观点、人民法院案例库案例、法答网精选答问进行融合出版的图书。2023年，最高人民法院推动建立面向全社会的人民法院案例库、贯通四级法院的法答网。"一网一库"上线运行以来，充分发挥审判监督指导作用，促进统一裁判标准，有效提升广大法官的审判能力，助力司法审判提质增效，取得积极成效。本丛书进一步深化库网融合，促进统一法律适用的功能效用，为法律实务工作者提供覆盖全面、与时俱进的"活教材"。

本丛书内容简洁明了，查询方便快捷，在编排上力求全面、新颖、务实，但疏漏之处在所难免，欢迎广大读者提出批评和改进意见，以便为读者提供更好的法律服务。

人民法院出版社
二〇二五年三月

目 录

第一部分 司法解释

一、综 合

最高人民法院

关于适用《中华人民共和国民事诉讼法》的解释

（2022 年 4 月 1 日修正） ………………………………………… 1

【导读及适用要点】 …………………………………………… 84

一、2020 年修正时，关于重点修改条文的修改说明和理解与适用 … 84

二、2022 年修正时，部分条文的修改考量及具体适用 ………… 88

三、2022 年修正时，关于 2021 年《民事诉讼法》的时间效力问题 … 97

二、管 辖

最高人民法院

关于审理民事级别管辖异议案件若干问题的规定

（2020 年 12 月 29 日修正） ……………………………………… 99

【导读及适用要点】 …………………………………………… 100

一、《最高人民法院关于审理民事级别管辖异议案件若干问题的规定》
第一条与 2007 年《民事诉讼法》第三十八条的关系 ………… 100

二、级别管辖异议案件审理程序的具体问题 …………………… 102

三、审理级别管辖异议案件的依据 ……………………………… 105

四、2020 年修正时，修改情况说明 ……………………………… 105

三、审判组织

最高人民法院

关于适用《中华人民共和国人民陪审员法》若干问题的解释

（2019年4月24日） …… 106

【导读及适用要点】 …… 108

一、对当事人的告知程序和义务 …… 108

二、明确了人民陪审员不参加审判的案件范围 …… 112

三、参加庭审活动规则 …… 115

四、完善合议庭评议规则 …… 117

五、进一步规范履职活动 …… 118

四、诉讼参加人

最高人民法院

关于诉讼代理人查阅民事案件材料的规定

（2020年12月29日修正） …… 120

【导读及适用要点】 …… 121

一、当事人及其诉讼代理人依法享有查阅案件有关材料的权利 …… 121

二、诉讼代理人查阅案件的程序 …… 123

三、查阅案件材料的范围 …… 124

四、查阅案件材料的方式 …… 125

五、查阅案件材料的责任 …… 126

六、2020年修正时，修改情况说明 …… 126

五、证　据

最高人民法院

关于民事诉讼证据的若干规定

（2019年12月25日修正） …… 128

【导读及适用要点】 …… 145

一、关于自认规则 …… 145

二、关于免证事实 …… 148

三、关于域外证据 …… 149

四、关于书证提出命令 …… 150

五、关于鉴定 ………………………………………………… 151
　　六、关于电子数据 …………………………………………… 152
　　七、关于当事人的陈述 ……………………………………… 153
　　八、关于防止裁判突袭的释明 ……………………………… 154
　　九、关于新的证据 …………………………………………… 155
　　十、关于举证责任 …………………………………………… 156

六、期间、送达

最高人民法院
　关于以法院专递方式邮寄送达民事诉讼文书的若干规定
　（2004年9月17日）……………………………………… 157
　【导读及适用要点】 …………………………………………… 159
　　一、法院专递的性质和特征 ………………………………… 159
　　二、关于法院专递的范围 …………………………………… 160
　　三、关于法院专递的机构与效力 …………………………… 160
　　四、关于送达地址的提供或确认 …………………………… 161
　　五、关于送达的六种情形 …………………………………… 163
　　六、关于邮寄送达的核对制度 ……………………………… 164
　　七、关于送达不能的法律后果 ……………………………… 164

七、调　解

最高人民法院
　关于人民法院民事调解工作若干问题的规定
　（2020年12月29日修正）………………………………… 165
　【导读及适用要点】 …………………………………………… 168
　　一、2020年修正时，关于重点修改条文的情况说明和理解与适用 … 168

八、保　全

最高人民法院
　关于人民法院办理财产保全案件若干问题的规定
　（2020年12月29日修正）………………………………… 170
　【导读及适用要点】 …………………………………………… 176
　　一、以问题为导向，合理调整申请诉讼财产保全的担保数额 ……… 176

二、以市场需求为参考，适时引入财产保险机制 …………… 177

三、以信息化手段为支撑，明确网络执行查控系统在保全实施阶段的应用 …………… 177

四、以司法为民为宗旨，明确可免于担保的情形 …………… 177

五、以制度规范为根本，明确解决保全乱的各项措施 …………… 178

六、2020年修正时的修改 …………… 178

九、简易程序

最高人民法院
关于适用简易程序审理民事案件的若干规定
（2020年12月29日修正） …………… 179

【导读及适用要点】 …………… 185

一、关于适用范围 …………… 185

二、起诉与答辩 …………… 187

三、审理前的准备 …………… 192

四、开庭审理 …………… 194

五、宣判与送达 …………… 196

六、2020年修正时，关于适应性修改条文的说明 …………… 200

十、审判监督程序

最高人民法院
关于适用《中华人民共和国民事诉讼法》审判监督程序若干问题的解释
（2020年12月29日修正） …………… 202

【导读及适用要点】 …………… 206

一、2020年修正时，修改条文的说明 …………… 206

十一、涉外民事诉讼程序的规定

最高人民法院
关于涉外民商事案件管辖若干问题的规定
（2022年11月14日） …………… 207

【导读及适用要点】 …………… 208

一、明确了基层人民法院管辖第一审涉外民商事案件的相关规则… 208

二、明确了中级人民法院管辖第一审涉外民商事案件的相关规则… 209

三、明确了高级人民法院管辖第一审涉外民商事案件的相关规则… 210

　　四、明确了必要情况下基层人民法院、中级人民法院对第一审涉外民商事案件实行跨区域集中管辖的相关规则 …………………… 211

　　五、与开放型经济关系密切的特定民商事案件归口办理的问题…… 212

　　六、此前已经报批过的具有涉外管辖权的中级人民法院和基层人民法院，《涉外民商事管辖解释》生效后如何处理 ………………… 213

十二、仲　裁

最高人民法院

关于适用《中华人民共和国仲裁法》若干问题的解释

　　（2006年8月23日）………………………………………………… 214

　　【导读及适用要点】………………………………………………… 218

　　一、关于仲裁协议的形式 …………………………………………… 218

　　二、关于仲裁事项 …………………………………………………… 218

　　三、关于仲裁机构 …………………………………………………… 219

　　四、关于"或裁或审"仲裁协议 …………………………………… 221

　　五、关于仲裁协议的独立性 ………………………………………… 224

　　六、关于涉外仲裁协议的法律适用 ………………………………… 225

　　七、关于撤销仲裁裁决 ……………………………………………… 225

　　八、关于执行仲裁裁决 ……………………………………………… 226

　　九、关于案件管辖与审查 …………………………………………… 227

第二部分　司法观点

一、管　辖

1. 夫妻一方或者双方离开住所地的离婚案件的管辖……………………… 229
2. 对合同履行地的理解……………………………………………………… 230
3. 互联网信息网络买卖合同的履行地的确定……………………………… 234
4. 已经离婚的中国公民且双方均定居国外的离婚诉讼，如果仅就国内财产分割发生纠纷，应当向主要财产所在地人民法院提起诉讼……… 235
5. 不动产纠纷的专属管辖…………………………………………………… 236

二、诉讼参加人

6. 有独立财产的村民小组能够成为民事诉讼主体，可以作为原告或者被告⋯ 238
7. 劳务派遣侵权案件中，受害人可单独起诉用工单位⋯⋯⋯⋯⋯⋯⋯⋯ 239
8. 当事人如果只主张挂靠人或被挂靠人独立承担责任的，法院应当只列挂靠人或被挂靠人为当事人⋯⋯⋯⋯⋯⋯⋯⋯⋯⋯⋯⋯⋯⋯⋯⋯⋯⋯⋯ 239
9. 当事人在追加必须进行共同诉讼的当事人的申请被人民法院裁定驳回后，如何行使其救济权⋯⋯⋯⋯⋯⋯⋯⋯⋯⋯⋯⋯⋯⋯⋯⋯⋯⋯⋯⋯⋯⋯ 240
10. 如何处理监护人既作为法定代理人又作为被告的双重身份问题⋯⋯⋯⋯ 240
11. 审判实践中，注意把握民事诉讼主体与民事责任主体的冲突情形⋯⋯⋯ 241
12. 注意区分权利义务受让人以何种身份申请参加诉讼⋯⋯⋯⋯⋯⋯⋯⋯ 242
13. 民事诉讼中当事人死亡的，如何处理⋯⋯⋯⋯⋯⋯⋯⋯⋯⋯⋯⋯⋯⋯ 243

三、证 据

14. 为达成调解或和解协议而认可的事实不适用自认规则⋯⋯⋯⋯⋯⋯⋯ 244
15. 当事人举证期限的确定⋯⋯⋯⋯⋯⋯⋯⋯⋯⋯⋯⋯⋯⋯⋯⋯⋯⋯⋯ 245
16. 逾期提供的证据视为未逾期的情形⋯⋯⋯⋯⋯⋯⋯⋯⋯⋯⋯⋯⋯⋯ 247
17. 当事人逾期举证的法律后果⋯⋯⋯⋯⋯⋯⋯⋯⋯⋯⋯⋯⋯⋯⋯⋯⋯ 249
18. 禁反言规则⋯⋯⋯⋯⋯⋯⋯⋯⋯⋯⋯⋯⋯⋯⋯⋯⋯⋯⋯⋯⋯⋯⋯ 251
19. 非法证据的判断标准⋯⋯⋯⋯⋯⋯⋯⋯⋯⋯⋯⋯⋯⋯⋯⋯⋯⋯⋯⋯ 254
20. 勘验是法院比较特殊的职权行为，可以根据当事人的申请或者依职权决定启动勘验⋯⋯⋯⋯⋯⋯⋯⋯⋯⋯⋯⋯⋯⋯⋯⋯⋯⋯⋯⋯⋯⋯⋯⋯⋯ 255

四、期间、送达

21. 期间不包括在途时间⋯⋯⋯⋯⋯⋯⋯⋯⋯⋯⋯⋯⋯⋯⋯⋯⋯⋯⋯⋯ 256
22. 民事诉讼实践中应严格按照优先次序选择送达方式⋯⋯⋯⋯⋯⋯⋯⋯ 256
23. 准确认定电子送达的送达日期⋯⋯⋯⋯⋯⋯⋯⋯⋯⋯⋯⋯⋯⋯⋯⋯ 258
24. 同一当事人在同一时期不同案件中的送达地址确认书不能在其他案件中使用，只能作为直接送达或留置送达地址的参考⋯⋯⋯⋯⋯⋯⋯⋯⋯⋯ 259
25. 如何确认当事人同意电子送达的意思表示⋯⋯⋯⋯⋯⋯⋯⋯⋯⋯⋯ 260

五、调解程序

26. 如何把握可以径行调解案件的尺度⋯⋯⋯⋯⋯⋯⋯⋯⋯⋯⋯⋯⋯⋯ 261
27. 如何把握不得调解的案件⋯⋯⋯⋯⋯⋯⋯⋯⋯⋯⋯⋯⋯⋯⋯⋯⋯⋯ 263

28. 如何认定调解书的签收日与生效日 …………………………………… 264

六、保全与先予执行
29. 保全申请不能由当事人直接交由法院，而应由仲裁机构提交 ……… 265

七、第一审普通程序
30. 对"有明确的被告"的理解 …………………………………………… 266
31. 一事不再理原则及重复起诉的判断标准 ……………………………… 269
32. 当事人相同，不受当事人在前诉与后诉中诉讼地位的影响，仍应当认定当事人为同一 …………………………………………………………… 272
33. 不适用一事不再理原则及不构成重复起诉的情形 …………………… 272
34. 同一法院受理的基于同一事实发生的不同诉讼可以合并审理 ……… 274
35. 反诉与本诉是否可以合并审理，由人民法院根据案情决定 ………… 276
36. 依职权决定回避情形的期限问题 ……………………………………… 279
37. 审判人员任职回避以及发回重审案件审判人员是否需要回避的规定 … 280
38. 被告经传票传唤无正当理由未到庭，法院不能当然地完全按照原告的主张来判决 ………………………………………………………………… 280

八、简易程序和小额诉讼程序
39. 当事人就案件适用简易程序提出异议如何处理的规定 ……………… 281
40. 人民法院适用简易程序审理民事案件采取简便方式传唤当事人、通知证人和送达诉讼文书及其效力的规定 ……………………………………… 282
41. 人民法院不宜主动将已适用普通程序的案件转为简易程序 ………… 284
42. 简易程序审理期限及程序转换后审理期限的规定 …………………… 284
43. 审判实践中，注意正确适用驳回起诉裁定的形式 …………………… 285

九、民事公益诉讼、生态环境损害赔偿诉讼
44. 公益诉讼和私益诉讼并行时程序的处理 ……………………………… 286

十、第三人撤销之诉
45. 第三人撤销之诉中，人民法院对调解书的撤销与改变 ……………… 287
46. 第三人因"不能归责于本人的事由"未参加诉讼的审查判断 ……… 288
47. 第三人撤销之诉既然是向原审人民法院提起的诉讼，组成合议庭时，原审的审判人员可否参加 ………………………………………………… 290
48. 如何理解第三人撤销之诉中可撤销的判决主文内容 ………………… 291

十一、特别程序

49. 调解协议申请司法确认的具体情形 …… 292
50. 申请实现担保物权程序是否能调解 …… 293

十二、审判监督程序

51. 申请再审期间为不变期间,不存在中止、中断的情况 …… 294
52. 未上诉的当事人是否有权申请再审 …… 294
53. 原则上不予受理当事人再次提出的再审申请 …… 296
54. 再审中如何对新证据实质性要件进行适当审查 …… 297

十三、督促程序

55. 能否以保证人为被申请人发出支付令 …… 298

第三部分 最高人民法院指导性案例

一、综 合

指导案例 68 号:上海欧宝生物科技有限公司诉辽宁特莱维置业发展有限公司企业借贷纠纷案 …… 300

二、管 辖

指导案例 56 号:韩凤彬诉内蒙古九郡药业有限责任公司等产品责任纠纷管辖权异议案 …… 311

三、公益诉讼

指导案例 75 号:中国生物多样性保护与绿色发展基金会诉宁夏瑞泰科技股份有限公司环境污染公益诉讼案 …… 314

指导案例 130 号:重庆市人民政府、重庆两江志愿服务发展中心诉重庆藏金阁物业管理有限公司、重庆首旭环保科技有限公司生态环境损害赔偿、环境民事公益诉讼案 …… 318

指导案例 131 号:中华环保联合会诉德州晶华集团振华有限公司大气污染责任民事公益诉讼案 …… 325

指导案例 132 号:中国生物多样性保护与绿色发展基金会诉秦皇岛方圆包装玻璃有限公司大气污染责任民事公益诉讼案 …… 328

指导案例133号：山东省烟台市人民检察院诉王振殿、马群凯环境民事公益诉讼案 ······ 332

指导案例134号：重庆市绿色志愿者联合会诉恩施自治州建始磺厂坪矿业有限责任公司水污染责任民事公益诉讼案 ······ 338

指导案例135号：江苏省徐州市人民检察院诉苏州其安工艺品有限公司等环境民事公益诉讼案 ······ 343

指导案例136号：吉林省白山市人民检察院诉白山市江源区卫生和计划生育局、白山市江源区中医院环境公益诉讼案 ······ 347

指导案例173号：北京市朝阳区自然之友环境研究所诉中国水电顾问集团新平开发有限公司、中国电建集团昆明勘测设计研究院有限公司生态环境保护民事公益诉讼案 ······ 350

指导案例174号：中国生物多样性保护与绿色发展基金会诉雅砻江流域水电开发有限公司生态环境保护民事公益诉讼案 ······ 354

四、第三人撤销之诉

指导案例148号：高光诉三亚天通国际酒店有限公司、海南博超房地产开发有限公司等第三人撤销之诉案 ······ 358

指导案例149号：长沙广大建筑装饰有限公司诉中国工商银行股份有限公司广州粤秀支行、林传武、长沙广大建筑装饰有限公司广州分公司等第三人撤销之诉案 ······ 361

指导案例150号：中国民生银行股份有限公司温州分行诉浙江山口建筑工程有限公司、青田依利高鞋业有限公司第三人撤销之诉案 ······ 363

指导案例151号：台州德力奥汽车部件制造有限公司诉浙江建环机械有限公司管理人浙江安天律师事务所、中国光大银行股份有限公司台州温岭支行第三人撤销之诉案 ······ 366

指导案例152号：鞍山市中小企业信用担保中心诉汪薇、鲁金英第三人撤销之诉案 ······ 369

指导案例153号：永安市燕诚房地产开发有限公司诉郑耀南、远东（厦门）房地产发展有限公司等第三人撤销之诉案 ······ 372

五、执行异议之诉

指导案例 154 号：王四光诉中天建设集团有限公司、白山和丰置业有限公司案外人执行异议之诉案 ·················· 375

指导案例 155 号：中国建设银行股份有限公司怀化市分行诉中国华融资产管理股份有限公司湖南省分公司等案外人执行异议之诉案 ·················· 378

指导案例 156 号：王岩岩诉徐意君、北京市金陛房地产发展有限责任公司案外人执行异议之诉案 ·················· 381

六、审判监督程序

指导案例 7 号：牡丹江市宏阁建筑安装有限责任公司诉牡丹江市华隆房地产开发有限责任公司、张继增建设工程施工合同纠纷案 ·················· 383

第四部分　人民法院案例库参考案例

一、任务、适用范围和基本原则

申某某诉重庆某建设公司、盘州某房产公司等建设工程施工合同纠纷案

——当事人因另案结果于己不利而自我否定已获法院支持的本案主张，有违诉讼诚信原则 ·················· 386

二、管　辖

陈某沫诉张某亮变更抚养关系纠纷案

——对正在被监禁的人提起的诉讼由原告住所地人民法院管辖 ·················· 387

余某德诉肖某买卖合同纠纷案

——买方关于"退还货款"的诉请不能认定为争议标的为"给付货币"并以此确定管辖地 ·················· 387

郑某诉庄某民间借贷纠纷案

——在案证据材料能够证明经常居住地与户籍所在地不一致的，由经常居住地人民法院管辖 ·················· 388

时某飞诉大连金普新区某数码通讯经营部、北京某科技有限责任公司信息网络买卖合同案

——消费者基于网络消费合同纠纷一并起诉卖家和网络平台的，应当依据网络消费合同确定管辖 ·················· 389

黄某诉德阳某建筑工程有限公司、夏某租赁合同纠纷案
　　——租赁合同中租赁物使用地为合同履行地并以此确定案件管辖地 …… 389
上海某信息技术有限公司诉某建筑科技（深圳）有限公司劳务派遣合同纠纷案
　　——管辖争议中履行地点无约定或约定不明时合同履行地的认定 ……… 390
深圳市某太阳能技术有限公司诉上海某网络科技有限公司、江苏某低碳科技
　　有限公司侵害实用新型专利权纠纷案
　　——作为管辖连结点的零部件使用行为的认定 ………………………… 390
某化学科技有限公司诉山西某化工有限公司破产管理人、运城某化学科技有
　　限公司、陈某侵害技术秘密纠纷案
　　——诉讼程序出现新事实时管辖权恒定原则的适用 …………………… 391
杭州某公司诉东营某公司、上海某公司发明专利临时保护期使用费及侵害发
　　明专利权纠纷案
　　——发明专利临时保护期使用费纠纷管辖的确定，权利人就临时保护期使
　　　　用费和侵犯专利权行为一并主张权利及权利人在被诉侵权产品的销售
　　　　地就制造商的行为主张权利的处理 ………………………………… 391
厦门某卫浴科技有限公司诉汾阳市某美甲店侵害实用新型专利权纠纷案
　　——第三方发货网络销售行为侵权行为地的确定 ……………………… 392
中国某集团三家公司诉某电信集团的瑞典公司、美国公司、中国公司不正当
　　竞争纠纷案
　　——涉域外不正当竞争行为的管辖 ……………………………………… 392
中国某通讯公司等诉瑞典某通讯公司等滥用市场支配地位纠纷
　　——涉境外垄断行为的垄断民事纠纷案件管辖 ………………………… 393
某贸公司诉某仓储公司仓储合同纠纷管辖异议案
　　——二审法院应对二审新提出的管辖异议理由进行审查 ……………… 393
荥阳某铝业公司诉苏州某宝纳丽金公司专利权转让合同纠纷案
　　——包含专利权转让条款的股权转让协议纠纷的管辖 ………………… 393
中铁某局诉四平市甲公司、四平市乙公司、中铁沈阳局某工程建设指挥部等
　　建设工程施工合同纠纷案
　　——上跨铁路的公路立交桥建设工程施工合同纠纷适用不动产专属管辖 … 394

广东富某建设有限公司诉广东金某集团有限公司、新兴县新某投资有限公司
建设工程分包合同纠纷案
——因履行消防及空调安装工程合同引发的纠纷按照不动产纠纷确定
管辖 ………………………………………………………………… 394
某食品公司诉某实业公司等股权转让纠纷案
——多份管辖协议不一致时的管辖确定规则 ………………………… 395
某融资租赁公司诉浙江某消防器材公司等融资租赁合同纠纷管辖权异议案
——合同是否涉嫌刑事犯罪不属于管辖权异议审查范围 …………… 395

三、诉讼参加人

包头某商务信息咨询中心等诉石河子某股权投资有限合伙企业、包头市某稀
土电磁材料股份有限公司第三人撤销之诉案
——股东对公司法人参加诉讼的民事裁判不具备提起第三人撤销之诉的主
体资格 …………………………………………………………… 396
沈阳市铁西区某街道办事处村民委员会诉郭某、沈阳某石油有限公司民间借
贷纠纷案
——案外人不服民事调解书，主张生效裁判损害其实体权利的可申请
再审 ……………………………………………………………… 396
刘某鹏诉林某、贵州某能源投资有限公司第三人撤销之诉案
——第三人撤销之诉由作出原生效裁判的法院管辖 ………………… 397
朱某某诉曾某某、陈某某民间借贷纠纷案
——原告主张的法律关系不成立，再审是否能以另外的法律关系进行
判决 ……………………………………………………………… 397
某儿童文化发展有限公司诉某玩具批发行著作权权属、侵权纠纷案
——无相反证据足以推翻的公证证明应当作为认定事实的根据 …… 398

四、保全和先予执行

浙江唐某影视股份有限公司诉上海灿某文化传播有限公司、世纪某某（北
京）国际文化传媒有限公司申请诉前行为保全纠纷案
——诉前行为保全的判断要件 ………………………………………… 398

五、对妨害民事诉讼的强制措施

石某诉余某某、陈某某房屋买卖合同纠纷案
——生效刑事判决认定构成虚假诉讼罪的，其诉讼请求依法应当驳回 ··· 399

六、第一审普通程序

凌某某诉江苏某建设有限公司、青岛某置业有限公司建设工程合同纠纷案
——建设工程承包人、实际施工人已经就工程价款结算达成协议，实际施工人提起请求支付工程价款及确认享有优先受偿权的诉讼，人民法院应予受理 ············ 400

某某公司诉赵某等侵害外观设计专利权纠纷案
——管辖连结点的确定通常以形式关联性审查为限 ············ 400

某小区业主委员会诉某房地产开发公司、某建筑公司房屋买卖合同纠纷案
——业主委员会对于业主共有事项和物业共同管理事项可以自己名义提起诉讼 ············ 401

商丘市某制药有限公司诉湖北某医药有限公司垄断协议纠纷案
——涉及同一合同的合同之诉与垄断协议之诉的重复诉讼认定 ············ 401

中某公司诉神某公司、建某公司追加被执行人异议之诉案
——中外合作经营企业不足以清偿生效法律文书确定的债务，申请执行人可以申请追加未缴纳增资义务即转让股权的股东为被执行人 ············ 402

曹妃甸某银行诉迁西某商贸公司等金融借款合同纠纷案
——单位工作人员涉嫌刑事犯罪不影响对方当事人依据合同对该单位提起民事诉讼 ············ 402

重庆市某房地产管理局诉李某租赁合同纠纷案
——涉直管公房租赁纠纷不属于民事案件受案范围 ············ 403

刘某诉付某等股权转让纠纷案
——被告提起后诉实质系意图否定、变更前诉裁判结果的，亦属违反"一事不再理"原则 ············ 403

广东九某科技有限公司诉东莞得某有限公司合同纠纷案
——仲裁协议只写明某地仲裁机构但结合订约时实际情况能够推断出相应仲裁机构的，该仲裁机构视为约定的仲裁机构 ············ 403

谭某诉利川市某房地产公司房屋买卖合同纠纷案
——当事人未在答辩期内提出管辖权异议的处理 ·············· 404
肇庆某铝厂有限公司诉某银团、某集团有限公司、某控股有限公司、肇庆某管理有限公司、邝某某金融借款合同纠纷案
——审理过程中发生的事实，原则上应纳入审理范围并予以查明 ·············· 404

七、特别程序

包头市某财税服务有限公司诉广西北海某房地产开发有限公司借款合同纠纷案
——案外人就生效调解书申请法律监督的处理 ·············· 405

八、审判监督程序

陕西某公司诉山东某医院建设工程施工合同纠纷案
——重复起诉中同一法律事实、同一诉讼请求的认定 ·············· 405

九、仲　裁

无锡某印染有限公司、黄某某申请承认和执行外国法院民事判决、裁定纠纷案
——外国法院作出的"发生法律效力的判决"的认定 ·············· 406

第五部分　法答网精选问答

1. 图书数据库著作权侵权案件中，同一作品在总库的传播行为已经由在先案件处理，之后原告就该作品在数据库镜像站的传播行为再次提起诉讼，是否属于重复诉讼？判赔标准如何确定？ ·············· 407
2. 《民事诉讼法》中"其他组织"与《民法典》中"非法人组织"是否同一概念？"非法人组织"是否具备诉讼主体资格？ ·············· 408
3. 人民法院受理民事诉讼案件后，被告以当事人之间有书面仲裁协议为由提出异议申请，人民法院审查认为异议理由不能成立，应以何种形式处理当事人的异议申请？是否需要书面通知当事人？ ·············· 409
4. 人民法院以当事人超过申请撤销仲裁裁决的期限为由作出驳回申请的裁定，该类裁定能否上诉、能否申请再审？如允许上诉、申请再审，该类裁定同时包括撤裁事由审查内容的，应如何处理？ ·············· 410

5. 申请承认和执行外国仲裁裁决的期间,是诉讼时效还是除斥期间?人民法院是否应当主动依职权审查?当事人仅申请承认而未同时申请执行,申请执行期间是否重新起算? ………………………………………… 411

6. 当事人约定争议提交"某方所在地仲裁委员会"或者"当地仲裁委员会",其中"所在地"或"当地"的范围应如何理解?如果"所在地"或"当地"所在区(县)没有仲裁委员会,或者"所在地"或"当地"既有本地设立的仲裁委员会又有其他仲裁委员会设立的分会等分支机构,该仲裁协议是否有效? ……………………………………………………………… 412

7. 人身保险合同团体险中,签订合同的双方(用人单位与保险公司)约定管辖能否约束被保险人(员工)? ………………………………………… 413

8. 股东提起代表诉讼,公司与被告之间的仲裁协议有无约束力? ……… 414

9. 《最高人民法院关于适用〈中华人民共和国民事诉讼法〉的解释》第二十一条规定的"运输工具登记注册地"怎样理解? ……………………… 414

10. 签订建设工程施工合同,缴纳保证金后未施工,现要求返还保证金,是否适用专属管辖? ………………………………………………………… 415

第六部分 相关规定

中华人民共和国民事诉讼法
（2023 年 9 月 1 日修正） ……………………………………………… 416

最高人民法院
关于修改《最高人民法院关于人民法院民事调解工作若干问题的规定》等十九件民事诉讼类司法解释的决定
（2020 年 12 月 29 日） ………………………………………………… 466

最高人民法院
关于互联网法院审理案件若干问题的规定
（2018 年 9 月 6 日） …………………………………………………… 483

人民法院在线诉讼规则
（2021 年 6 月 16 日） …………………………………………………… 488

人民法院在线调解规则

  （2021年12月30日）………………………………………… 498

最高人民法院

  关于人民法院合议庭工作的若干规定

  （2002年8月12日）…………………………………………… 504

最高人民法院

  关于进一步加强合议庭职责的若干规定

  （2010年1月11日）…………………………………………… 507

最高人民法院

  关于依据原告起诉时提供的被告住址无法送达应如何处理问题的批复

  （2004年11月25日）………………………………………… 510

最高人民法院

  关于审理环境民事公益诉讼案件适用法律若干问题的解释

  （2020年12月29日修正）…………………………………… 511

最高人民法院

  关于审理消费民事公益诉讼案件适用法律若干问题的解释

  （2020年12月29日修正）…………………………………… 517

最高人民法院　最高人民检察院

  关于检察公益诉讼案件适用法律若干问题的解释

  （2020年12月29日修正）…………………………………… 520

最高人民法院　最高人民检察院

  关于办理海洋自然资源与生态环境公益诉讼案件若干问题的规定

  （2022年5月10日）…………………………………………… 525

第一部分　司法解释

一、综　合

最高人民法院
关于适用《中华人民共和国民事诉讼法》的解释

（2014年12月18日最高人民法院审判委员会第1636次会议通过　根据2020年12月23日最高人民法院审判委员会第1823次会议通过的《最高人民法院关于修改〈最高人民法院关于人民法院民事调解工作若干问题的规定〉等十九件民事诉讼类司法解释的决定》第一次修正　根据2022年3月22日最高人民法院审判委员会第1866次会议通过的《最高人民法院关于修改〈最高人民法院关于适用《中华人民共和国民事诉讼法》的解释〉的决定》第二次修正　该修正自2022年4月10日起施行）

目　录

一、管　辖
二、回　避
三、诉讼参加人
四、证　据
五、期间和送达
六、调　解

七、保全和先予执行

八、对妨害民事诉讼的强制措施

九、诉讼费用

十、第一审普通程序

十一、简易程序

十二、简易程序中的小额诉讼

十三、公益诉讼

十四、第三人撤销之诉

十五、执行异议之诉

十六、第二审程序

十七、特别程序

十八、审判监督程序

十九、督促程序

二十、公示催告程序

二十一、执行程序

二十二、涉外民事诉讼程序的特别规定

二十三、附　则

2012年8月31日，第十一届全国人民代表大会常务委员会第二十八次会议审议通过了《关于修改〈中华人民共和国民事诉讼法〉的决定》。根据修改后的民事诉讼法，结合人民法院民事审判和执行工作实际，制定本解释。

一、管　辖

第一条　民事诉讼法第十九条第一项规定的重大涉外案件，包括争议标的额大的案件、案情复杂的案件，或者一方当事人人数众多等具有重大影响的案件。

第二条　专利纠纷案件由知识产权法院、最高人民法院确定的中级人民法院和基层人民法院管辖。

海事、海商案件由海事法院管辖。

第三条　公民的住所地是指公民的户籍所在地，法人或者其他组织的住所地是指法人或者其他组织的主要办事机构所在地。

法人或者其他组织的主要办事机构所在地不能确定的，法人或者其他组织的注册地或者登记地为住所地。

第四条 公民的经常居住地是指公民离开住所地至起诉时已连续居住一年以上的地方，但公民住院就医的地方除外。

第五条 对没有办事机构的个人合伙、合伙型联营体提起的诉讼，由被告注册登记地人民法院管辖。没有注册登记，几个被告又不在同一辖区的，被告住所地的人民法院都有管辖权。

第六条 被告被注销户籍的，依照民事诉讼法第二十三条规定确定管辖；原告、被告均被注销户籍的，由被告居住地人民法院管辖。

第七条 当事人的户籍迁出后尚未落户，有经常居住地的，由该地人民法院管辖；没有经常居住地的，由其原户籍所在地人民法院管辖。

第八条 双方当事人都被监禁或者被采取强制性教育措施的，由被告原住所地人民法院管辖。被告被监禁或者被采取强制性教育措施一年以上的，由被告被监禁地或者被采取强制性教育措施地人民法院管辖。

第九条 追索赡养费、扶养费、抚养费案件的几个被告住所地不在同一辖区的，可以由原告住所地人民法院管辖。

第十条 不服指定监护或者变更监护关系的案件，可以由被监护人住所地人民法院管辖。

第十一条 双方当事人均为军人或者军队单位的民事案件由军事法院管辖。

第十二条 夫妻一方离开住所地超过一年，另一方起诉离婚的案件，可以由原告住所地人民法院管辖。

夫妻双方离开住所地超过一年，一方起诉离婚的案件，由被告经常居住地人民法院管辖；没有经常居住地的，由原告起诉时被告居住地人民法院管辖。

第十三条 在国内结婚并定居国外的华侨，如定居国法院以离婚诉讼须由婚姻缔结地法院管辖为由不予受理，当事人向人民法院提出离婚诉讼的，由婚姻缔结地或者一方在国内的最后居住地人民法院管辖。

第十四条 在国外结婚并定居国外的华侨，如定居国法院以离婚诉讼须由国籍所属国法院管辖为由不予受理，当事人向人民法院提出离婚诉讼的，由一方原住所地或者在国内的最后居住地人民法院管辖。

第十五条　中国公民一方居住在国外，一方居住在国内，不论哪一方向人民法院提起离婚诉讼，国内一方住所地人民法院都有权管辖。国外一方在居住国法院起诉，国内一方向人民法院起诉的，受诉人民法院有权管辖。

第十六条　中国公民双方在国外但未定居，一方向人民法院起诉离婚的，应由原告或者被告原住所地人民法院管辖。

第十七条　已经离婚的中国公民，双方均定居国外，仅就国内财产分割提起诉讼的，由主要财产所在地人民法院管辖。

第十八条　合同约定履行地点的，以约定的履行地点为合同履行地。

合同对履行地点没有约定或者约定不明确，争议标的为给付货币的，接收货币一方所在地为合同履行地；交付不动产的，不动产所在地为合同履行地；其他标的，履行义务一方所在地为合同履行地。即时结清的合同，交易行为地为合同履行地。

合同没有实际履行，当事人双方住所地都不在合同约定的履行地的，由被告住所地人民法院管辖。

第十九条　财产租赁合同、融资租赁合同以租赁物使用地为合同履行地。合同对履行地有约定的，从其约定。

第二十条　以信息网络方式订立的买卖合同，通过信息网络交付标的的，以买受人住所地为合同履行地；通过其他方式交付标的的，收货地为合同履行地。合同对履行地有约定的，从其约定。

第二十一条　因财产保险合同纠纷提起的诉讼，如果保险标的物是运输工具或者运输中的货物，可以由运输工具登记注册地、运输目的地、保险事故发生地人民法院管辖。

因人身保险合同纠纷提起的诉讼，可以由被保险人住所地人民法院管辖。

第二十二条　因股东名册记载、请求变更公司登记、股东知情权、公司决议、公司合并、公司分立、公司减资、公司增资等纠纷提起的诉讼，依照民事诉讼法第二十七条规定确定管辖。

第二十三条　债权人申请支付令，适用民事诉讼法第二十二条规定，由债务人住所地基层人民法院管辖。

第二十四条 民事诉讼法第二十九条规定的侵权行为地,包括侵权行为实施地、侵权结果发生地。

第二十五条 信息网络侵权行为实施地包括实施被诉侵权行为的计算机等信息设备所在地,侵权结果发生地包括被侵权人住所地。

第二十六条 因产品、服务质量不合格造成他人财产、人身损害提起的诉讼,产品制造地、产品销售地、服务提供地、侵权行为地和被告住所地人民法院都有管辖权。

第二十七条 当事人申请诉前保全后没有在法定期间起诉或者申请仲裁,给被申请人、利害关系人造成损失引起的诉讼,由采取保全措施的人民法院管辖。

当事人申请诉前保全后在法定期间内起诉或者申请仲裁,被申请人、利害关系人因保全受到损失提起的诉讼,由受理起诉的人民法院或者采取保全措施的人民法院管辖。

第二十八条 民事诉讼法第三十四条第一项规定的不动产纠纷是指因不动产的权利确认、分割、相邻关系等引起的物权纠纷。

农村土地承包经营合同纠纷、房屋租赁合同纠纷、建设工程施工合同纠纷、政策性房屋买卖合同纠纷,按照不动产纠纷确定管辖。

不动产已登记的,以不动产登记簿记载的所在地为不动产所在地;不动产未登记的,以不动产实际所在地为不动产所在地。

第二十九条 民事诉讼法第三十五条规定的书面协议,包括书面合同中的协议管辖条款或者诉讼前以书面形式达成的选择管辖的协议。

第三十条 根据管辖协议,起诉时能够确定管辖法院的,从其约定;不能确定的,依照民事诉讼法的相关规定确定管辖。

管辖协议约定两个以上与争议有实际联系的地点的人民法院管辖,原告可以向其中一个人民法院起诉。

第三十一条 经营者使用格式条款与消费者订立管辖协议,未采取合理方式提请消费者注意,消费者主张管辖协议无效的,人民法院应予支持。

第三十二条 管辖协议约定由一方当事人住所地人民法院管辖,协议签订后当事人住所地变更的,由签订管辖协议时的住所地人民法院管辖,但当事人另有约定的除外。

第三十三条 合同转让的，合同的管辖协议对合同受让人有效，但转让时受让人不知道有管辖协议，或者转让协议另有约定且原合同相对人同意的除外。

第三十四条 当事人因同居或者在解除婚姻、收养关系后发生财产争议，约定管辖的，可以适用民事诉讼法第三十五条规定确定管辖。

第三十五条 当事人在答辩期间届满后未应诉答辩，人民法院在一审开庭前，发现案件不属于本院管辖的，应当裁定移送有管辖权的人民法院。

第三十六条 两个以上人民法院都有管辖权的诉讼，先立案的人民法院不得将案件移送给另一个有管辖权的人民法院。人民法院在立案前发现其他有管辖权的人民法院已先立案的，不得重复立案；立案后发现其他有管辖权的人民法院已先立案的，裁定将案件移送给先立案的人民法院。

第三十七条 案件受理后，受诉人民法院的管辖权不受当事人住所地、经常居住地变更的影响。

第三十八条 有管辖权的人民法院受理案件后，不得以行政区域变更为由，将案件移送给变更后有管辖权的人民法院。判决后的上诉案件和依审判监督程序提审的案件，由原审人民法院的上级人民法院进行审判；上级人民法院指令再审、发回重审的案件，由原审人民法院再审或者重审。

第三十九条 人民法院对管辖异议审查后确定有管辖权的，不因当事人提起反诉、增加或者变更诉讼请求等改变管辖，但违反级别管辖、专属管辖规定的除外。

人民法院发回重审或者按第一审程序再审的案件，当事人提出管辖异议的，人民法院不予审查。

第四十条 依照民事诉讼法第三十八条第二款规定，发生管辖权争议的两个人民法院因协商不成报请它们的共同上级人民法院指定管辖时，双方为同属一个地、市辖区的基层人民法院的，由该地、市的中级人民法院及时指定管辖；同属一个省、自治区、直辖市的两个人民法院的，由该省、自治区、直辖市的高级人民法院及时指定管辖；双方为跨省、自治区、直辖市的人民法院，高级人民法院协商不成的，由最高人民法院及时指定管辖。

依照前款规定报请上级人民法院指定管辖时，应当逐级进行。

第四十一条 人民法院依照民事诉讼法第三十八条第二款规定指定管辖

的，应当作出裁定。

对报请上级人民法院指定管辖的案件，下级人民法院应当中止审理。指定管辖裁定作出前，下级人民法院对案件作出判决、裁定的，上级人民法院应当在裁定指定管辖的同时，一并撤销下级人民法院的判决、裁定。

第四十二条 下列第一审民事案件，人民法院依照民事诉讼法第三十九条第一款规定，可以在开庭前交下级人民法院审理：

（一）破产程序中有关债务人的诉讼案件；

（二）当事人人数众多且不方便诉讼的案件；

（三）最高人民法院确定的其他类型案件。

人民法院交下级人民法院审理前，应当报请其上级人民法院批准。上级人民法院批准后，人民法院应当裁定将案件交下级人民法院审理。

二、回 避

第四十三条 审判人员有下列情形之一的，应当自行回避，当事人有权申请其回避：

（一）是本案当事人或者当事人近亲属的；

（二）本人或者其近亲属与本案有利害关系的；

（三）担任过本案的证人、鉴定人、辩护人、诉讼代理人、翻译人员的；

（四）是本案诉讼代理人近亲属的；

（五）本人或者其近亲属持有本案非上市公司当事人的股份或者股权的；

（六）与本案当事人或者诉讼代理人有其他利害关系，可能影响公正审理的。

第四十四条 审判人员有下列情形之一的，当事人有权申请其回避：

（一）接受本案当事人及其受托人宴请，或者参加由其支付费用的活动的；

（二）索取、接受本案当事人及其受托人财物或者其他利益的；

（三）违反规定会见本案当事人、诉讼代理人的；

（四）为本案当事人推荐、介绍诉讼代理人，或者为律师、其他人员介绍代理本案的；

（五）向本案当事人及其受托人借用款物的；

（六）有其他不正当行为，可能影响公正审理的。

第四十五条　在一个审判程序中参与过本案审判工作的审判人员，不得再参与该案其他程序的审判。

发回重审的案件，在一审法院作出裁判后又进入第二审程序的，原第二审程序中审判人员不受前款规定的限制。

第四十六条　审判人员有应当回避的情形，没有自行回避，当事人也没有申请其回避的，由院长或者审判委员会决定其回避。

第四十七条　人民法院应当依法告知当事人对合议庭组成人员、独任审判员和书记员等人员有申请回避的权利。

第四十八条　民事诉讼法第四十七条所称的审判人员，包括参与本案审理的人民法院院长、副院长、审判委员会委员、庭长、副庭长、审判员和人民陪审员。

第四十九条　书记员和执行员适用审判人员回避的有关规定。

三、诉讼参加人

第五十条　法人的法定代表人以依法登记的为准，但法律另有规定的除外。依法不需要办理登记的法人，以其正职负责人为法定代表人；没有正职负责人的，以其主持工作的副职负责人为法定代表人。

法定代表人已经变更，但未完成登记，变更后的法定代表人要求代表法人参加诉讼的，人民法院可以准许。

其他组织，以其主要负责人为代表人。

第五十一条　在诉讼中，法人的法定代表人变更的，由新的法定代表人继续进行诉讼，并应向人民法院提交新的法定代表人身份证明书。原法定代表人进行的诉讼行为有效。

前款规定，适用于其他组织参加的诉讼。

第五十二条　民事诉讼法第五十一条规定的其他组织是指合法成立、有一定的组织机构和财产，但又不具备法人资格的组织，包括：

（一）依法登记领取营业执照的个人独资企业；

（二）依法登记领取营业执照的合伙企业；

（三）依法登记领取我国营业执照的中外合作经营企业、外资企业；

（四）依法成立的社会团体的分支机构、代表机构；

（五）依法设立并领取营业执照的法人的分支机构；

（六）依法设立并领取营业执照的商业银行、政策性银行和非银行金融机构的分支机构；

（七）经依法登记领取营业执照的乡镇企业、街道企业；

（八）其他符合本条规定条件的组织。

第五十三条 法人非依法设立的分支机构，或者虽依法设立，但没有领取营业执照的分支机构，以设立该分支机构的法人为当事人。

第五十四条 以挂靠形式从事民事活动，当事人请求由挂靠人和被挂靠人依法承担民事责任的，该挂靠人和被挂靠人为共同诉讼人。

第五十五条 在诉讼中，一方当事人死亡，需要等待继承人表明是否参加诉讼的，裁定中止诉讼。人民法院应当及时通知继承人作为当事人承担诉讼，被继承人已经进行的诉讼行为对承担诉讼的继承人有效。

第五十六条 法人或者其他组织的工作人员执行工作任务造成他人损害的，该法人或者其他组织为当事人。

第五十七条 提供劳务一方因劳务造成他人损害，受害人提起诉讼的，以接受劳务一方为被告。

第五十八条 在劳务派遣期间，被派遣的工作人员因执行工作任务造成他人损害的，以接受劳务派遣的用工单位为当事人。当事人主张劳务派遣单位承担责任的，该劳务派遣单位为共同被告。

第五十九条 在诉讼中，个体工商户以营业执照上登记的经营者为当事人。有字号的，以营业执照上登记的字号为当事人，但应同时注明该字号经营者的基本信息。

营业执照上登记的经营者与实际经营者不一致的，以登记的经营者和实际经营者为共同诉讼人。

第六十条 在诉讼中，未依法登记领取营业执照的个人合伙的全体合伙人为共同诉讼人。个人合伙有依法核准登记的字号的，应在法律文书中注明登记的字号。全体合伙人可以推选代表人；被推选的代表人，应由全体合伙人出具推选书。

第六十一条 当事人之间的纠纷经人民调解委员会或者其他依法设立的

调解组织调解达成协议后，一方当事人不履行调解协议，另一方当事人向人民法院提起诉讼的，应以对方当事人为被告。

第六十二条 下列情形，以行为人为当事人：

（一）法人或者其他组织应登记而未登记，行为人即以该法人或者其他组织名义进行民事活动的；

（二）行为人没有代理权、超越代理权或者代理权终止后以被代理人名义进行民事活动的，但相对人有理由相信行为人有代理权的除外；

（三）法人或者其他组织依法终止后，行为人仍以其名义进行民事活动的。

第六十三条 企业法人合并的，因合并前的民事活动发生的纠纷，以合并后的企业为当事人；企业法人分立的，因分立前的民事活动发生的纠纷，以分立后的企业为共同诉讼人。

第六十四条 企业法人解散的，依法清算并注销前，以该企业法人为当事人；未依法清算即被注销的，以该企业法人的股东、发起人或者出资人为当事人。

第六十五条 借用业务介绍信、合同专用章、盖章的空白合同书或者银行账户的，出借单位和借用人为共同诉讼人。

第六十六条 因保证合同纠纷提起的诉讼，债权人向保证人和被保证人一并主张权利的，人民法院应当将保证人和被保证人列为共同被告。保证合同约定为一般保证，债权人仅起诉保证人的，人民法院应当通知被保证人作为共同被告参加诉讼；债权人仅起诉被保证人的，可以只列被保证人为被告。

第六十七条 无民事行为能力人、限制民事行为能力人造成他人损害的，无民事行为能力人、限制民事行为能力人和其监护人为共同被告。

第六十八条 居民委员会、村民委员会或者村民小组与他人发生民事纠纷的，居民委员会、村民委员会或者有独立财产的村民小组为当事人。

第六十九条 对侵害死者遗体、遗骨以及姓名、肖像、名誉、荣誉、隐私等行为提起诉讼的，死者的近亲属为当事人。

第七十条 在继承遗产的诉讼中，部分继承人起诉的，人民法院应通知其他继承人作为共同原告参加诉讼；被通知的继承人不愿意参加诉讼又未明确表示放弃实体权利的，人民法院仍应将其列为共同原告。

第七十一条 原告起诉被代理人和代理人,要求承担连带责任的,被代理人和代理人为共同被告。

原告起诉代理人和相对人,要求承担连带责任的,代理人和相对人为共同被告。

第七十二条 共有财产权受到他人侵害,部分共有权人起诉的,其他共有权人为共同诉讼人。

第七十三条 必须共同进行诉讼的当事人没有参加诉讼的,人民法院应当依照民事诉讼法第一百三十五条的规定,通知其参加;当事人也可以向人民法院申请追加。人民法院对当事人提出的申请,应当进行审查,申请理由不成立的,裁定驳回;申请理由成立的,书面通知被追加的当事人参加诉讼。

第七十四条 人民法院追加共同诉讼的当事人时,应当通知其他当事人。应当追加的原告,已明确表示放弃实体权利的,可不予追加;既不愿意参加诉讼,又不放弃实体权利的,仍应追加为共同原告,其不参加诉讼,不影响人民法院对案件的审理和依法作出判决。

第七十五条 民事诉讼法第五十六条、第五十七条和第二百零六条[①]规定的人数众多,一般指十人以上。

第七十六条 依照民事诉讼法第五十六条规定,当事人一方人数众多在起诉时确定的,可以由全体当事人推选共同的代表人,也可以由部分当事人推选自己的代表人;推选不出代表人的当事人,在必要的共同诉讼中可以自己参加诉讼,在普通的共同诉讼中可以另行起诉。

第七十七条 根据民事诉讼法第五十七条规定,当事人一方人数众多在起诉时不确定的,由当事人推选代表人。当事人推选不出的,可以由人民法院提出人选与当事人协商;协商不成的,也可以由人民法院在起诉的当事人中指定代表人。

第七十八条 民事诉讼法第五十六条和第五十七条规定的代表人为二至五人,每位代表人可以委托一至二人作为诉讼代理人。

第七十九条 依照民事诉讼法第五十七条规定受理的案件,人民法院可

---

① 现为《中华人民共和国民事诉讼法》(以下简称《民事诉讼法》)(2023年修正)第二百一十条。

以发出公告，通知权利人向人民法院登记。公告期间根据案件的具体情况确定，但不得少于三十日。

第八十条　根据民事诉讼法第五十七条规定向人民法院登记的权利人，应当证明其与对方当事人的法律关系和所受到的损害。证明不了的，不予登记，权利人可以另行起诉。人民法院的裁判在登记的范围内执行。未参加登记的权利人提起诉讼，人民法院认定其请求成立的，裁定适用人民法院已作出的判决、裁定。

第八十一条　根据民事诉讼法第五十九条的规定，有独立请求权的第三人有权向人民法院提出诉讼请求和事实、理由，成为当事人；无独立请求权的第三人，可以申请或者由人民法院通知参加诉讼。

第一审程序中未参加诉讼的第三人，申请参加第二审程序的，人民法院可以准许。

第八十二条　在一审诉讼中，无独立请求权的第三人无权提出管辖异议，无权放弃、变更诉讼请求或者申请撤诉，被判决承担民事责任的，有权提起上诉。

第八十三条　在诉讼中，无民事行为能力人、限制民事行为能力人的监护人是他的法定代理人。事先没有确定监护人的，可以由有监护资格的人协商确定；协商不成的，由人民法院在他们之中指定诉讼中的法定代理人。当事人没有民法典第二十七条、第二十八条规定的监护人的，可以指定民法典第三十二条规定的有关组织担任诉讼中的法定代理人。

第八十四条　无民事行为能力人、限制民事行为能力人以及其他依法不能作为诉讼代理人的，当事人不得委托其作为诉讼代理人。

第八十五条　根据民事诉讼法第六十一条第二款第二项规定，与当事人有夫妻、直系血亲、三代以内旁系血亲、近姻亲关系以及其他有抚养、赡养关系的亲属，可以当事人近亲属的名义作为诉讼代理人。

第八十六条　根据民事诉讼法第六十一条第二款第二项规定，与当事人有合法劳动人事关系的职工，可以当事人工作人员的名义作为诉讼代理人。

第八十七条　根据民事诉讼法第六十一条第二款第三项规定，有关社会团体推荐公民担任诉讼代理人的，应当符合下列条件：

（一）社会团体属于依法登记设立或者依法免予登记设立的非营利性法人

组织；

（二）被代理人属于该社会团体的成员，或者当事人一方住所地位于该社会团体的活动地域；

（三）代理事务属于该社会团体章程载明的业务范围；

（四）被推荐的公民是该社会团体的负责人或者与该社会团体有合法劳动人事关系的工作人员。

专利代理人经中华全国专利代理人协会推荐，可以在专利纠纷案件中担任诉讼代理人。

第八十八条 诉讼代理人除根据民事诉讼法第六十二条规定提交授权委托书外，还应当按照下列规定向人民法院提交相关材料：

（一）律师应当提交律师执业证、律师事务所证明材料；

（二）基层法律服务工作者应当提交法律服务工作者执业证、基层法律服务所出具的介绍信以及当事人一方位于本辖区内的证明材料；

（三）当事人的近亲属应当提交身份证件和与委托人有近亲属关系的证明材料；

（四）当事人的工作人员应当提交身份证件和与当事人有合法劳动人事关系的证明材料；

（五）当事人所在社区、单位推荐的公民应当提交身份证件、推荐材料和当事人属于该社区、单位的证明材料；

（六）有关社会团体推荐的公民应当提交身份证件和符合本解释第八十七条规定条件的证明材料。

第八十九条 当事人向人民法院提交的授权委托书，应当在开庭审理前送交人民法院。授权委托书仅写"全权代理"而无具体授权的，诉讼代理人无权代为承认、放弃、变更诉讼请求，进行和解，提出反诉或者提起上诉。

适用简易程序审理的案件，双方当事人同时到庭并径行开庭审理的，可以当场口头委托诉讼代理人，由人民法院记入笔录。

四、证　据

第九十条 当事人对自己提出的诉讼请求所依据的事实或者反驳对方诉讼请求所依据的事实，应当提供证据加以证明，但法律另有规定的除外。

在作出判决前，当事人未能提供证据或者证据不足以证明其事实主张的，由负有举证证明责任的当事人承担不利的后果。

第九十一条　人民法院应当依照下列原则确定举证证明责任的承担，但法律另有规定的除外：

（一）主张法律关系存在的当事人，应当对产生该法律关系的基本事实承担举证证明责任；

（二）主张法律关系变更、消灭或者权利受到妨害的当事人，应当对该法律关系变更、消灭或者权利受到妨害的基本事实承担举证证明责任。

第九十二条　一方当事人在法庭审理中，或者在起诉状、答辩状、代理词等书面材料中，对于己不利的事实明确表示承认的，另一方当事人无需举证证明。

对于涉及身份关系、国家利益、社会公共利益等应当由人民法院依职权调查的事实，不适用前款自认的规定。

自认的事实与查明的事实不符的，人民法院不予确认。

第九十三条　下列事实，当事人无须举证证明：

（一）自然规律以及定理、定律；

（二）众所周知的事实；

（三）根据法律规定推定的事实；

（四）根据已知的事实和日常生活经验法则推定出的另一事实；

（五）已为人民法院发生法律效力的裁判所确认的事实；

（六）已为仲裁机构生效裁决所确认的事实；

（七）已为有效公证文书所证明的事实。

前款第二项至第四项规定的事实，当事人有相反证据足以反驳的除外；第五项至第七项规定的事实，当事人有相反证据足以推翻的除外。

第九十四条　民事诉讼法第六十七条第二款规定的当事人及其诉讼代理人因客观原因不能自行收集的证据包括：

（一）证据由国家有关部门保存，当事人及其诉讼代理人无权查阅调取的；

（二）涉及国家秘密、商业秘密或者个人隐私的；

（三）当事人及其诉讼代理人因客观原因不能自行收集的其他证据。

当事人及其诉讼代理人因客观原因不能自行收集的证据，可以在举证期限届满前书面申请人民法院调查收集。

第九十五条 当事人申请调查收集的证据，与待证事实无关联、对证明待证事实无意义或者其他无调查收集必要的，人民法院不予准许。

第九十六条 民事诉讼法第六十七条第二款规定的人民法院认为审理案件需要的证据包括：

（一）涉及可能损害国家利益、社会公共利益的；

（二）涉及身份关系的；

（三）涉及民事诉讼法第五十八条规定诉讼的；

（四）当事人有恶意串通损害他人合法权益可能的；

（五）涉及依职权追加当事人、中止诉讼、终结诉讼、回避等程序性事项的。

除前款规定外，人民法院调查收集证据，应当依照当事人的申请进行。

第九十七条 人民法院调查收集证据，应当由两人以上共同进行。调查材料要由调查人、被调查人、记录人签名、捺印或者盖章。

第九十八条 当事人根据民事诉讼法第八十四条第一款规定申请证据保全的，可以在举证期限届满前书面提出。

证据保全可能对他人造成损失的，人民法院应当责令申请人提供相应的担保。

第九十九条 人民法院应当在审理前的准备阶段确定当事人的举证期限。举证期限可以由当事人协商，并经人民法院准许。

人民法院确定举证期限，第一审普通程序案件不得少于十五日，当事人提供新的证据的第二审案件不得少于十日。

举证期限届满后，当事人对已经提供的证据，申请提供反驳证据或者对证据来源、形式等方面的瑕疵进行补正的，人民法院可以酌情再次确定举证期限，该期限不受前款规定的限制。

第一百条 当事人申请延长举证期限的，应当在举证期限届满前向人民法院提出书面申请。

申请理由成立的，人民法院应当准许，适当延长举证期限，并通知其他当事人。延长的举证期限适用于其他当事人。

申请理由不成立的，人民法院不予准许，并通知申请人。

第一百零一条 当事人逾期提供证据的，人民法院应当责令其说明理由，必要时可以要求其提供相应的证据。

当事人因客观原因逾期提供证据，或者对方当事人对逾期提供证据未提出异议的，视为未逾期。

第一百零二条 当事人因故意或者重大过失逾期提供的证据，人民法院不予采纳。但该证据与案件基本事实有关的，人民法院应当采纳，并依照民事诉讼法第六十八条、第一百一十八条第一款的规定予以训诫、罚款。

当事人非因故意或者重大过失逾期提供的证据，人民法院应当采纳，并对当事人予以训诫。

当事人一方要求另一方赔偿因逾期提供证据致使其增加的交通、住宿、就餐、误工、证人出庭作证等必要费用的，人民法院可予支持。

第一百零三条 证据应当在法庭上出示，由当事人互相质证。未经当事人质证的证据，不得作为认定案件事实的根据。

当事人在审理前的准备阶段认可的证据，经审判人员在庭审中说明后，视为质证过的证据。

涉及国家秘密、商业秘密、个人隐私或者法律规定应当保密的证据，不得公开质证。

第一百零四条 人民法院应当组织当事人围绕证据的真实性、合法性以及与待证事实的关联性进行质证，并针对证据有无证明力和证明力大小进行说明和辩论。

能够反映案件真实情况、与待证事实相关联、来源和形式符合法律规定的证据，应当作为认定案件事实的根据。

第一百零五条 人民法院应当按照法定程序，全面、客观地审核证据，依照法律规定，运用逻辑推理和日常生活经验法则，对证据有无证明力和证明力大小进行判断，并公开判断的理由和结果。

第一百零六条 对以严重侵害他人合法权益、违反法律禁止性规定或者严重违背公序良俗的方法形成或者获取的证据，不得作为认定案件事实的根据。

第一百零七条 在诉讼中，当事人为达成调解协议或者和解协议作出妥协而认可的事实，不得在后续的诉讼中作为对其不利的根据，但法律另有规定或者当事人均同意的除外。

第一百零八条 对负有举证证明责任的当事人提供的证据，人民法院经审查并结合相关事实，确信待证事实的存在具有高度可能性的，应当认定该事实存在。

对一方当事人为反驳负有举证证明责任的当事人所主张事实而提供的证据，人民法院经审查并结合相关事实，认为待证事实真伪不明的，应当认定该事实不存在。

法律对于待证事实所应达到的证明标准另有规定的，从其规定。

第一百零九条 当事人对欺诈、胁迫、恶意串通事实的证明，以及对口头遗嘱或者赠与事实的证明，人民法院确信该待证事实存在的可能性能够排除合理怀疑的，应当认定该事实存在。

第一百一十条 人民法院认为有必要的，可以要求当事人本人到庭，就案件有关事实接受询问。在询问当事人之前，可以要求其签署保证书。

保证书应当载明据实陈述、如有虚假陈述愿意接受处罚等内容。当事人应当在保证书上签名或者捺印。

负有举证证明责任的当事人拒绝到庭、拒绝接受询问或者拒绝签署保证书，待证事实又欠缺其他证据证明的，人民法院对其主张的事实不予认定。

第一百一十一条 民事诉讼法第七十三条规定的提交书证原件确有困难，包括下列情形：

（一）书证原件遗失、灭失或者毁损的；

（二）原件在对方当事人控制之下，经合法通知提交而拒不提交的；

（三）原件在他人控制之下，而其有权不提交的；

（四）原件因篇幅或者体积过大而不便提交的；

（五）承担举证证明责任的当事人通过申请人民法院调查收集或者其他方式无法获得书证原件的。

前款规定情形，人民法院应当结合其他证据和案件具体情况，审查判断书证复制品等能否作为认定案件事实的根据。

第一百一十二条 书证在对方当事人控制之下的，承担举证证明责任的当事人可以在举证期限届满前书面申请人民法院责令对方当事人提交。

申请理由成立的，人民法院应当责令对方当事人提交，因提交书证所产生的费用，由申请人负担。对方当事人无正当理由拒不提交的，人民法院可以认定申请人所主张的书证内容为真实。

第一百一十三条 持有书证的当事人以妨碍对方当事人使用为目的，毁灭有关书证或者实施其他致使书证不能使用行为的，人民法院可以依照民事诉讼法第一百一十四条规定，对其处以罚款、拘留。

第一百一十四条 国家机关或者其他依法具有社会管理职能的组织，在其职权范围内制作的文书所记载的事项推定为真实，但有相反证据足以推翻的除外。必要时，人民法院可以要求制作文书的机关或者组织对文书的真实性予以说明。

第一百一十五条 单位向人民法院提出的证明材料，应当由单位负责人及制作证明材料的人员签名或者盖章，并加盖单位印章。人民法院就单位出具的证明材料，可以向单位及制作证明材料的人员进行调查核实。必要时，可以要求制作证明材料的人员出庭作证。

单位及制作证明材料的人员拒绝人民法院调查核实，或者制作证明材料的人员无正当理由拒绝出庭作证的，该证明材料不得作为认定案件事实的根据。

第一百一十六条 视听资料包括录音资料和影像资料。

电子数据是指通过电子邮件、电子数据交换、网上聊天记录、博客、微博客、手机短信、电子签名、域名等形成或者存储在电子介质中的信息。

存储在电子介质中的录音资料和影像资料，适用电子数据的规定。

第一百一十七条 当事人申请证人出庭作证的，应当在举证期限届满前提出。

符合本解释第九十六条第一款规定情形的，人民法院可以依职权通知证人出庭作证。

未经人民法院通知，证人不得出庭作证，但双方当事人同意并经人民法院准许的除外。

第一百一十八条 民事诉讼法第七十七条规定的证人因履行出庭作证义务而支出的交通、住宿、就餐等必要费用，按照机关事业单位工作人员差旅费用和补贴标准计算；误工损失按照国家上年度职工日平均工资标准计算。

人民法院准许证人出庭作证申请的，应当通知申请人预缴证人出庭作证费用。

第一百一十九条 人民法院在证人出庭作证前应当告知其如实作证的义务以及作伪证的法律后果，并责令其签署保证书，但无民事行为能力人和限制民事行为能力人除外。

证人签署保证书适用本解释关于当事人签署保证书的规定。

第一百二十条 证人拒绝签署保证书的，不得作证，并自行承担相关费用。

第一百二十一条 当事人申请鉴定，可以在举证期限届满前提出。申请鉴定的事项与待证事实无关联，或者对证明待证事实无意义的，人民法院不予准许。

人民法院准许当事人鉴定申请的，应当组织双方当事人协商确定具备相应资格的鉴定人。当事人协商不成的，由人民法院指定。

符合依职权调查收集证据条件的，人民法院应当依职权委托鉴定，在询问当事人的意见后，指定具备相应资格的鉴定人。

第一百二十二条 当事人可以依照民事诉讼法第八十二条的规定，在举证期限届满前申请一至二名具有专门知识的人出庭，代表当事人对鉴定意见进行质证，或者对案件事实所涉及的专业问题提出意见。

具有专门知识的人在法庭上就专业问题提出的意见，视为当事人的陈述。

人民法院准许当事人申请的，相关费用由提出申请的当事人负担。

第一百二十三条 人民法院可以对出庭的具有专门知识的人进行询问。经法庭准许，当事人可以对出庭的具有专门知识的人进行询问，当事人各自申请的具有专门知识的人可以就案件中的有关问题进行对质。

具有专门知识的人不得参与专业问题之外的法庭审理活动。

第一百二十四条 人民法院认为有必要的，可以根据当事人的申请或者依职权对物证或者现场进行勘验。勘验时应当保护他人的隐私和尊严。

人民法院可以要求鉴定人参与勘验。必要时，可以要求鉴定人在勘验中进行鉴定。

五、期间和送达

第一百二十五条 依照民事诉讼法第八十五条第二款规定，民事诉讼中以时起算的期间从次时起算；以日、月、年计算的期间从次日起算。

第一百二十六条 民事诉讼法第一百二十六条规定的立案期限，因起诉状内容欠缺通知原告补正的，从补正后交人民法院的次日起算。由上级人民法院转交下级人民法院立案的案件，从受诉人民法院收到起诉状的次日起算。

第一百二十七条 民事诉讼法第五十九条第三款、第二百一十二条①以及本解释第三百七十二条、第三百八十二条、第三百九十九条、第四百二十条、第四百二十一条规定的六个月，民事诉讼法第二百三十条②规定的一年，为不变期间，不适用诉讼时效中止、中断、延长的规定。

第一百二十八条 再审案件按照第一审程序或者第二审程序审理的，适用民事诉讼法第一百五十二条、第一百八十三条规定的审限。审限自再审立案的次日起算。

第一百二十九条 对申请再审案件，人民法院应当自受理之日起三个月内审查完毕，但公告期间、当事人和解期间等不计入审查期限。有特殊情况需要延长的，由本院院长批准。

第一百三十条 向法人或者其他组织送达诉讼文书，应当由法人的法定代表人、该组织的主要负责人或者办公室、收发室、值班室等负责收件的人签收或者盖章，拒绝签收或者盖章的，适用留置送达。

民事诉讼法第八十九条规定的有关基层组织和所在单位的代表，可以是受送达人住所地的居民委员会、村民委员会的工作人员以及受送达人所在单位的工作人员。

第一百三十一条 人民法院直接送达诉讼文书的，可以通知当事人到人民法院领取。当事人到达人民法院，拒绝签署送达回证的，视为送达。审判人员、书记员应当在送达回证上注明送达情况并签名。

人民法院可以在当事人住所地以外向当事人直接送达诉讼文书。当事人

---

① 现为《民事诉讼法》（2023年修正）第二百一十六条。
② 现为《民事诉讼法》（2023年修正）第二百三十四条。

拒绝签署送达回证的，采用拍照、录像等方式记录送达过程即视为送达。审判人员、书记员应当在送达回证上注明送达情况并签名。

第一百三十二条 受送达人有诉讼代理人的，人民法院既可以向受送达人送达，也可以向其诉讼代理人送达。受送达人指定诉讼代理人为代收人的，向诉讼代理人送达时，适用留置送达。

第一百三十三条 调解书应当直接送达当事人本人，不适用留置送达。当事人本人因故不能签收的，可由其指定的代收人签收。

第一百三十四条 依照民事诉讼法第九十一条规定，委托其他人民法院代为送达的，委托法院应当出具委托函，并附需要送达的诉讼文书和送达回证，以受送达人在送达回证上签收的日期为送达日期。

委托送达的，受委托人民法院应当自收到委托函及相关诉讼文书之日起十日内代为送达。

第一百三十五条 电子送达可以采用传真、电子邮件、移动通信等即时收悉的特定系统作为送达媒介。

民事诉讼法第九十条第二款规定的到达受送达人特定系统的日期，为人民法院对应系统显示发送成功的日期，但受送达人证明到达其特定系统的日期与人民法院对应系统显示发送成功的日期不一致的，以受送达人证明到达其特定系统的日期为准。

第一百三十六条 受送达人同意采用电子方式送达的，应当在送达地址确认书中予以确认。

第一百三十七条 当事人在提起上诉、申请再审、申请执行时未书面变更送达地址的，其在第一审程序中确认的送达地址可以作为第二审程序、审判监督程序、执行程序的送达地址。

第一百三十八条 公告送达可以在法院的公告栏和受送达人住所地张贴公告，也可以在报纸、信息网络等媒体上刊登公告，发出公告日期以最后张贴或者刊登的日期为准。对公告送达方式有特殊要求的，应当按要求的方式进行。公告期满，即视为送达。

人民法院在受送达人住所地张贴公告的，应当采取拍照、录像等方式记录张贴过程。

第一百三十九条 公告送达应当说明公告送达的原因；公告送达起诉状

或者上诉状副本的，应当说明起诉或者上诉要点，受送达人答辩期限及逾期不答辩的法律后果；公告送达传票，应当说明出庭的时间和地点及逾期不出庭的法律后果；公告送达判决书、裁定书的，应当说明裁判主要内容，当事人有权上诉的，还应当说明上诉权利、上诉期限和上诉的人民法院。

第一百四十条　适用简易程序的案件，不适用公告送达。

第一百四十一条　人民法院在定期宣判时，当事人拒不签收判决书、裁定书的，应视为送达，并在宣判笔录中记明。

六、调　解

第一百四十二条　人民法院受理案件后，经审查，认为法律关系明确、事实清楚，在征得当事人双方同意后，可以径行调解。

第一百四十三条　适用特别程序、督促程序、公示催告程序的案件，婚姻等身份关系确认案件以及其他根据案件性质不能进行调解的案件，不得调解。

第一百四十四条　人民法院审理民事案件，发现当事人之间恶意串通，企图通过和解、调解方式侵害他人合法权益的，应当依照民事诉讼法第一百一十五条的规定处理。

第一百四十五条　人民法院审理民事案件，应当根据自愿、合法的原则进行调解。当事人一方或者双方坚持不愿调解的，应当及时裁判。

人民法院审理离婚案件，应当进行调解，但不应久调不决。

第一百四十六条　人民法院审理民事案件，调解过程不公开，但当事人同意公开的除外。

调解协议内容不公开，但为保护国家利益、社会公共利益、他人合法权益，人民法院认为确有必要公开的除外。

主持调解以及参与调解的人员，对调解过程以及调解过程中获悉的国家秘密、商业秘密、个人隐私和其他不宜公开的信息，应当保守秘密，但为保护国家利益、社会公共利益、他人合法权益的除外。

第一百四十七条　人民法院调解案件时，当事人不能出庭的，经其特别授权，可由其委托代理人参加调解，达成的调解协议，可由委托代理人签名。

离婚案件当事人确因特殊情况无法出庭参加调解的，除本人不能表达意志的以外，应当出具书面意见。

第一百四十八条　当事人自行和解或者调解达成协议后，请求人民法院按照和解协议或者调解协议的内容制作判决书的，人民法院不予准许。

无民事行为能力人的离婚案件，由其法定代理人进行诉讼。法定代理人与对方达成协议要求发给判决书的，可根据协议内容制作判决书。

第一百四十九条　调解书需经当事人签收后才发生法律效力的，应当以最后收到调解书的当事人签收的日期为调解书生效日期。

第一百五十条　人民法院调解民事案件，需由无独立请求权的第三人承担责任的，应当经其同意。该第三人在调解书送达前反悔的，人民法院应当及时裁判。

第一百五十一条　根据民事诉讼法第一百零一条第一款第四项规定，当事人各方同意在调解协议上签名或者盖章后即发生法律效力的，经人民法院审查确认后，应当记入笔录或者将调解协议附卷，并由当事人、审判人员、书记员签名或者盖章后即具有法律效力。

前款规定情形，当事人请求制作调解书的，人民法院审查确认后可以制作调解书送交当事人。当事人拒收调解书的，不影响调解协议的效力。

七、保全和先予执行

第一百五十二条　人民法院依照民事诉讼法第一百零三条、第一百零四条规定，在采取诉前保全、诉讼保全措施时，责令利害关系人或者当事人提供担保的，应当书面通知。

利害关系人申请诉前保全的，应当提供担保。申请诉前财产保全的，应当提供相当于请求保全数额的担保；情况特殊的，人民法院可以酌情处理。申请诉前行为保全的，担保的数额由人民法院根据案件的具体情况决定。

在诉讼中，人民法院依申请或者依职权采取保全措施的，应当根据案件的具体情况，决定当事人是否应当提供担保以及担保的数额。

第一百五十三条　人民法院对季节性商品、鲜活、易腐烂变质以及其他不宜长期保存的物品采取保全措施时，可以责令当事人及时处理，由人民法院保存价款；必要时，人民法院可予以变卖，保存价款。

第一百五十四条　人民法院在财产保全中采取查封、扣押、冻结财产措施时，应当妥善保管被查封、扣押、冻结的财产。不宜由人民法院保管的，人民法院可以指定被保全人负责保管；不宜由被保全人保管的，可以委托他人或者申请保全人保管。

查封、扣押、冻结担保物权人占有的担保财产，一般由担保物权人保管；由人民法院保管的，质权、留置权不因采取保全措施而消灭。

第一百五十五条 由人民法院指定被保全人保管的财产，如果继续使用对该财产的价值无重大影响，可以允许被保全人继续使用；由人民法院保管或者委托他人、申请保全人保管的财产，人民法院和其他保管人不得使用。

第一百五十六条 人民法院采取财产保全的方法和措施，依照执行程序相关规定办理。

第一百五十七条 人民法院对抵押物、质押物、留置物可以采取财产保全措施，但不影响抵押权人、质权人、留置权人的优先受偿权。

第一百五十八条 人民法院对债务人到期应得的收益，可以采取财产保全措施，限制其支取，通知有关单位协助执行。

第一百五十九条 债务人的财产不能满足保全请求，但对他人有到期债权的，人民法院可以依债权人的申请裁定该他人不得对本案债务人清偿。该他人要求偿付的，由人民法院提存财物或者价款。

第一百六十条 当事人向采取诉前保全措施以外的其他有管辖权的人民法院起诉的，采取诉前保全措施的人民法院应当将保全手续移送受理案件的人民法院。诉前保全的裁定视为受移送人民法院作出的裁定。

第一百六十一条 对当事人不服一审判决提起上诉的案件，在第二审人民法院接到报送的案件之前，当事人有转移、隐匿、出卖或者毁损财产等行为，必须采取保全措施的，由第一审人民法院依当事人申请或者依职权采取。第一审人民法院的保全裁定，应当及时报送第二审人民法院。

第一百六十二条 第二审人民法院裁定对第一审人民法院采取的保全措施予以续保或者采取新的保全措施的，可以自行实施，也可以委托第一审人民法院实施。

再审人民法院裁定对原保全措施予以续保或者采取新的保全措施的，可以自行实施，也可以委托原审人民法院或者执行法院实施。

第一百六十三条 法律文书生效后，进入执行程序前，债权人因对方当事人转移财产等紧急情况，不申请保全将可能导致生效法律文书不能执行或者难以执行的，可以向执行法院申请采取保全措施。债权人在法律文书指定的履行期间届满后五日内不申请执行的，人民法院应当解除保全。

第一百六十四条 对申请保全人或者他人提供的担保财产，人民法院应当依法办理查封、扣押、冻结等手续。

第一百六十五条 人民法院裁定采取保全措施后，除作出保全裁定的人民法院自行解除或者其上级人民法院决定解除外，在保全期限内，任何单位不得解除保全措施。

第一百六十六条 裁定采取保全措施后，有下列情形之一的，人民法院应当作出解除保全裁定：

（一）保全错误的；

（二）申请人撤回保全申请的；

（三）申请人的起诉或者诉讼请求被生效裁判驳回的；

（四）人民法院认为应当解除保全的其他情形。

解除以登记方式实施的保全措施的，应当向登记机关发出协助执行通知书。

第一百六十七条 财产保全的被保全人提供其他等值担保财产且有利于执行的，人民法院可以裁定变更保全标的物为被保全人提供的担保财产。

第一百六十八条 保全裁定未经人民法院依法撤销或者解除，进入执行程序后，自动转为执行中的查封、扣押、冻结措施，期限连续计算，执行法院无需重新制作裁定书，但查封、扣押、冻结期限届满的除外。

第一百六十九条 民事诉讼法规定的先予执行，人民法院应当在受理案件后终审判决作出前采取。先予执行应当限于当事人诉讼请求的范围，并以当事人的生活、生产经营的急需为限。

第一百七十条 民事诉讼法第一百零九条第三项规定的情况紧急，包括：

（一）需要立即停止侵害、排除妨碍的；

（二）需要立即制止某项行为的；

（三）追索恢复生产、经营急需的保险理赔费的；

（四）需要立即返还社会保险金、社会救助资金的；

（五）不立即返还款项，将严重影响权利人生活和生产经营的。

第一百七十一条　当事人对保全或者先予执行裁定不服的，可以自收到裁定书之日起五日内向作出裁定的人民法院申请复议。人民法院应当在收到复议申请后十日内审查。裁定正确的，驳回当事人的申请；裁定不当的，变更或者撤销原裁定。

第一百七十二条　利害关系人对保全或者先予执行的裁定不服申请复议的，由作出裁定的人民法院依照民事诉讼法第一百一十一条规定处理。

第一百七十三条　人民法院先予执行后，根据发生法律效力的判决，申请人应当返还因先予执行所取得的利益的，适用民事诉讼法第二百四十条[①]的规定。

八、对妨害民事诉讼的强制措施

第一百七十四条　民事诉讼法第一百一十二条规定的必须到庭的被告，是指负有赡养、抚育、扶养义务和不到庭就无法查清案情的被告。

人民法院对必须到庭才能查清案件基本事实的原告，经两次传票传唤，无正当理由拒不到庭的，可以拘传。

第一百七十五条　拘传必须用拘传票，并直接送达被拘传人；在拘传前，应当向被拘传人说明拒不到庭的后果，经批评教育仍拒不到庭的，可以拘传其到庭。

第一百七十六条　诉讼参与人或者其他人有下列行为之一的，人民法院可以适用民事诉讼法第一百一十三条规定处理：

（一）未经准许进行录音、录像、摄影的；

（二）未经准许以移动通信等方式现场传播审判活动的；

（三）其他扰乱法庭秩序，妨害审判活动进行的。

有前款规定情形的，人民法院可以暂扣诉讼参与人或者其他人进行录音、录像、摄影、传播审判活动的器材，并责令其删除有关内容；拒不删除的，人民法院可以采取必要手段强制删除。

第一百七十七条　训诫、责令退出法庭由合议庭或者独任审判员决定。训诫的内容、被责令退出法庭者的违法事实应当记入庭审笔录。

---

① 现为《民事诉讼法》（2023年修正）第二百四十四条。

第一百七十八条 人民法院依照民事诉讼法第一百一十三条至第一百一十七条的规定采取拘留措施的,应经院长批准,作出拘留决定书,由司法警察将被拘留人送交当地公安机关看管。

第一百七十九条 被拘留人不在本辖区的,作出拘留决定的人民法院应当派员到被拘留人所在地的人民法院,请该院协助执行,受委托的人民法院应当及时派员协助执行。被拘留人申请复议或者在拘留期间承认并改正错误,需要提前解除拘留的,受委托人民法院应当向委托人民法院转达或者提出建议,由委托人民法院审查决定。

第一百八十条 人民法院对被拘留人采取拘留措施后,应当在二十四小时内通知其家属;确实无法按时通知或者通知不到的,应当记录在案。

第一百八十一条 因哄闹、冲击法庭,用暴力、威胁等方法抗拒执行公务等紧急情况,必须立即采取拘留措施的,可在拘留后,立即报告院长补办批准手续。院长认为拘留不当的,应当解除拘留。

第一百八十二条 被拘留人在拘留期间认错悔改的,可以责令其具结悔过,提前解除拘留。提前解除拘留,应报经院长批准,并作出提前解除拘留决定书,交负责看管的公安机关执行。

第一百八十三条 民事诉讼法第一百一十三条至第一百一十六条规定的罚款、拘留可以单独适用,也可以合并适用。

第一百八十四条 对同一妨害民事诉讼行为的罚款、拘留不得连续适用。发生新的妨害民事诉讼行为的,人民法院可以重新予以罚款、拘留。

第一百八十五条 被罚款、拘留的人不服罚款、拘留决定申请复议的,应当自收到决定书之日起三日内提出。上级人民法院应当在收到复议申请后五日内作出决定,并将复议结果通知下级人民法院和当事人。

第一百八十六条 上级人民法院复议时认为强制措施不当的,应当制作决定书,撤销或者变更下级人民法院作出的拘留、罚款决定。情况紧急的,可以在口头通知后三日内发出决定书。

第一百八十七条 民事诉讼法第一百一十四条第一款第五项规定的以暴力、威胁或者其他方法阻碍司法工作人员执行职务的行为,包括:

(一)在人民法院哄闹、滞留,不听从司法工作人员劝阻的;

(二)故意毁损、抢夺人民法院法律文书、查封标志的;

（三）哄闹、冲击执行公务现场，围困、扣押执行或者协助执行公务人员的；

（四）毁损、抢夺、扣留案件材料、执行公务车辆、其他执行公务器械、执行公务人员服装和执行公务证件的；

（五）以暴力、威胁或者其他方法阻碍司法工作人员查询、查封、扣押、冻结、划拨、拍卖、变卖财产的；

（六）以暴力、威胁或者其他方法阻碍司法工作人员执行职务的其他行为。

第一百八十八条 民事诉讼法第一百一十四条第一款第六项规定的拒不履行人民法院已经发生法律效力的判决、裁定的行为，包括：

（一）在法律文书发生法律效力后隐藏、转移、变卖、毁损财产或者无偿转让财产、以明显不合理的价格交易财产、放弃到期债权、无偿为他人提供担保等，致使人民法院无法执行的；

（二）隐藏、转移、毁损或者未经人民法院允许处分已向人民法院提供担保的财产的；

（三）违反人民法院限制高消费令进行消费的；

（四）有履行能力而拒不按照人民法院执行通知履行生效法律文书确定的义务的；

（五）有义务协助执行的个人接到人民法院协助执行通知书后，拒不协助执行的。

第一百八十九条 诉讼参与人或者其他人有下列行为之一的，人民法院可以适用民事诉讼法第一百一十四条的规定处理：

（一）冒充他人提起诉讼或者参加诉讼的；

（二）证人签署保证书后作虚假证言，妨碍人民法院审理案件的；

（三）伪造、隐藏、毁灭或者拒绝交出有关被执行人履行能力的重要证据，妨碍人民法院查明被执行人财产状况的；

（四）擅自解冻已被人民法院冻结的财产的；

（五）接到人民法院协助执行通知书后，给当事人通风报信，协助其转移、隐匿财产的。

第一百九十条 民事诉讼法第一百一十五条规定的他人合法权益，包括案外人的合法权益、国家利益、社会公共利益。

第三人根据民事诉讼法第五十九条第三款规定提起撤销之诉，经审查，原案当事人之间恶意串通进行虚假诉讼的，适用民事诉讼法第一百一十五条规定处理。

第一百九十一条　单位有民事诉讼法第一百一十五条或者第一百一十六条规定行为的，人民法院应当对该单位进行罚款，并可以对其主要负责人或者直接责任人员予以罚款、拘留；构成犯罪的，依法追究刑事责任。

第一百九十二条　有关单位接到人民法院协助执行通知书后，有下列行为之一的，人民法院可以适用民事诉讼法第一百一十七条规定处理：

（一）允许被执行人高消费的；

（二）允许被执行人出境的；

（三）拒不停止办理有关财产权证照转移手续、权属变更登记、规划审批等手续的；

（四）以需要内部请示、内部审批，有内部规定等为由拖延办理的。

第一百九十三条　人民法院对个人或者单位采取罚款措施时，应当根据其实施妨害民事诉讼行为的性质、情节、后果，当地的经济发展水平，以及诉讼标的额等因素，在民事诉讼法第一百一十八条第一款规定的限额内确定相应的罚款金额。

九、诉讼费用

第一百九十四条　依照民事诉讼法第五十七条审理的案件不预交案件受理费，结案后按照诉讼标的额由败诉方交纳。

第一百九十五条　支付令失效后转入诉讼程序的，债权人应当按照《诉讼费用交纳办法》补交案件受理费。

支付令被撤销后，债权人另行起诉的，按照《诉讼费用交纳办法》交纳诉讼费用。

第一百九十六条　人民法院改变原判决、裁定、调解结果的，应当在裁判文书中对原审诉讼费用的负担一并作出处理。

第一百九十七条　诉讼标的物是证券的，按照证券交易规则并根据当事人起诉之日前最后一个交易日的收盘价、当日的市场价或者其载明的金额计算诉讼标的金额。

第一百九十八条 诉讼标的物是房屋、土地、林木、车辆、船舶、文物等特定物或者知识产权，起诉时价值难以确定的，人民法院应当向原告释明主张过高或者过低的诉讼风险，以原告主张的价值确定诉讼标的金额。

第一百九十九条 适用简易程序审理的案件转为普通程序的，原告自接到人民法院交纳诉讼费用通知之日起七日内补交案件受理费。

原告无正当理由未按期足额补交的，按撤诉处理，已经收取的诉讼费用退还一半。

第二百条 破产程序中有关债务人的民事诉讼案件，按照财产案件标准交纳诉讼费，但劳动争议案件除外。

第二百零一条 既有财产性诉讼请求，又有非财产性诉讼请求的，按照财产性诉讼请求的标准交纳诉讼费。

有多个财产性诉讼请求的，合并计算交纳诉讼费；诉讼请求中有多个非财产性诉讼请求的，按一件交纳诉讼费。

第二百零二条 原告、被告、第三人分别上诉的，按照上诉请求分别预交二审案件受理费。

同一方多人共同上诉的，只预交一份二审案件受理费；分别上诉的，按照上诉请求分别预交二审案件受理费。

第二百零三条 承担连带责任的当事人败诉的，应当共同负担诉讼费用。

第二百零四条 实现担保物权案件，人民法院裁定拍卖、变卖担保财产的，申请费由债务人、担保人负担；人民法院裁定驳回申请的，申请费由申请人负担。

申请人另行起诉的，其已经交纳的申请费可以从案件受理费中扣除。

第二百零五条 拍卖、变卖担保财产的裁定作出后，人民法院强制执行的，按照执行金额收取执行申请费。

第二百零六条 人民法院决定减半收取案件受理费的，只能减半一次。

第二百零七条 判决生效后，胜诉方预交但不应负担的诉讼费用，人民法院应当退还，由败诉方向人民法院交纳，但胜诉方自愿承担或者同意败诉方直接向其支付的除外。

当事人拒不交纳诉讼费用的，人民法院可以强制执行。

十、第一审普通程序

第二百零八条 人民法院接到当事人提交的民事起诉状时，对符合民事诉讼法第一百二十二条的规定，且不属于第一百二十七条规定情形的，应当登记立案；对当场不能判定是否符合起诉条件的，应当接收起诉材料，并出具注明收到日期的书面凭证。

需要补充必要相关材料的，人民法院应当及时告知当事人。在补齐相关材料后，应当在七日内决定是否立案。

立案后发现不符合起诉条件或者属于民事诉讼法第一百二十七条规定情形的，裁定驳回起诉。

第二百零九条 原告提供被告的姓名或者名称、住所等信息具体明确，足以使被告与他人相区别的，可以认定为有明确的被告。

起诉状列写被告信息不足以认定明确的被告的，人民法院可以告知原告补正。原告补正后仍不能确定明确的被告的，人民法院裁定不予受理。

第二百一十条 原告在起诉状中有谩骂和人身攻击之辞的，人民法院应当告知其修改后提起诉讼。

第二百一十一条 对本院没有管辖权的案件，告知原告向有管辖权的人民法院起诉；原告坚持起诉的，裁定不予受理；立案后发现本院没有管辖权的，应当将案件移送有管辖权的人民法院。

第二百一十二条 裁定不予受理、驳回起诉的案件，原告再次起诉，符合起诉条件且不属于民事诉讼法第一百二十七条规定情形的，人民法院应予受理。

第二百一十三条 原告应当预交而未预交案件受理费，人民法院应当通知其预交，通知后仍不预交或者申请减、缓、免未获批准而仍不预交的，裁定按撤诉处理。

第二百一十四条 原告撤诉或者人民法院按撤诉处理后，原告以同一诉讼请求再次起诉的，人民法院应予受理。

原告撤诉或者按撤诉处理的离婚案件，没有新情况、新理由，六个月内又起诉的，比照民事诉讼法第一百二十七条第七项的规定不予受理。

第二百一十五条 依照民事诉讼法第一百二十七条第二项的规定，当事人在书面合同中订有仲裁条款，或者在发生纠纷后达成书面仲裁协议，一方向人民法院起诉的，人民法院应当告知原告向仲裁机构申请仲裁，其坚持起诉的，裁定不予受理，但仲裁条款或者仲裁协议不成立、无效、失效、内容不明确无法执行的除外。

第二百一十六条　在人民法院首次开庭前，被告以有书面仲裁协议为由对受理民事案件提出异议的，人民法院应当进行审查。

经审查符合下列情形之一的，人民法院应当裁定驳回起诉：

（一）仲裁机构或者人民法院已经确认仲裁协议有效的；

（二）当事人没有在仲裁庭首次开庭前对仲裁协议的效力提出异议的；

（三）仲裁协议符合仲裁法第十六条规定且不具有仲裁法第十七条规定情形的。

第二百一十七条　夫妻一方下落不明，另一方诉至人民法院，只要求离婚，不申请宣告下落不明人失踪或者死亡的案件，人民法院应当受理，对下落不明人公告送达诉讼文书。

第二百一十八条　赡养费、扶养费、抚养费案件，裁判发生法律效力后，因新情况、新理由，一方当事人再行起诉要求增加或者减少费用的，人民法院应作为新案受理。

第二百一十九条　当事人超过诉讼时效期间起诉的，人民法院应予受理。受理后对方当事人提出诉讼时效抗辩，人民法院经审理认为抗辩事由成立的，判决驳回原告的诉讼请求。

第二百二十条　民事诉讼法第七十一条、第一百三十七条、第一百五十九条规定的商业秘密，是指生产工艺、配方、贸易联系、购销渠道等当事人不愿公开的技术秘密、商业情报及信息。

第二百二十一条　基于同一事实发生的纠纷，当事人分别向同一人民法院起诉的，人民法院可以合并审理。

第二百二十二条　原告在起诉状中直接列写第三人的，视为其申请人民法院追加该第三人参加诉讼。是否通知第三人参加诉讼，由人民法院审查决定。

第二百二十三条　当事人在提交答辩状期间提出管辖异议，又针对起诉状的内容进行答辩的，人民法院应当依照民事诉讼法第一百三十条第一款的规定，对管辖异议进行审查。

当事人未提出管辖异议，就案件实体内容进行答辩、陈述或者反诉的，可以认定为民事诉讼法第一百三十条第二款规定的应诉答辩。

第二百二十四条 依照民事诉讼法第一百三十六条第四项规定，人民法院可以在答辩期届满后，通过组织证据交换、召集庭前会议等方式，作好审理前的准备。

第二百二十五条 根据案件具体情况，庭前会议可以包括下列内容：

（一）明确原告的诉讼请求和被告的答辩意见；

（二）审查处理当事人增加、变更诉讼请求的申请和提出的反诉，以及第三人提出的与本案有关的诉讼请求；

（三）根据当事人的申请决定调查收集证据，委托鉴定，要求当事人提供证据，进行勘验，进行证据保全；

（四）组织交换证据；

（五）归纳争议焦点；

（六）进行调解。

第二百二十六条 人民法院应当根据当事人的诉讼请求、答辩意见以及证据交换的情况，归纳争议焦点，并就归纳的争议焦点征求当事人的意见。

第二百二十七条 人民法院适用普通程序审理案件，应当在开庭三日前用传票传唤当事人。对诉讼代理人、证人、鉴定人、勘验人、翻译人员应当用通知书通知其到庭。当事人或者其他诉讼参与人在外地的，应当留有必要的在途时间。

第二百二十八条 法庭审理应当围绕当事人争议的事实、证据和法律适用等焦点问题进行。

第二百二十九条 当事人在庭审中对其在审理前的准备阶段认可的事实和证据提出不同意见的，人民法院应当责令其说明理由。必要时，可以责令其提供相应证据。人民法院应当结合当事人的诉讼能力、证据和案件的具体情况进行审查。理由成立的，可以列入争议焦点进行审理。

第二百三十条 人民法院根据案件具体情况并征得当事人同意，可以将法庭调查和法庭辩论合并进行。

第二百三十一条 当事人在法庭上提出新的证据的，人民法院应当依照民事诉讼法第六十八条第二款规定和本解释相关规定处理。

第二百三十二条 在案件受理后，法庭辩论结束前，原告增加诉讼请求，被告提出反诉，第三人提出与本案有关的诉讼请求，可以合并审理的，人民法院应当合并审理。

第二百三十三条 反诉的当事人应当限于本诉的当事人的范围。

反诉与本诉的诉讼请求基于相同法律关系、诉讼请求之间具有因果关系，或者反诉与本诉的诉讼请求基于相同事实的，人民法院应当合并审理。

反诉应由其他人民法院专属管辖，或者与本诉的诉讼标的及诉讼请求所依据的事实、理由无关联的，裁定不予受理，告知另行起诉。

第二百三十四条 无民事行为能力人的离婚诉讼，当事人的法定代理人应当到庭；法定代理人不能到庭的，人民法院应当在查清事实的基础上，依法作出判决。

第二百三十五条 无民事行为能力的当事人的法定代理人，经传票传唤无正当理由拒不到庭，属于原告方的，比照民事诉讼法第一百四十六条的规定，按撤诉处理；属于被告方的，比照民事诉讼法第一百四十七条的规定，缺席判决。必要时，人民法院可以拘传其到庭。

第二百三十六条 有独立请求权的第三人经人民法院传票传唤，无正当理由拒不到庭的，或者未经法庭许可中途退庭的，比照民事诉讼法第一百四十六条的规定，按撤诉处理。

第二百三十七条 有独立请求权的第三人参加诉讼后，原告申请撤诉，人民法院在准许原告撤诉后，有独立请求权的第三人作为另案原告，原案原告、被告作为另案被告，诉讼继续进行。

第二百三十八条 当事人申请撤诉或者依法可以按撤诉处理的案件，如果当事人有违反法律的行为需要依法处理的，人民法院可以不准许撤诉或者不按撤诉处理。

法庭辩论终结后原告申请撤诉，被告不同意的，人民法院可以不予准许。

第二百三十九条 人民法院准许本诉原告撤诉的，应当对反诉继续审理；被告申请撤回反诉的，人民法院应予准许。

第二百四十条 无独立请求权的第三人经人民法院传票传唤，无正当理由拒不到庭，或者未经法庭许可中途退庭的，不影响案件的审理。

第二百四十一条 被告经传票传唤无正当理由拒不到庭，或者未经法庭许可中途退庭的，人民法院应当按期开庭或者继续开庭审理，对到庭的当事人诉讼请求、双方的诉辩理由以及已经提交的证据及其他诉讼材料进行审理后，可以依法缺席判决。

第二百四十二条 一审宣判后，原审人民法院发现判决有错误，当事人在上诉期内提出上诉的，原审人民法院可以提出原判决有错误的意见，报送第二审人民法院，由第二审人民法院按照第二审程序进行审理；当事人不上诉的，按照审判监督程序处理。

第二百四十三条 民事诉讼法第一百五十二条规定的审限，是指从立案之日起至裁判宣告、调解书送达之日止的期间，但公告期间、鉴定期间、双方当事人和解期间、审理当事人提出的管辖异议以及处理人民法院之间的管辖争议期间不应计算在内。

第二百四十四条 可以上诉的判决书、裁定书不能同时送达双方当事人的，上诉期从各自收到判决书、裁定书之日计算。

第二百四十五条 民事诉讼法第一百五十七条第一款第七项规定的笔误是指法律文书误写、误算，诉讼费用漏写、误算和其他笔误。

第二百四十六条 裁定中止诉讼的原因消除，恢复诉讼程序时，不必撤销原裁定，从人民法院通知或者准许当事人双方继续进行诉讼时起，中止诉讼的裁定即失去效力。

第二百四十七条 当事人就已经提起诉讼的事项在诉讼过程中或者裁判生效后再次起诉，同时符合下列条件的，构成重复起诉：

（一）后诉与前诉的当事人相同；

（二）后诉与前诉的诉讼标的相同；

（三）后诉与前诉的诉讼请求相同，或者后诉的诉讼请求实质上否定前诉裁判结果。

当事人重复起诉的，裁定不予受理；已经受理的，裁定驳回起诉，但法律、司法解释另有规定的除外。

第二百四十八条 裁判发生法律效力后，发生新的事实，当事人再次提起诉讼的，人民法院应当依法受理。

第二百四十九条 在诉讼中，争议的民事权利义务转移的，不影响当事人的诉讼主体资格和诉讼地位。人民法院作出的发生法律效力的判决、裁定对受让人具有拘束力。

受让人申请以无独立请求权的第三人身份参加诉讼的，人民法院可予准许。受让人申请替代当事人承担诉讼的，人民法院可以根据案件的具体情况决定是否准许；不予准许的，可以追加其为无独立请求权的第三人。

第二百五十条　依照本解释第二百四十九条规定，人民法院准许受让人替代当事人承担诉讼的，裁定变更当事人。

变更当事人后，诉讼程序以受让人为当事人继续进行，原当事人应当退出诉讼。原当事人已经完成的诉讼行为对受让人具有拘束力。

第二百五十一条　二审裁定撤销一审判决发回重审的案件，当事人申请变更、增加诉讼请求或者提出反诉，第三人提出与本案有关的诉讼请求的，依照民事诉讼法第一百四十三条规定处理。

第二百五十二条　再审裁定撤销原判决、裁定发回重审的案件，当事人申请变更、增加诉讼请求或者提出反诉，符合下列情形之一的，人民法院应当准许：

（一）原审未合法传唤缺席判决，影响当事人行使诉讼权利的；

（二）追加新的诉讼当事人的；

（三）诉讼标的物灭失或者发生变化致使原诉讼请求无法实现的；

（四）当事人申请变更、增加的诉讼请求或者提出的反诉，无法通过另诉解决的。

第二百五十三条　当庭宣判的案件，除当事人当庭要求邮寄发送裁判文书的外，人民法院应当告知当事人或者诉讼代理人领取裁判文书的时间和地点以及逾期不领取的法律后果。上述情况，应当记入笔录。

第二百五十四条　公民、法人或者其他组织申请查阅发生法律效力的判决书、裁定书的，应当向作出该生效裁判的人民法院提出。申请应当以书面形式提出，并提供具体的案号或者当事人姓名、名称。

第二百五十五条　对于查阅判决书、裁定书的申请，人民法院根据下列情形分别处理：

（一）判决书、裁定书已经通过信息网络向社会公开的，应当引导申请人自行查阅；

（二）判决书、裁定书未通过信息网络向社会公开，且申请符合要求的，应当及时提供便捷的查阅服务；

（三）判决书、裁定书尚未发生法律效力，或者已失去法律效力的，不提供查阅并告知申请人；

（四）发生法律效力的判决书、裁定书不是本院作出的，应当告知申请人向作出生效裁判的人民法院申请查阅；

（五）申请查阅的内容涉及国家秘密、商业秘密、个人隐私的，不予准许并告知申请人。

十一、简易程序

第二百五十六条　民事诉讼法第一百六十条规定的简单民事案件中的事实清楚，是指当事人对争议的事实陈述基本一致，并能提供相应的证据，无须人民法院调查收集证据即可查明事实；权利义务关系明确是指能明确区分谁是责任的承担者，谁是权利的享有者；争议不大是指当事人对案件的是非、责任承担以及诉讼标的争执无原则分歧。

第二百五十七条　下列案件，不适用简易程序：

（一）起诉时被告下落不明的；

（二）发回重审的；

（三）当事人一方人数众多的；

（四）适用审判监督程序的；

（五）涉及国家利益、社会公共利益的；

（六）第三人起诉请求改变或者撤销生效判决、裁定、调解书的；

（七）其他不宜适用简易程序的案件。

第二百五十八条　适用简易程序审理的案件，审理期限到期后，有特殊情况需要延长的，经本院院长批准，可以延长审理期限。延长后的审理期限累计不得超过四个月。

人民法院发现案件不宜适用简易程序，需要转为普通程序审理的，应当在审理期限届满前作出裁定并将审判人员及相关事项书面通知双方当事人。

案件转为普通程序审理的，审理期限自人民法院立案之日计算。

第二百五十九条　当事人双方可就开庭方式向人民法院提出申请，由人民法院决定是否准许。经当事人双方同意，可以采用视听传输技术等方式开庭。

第二百六十条 已经按照普通程序审理的案件，在开庭后不得转为简易程序审理。

第二百六十一条 适用简易程序审理案件，人民法院可以依照民事诉讼法第九十条、第一百六十二条的规定采取捎口信、电话、短信、传真、电子邮件等简便方式传唤双方当事人、通知证人和送达诉讼文书。

以简便方式送达的开庭通知，未经当事人确认或者没有其他证据证明当事人已经收到的，人民法院不得缺席判决。

适用简易程序审理案件，由审判员独任审判，书记员担任记录。

第二百六十二条 人民法庭制作的判决书、裁定书、调解书，必须加盖基层人民法院印章，不得用人民法庭的印章代替基层人民法院的印章。

第二百六十三条 适用简易程序审理案件，卷宗中应当具备以下材料：

（一）起诉状或者口头起诉笔录；

（二）答辩状或者口头答辩笔录；

（三）当事人身份证明材料；

（四）委托他人代理诉讼的授权委托书或者口头委托笔录；

（五）证据；

（六）询问当事人笔录；

（七）审理（包括调解）笔录；

（八）判决书、裁定书、调解书或者调解协议；

（九）送达和宣判笔录；

（十）执行情况；

（十一）诉讼费收据；

（十二）适用民事诉讼法第一百六十五条规定审理的，有关程序适用的书面告知。

第二百六十四条 当事人双方根据民事诉讼法第一百六十条第二款规定约定适用简易程序的，应当在开庭前提出。口头提出的，记入笔录，由双方当事人签名或者捺印确认。

本解释第二百五十七条规定的案件，当事人约定适用简易程序的，人民法院不予准许。

第二百六十五条 原告口头起诉的，人民法院应当将当事人的姓名、性别、工作单位、住所、联系方式等基本信息，诉讼请求，事实及理由等准确记入笔录，由原告核对无误后签名或者捺印。对当事人提交的证据材料，应当出具收据。

第二百六十六条 适用简易程序案件的举证期限由人民法院确定，也可以由当事人协商一致并经人民法院准许，但不得超过十五日。被告要求书面答辩的，人民法院可在征得其同意的基础上，合理确定答辩期间。

人民法院应当将举证期限和开庭日期告知双方当事人，并向当事人说明逾期举证以及拒不到庭的法律后果，由双方当事人在笔录和开庭传票的送达回证上签名或者捺印。

当事人双方均表示不需要举证期限、答辩期间的，人民法院可以立即开庭审理或者确定开庭日期。

第二百六十七条 适用简易程序审理案件，可以简便方式进行审理前的准备。

第二百六十八条 对没有委托律师、基层法律服务工作者代理诉讼的当事人，人民法院在庭审过程中可以对回避、自认、举证证明责任等相关内容向其作必要的解释或者说明，并在庭审过程中适当提示当事人正确行使诉讼权利、履行诉讼义务。

第二百六十九条 当事人就案件适用简易程序提出异议，人民法院经审查，异议成立的，裁定转为普通程序；异议不成立的，裁定驳回。裁定以口头方式作出的，应当记入笔录。

转为普通程序的，人民法院应当将审判人员及相关事项以书面形式通知双方当事人。

转为普通程序前，双方当事人已确认的事实，可以不再进行举证、质证。

第二百七十条 适用简易程序审理的案件，有下列情形之一的，人民法院在制作判决书、裁定书、调解书时，对认定事实或者裁判理由部分可以适当简化：

（一）当事人达成调解协议并需要制作民事调解书的；

（二）一方当事人明确表示承认对方全部或者部分诉讼请求的；

（三）涉及商业秘密、个人隐私的案件，当事人一方要求简化裁判文书中的相关内容，人民法院认为理由正当的；

（四）当事人双方同意简化的。

十二、简易程序中的小额诉讼

第二百七十一条　人民法院审理小额诉讼案件，适用民事诉讼法第一百六十五条的规定，实行一审终审。

第二百七十二条　民事诉讼法第一百六十五条规定的各省、自治区、直辖市上年度就业人员年平均工资，是指已经公布的各省、自治区、直辖市上一年度就业人员年平均工资。在上一年度就业人员年平均工资公布前，以已经公布的最近年度就业人员年平均工资为准。

第二百七十三条　海事法院可以适用小额诉讼的程序审理海事、海商案件。案件标的额应当以实际受理案件的海事法院或者其派出法庭所在的省、自治区、直辖市上年度就业人员年平均工资为基数计算。

第二百七十四条　人民法院受理小额诉讼案件，应当向当事人告知该类案件的审判组织、一审终审、审理期限、诉讼费用交纳标准等相关事项。

第二百七十五条　小额诉讼案件的举证期限由人民法院确定，也可以由当事人协商一致并经人民法院准许，但一般不超过七日。

被告要求书面答辩的，人民法院可以在征得其同意的基础上合理确定答辩期间，但最长不得超过十五日。

当事人到庭后表示不需要举证期限和答辩期间的，人民法院可立即开庭审理。

第二百七十六条　当事人对小额诉讼案件提出管辖异议的，人民法院应当作出裁定。裁定一经作出即生效。

第二百七十七条　人民法院受理小额诉讼案件后，发现起诉不符合民事诉讼法第一百二十二条规定的起诉条件的，裁定驳回起诉。裁定一经作出即生效。

第二百七十八条　因当事人申请增加或者变更诉讼请求、提出反诉、追加当事人等，致使案件不符合小额诉讼案件条件的，应当适用简易程序的其他规定审理。

前款规定案件，应当适用普通程序审理的，裁定转为普通程序。

适用简易程序的其他规定或者普通程序审理前，双方当事人已确认的事实，可以不再进行举证、质证。

第二百七十九条 当事人对按照小额诉讼案件审理有异议的，应当在开庭前提出。人民法院经审查，异议成立的，适用简易程序的其他规定审理或者裁定转为普通程序；异议不成立的，裁定驳回。裁定以口头方式作出的，应当记入笔录。

第二百八十条 小额诉讼案件的裁判文书可以简化，主要记载当事人基本信息、诉讼请求、裁判主文等内容。

第二百八十一条 人民法院审理小额诉讼案件，本解释没有规定的，适用简易程序的其他规定。

十三、公益诉讼

第二百八十二条 环境保护法、消费者权益保护法等法律规定的机关和有关组织对污染环境、侵害众多消费者合法权益等损害社会公共利益的行为，根据民事诉讼法第五十八条规定提起公益诉讼，符合下列条件的，人民法院应当受理：

（一）有明确的被告；

（二）有具体的诉讼请求；

（三）有社会公共利益受到损害的初步证据；

（四）属于人民法院受理民事诉讼的范围和受诉人民法院管辖。

第二百八十三条 公益诉讼案件由侵权行为地或者被告住所地中级人民法院管辖，但法律、司法解释另有规定的除外。

因污染海洋环境提起的公益诉讼，由污染发生地、损害结果地或者采取预防污染措施地海事法院管辖。

对同一侵权行为分别向两个以上人民法院提起公益诉讼的，由最先立案的人民法院管辖，必要时由它们的共同上级人民法院指定管辖。

第二百八十四条 人民法院受理公益诉讼案件后，应当在十日内书面告知相关行政主管部门。

第二百八十五条 人民法院受理公益诉讼案件后，依法可以提起诉讼的其他机关和有关组织，可以在开庭前向人民法院申请参加诉讼。人民法院准许参加诉讼的，列为共同原告。

第二百八十六条 人民法院受理公益诉讼案件，不影响同一侵权行为的受害人根据民事诉讼法第一百二十二条规定提起诉讼。

第二百八十七条 对公益诉讼案件，当事人可以和解，人民法院可以调解。

当事人达成和解或者调解协议后，人民法院应当将和解或者调解协议进行公告。公告期间不得少于三十日。

公告期满后，人民法院经审查，和解或者调解协议不违反社会公共利益的，应当出具调解书；和解或者调解协议违反社会公共利益的，不予出具调解书，继续对案件进行审理并依法作出裁判。

第二百八十八条 公益诉讼案件的原告在法庭辩论终结后申请撤诉的，人民法院不予准许。

第二百八十九条 公益诉讼案件的裁判发生法律效力后，其他依法具有原告资格的机关和有关组织就同一侵权行为另行提起公益诉讼的，人民法院裁定不予受理，但法律、司法解释另有规定的除外。

十四、第三人撤销之诉

第二百九十条 第三人对已经发生法律效力的判决、裁定、调解书提起撤销之诉的，应当自知道或者应当知道其民事权益受到损害之日起六个月内，向作出生效判决、裁定、调解书的人民法院提出，并应当提供存在下列情形的证据材料：

（一）因不能归责于本人的事由未参加诉讼；

（二）发生法律效力的判决、裁定、调解书的全部或者部分内容错误；

（三）发生法律效力的判决、裁定、调解书内容错误损害其民事权益。

第二百九十一条 人民法院应当在收到起诉状和证据材料之日起五日内送交对方当事人，对方当事人可以自收到起诉状之日起十日内提出书面意见。

人民法院应当对第三人提交的起诉状、证据材料以及对方当事人的书面意见进行审查。必要时，可以询问双方当事人。

经审查，符合起诉条件的，人民法院应当在收到起诉状之日起三十日内立案。不符合起诉条件的，应当在收到起诉状之日起三十日内裁定不予受理。

第二百九十二条 人民法院对第三人撤销之诉案件，应当组成合议庭开庭审理。

第二百九十三条 民事诉讼法第五十九条第三款规定的因不能归责于本人的事由未参加诉讼，是指没有被列为生效判决、裁定、调解书当事人，且无过错或者无明显过错的情形。包括：

（一）不知道诉讼而未参加的；

（二）申请参加未获准许的；

（三）知道诉讼，但因客观原因无法参加的；

（四）因其他不能归责于本人的事由未参加诉讼的。

第二百九十四条 民事诉讼法第五十九条第三款规定的判决、裁定、调解书的部分或者全部内容，是指判决、裁定的主文，调解书中处理当事人民事权利义务的结果。

第二百九十五条 对下列情形提起第三人撤销之诉的，人民法院不予受理：

（一）适用特别程序、督促程序、公示催告程序、破产程序等非讼程序处理的案件；

（二）婚姻无效、撤销或者解除婚姻关系等判决、裁定、调解书中涉及身份关系的内容；

（三）民事诉讼法第五十七条规定的未参加登记的权利人对代表人诉讼案件的生效裁判；

（四）民事诉讼法第五十八条规定的损害社会公共利益行为的受害人对公益诉讼案件的生效裁判。

第二百九十六条 第三人提起撤销之诉，人民法院应当将该第三人列为原告，生效判决、裁定、调解书的当事人列为被告，但生效判决、裁定、调解书中没有承担责任的无独立请求权的第三人列为第三人。

第二百九十七条 受理第三人撤销之诉案件后，原告提供相应担保，请求中止执行的，人民法院可以准许。

第二百九十八条 对第三人撤销或者部分撤销发生法律效力的判决、裁定、调解书内容的请求，人民法院经审理，按下列情形分别处理：

（一）请求成立且确认其民事权利的主张全部或部分成立的，改变原判决、裁定、调解书内容的错误部分；

（二）请求成立，但确认其全部或部分民事权利的主张不成立，或者未提出确认其民事权利请求的，撤销原判决、裁定、调解书内容的错误部分；

（三）请求不成立的，驳回诉讼请求。

对前款规定裁判不服的，当事人可以上诉。

原判决、裁定、调解书的内容未改变或者未撤销的部分继续有效。

第二百九十九条 第三人撤销之诉案件审理期间，人民法院对生效判决、裁定、调解书裁定再审的，受理第三人撤销之诉的人民法院应当裁定将第三人的诉讼请求并入再审程序。但有证据证明原审当事人之间恶意串通损害第三人合法权益的，人民法院应当先行审理第三人撤销之诉案件，裁定中止再审诉讼。

第三百条 第三人诉讼请求并入再审程序审理的，按照下列情形分别处理：

（一）按照第一审程序审理的，人民法院应当对第三人的诉讼请求一并审理，所作的判决可以上诉；

（二）按照第二审程序审理的，人民法院可以调解，调解达不成协议的，应当裁定撤销原判决、裁定、调解书，发回一审法院重审，重审时应当列明第三人。

第三百零一条 第三人提起撤销之诉后，未中止生效判决、裁定、调解书执行的，执行法院对第三人依照民事诉讼法第二百三十四条[①]规定提出的执行异议，应予审查。第三人不服驳回执行异议裁定，申请对原判决、裁定、调解书再审的，人民法院不予受理。

案外人对人民法院驳回其执行异议裁定不服，认为原判决、裁定、调解书内容错误损害其合法权益的，应当根据民事诉讼法第二百三十四条规定申请再审，提起第三人撤销之诉的，人民法院不予受理。

---

① 现为《民事诉讼法》（2023年修正）第二百三十八条。

十五、执行异议之诉

第三百零二条 根据民事诉讼法第二百三十四条规定,案外人、当事人对执行异议裁定不服,自裁定送达之日起十五日内向人民法院提起执行异议之诉的,由执行法院管辖。

第三百零三条 案外人提起执行异议之诉,除符合民事诉讼法第一百二十二条规定外,还应当具备下列条件:

(一)案外人的执行异议申请已经被人民法院裁定驳回;

(二)有明确的排除对执行标的执行的诉讼请求,且诉讼请求与原判决、裁定无关;

(三)自执行异议裁定送达之日起十五日内提起。

人民法院应当在收到起诉状之日起十五日内决定是否立案。

第三百零四条 申请执行人提起执行异议之诉,除符合民事诉讼法第一百二十二条规定外,还应当具备下列条件:

(一)依案外人执行异议申请,人民法院裁定中止执行;

(二)有明确的对执行标的继续执行的诉讼请求,且诉讼请求与原判决、裁定无关;

(三)自执行异议裁定送达之日起十五日内提起。

人民法院应当在收到起诉状之日起十五日内决定是否立案。

第三百零五条 案外人提起执行异议之诉的,以申请执行人为被告。被执行人反对案外人异议的,被执行人为共同被告;被执行人不反对案外人异议的,可以列被执行人为第三人。

第三百零六条 申请执行人提起执行异议之诉的,以案外人为被告。被执行人反对申请执行人主张的,以案外人和被执行人为共同被告;被执行人不反对申请执行人主张的,可以列被执行人为第三人。

第三百零七条 申请执行人对中止执行裁定未提起执行异议之诉,被执行人提起执行异议之诉的,人民法院告知其另行起诉。

第三百零八条 人民法院审理执行异议之诉案件,适用普通程序。

第三百零九条 案外人或者申请执行人提起执行异议之诉的,案外人应当就其对执行标的享有足以排除强制执行的民事权益承担举证证明责任。

第三百一十条 对案外人提起的执行异议之诉，人民法院经审理，按照下列情形分别处理：

（一）案外人就执行标的享有足以排除强制执行的民事权益的，判决不得执行该执行标的；

（二）案外人就执行标的不享有足以排除强制执行的民事权益的，判决驳回诉讼请求。

案外人同时提出确认其权利的诉讼请求的，人民法院可以在判决中一并作出裁判。

第三百一十一条 对申请执行人提起的执行异议之诉，人民法院经审理，按照下列情形分别处理：

（一）案外人就执行标的不享有足以排除强制执行的民事权益的，判决准许执行该执行标的；

（二）案外人就执行标的享有足以排除强制执行的民事权益的，判决驳回诉讼请求。

第三百一十二条 对案外人执行异议之诉，人民法院判决不得对执行标的执行的，执行异议裁定失效。

对申请执行人执行异议之诉，人民法院判决准许对该执行标的执行的，执行异议裁定失效，执行法院可以根据申请执行人的申请或者依职权恢复执行。

第三百一十三条 案外人执行异议之诉审理期间，人民法院不得对执行标的进行处分。申请执行人请求人民法院继续执行并提供相应担保的，人民法院可以准许。

被执行人与案外人恶意串通，通过执行异议、执行异议之诉妨害执行的，人民法院应当依照民事诉讼法第一百一十六条规定处理。申请执行人因此受到损害的，可以提起诉讼要求被执行人、案外人赔偿。

第三百一十四条 人民法院对执行标的裁定中止执行后，申请执行人在法律规定的期间内未提起执行异议之诉的，人民法院应当自起诉期限届满之日起七日内解除对该执行标的采取的执行措施。

十六、第二审程序

第三百一十五条 双方当事人和第三人都提起上诉的，均列为上诉人。人民法院可以依职权确定第二审程序中当事人的诉讼地位。

第三百一十六条 民事诉讼法第一百七十三条、第一百七十四条规定的对方当事人包括被上诉人和原审其他当事人。

第三百一十七条 必要共同诉讼人的一人或者部分人提起上诉的，按下列情形分别处理：

（一）上诉仅对与对方当事人之间权利义务分担有意见，不涉及其他共同诉讼人利益的，对方当事人为被上诉人，未上诉的同一方当事人依原审诉讼地位列明；

（二）上诉仅对共同诉讼人之间权利义务分担有意见，不涉及对方当事人利益的，未上诉的同一方当事人为被上诉人，对方当事人依原审诉讼地位列明；

（三）上诉对双方当事人之间以及共同诉讼人之间权利义务承担有意见的，未提起上诉的其他当事人均为被上诉人。

第三百一十八条 一审宣判时或者判决书、裁定书送达时，当事人口头表示上诉的，人民法院应告知其必须在法定上诉期间内递交上诉状。未在法定上诉期间内递交上诉状的，视为未提起上诉。虽递交上诉状，但未在指定的期限内交纳上诉费的，按自动撤回上诉处理。

第三百一十九条 无民事行为能力人、限制民事行为能力人的法定代理人，可以代理当事人提起上诉。

第三百二十条 上诉案件的当事人死亡或者终止的，人民法院依法通知其权利义务承继者参加诉讼。

需要终结诉讼的，适用民事诉讼法第一百五十四条规定。

第三百二十一条 第二审人民法院应当围绕当事人的上诉请求进行审理。

当事人没有提出请求的，不予审理，但一审判决违反法律禁止性规定，或者损害国家利益、社会公共利益、他人合法权益的除外。

第三百二十二条 开庭审理的上诉案件，第二审人民法院可以依照民事诉讼法第一百三十六条第四项规定进行审理前的准备。

第三百二十三条 下列情形，可以认定为民事诉讼法第一百七十七条第一款第四项规定的严重违反法定程序：

（一）审判组织的组成不合法的；

（二）应当回避的审判人员未回避的；

（三）无诉讼行为能力人未经法定代理人代为诉讼的；

（四）违法剥夺当事人辩论权利的。

第三百二十四条 对当事人在第一审程序中已经提出的诉讼请求，原审人民法院未作审理、判决的，第二审人民法院可以根据当事人自愿的原则进行调解；调解不成的，发回重审。

第三百二十五条 必须参加诉讼的当事人或者有独立请求权的第三人，在第一审程序中未参加诉讼，第二审人民法院可以根据当事人自愿的原则予以调解；调解不成的，发回重审。

第三百二十六条 在第二审程序中，原审原告增加独立的诉讼请求或者原审被告提出反诉的，第二审人民法院可以根据当事人自愿的原则就新增加的诉讼请求或者反诉进行调解；调解不成的，告知当事人另行起诉。

双方当事人同意由第二审人民法院一并审理的，第二审人民法院可以一并裁判。

第三百二十七条 一审判决不准离婚的案件，上诉后，第二审人民法院认为应当判决离婚的，可以根据当事人自愿的原则，与子女抚养、财产问题一并调解；调解不成的，发回重审。

双方当事人同意由第二审人民法院一并审理的，第二审人民法院可以一并裁判。

第三百二十八条 人民法院依照第二审程序审理案件，认为依法不应由人民法院受理的，可以由第二审人民法院直接裁定撤销原裁判，驳回起诉。

第三百二十九条 人民法院依照第二审程序审理案件，认为第一审人民法院受理案件违反专属管辖规定的，应当裁定撤销原裁判并移送有管辖权的人民法院。

第三百三十条 第二审人民法院查明第一审人民法院作出的不予受理裁定有错误的，应当在撤销原裁定的同时，指令第一审人民法院立案受理；查明第一审人民法院作出的驳回起诉裁定有错误的，应当在撤销原裁定的同时，指令第一审人民法院审理。

第三百三十一条 第二审人民法院对下列上诉案件，依照民事诉讼法第一百七十六条规定可以不开庭审理：

（一）不服不予受理、管辖权异议和驳回起诉裁定的；

（二）当事人提出的上诉请求明显不能成立的；

（三）原判决、裁定认定事实清楚，但适用法律错误的；

（四）原判决严重违反法定程序，需要发回重审的。

第三百三十二条 原判决、裁定认定事实或者适用法律虽有瑕疵，但裁判结果正确的，第二审人民法院可以在判决、裁定中纠正瑕疵后，依照民事诉讼法第一百七十七条第一款第一项规定予以维持。

第三百三十三条 民事诉讼法第一百七十七条第一款第三项规定的基本事实，是指用以确定当事人主体资格、案件性质、民事权利义务等对原判决、裁定的结果有实质性影响的事实。

第三百三十四条 在第二审程序中，作为当事人的法人或者其他组织分立的，人民法院可以直接将分立后的法人或者其他组织列为共同诉讼人；合并的，将合并后的法人或者其他组织列为当事人。

第三百三十五条 在第二审程序中，当事人申请撤回上诉，人民法院经审查认为一审判决确有错误，或者当事人之间恶意串通损害国家利益、社会公共利益、他人合法权益的，不应准许。

第三百三十六条 在第二审程序中，原审原告申请撤回起诉，经其他当事人同意，且不损害国家利益、社会公共利益、他人合法权益的，人民法院可以准许。准许撤诉的，应当一并裁定撤销一审裁判。

原审原告在第二审程序中撤回起诉后重复起诉的，人民法院不予受理。

第三百三十七条 当事人在第二审程序中达成和解协议的，人民法院可以根据当事人的请求，对双方达成的和解协议进行审查并制作调解书送达当事人；因和解而申请撤诉，经审查符合撤诉条件的，人民法院应予准许。

第三百三十八条 第二审人民法院宣告判决可以自行宣判，也可以委托原审人民法院或者当事人所在地人民法院代行宣判。

第三百三十九条 人民法院审理对裁定的上诉案件，应当在第二审立案之日起三十日内作出终审裁定。有特殊情况需要延长审限的，由本院院长批准。

第三百四十条　当事人在第一审程序中实施的诉讼行为，在第二审程序中对该当事人仍具有拘束力。

当事人推翻其在第一审程序中实施的诉讼行为时，人民法院应当责令其说明理由。理由不成立的，不予支持。

十七、特别程序

第三百四十一条　宣告失踪或者宣告死亡案件，人民法院可以根据申请人的请求，清理下落不明人的财产，并指定案件审理期间的财产管理人。公告期满后，人民法院判决宣告失踪的，应当同时依照民法典第四十二条的规定指定失踪人的财产代管人。

第三百四十二条　失踪人的财产代管人经人民法院指定后，代管人申请变更代管的，比照民事诉讼法特别程序的有关规定进行审理。申请理由成立的，裁定撤销申请人的代管人身份，同时另行指定财产代管人；申请理由不成立的，裁定驳回申请。

失踪人的其他利害关系人申请变更代管的，人民法院应当告知其以原指定的代管人为被告起诉，并按普通程序进行审理。

第三百四十三条　人民法院判决宣告公民失踪后，利害关系人向人民法院申请宣告失踪人死亡，自失踪之日起满四年的，人民法院应当受理，宣告失踪的判决即是该公民失踪的证明，审理中仍应依照民事诉讼法第一百九十二条规定进行公告。

第三百四十四条　符合法律规定的多个利害关系人提出宣告失踪、宣告死亡申请的，列为共同申请人。

第三百四十五条　寻找下落不明人的公告应当记载下列内容：

（一）被申请人应当在规定期间内向受理法院申报其具体地址及其联系方式。否则，被申请人将被宣告失踪、宣告死亡；

（二）凡知悉被申请人生存现状的人，应当在公告期间内将其所知道情况向受理法院报告。

第三百四十六条　人民法院受理宣告失踪、宣告死亡案件后，作出判决前，申请人撤回申请的，人民法院应当裁定终结案件，但其他符合法律规定的利害关系人加入程序要求继续审理的除外。

第三百四十七条 在诉讼中，当事人的利害关系人或者有关组织提出该当事人不能辨认或者不能完全辨认自己的行为，要求宣告该当事人无民事行为能力或者限制民事行为能力的，应由利害关系人或者有关组织向人民法院提出申请，由受诉人民法院按照特别程序立案审理，原诉讼中止。

第三百四十八条 认定财产无主案件，公告期间有人对财产提出请求的，人民法院应当裁定终结特别程序，告知申请人另行起诉，适用普通程序审理。

第三百四十九条 被指定的监护人不服居民委员会、村民委员会或者民政部门指定，应当自接到通知之日起三十日内向人民法院提出异议。经审理，认为指定并无不当的，裁定驳回异议；指定不当的，判决撤销指定，同时另行指定监护人。判决书应当送达异议人、原指定单位及判决指定的监护人。

有关当事人依照民法典第三十一条第一款规定直接向人民法院申请指定监护人的，适用特别程序审理，判决指定监护人。判决书应当送达申请人、判决指定的监护人。

第三百五十条 申请认定公民无民事行为能力或者限制民事行为能力的案件，被申请人没有近亲属的，人民法院可以指定经被申请人住所地的居民委员会、村民委员会或者民政部门同意，且愿意担任代理人的个人或者组织为代理人。

没有前款规定的代理人的，由被申请人住所地的居民委员会、村民委员会或者民政部门担任代理人。

代理人可以是一人，也可以是同一顺序中的两人。

第三百五十一条 申请司法确认调解协议的，双方当事人应当本人或者由符合民事诉讼法第六十一条规定的代理人依照民事诉讼法第二百零一条[①]的规定提出申请。

第三百五十二条 调解组织自行开展的调解，有两个以上调解组织参与的，符合民事诉讼法第二百零一条规定的各调解组织所在地人民法院均有管辖权。

双方当事人可以共同向符合民事诉讼法第二百零一条规定的其中一个有

[①] 现为《民事诉讼法》（2023年修正）第二百零五条。

管辖权的人民法院提出申请；双方当事人共同向两个以上有管辖权的人民法院提出申请的，由最先立案的人民法院管辖。

第三百五十三条 当事人申请司法确认调解协议，可以采用书面形式或者口头形式。当事人口头申请的，人民法院应当记入笔录，并由当事人签名、捺印或者盖章。

第三百五十四条 当事人申请司法确认调解协议，应当向人民法院提交调解协议、调解组织主持调解的证明，以及与调解协议相关的财产权利证明等材料，并提供双方当事人的身份、住所、联系方式等基本信息。

当事人未提交上述材料的，人民法院应当要求当事人限期补交。

第三百五十五条 当事人申请司法确认调解协议，有下列情形之一的，人民法院裁定不予受理：

（一）不属于人民法院受理范围的；

（二）不属于收到申请的人民法院管辖的；

（三）申请确认婚姻关系、亲子关系、收养关系等身份关系无效、有效或者解除的；

（四）涉及适用其他特别程序、公示催告程序、破产程序审理的；

（五）调解协议内容涉及物权、知识产权确权的。

人民法院受理申请后，发现有上述不予受理情形的，应当裁定驳回当事人的申请。

第三百五十六条 人民法院审查相关情况时，应当通知双方当事人共同到场对案件进行核实。

人民法院经审查，认为当事人的陈述或者提供的证明材料不充分、不完备或者有疑义的，可以要求当事人限期补充陈述或者补充证明材料。必要时，人民法院可以向调解组织核实有关情况。

第三百五十七条 确认调解协议的裁定作出前，当事人撤回申请的，人民法院可以裁定准许。

当事人无正当理由未在限期内补充陈述、补充证明材料或者拒不接受询问的，人民法院可以按撤回申请处理。

第三百五十八条 经审查，调解协议有下列情形之一的，人民法院应当裁定驳回申请：

（一）违反法律强制性规定的；

（二）损害国家利益、社会公共利益、他人合法权益的；

（三）违背公序良俗的；

（四）违反自愿原则的；

（五）内容不明确的；

（六）其他不能进行司法确认的情形。

第三百五十九条 民事诉讼法第二百零三条[①]规定的担保物权人，包括抵押权人、质权人、留置权人；其他有权请求实现担保物权的人，包括抵押人、出质人、财产被留置的债务人或者所有权人等。

第三百六十条 实现票据、仓单、提单等有权利凭证的权利质权案件，可以由权利凭证持有人住所地人民法院管辖；无权利凭证的权利质权，由出质登记地人民法院管辖。

第三百六十一条 实现担保物权案件属于海事法院等专门人民法院管辖的，由专门人民法院管辖。

第三百六十二条 同一债权的担保物有多个且所在地不同，申请人分别向有管辖权的人民法院申请实现担保物权的，人民法院应当依法受理。

第三百六十三条 依照民法典第三百九十二条的规定，被担保的债权既有物的担保又有人的担保，当事人对实现担保物权的顺序有约定，实现担保物权的申请违反该约定的，人民法院裁定不予受理；没有约定或者约定不明的，人民法院应当受理。

第三百六十四条 同一财产上设立多个担保物权，登记在先的担保物权尚未实现的，不影响后顺位的担保物权人向人民法院申请实现担保物权。

第三百六十五条 申请实现担保物权，应当提交下列材料：

（一）申请书。申请书应当记明申请人、被申请人的姓名或者名称、联系方式等基本信息，具体的请求和事实、理由；

（二）证明担保物权存在的材料，包括主合同、担保合同、抵押登记证明或者他项权利证书，权利质权的权利凭证或者质权出质登记证明等；

（三）证明实现担保物权条件成就的材料；

[①] 现为《民事诉讼法》（2023年修正）第二百零七条。

（四）担保财产现状的说明；

（五）人民法院认为需要提交的其他材料。

第三百六十六条 人民法院受理申请后，应当在五日内向被申请人送达申请书副本、异议权利告知书等文书。

被申请人有异议的，应当在收到人民法院通知后的五日内向人民法院提出，同时说明理由并提供相应的证据材料。

第三百六十七条 实现担保物权案件可以由审判员一人独任审查。担保财产标的额超过基层人民法院管辖范围的，应当组成合议庭进行审查。

第三百六十八条 人民法院审查实现担保物权案件，可以询问申请人、被申请人、利害关系人，必要时可以依职权调查相关事实。

第三百六十九条 人民法院应当就主合同的效力、期限、履行情况，担保物权是否有效设立、担保财产的范围、被担保的债权范围、被担保的债权是否已届清偿期等担保物权实现的条件，以及是否损害他人合法权益等内容进行审查。

被申请人或者利害关系人提出异议的，人民法院应当一并审查。

第三百七十条 人民法院审查后，按下列情形分别处理：

（一）当事人对实现担保物权无实质性争议且实现担保物权条件成就的，裁定准许拍卖、变卖担保财产；

（二）当事人对实现担保物权有部分实质性争议的，可以就无争议部分裁定准许拍卖、变卖担保财产；

（三）当事人对实现担保物权有实质性争议的，裁定驳回申请，并告知申请人向人民法院提起诉讼。

第三百七十一条 人民法院受理申请后，申请人对担保财产提出保全申请的，可以按照民事诉讼法关于诉讼保全的规定办理。

第三百七十二条 适用特别程序作出的判决、裁定，当事人、利害关系人认为有错误的，可以向作出该判决、裁定的人民法院提出异议。人民法院经审查，异议成立或者部分成立的，作出新的判决、裁定撤销或者改变原判决、裁定；异议不成立的，裁定驳回。

对人民法院作出的确认调解协议、准许实现担保物权的裁定，当事人有异议的，应当自收到裁定之日起十五日内提出；利害关系人有异议的，自知道或者应当知道其民事权益受到侵害之日起六个月内提出。

十八、审判监督程序

第三百七十三条 当事人死亡或者终止的,其权利义务承继者可以根据民事诉讼法第二百零六条①、第二百零八条②的规定申请再审。

判决、调解书生效后,当事人将判决、调解书确认的债权转让,债权受让人对该判决、调解书不服申请再审的,人民法院不予受理。

第三百七十四条 民事诉讼法第二百零六条规定的人数众多的一方当事人,包括公民、法人和其他组织。

民事诉讼法第二百零六条规定的当事人双方为公民的案件,是指原告和被告均为公民的案件。

第三百七十五条 当事人申请再审,应当提交下列材料:

(一)再审申请书,并按照被申请人和原审其他当事人的人数提交副本;

(二)再审申请人是自然人的,应当提交身份证明;再审申请人是法人或者其他组织的,应当提交营业执照、组织机构代码证书、法定代表人或者主要负责人身份证明书。委托他人代为申请的,应当提交授权委托书和代理人身份证明;

(三)原审判决书、裁定书、调解书;

(四)反映案件基本事实的主要证据及其他材料。

前款第二项、第三项、第四项规定的材料可以是与原件核对无异的复印件。

第三百七十六条 再审申请书应当记明下列事项:

(一)再审申请人与被申请人及原审其他当事人的基本信息;

(二)原审人民法院的名称,原审裁判文书案号;

(三)具体的再审请求;

(四)申请再审的法定情形及具体事实、理由。

再审申请书应当明确申请再审的人民法院,并由再审申请人签名、捺印

---

① 现为《民事诉讼法》(2023年修正)第二百一十条。
② 现为《民事诉讼法》(2023年修正)第二百一十二条。

或者盖章。

第三百七十七条 当事人一方人数众多或者当事人双方为公民的案件，当事人分别向原审人民法院和上一级人民法院申请再审且不能协商一致的，由原审人民法院受理。

第三百七十八条 适用特别程序、督促程序、公示催告程序、破产程序等非讼程序审理的案件，当事人不得申请再审。

第三百七十九条 当事人认为发生法律效力的不予受理、驳回起诉的裁定错误的，可以申请再审。

第三百八十条 当事人就离婚案件中的财产分割问题申请再审，如涉及判决中已分割的财产，人民法院应当依照民事诉讼法第二百零七条①的规定进行审查，符合再审条件的，应当裁定再审；如涉及判决中未作处理的夫妻共同财产，应当告知当事人另行起诉。

第三百八十一条 当事人申请再审，有下列情形之一的，人民法院不予受理：

（一）再审申请被驳回后再次提出申请的；

（二）对再审判决、裁定提出申请的；

（三）在人民检察院对当事人的申请作出不予提出再审检察建议或者抗诉决定后又提出申请的。

前款第一项、第二项规定情形，人民法院应当告知当事人可以向人民检察院申请再审检察建议或者抗诉，但因人民检察院提出再审检察建议或者抗诉而再审作出的判决、裁定除外。

第三百八十二条 当事人对已经发生法律效力的调解书申请再审，应当在调解书发生法律效力后六个月内提出。

第三百八十三条 人民法院应当自收到符合条件的再审申请书等材料之日起五日内向再审申请人发送受理通知书，并向被申请人及原审其他当事人发送应诉通知书、再审申请书副本等材料。

第三百八十四条 人民法院受理申请再审案件后，应当依照民事诉讼法

---

① 现为《民事诉讼法》（2023年修正）第二百一十一条。

第二百零七条、第二百零八条、第二百一十一条①等规定，对当事人主张的再审事由进行审查。

第三百八十五条 再审申请人提供的新的证据，能够证明原判决、裁定认定基本事实或者裁判结果错误的，应当认定为民事诉讼法第二百零七条第一项规定的情形。

对于符合前款规定的证据，人民法院应当责令再审申请人说明其逾期提供该证据的理由；拒不说明理由或者理由不成立的，依照民事诉讼法第六十八条第二款和本解释第一百零二条的规定处理。

第三百八十六条 再审申请人证明其提交的新的证据符合下列情形之一的，可以认定逾期提供证据的理由成立：

（一）在原审庭审结束前已经存在，因客观原因于庭审结束后才发现的；

（二）在原审庭审结束前已经发现，但因客观原因无法取得或者在规定的期限内不能提供的；

（三）在原审庭审结束后形成，无法据此另行提起诉讼的。

再审申请人提交的证据在原审中已经提供，原审人民法院未组织质证且未作为裁判根据的，视为逾期提供证据的理由成立，但原审人民法院依照民事诉讼法第六十八条规定不予采纳的除外。

第三百八十七条 当事人对原判决、裁定认定事实的主要证据在原审中拒绝发表质证意见或者质证中未对证据发表质证意见的，不属于民事诉讼法第二百零七条第四项规定的未经质证的情形。

第三百八十八条 有下列情形之一，导致判决、裁定结果错误的，应当认定为民事诉讼法第二百零七条第六项规定的原判决、裁定适用法律确有错误：

（一）适用的法律与案件性质明显不符的；

（二）确定民事责任明显违背当事人约定或者法律规定的；

（三）适用已经失效或者尚未施行的法律的；

（四）违反法律溯及力规定的；

（五）违反法律适用规则的；

---

① 现为《民事诉讼法》（2023年修正）第二百一十五条。

（六）明显违背立法原意的。

第三百八十九条 原审开庭过程中有下列情形之一的，应当认定为民事诉讼法第二百零七条第九项规定的剥夺当事人辩论权利：

（一）不允许当事人发表辩论意见的；

（二）应当开庭审理而未开庭审理的；

（三）违反法律规定送达起诉状副本或者上诉状副本，致使当事人无法行使辩论权利的；

（四）违法剥夺当事人辩论权利的其他情形。

第三百九十条 民事诉讼法第二百零七条第十一项规定的诉讼请求，包括一审诉讼请求、二审上诉请求，但当事人未对一审判决、裁定遗漏或者超出诉讼请求提起上诉的除外。

第三百九十一条 民事诉讼法第二百零七条第十二项规定的法律文书包括：

（一）发生法律效力的判决书、裁定书、调解书；

（二）发生法律效力的仲裁裁决书；

（三）具有强制执行效力的公证债权文书。

第三百九十二条 民事诉讼法第二百零七条第十三项规定的审判人员审理该案件时有贪污受贿、徇私舞弊、枉法裁判行为，是指已经由生效刑事法律文书或者纪律处分决定所确认的行为。

第三百九十三条 当事人主张的再审事由成立，且符合民事诉讼法和本解释规定的申请再审条件的，人民法院应当裁定再审。

当事人主张的再审事由不成立，或者当事人申请再审超过法定申请再审期限、超出法定再审事由范围等不符合民事诉讼法和本解释规定的申请再审条件的，人民法院应当裁定驳回再审申请。

第三百九十四条 人民法院对已经发生法律效力的判决、裁定、调解书依法决定再审，依照民事诉讼法第二百一十三条①规定，需要中止执行的，应当在再审裁定中同时写明中止原判决、裁定、调解书的执行；情况紧急的，可以将中止执行裁定口头通知负责执行的人民法院，并在通知后十日内发出

---

① 现为《民事诉讼法》（2023年修正）第二百一十七条。

裁定书。

第三百九十五条 人民法院根据审查案件的需要决定是否询问当事人。新的证据可能推翻原判决、裁定的，人民法院应当询问当事人。

第三百九十六条 审查再审申请期间，被申请人及原审其他当事人依法提出再审申请的，人民法院应当将其列为再审申请人，对其再审事由一并审查，审查期限重新计算。经审查，其中一方再审申请人主张的再审事由成立的，应当裁定再审。各方再审申请人主张的再审事由均不成立的，一并裁定驳回再审申请。

第三百九十七条 审查再审申请期间，再审申请人申请人民法院委托鉴定、勘验的，人民法院不予准许。

第三百九十八条 审查再审申请期间，再审申请人撤回再审申请的，是否准许，由人民法院裁定。

再审申请人经传票传唤，无正当理由拒不接受询问的，可以按撤回再审申请处理。

第三百九十九条 人民法院准许撤回再审申请或者按撤回再审申请处理后，再审申请人再次申请再审的，不予受理，但有民事诉讼法第二百零七条第一项、第三项、第十二项、第十三项规定情形，自知道或者应当知道之日起六个月内提出的除外。

第四百条 再审申请审查期间，有下列情形之一的，裁定终结审查：

（一）再审申请人死亡或者终止，无权利义务承继者或者权利义务承继者声明放弃再审申请的；

（二）在给付之诉中，负有给付义务的被申请人死亡或者终止，无可供执行的财产，也没有应当承担义务的人的；

（三）当事人达成和解协议且已履行完毕的，但当事人在和解协议中声明不放弃申请再审权利的除外；

（四）他人未经授权以当事人名义申请再审的；

（五）原审或者上一级人民法院已经裁定再审的；

（六）有本解释第三百八十一条第一款规定情形的。

第四百零一条 人民法院审理再审案件应当组成合议庭开庭审理，但按照第二审程序审理，有特殊情况或者双方当事人已经通过其他方式充分表达意见，且书面同意不开庭审理的除外。

符合缺席判决条件的，可以缺席判决。

第四百零二条 人民法院开庭审理再审案件，应当按照下列情形分别进行：

（一）因当事人申请再审的，先由再审申请人陈述再审请求及理由，后由被申请人答辩、其他原审当事人发表意见；

（二）因抗诉再审的，先由抗诉机关宣读抗诉书，再由申请抗诉的当事人陈述，后由被申请人答辩、其他原审当事人发表意见；

（三）人民法院依职权再审，有申诉人的，先由申诉人陈述再审请求及理由，后由被申诉人答辩、其他原审当事人发表意见；

（四）人民法院依职权再审，没有申诉人的，先由原审原告或者原审上诉人陈述，后由原审其他当事人发表意见。

对前款第一项至第三项规定的情形，人民法院应当要求当事人明确其再审请求。

第四百零三条 人民法院审理再审案件应当围绕再审请求进行。当事人的再审请求超出原审诉讼请求的，不予审理；符合另案诉讼条件的，告知当事人可以另行起诉。

被申请人及原审其他当事人在庭审辩论结束前提出的再审请求，符合民事诉讼法第二百一十二条①规定的，人民法院应当一并审理。

人民法院经再审，发现已经发生法律效力的判决、裁定损害国家利益、社会公共利益、他人合法权益的，应当一并审理。

第四百零四条 再审审理期间，有下列情形之一的，可以裁定终结再审程序：

（一）再审申请人在再审期间撤回再审请求，人民法院准许的；

（二）再审申请人经传票传唤，无正当理由拒不到庭的，或者未经法庭许可中途退庭，按撤回再审请求处理的；

（三）人民检察院撤回抗诉的；

（四）有本解释第四百条第一项至第四项规定情形的。

---

① 现为《民事诉讼法》（2023年修正）第二百一十六条。

因人民检察院提出抗诉裁定再审的案件，申请抗诉的当事人有前款规定的情形，且不损害国家利益、社会公共利益或者他人合法权益的，人民法院应当裁定终结再审程序。

再审程序终结后，人民法院裁定中止执行的原生效判决自动恢复执行。

第四百零五条 人民法院经再审审理认为，原判决、裁定认定事实清楚、适用法律正确的，应予维持；原判决、裁定认定事实、适用法律虽有瑕疵，但裁判结果正确的，应当在再审判决、裁定中纠正瑕疵后予以维持。

原判决、裁定认定事实、适用法律错误，导致裁判结果错误的，应当依法改判、撤销或者变更。

第四百零六条 按照第二审程序再审的案件，人民法院经审理认为不符合民事诉讼法规定的起诉条件或者符合民事诉讼法第一百二十七条规定不予受理情形的，应当裁定撤销一、二审判决，驳回起诉。

第四百零七条 人民法院对调解书裁定再审后，按照下列情形分别处理：

（一）当事人提出的调解违反自愿原则的事由不成立，且调解书的内容不违反法律强制性规定的，裁定驳回再审申请；

（二）人民检察院抗诉或者再审检察建议所主张的损害国家利益、社会公共利益的理由不成立的，裁定终结再审程序。

前款规定情形，人民法院裁定中止执行的调解书需要继续执行的，自动恢复执行。

第四百零八条 一审原告在再审审理程序中申请撤回起诉，经其他当事人同意，且不损害国家利益、社会公共利益、他人合法权益的，人民法院可以准许。裁定准许撤诉的，应当一并撤销原判决。

一审原告在再审审理程序中撤回起诉后重复起诉的，人民法院不予受理。

第四百零九条 当事人提交新的证据致使再审改判，因再审申请人或者申请检察监督当事人的过错未能在原审程序中及时举证，被申请人等当事人请求补偿其增加的交通、住宿、就餐、误工等必要费用的，人民法院应予支持。

第四百一十条 部分当事人到庭并达成调解协议，其他当事人未作出书面表示的，人民法院应当在判决中对该事实作出表述；调解协议内容不违反法律规定，且不损害其他当事人合法权益的，可以在判决主文中予以确认。

第四百一十一条 人民检察院依法对损害国家利益、社会公共利益的发生法律效力的判决、裁定、调解书提出抗诉，或者经人民检察院检察委员会讨论决定提出再审检察建议的，人民法院应予受理。

第四百一十二条 人民检察院对已经发生法律效力的判决以及不予受理、驳回起诉的裁定依法提出抗诉的，人民法院应予受理，但适用特别程序、督促程序、公示催告程序、破产程序以及解除婚姻关系的判决、裁定等不适用审判监督程序的判决、裁定除外。

第四百一十三条 人民检察院依照民事诉讼法第二百一十六条[①]第一款第三项规定对有明显错误的再审判决、裁定提出抗诉或者再审检察建议的，人民法院应予受理。

第四百一十四条 地方各级人民检察院依当事人的申请对生效判决、裁定向同级人民法院提出再审检察建议，符合下列条件的，应予受理：

（一）再审检察建议书和原审当事人申请书及相关证据材料已经提交；

（二）建议再审的对象为依照民事诉讼法和本解释规定可以进行再审的判决、裁定；

（三）再审检察建议书列明该判决、裁定有民事诉讼法第二百一十五条[②]第二款规定情形；

（四）符合民事诉讼法第二百一十六条第一款第一项、第二项规定情形；

（五）再审检察建议经该人民检察院检察委员会讨论决定。

不符合前款规定的，人民法院可以建议人民检察院予以补正或者撤回；不予补正或者撤回的，应当函告人民检察院不予受理。

第四百一十五条 人民检察院依当事人的申请对生效判决、裁定提出抗诉，符合下列条件的，人民法院应当在三十日内裁定再审：

（一）抗诉书和原审当事人申请书及相关证据材料已经提交；

（二）抗诉对象为依照民事诉讼法和本解释规定可以进行再审的判决、裁定；

（三）抗诉书列明该判决、裁定有民事诉讼法第二百一十五条第一款规定

[①] 现为《民事诉讼法》（2023年修正）第二百二十条。
[②] 现为《民事诉讼法》（2023年修正）第二百一十九条。

情形；

（四）符合民事诉讼法第二百一十六条第一款第一项、第二项规定情形。

不符合前款规定的，人民法院可以建议人民检察院予以补正或者撤回；不予补正或者撤回的，人民法院可以裁定不予受理。

第四百一十六条 当事人的再审申请被上级人民法院裁定驳回后，人民检察院对原判决、裁定、调解书提出抗诉，抗诉事由符合民事诉讼法第二百零七条第一项至第五项规定情形之一的，受理抗诉的人民法院可以交由下一级人民法院再审。

第四百一十七条 人民法院收到再审检察建议后，应当组成合议庭，在三个月内进行审查，发现原判决、裁定、调解书确有错误，需要再审的，依照民事诉讼法第二百零五条① 规定裁定再审，并通知当事人；经审查，决定不予再审的，应当书面回复人民检察院。

第四百一十八条 人民法院审理因人民检察院抗诉或者检察建议裁定再审的案件，不受此前已经作出的驳回当事人再审申请裁定的影响。

第四百一十九条 人民法院开庭审理抗诉案件，应当在开庭三日前通知人民检察院、当事人和其他诉讼参与人。同级人民检察院或者提出抗诉的人民检察院应当派员出庭。

人民检察院因履行法律监督职责向当事人或者案外人调查核实的情况，应当向法庭提交并予以说明，由双方当事人进行质证。

第四百二十条 必须共同进行诉讼的当事人因不能归责于本人或者其诉讼代理人的事由未参加诉讼的，可以根据民事诉讼法第二百零七条第八项规定，自知道或者应当知道之日起六个月内申请再审，但符合本解释第四百二十一条规定情形的除外。

人民法院因前款规定的当事人申请而裁定再审，按照第一审程序再审的，应当追加其为当事人，作出新的判决、裁定；按照第二审程序再审，经调解不能达成协议的，应当撤销原判决、裁定，发回重审，重审时应追加其为当事人。

---

① 现为《民事诉讼法》（2023年修正）第二百零九条。

第四百二十一条 根据民事诉讼法第二百三十四条①规定，案外人对驳回其执行异议的裁定不服，认为原判决、裁定、调解书内容错误损害其民事权益的，可以自执行异议裁定送达之日起六个月内，向作出原判决、裁定、调解书的人民法院申请再审。

第四百二十二条 根据民事诉讼法第二百三十四条规定，人民法院裁定再审后，案外人属于必要的共同诉讼当事人的，依照本解释第四百二十条第二款规定处理。

案外人不是必要的共同诉讼当事人的，人民法院仅审理原判决、裁定、调解书对其民事权益造成损害的内容。经审理，再审请求成立的，撤销或者改变原判决、裁定、调解书；再审请求不成立的，维持原判决、裁定、调解书。

第四百二十三条 本解释第三百三十八条规定适用于审判监督程序。

第四百二十四条 对小额诉讼案件的判决、裁定，当事人以民事诉讼法第二百零七条规定的事由向原审人民法院申请再审的，人民法院应当受理。申请再审事由成立的，应当裁定再审，组成合议庭进行审理。作出的再审判决、裁定，当事人不得上诉。

当事人以不应按小额诉讼案件审理为由向原审人民法院申请再审的，人民法院应当受理。理由成立的，应当裁定再审，组成合议庭审理。作出的再审判决、裁定，当事人可以上诉。

十九、督促程序

第四百二十五条 两个以上人民法院都有管辖权的，债权人可以向其中一个基层人民法院申请支付令。

债权人向两个以上有管辖权的基层人民法院申请支付令的，由最先立案的人民法院管辖。

第四百二十六条 人民法院收到债权人的支付令申请书后，认为申请书不符合要求的，可以通知债权人限期补正。人民法院应当自收到补正材料之日起五日内通知债权人是否受理。

---

① 现为《民事诉讼法》（2023年修正）第二百三十八条。

第四百二十七条 债权人申请支付令，符合下列条件的，基层人民法院应当受理，并在收到支付令申请书后五日内通知债权人：

（一）请求给付金钱或者汇票、本票、支票、股票、债券、国库券、可转让的存款单等有价证券；

（二）请求给付的金钱或者有价证券已到期且数额确定，并写明了请求所根据的事实、证据；

（三）债权人没有对待给付义务；

（四）债务人在我国境内且未下落不明；

（五）支付令能够送达债务人；

（六）收到申请书的人民法院有管辖权；

（七）债权人未向人民法院申请诉前保全。

不符合前款规定的，人民法院应当在收到支付令申请书后五日内通知债权人不予受理。

基层人民法院受理申请支付令案件，不受债权金额的限制。

第四百二十八条 人民法院受理申请后，由审判员一人进行审查。经审查，有下列情形之一的，裁定驳回申请：

（一）申请人不具备当事人资格的；

（二）给付金钱或者有价证券的证明文件没有约定逾期给付利息或者违约金、赔偿金，债权人坚持要求给付利息或者违约金、赔偿金的；

（三）要求给付的金钱或者有价证券属于违法所得的；

（四）要求给付的金钱或者有价证券尚未到期或者数额不确定的。

人民法院受理支付令申请后，发现不符合本解释规定的受理条件的，应当在受理之日起十五日内裁定驳回申请。

第四百二十九条 向债务人本人送达支付令，债务人拒绝接收的，人民法院可以留置送达。

第四百三十条 有下列情形之一的，人民法院应当裁定终结督促程序，已发出支付令的，支付令自行失效：

（一）人民法院受理支付令申请后，债权人就同一债权债务关系又提起诉讼的；

（二）人民法院发出支付令之日起三十日内无法送达债务人的；

（三）债务人收到支付令前，债权人撤回申请的。

第四百三十一条 债务人在收到支付令后，未在法定期间提出书面异议，而向其他人民法院起诉的，不影响支付令的效力。

债务人超过法定期间提出异议的，视为未提出异议。

第四百三十二条 债权人基于同一债权债务关系，在同一支付令申请中向债务人提出多项支付请求，债务人仅就其中一项或者几项请求提出异议的，不影响其他各项请求的效力。

第四百三十三条 债权人基于同一债权债务关系，就可分之债向多个债务人提出支付请求，多个债务人中的一人或者几人提出异议的，不影响其他请求的效力。

第四百三十四条 对设有担保的债务的主债务人发出的支付令，对担保人没有拘束力。

债权人就担保关系单独提起诉讼的，支付令自人民法院受理案件之日起失效。

第四百三十五条 经形式审查，债务人提出的书面异议有下列情形之一的，应当认定异议成立，裁定终结督促程序，支付令自行失效：

（一）本解释规定的不予受理申请情形的；

（二）本解释规定的裁定驳回申请情形的；

（三）本解释规定的应当裁定终结督促程序情形的；

（四）人民法院对是否符合发出支付令条件产生合理怀疑的。

第四百三十六条 债务人对债务本身没有异议，只是提出缺乏清偿能力、延缓债务清偿期限、变更债务清偿方式等异议的，不影响支付令的效力。

人民法院经审查认为异议不成立的，裁定驳回。

债务人的口头异议无效。

第四百三十七条 人民法院作出终结督促程序或者驳回异议裁定前，债务人请求撤回异议的，应当裁定准许。

债务人对撤回异议反悔的，人民法院不予支持。

第四百三十八条 支付令失效后，申请支付令的一方当事人不同意提起诉讼的，应当自收到终结督促程序裁定之日起七日内向受理申请的人民法院提出。

申请支付令的一方当事人不同意提起诉讼的，不影响其向其他有管辖权的人民法院提起诉讼。

第四百三十九条 支付令失效后，申请支付令的一方当事人自收到终结督促程序裁定之日起七日内未向受理申请的人民法院表明不同意提起诉讼的，视为向受理申请的人民法院起诉。

债权人提出支付令申请的时间，即为向人民法院起诉的时间。

第四百四十条 债权人向人民法院申请执行支付令的期间，适用民事诉讼法第二百四十六条① 的规定。

第四百四十一条 人民法院院长发现本院已经发生法律效力的支付令确有错误，认为需要撤销的，应当提交本院审判委员会讨论决定后，裁定撤销支付令，驳回债权人的申请。

二十、公示催告程序

第四百四十二条 民事诉讼法第二百二十五条② 规定的票据持有人，是指票据被盗、遗失或者灭失前的最后持有人。

第四百四十三条 人民法院收到公示催告的申请后，应当立即审查，并决定是否受理。经审查认为符合受理条件的，通知予以受理，并同时通知支付人停止支付；认为不符合受理条件的，七日内裁定驳回申请。

第四百四十四条 因票据丧失，申请公示催告的，人民法院应结合票据存根、丧失票据的复印件、出票人关于签发票据的证明、申请人合法取得票据的证明、银行挂失止付通知书、报案证明等证据，决定是否受理。

第四百四十五条 人民法院依照民事诉讼法第二百二十六条③ 规定发出的受理申请的公告，应当写明下列内容：

（一）公示催告申请人的姓名或者名称；

（二）票据的种类、号码、票面金额、出票人、背书人、持票人、付款期限等事项以及其他可以申请公示催告的权利凭证的种类、号码、权利范围、权利人、义务人、行权日期等事项；

---

① 现为《民事诉讼法》（2023年修正）第二百五十条。
② 现为《民事诉讼法》（2023年修正）第二百二十九条。
③ 现为《民事诉讼法》（2023年修正）第二百三十条。

（三）申报权利的期间；

（四）在公示催告期间转让票据等权利凭证，利害关系人不申报的法律后果。

第四百四十六条 公告应当在有关报纸或者其他媒体上刊登，并于同日公布于人民法院公告栏内。人民法院所在地有证券交易所的，还应当同日在该交易所公布。

第四百四十七条 公告期间不得少于六十日，且公示催告期间届满日不得早于票据付款日后十五日。

第四百四十八条 在申报期届满后、判决作出之前，利害关系人申报权利的，应当适用民事诉讼法第二百二十八条[①]第二款、第三款规定处理。

第四百四十九条 利害关系人申报权利，人民法院应当通知其向法院出示票据，并通知公示催告申请人在指定的期间查看该票据。公示催告申请人申请公示催告的票据与利害关系人出示的票据不一致的，应当裁定驳回利害关系人的申报。

第四百五十条 在申报权利的期间无人申报权利，或者申报被驳回的，申请人应当自公示催告期间届满之日起一个月内申请作出判决。逾期不申请判决的，终结公示催告程序。

裁定终结公示催告程序的，应当通知申请人和支付人。

第四百五十一条 判决公告之日起，公示催告申请人有权依据判决向付款人请求付款。

付款人拒绝付款，申请人向人民法院起诉，符合民事诉讼法第一百二十二条规定的起诉条件的，人民法院应予受理。

第四百五十二条 适用公示催告程序审理案件，可由审判员一人独任审理；判决宣告票据无效的，应当组成合议庭审理。

第四百五十三条 公示催告申请人撤回申请，应在公示催告前提出；公示催告期间申请撤回的，人民法院可以径行裁定终结公示催告程序。

第四百五十四条 人民法院依照民事诉讼法第二百二十七条[②]规定通知支

[①] 现为《民事诉讼法》（2023年修正）第二百三十二条。
[②] 现为《民事诉讼法》（2023年修正）第二百三十一条。

付人停止支付，应当符合有关财产保全的规定。支付人收到停止支付通知后拒不止付的，除可依照民事诉讼法第一百一十四条、第一百一十七条规定采取强制措施外，在判决后，支付人仍应承担付款义务。

第四百五十五条 人民法院依照民事诉讼法第二百二十八条规定终结公示催告程序后，公示催告申请人或者申报人向人民法院提起诉讼，因票据权利纠纷提起的，由票据支付地或者被告住所地人民法院管辖；因非票据权利纠纷提起的，由被告住所地人民法院管辖。

第四百五十六条 依照民事诉讼法第二百二十八条规定制作的终结公示催告程序的裁定书，由审判员、书记员署名，加盖人民法院印章。

第四百五十七条 依照民事诉讼法第二百三十条[①]的规定，利害关系人向人民法院起诉的，人民法院可按票据纠纷适用普通程序审理。

第四百五十八条 民事诉讼法第二百三十条规定的正当理由，包括：

（一）因发生意外事件或者不可抗力致使利害关系人无法知道公告事实的；

（二）利害关系人因被限制人身自由而无法知道公告事实，或者虽然知道公告事实，但无法自己或者委托他人代为申报权利的；

（三）不属于法定申请公示催告情形的；

（四）未予公告或者未按法定方式公告的；

（五）其他导致利害关系人在判决作出前未能向人民法院申报权利的客观事由。

第四百五十九条 根据民事诉讼法第二百三十条的规定，利害关系人请求人民法院撤销除权判决的，应当将申请人列为被告。

利害关系人仅诉请确认其为合法持票人的，人民法院应当在裁判文书中写明，确认利害关系人为票据权利人的判决作出后，除权判决即被撤销。

二十一、执行程序

第四百六十条 发生法律效力的实现担保物权裁定、确认调解协议裁定、支付令，由作出裁定、支付令的人民法院或者与其同级的被执行财产所在地

[①] 现为《民事诉讼法》（2023年修正）第二百三十四条。

的人民法院执行。

认定财产无主的判决，由作出判决的人民法院将无主财产收归国家或者集体所有。

第四百六十一条 当事人申请人民法院执行的生效法律文书应当具备下列条件：

（一）权利义务主体明确；

（二）给付内容明确。

法律文书确定继续履行合同的，应当明确继续履行的具体内容。

第四百六十二条 根据民事诉讼法第二百三十四条规定，案外人对执行标的提出异议的，应当在该执行标的执行程序终结前提出。

第四百六十三条 案外人对执行标的提出的异议，经审查，按照下列情形分别处理：

（一）案外人对执行标的不享有足以排除强制执行的权益的，裁定驳回其异议；

（二）案外人对执行标的享有足以排除强制执行的权益的，裁定中止执行。

驳回案外人执行异议裁定送达案外人之日起十五日内，人民法院不得对执行标的进行处分。

第四百六十四条 申请执行人与被执行人达成和解协议后请求中止执行或者撤回执行申请的，人民法院可以裁定中止执行或者终结执行。

第四百六十五条 一方当事人不履行或者不完全履行在执行中双方自愿达成的和解协议，对方当事人申请执行原生效法律文书的，人民法院应当恢复执行，但和解协议已履行的部分应当扣除。和解协议已经履行完毕的，人民法院不予恢复执行。

第四百六十六条 申请恢复执行原生效法律文书，适用民事诉讼法第二百四十六条[①]申请执行期间的规定。申请执行期间因达成执行中的和解协议而中断，其期间自和解协议约定履行期限的最后一日起重新计算。

---

① 现为《民事诉讼法》（2023年修正）第二百五十条。

第四百六十七条 人民法院依照民事诉讼法第二百三十八条①规定决定暂缓执行的,如果担保是有期限的,暂缓执行的期限应当与担保期限一致,但最长不得超过一年。被执行人或者担保人对担保的财产在暂缓执行期间有转移、隐藏、变卖、毁损等行为的,人民法院可以恢复强制执行。

第四百六十八条 根据民事诉讼法第二百三十八条规定向人民法院提供执行担保的,可以由被执行人或者他人提供财产担保,也可以由他人提供保证。担保人应当具有代为履行或者代为承担赔偿责任的能力。

他人提供执行保证的,应当向执行法院出具保证书,并将保证书副本送交申请执行人。被执行人或者他人提供财产担保的,应当参照民法典的有关规定办理相应手续。

第四百六十九条 被执行人在人民法院决定暂缓执行的期限届满后仍不履行义务的,人民法院可以直接执行担保财产,或者裁定执行担保人的财产,但执行担保人的财产以担保人应当履行义务部分的财产为限。

第四百七十条 依照民事诉讼法第二百三十九条②规定,执行中作为被执行人的法人或者其他组织分立、合并的,人民法院可以裁定变更后的法人或者其他组织为被执行人;被注销的,如果依照有关实体法的规定有权利义务承受人的,可以裁定该权利义务承受人为被执行人。

第四百七十一条 其他组织在执行中不能履行法律文书确定的义务的,人民法院可以裁定执行对该其他组织依法承担义务的法人或者公民个人的财产。

第四百七十二条 在执行中,作为被执行人的法人或者其他组织名称变更的,人民法院可以裁定变更后的法人或者其他组织为被执行人。

第四百七十三条 作为被执行人的公民死亡,其遗产继承人没有放弃继承的,人民法院可以裁定变更被执行人,由该继承人在遗产的范围内偿还债务。继承人放弃继承的,人民法院可以直接执行被执行人的遗产。

第四百七十四条 法律规定由人民法院执行的其他法律文书执行完毕后,该法律文书被有关机关或者组织依法撤销的,经当事人申请,适用民事诉讼

---

① 现为《民事诉讼法》(2023年修正)第二百四十二条。
② 现为《民事诉讼法》(2023年修正)第二百四十三条。

法第二百四十条规定。

第四百七十五条 仲裁机构裁决的事项，部分有民事诉讼法第二百四十四条①第二款、第三款规定情形的，人民法院应当裁定对该部分不予执行。

应当不予执行部分与其他部分不可分的，人民法院应当裁定不予执行仲裁裁决。

第四百七十六条 依照民事诉讼法第二百四十四条第二款、第三款规定，人民法院裁定不予执行仲裁裁决后，当事人对该裁定提出执行异议或者复议的，人民法院不予受理。当事人可以就该民事纠纷重新达成书面仲裁协议申请仲裁，也可以向人民法院起诉。

第四百七十七条 在执行中，被执行人通过仲裁程序将人民法院查封、扣押、冻结的财产确权或者分割给案外人的，不影响人民法院执行程序的进行。

案外人不服的，可以根据民事诉讼法第二百三十四条②规定提出异议。

第四百七十八条 有下列情形之一的，可以认定为民事诉讼法第二百四十五条③第二款规定的公证债权文书确有错误：

（一）公证债权文书属于不得赋予强制执行效力的债权文书的；

（二）被执行人一方未亲自或者未委托代理人到场公证等严重违反法律规定的公证程序的；

（三）公证债权文书的内容与事实不符或者违反法律强制性规定的；

（四）公证债权文书未载明被执行人不履行义务或者不完全履行义务时同意接受强制执行的。

人民法院认定执行该公证债权文书违背社会公共利益的，裁定不予执行。

公证债权文书被裁定不予执行后，当事人、公证事项的利害关系人可以就债权争议提起诉讼。

第四百七十九条 当事人请求不予执行仲裁裁决或者公证债权文书的，应当在执行终结前向执行法院提出。

第四百八十条 人民法院应当在收到申请执行书或者移交执行书后十日

---

① 现为《民事诉讼法》（2023年修正）第二百四十八条。
② 现为《民事诉讼法》（2023年修正）第二百三十八条。
③ 现为《民事诉讼法》（2023年修正）第二百四十九条。

内发出执行通知。

执行通知中除应责令被执行人履行法律文书确定的义务外，还应通知其承担民事诉讼法第二百六十条[①]规定的迟延履行利息或者迟延履行金。

第四百八十一条 申请执行人超过申请执行时效期间向人民法院申请强制执行的，人民法院应予受理。被执行人对申请执行时效期间提出异议，人民法院经审查异议成立的，裁定不予执行。

被执行人履行全部或者部分义务后，又以不知道申请执行时效期间届满为由请求执行回转的，人民法院不予支持。

第四百八十二条 对必须接受调查询问的被执行人、被执行人的法定代表人、负责人或者实际控制人，经依法传唤无正当理由拒不到场的，人民法院可以拘传其到场。

人民法院应当及时对被拘传人进行调查询问，调查询问的时间不得超过八小时；情况复杂，依法可能采取拘留措施的，调查询问的时间不得超过二十四小时。

人民法院在本辖区以外采取拘传措施时，可以将被拘传人拘传到当地人民法院，当地人民法院应予协助。

第四百八十三条 人民法院有权查询被执行人的身份信息与财产信息，掌握相关信息的单位和个人必须按照协助执行通知书办理。

第四百八十四条 对被执行的财产，人民法院非经查封、扣押、冻结不得处分。对银行存款等各类可以直接扣划的财产，人民法院的扣划裁定同时具有冻结的法律效力。

第四百八十五条 人民法院冻结被执行人的银行存款的期限不得超过一年，查封、扣押动产的期限不得超过两年，查封不动产、冻结其他财产权的期限不得超过三年。

申请执行人申请延长期限的，人民法院应当在查封、扣押、冻结期限届满前办理续行查封、扣押、冻结手续，续行期限不得超过前款规定的期限。

人民法院也可以依职权办理续行查封、扣押、冻结手续。

---

① 现为《民事诉讼法》（2023年修正）第二百六十四条。

第四百八十六条 依照民事诉讼法第二百五十四条①规定,人民法院在执行中需要拍卖被执行人财产的,可以由人民法院自行组织拍卖,也可以交由具备相应资质的拍卖机构拍卖。

交拍卖机构拍卖的,人民法院应当对拍卖活动进行监督。

第四百八十七条 拍卖评估需要对现场进行检查、勘验的,人民法院应当责令被执行人、协助义务人予以配合。被执行人、协助义务人不予配合的,人民法院可以强制进行。

第四百八十八条 人民法院在执行中需要变卖被执行人财产的,可以交有关单位变卖,也可以由人民法院直接变卖。

对变卖的财产,人民法院或者其工作人员不得买受。

第四百八十九条 经申请执行人和被执行人同意,且不损害其他债权人合法权益和社会公共利益的,人民法院可以不经拍卖、变卖,直接将被执行人的财产作价交申请执行人抵偿债务。对剩余债务,被执行人应当继续清偿。

第四百九十条 被执行人的财产无法拍卖或者变卖的,经申请执行人同意,且不损害其他债权人合法权益和社会公共利益的,人民法院可以将该项财产作价后交付申请执行人抵偿债务,或者交付申请执行人管理;申请执行人拒绝接收或者管理的,退回被执行人。

第四百九十一条 拍卖成交或者依法定程序裁定以物抵债的,标的物所有权自拍卖成交裁定或者抵债裁定送达买受人或者接受抵债物的债权人时转移。

第四百九十二条 执行标的物为特定物的,应当执行原物。原物确已毁损或者灭失的,经双方当事人同意,可以折价赔偿。

双方当事人对折价赔偿不能协商一致的,人民法院应当终结执行程序。申请执行人可以另行起诉。

第四百九十三条 他人持有法律文书指定交付的财物或者票证,人民法院依照民事诉讼法第二百五十六条②第二款、第三款规定发出协助执行通知后,拒不转交的,可以强制执行,并可依照民事诉讼法第一百一十七条、第

---

① 现为《民事诉讼法》(2023年修正)第二百五十八条。
② 现为《民事诉讼法》(2023年修正)第二百六十条。

一百一十八条规定处理。

他人持有期间财物或者票证毁损、灭失的，参照本解释第四百九十二条规定处理。

他人主张合法持有财物或者票证的，可以根据民事诉讼法第二百三十四条[①]规定提出执行异议。

第四百九十四条 在执行中，被执行人隐匿财产、会计账簿等资料的，人民法院除可依照民事诉讼法第一百一十四条第一款第六项规定对其处理外，还应责令被执行人交出隐匿的财产、会计账簿等资料。被执行人拒不交出的，人民法院可以采取搜查措施。

第四百九十五条 搜查人员应当按规定着装并出示搜查令和工作证件。

第四百九十六条 人民法院搜查时禁止无关人员进入搜查现场；搜查对象是公民的，应当通知被执行人或者他的成年家属以及基层组织派员到场；搜查对象是法人或者其他组织的，应当通知法定代表人或者主要负责人到场。拒不到场的，不影响搜查。

搜查妇女身体，应当由女执行人员进行。

第四百九十七条 搜查中发现应当依法采取查封、扣押措施的财产，依照民事诉讼法第二百五十二条[②]第二款和第二百五十四条规定办理。

第四百九十八条 搜查应当制作搜查笔录，由搜查人员、被搜查人及其他在场人签名、捺印或者盖章。拒绝签名、捺印或者盖章的，应当记入搜查笔录。

第四百九十九条 人民法院执行被执行人对他人的到期债权，可以作出冻结债权的裁定，并通知该他人向申请执行人履行。

该他人对到期债权有异议，申请执行人请求对异议部分强制执行的，人民法院不予支持。利害关系人对到期债权有异议的，人民法院应当按照民事诉讼法第二百三十四条规定处理。

对生效法律文书确定的到期债权，该他人予以否认的，人民法院不予支持。

---

① 现为《民事诉讼法》（2023 年修正）第二百三十八条。
② 现为《民事诉讼法》（2023 年修正）第二百五十六条。

第五百条 人民法院在执行中需要办理房产证、土地证、林权证、专利证书、商标证书、车船执照等有关财产权证照转移手续的，可以依照民事诉讼法第二百五十八条①规定办理。

第五百零一条 被执行人不履行生效法律文书确定的行为义务，该义务可由他人完成的，人民法院可以选定代履行人；法律、行政法规对履行该行为义务有资格限制的，应当从有资格的人中选定。必要时，可以通过招标的方式确定代履行人。

申请执行人可以在符合条件的人中推荐代履行人，也可以申请自己代为履行，是否准许，由人民法院决定。

第五百零二条 代履行费用的数额由人民法院根据案件具体情况确定，并由被执行人在指定期限内预先支付。被执行人未预付的，人民法院可以对该费用强制执行。

代履行结束后，被执行人可以查阅、复制费用清单以及主要凭证。

第五百零三条 被执行人不履行法律文书指定的行为，且该项行为只能由被执行人完成的，人民法院可以依照民事诉讼法第一百一十四条第一款第六项规定处理。

被执行人在人民法院确定的履行期间内仍不履行的，人民法院可以依照民事诉讼法第一百一十四条第一款第六项规定再次处理。

第五百零四条 被执行人迟延履行的，迟延履行期间的利息或者迟延履行金自判决、裁定和其他法律文书指定的履行期间届满之日起计算。

第五百零五条 被执行人未按判决、裁定和其他法律文书指定的期间履行非金钱给付义务的，无论是否已给申请执行人造成损失，都应当支付迟延履行金。已经造成损失的，双倍补偿申请执行人已经受到的损失；没有造成损失的，迟延履行金可以由人民法院根据具体案件情况决定。

第五百零六条 被执行人为公民或者其他组织，在执行程序开始后，被执行人的其他已经取得执行依据的债权人发现被执行人的财产不能清偿所有债权的，可以向人民法院申请参与分配。

对人民法院查封、扣押、冻结的财产有优先权、担保物权的债权人，可

---

① 现为《民事诉讼法》（2023年修正）第二百六十二条。

以直接申请参与分配，主张优先受偿权。

第五百零七条 申请参与分配，申请人应当提交申请书。申请书应当写明参与分配和被执行人不能清偿所有债权的事实、理由，并附有执行依据。

参与分配申请应当在执行程序开始后，被执行人的财产执行终结前提出。

第五百零八条 参与分配执行中，执行所得价款扣除执行费用，并清偿应当优先受偿的债权后，对于普通债权，原则上按照其占全部申请参与分配债权数额的比例受偿。清偿后的剩余债务，被执行人应当继续清偿。债权人发现被执行人有其他财产的，可以随时请求人民法院执行。

第五百零九条 多个债权人对执行财产申请参与分配的，执行法院应当制作财产分配方案，并送达各债权人和被执行人。债权人或者被执行人对分配方案有异议的，应当自收到分配方案之日起十五日内向执行法院提出书面异议。

第五百一十条 债权人或者被执行人对分配方案提出书面异议的，执行法院应当通知未提出异议的债权人、被执行人。

未提出异议的债权人、被执行人自收到通知之日起十五日内未提出反对意见的，执行法院依异议人的意见对分配方案审查修正后进行分配；提出反对意见的，应当通知异议人。异议人可以自收到通知之日起十五日内，以提出反对意见的债权人、被执行人为被告，向执行法院提起诉讼；异议人逾期未提起诉讼的，执行法院按照原分配方案进行分配。

诉讼期间进行分配的，执行法院应当提存与争议债权数额相应的款项。

第五百一十一条 在执行中，作为被执行人的企业法人符合企业破产法第二条第一款规定情形的，执行法院经申请执行人之一或者被执行人同意，应当裁定中止对该被执行人的执行，将执行案件相关材料移送被执行人住所地人民法院。

第五百一十二条 被执行人住所地人民法院应当自收到执行案件相关材料之日起三十日内，将是否受理破产案件的裁定告知执行法院。不予受理的，应当将相关案件材料退回执行法院。

第五百一十三条 被执行人住所地人民法院裁定受理破产案件的，执行法院应当解除对被执行人财产的保全措施。被执行人住所地人民法院裁定宣告被执行人破产的，执行法院应当裁定终结对该被执行人的执行。

被执行人住所地人民法院不受理破产案件的，执行法院应当恢复执行。

第五百一十四条 当事人不同意移送破产或者被执行人住所地人民法院不受理破产案件的，执行法院就执行变价所得财产，在扣除执行费用及清偿优先受偿的债权后，对于普通债权，按照财产保全和执行中查封、扣押、冻结财产的先后顺序清偿。

第五百一十五条 债权人根据民事诉讼法第二百六十一条①规定请求人民法院继续执行的，不受民事诉讼法第二百四十六条②规定申请执行时效期间的限制。

第五百一十六条 被执行人不履行法律文书确定的义务的，人民法院除对被执行人予以处罚外，还可以根据情节将其纳入失信被执行人名单，将被执行人不履行或者不完全履行义务的信息向其所在单位、征信机构以及其他相关机构通报。

第五百一十七条 经过财产调查未发现可供执行的财产，在申请执行人签字确认或者执行法院组成合议庭审查核实并经院长批准后，可以裁定终结本次执行程序。

依照前款规定终结执行后，申请执行人发现被执行人有可供执行财产的，可以再次申请执行。再次申请不受申请执行时效期间的限制。

第五百一十八条 因撤销申请而终结执行后，当事人在民事诉讼法第二百四十六条规定的申请执行时效期间内再次申请执行的，人民法院应当受理。

第五百一十九条 在执行终结六个月内，被执行人或者其他人对已执行的标的有妨害行为的，人民法院可以依申请排除妨害，并可以依照民事诉讼法第一百一十四条规定进行处罚。因妨害行为给执行债权人或者其他人造成损失的，受害人可以另行起诉。

二十二、涉外民事诉讼程序的特别规定

第五百二十条 有下列情形之一，人民法院可以认定为涉外民事案件：

（一）当事人一方或者双方是外国人、无国籍人、外国企业或者组织的；

---

① 现为《民事诉讼法》（2023 年修正）第二百六十五条。
② 现为《民事诉讼法》（2023 年修正）第二百五十条。

（二）当事人一方或者双方的经常居所地在中华人民共和国领域外的；

（三）标的物在中华人民共和国领域外的；

（四）产生、变更或者消灭民事关系的法律事实发生在中华人民共和国领域外的；

（五）可以认定为涉外民事案件的其他情形。

第五百二十一条 外国人参加诉讼，应当向人民法院提交护照等用以证明自己身份的证件。

外国企业或者组织参加诉讼，向人民法院提交的身份证明文件，应当经所在国公证机关公证，并经中华人民共和国驻该国使领馆认证，或者履行中华人民共和国与该所在国订立的有关条约中规定的证明手续。

代表外国企业或者组织参加诉讼的人，应当向人民法院提交其有权作为代表人参加诉讼的证明，该证明应当经所在国公证机关公证，并经中华人民共和国驻该国使领馆认证，或者履行中华人民共和国与该所在国订立的有关条约中规定的证明手续。

本条所称的"所在国"，是指外国企业或者组织的设立登记地国，也可以是办理了营业登记手续的第三国。

第五百二十二条 依照民事诉讼法第二百七十一条[①]以及本解释第五百二十一条规定，需要办理公证、认证手续，而外国当事人所在国与中华人民共和国没有建立外交关系的，可以经该国公证机关公证，经与中华人民共和国有外交关系的第三国驻该国使领馆认证，再转由中华人民共和国驻该第三国使领馆认证。

第五百二十三条 外国人、外国企业或者组织的代表人在人民法院法官的见证下签署授权委托书，委托代理人进行民事诉讼的，人民法院应予认可。

第五百二十四条 外国人、外国企业或者组织的代表人在中华人民共和国境内签署授权委托书，委托代理人进行民事诉讼，经中华人民共和国公证机构公证的，人民法院应予认可。

第五百二十五条 当事人向人民法院提交的书面材料是外文的，应当同时向人民法院提交中文翻译件。

[①] 现为《民事诉讼法》（2023年修正）第二百条七十五条。

当事人对中文翻译件有异议的,应当共同委托翻译机构提供翻译文本;当事人对翻译机构的选择不能达成一致的,由人民法院确定。

第五百二十六条 涉外民事诉讼中的外籍当事人,可以委托本国人为诉讼代理人,也可以委托本国律师以非律师身份担任诉讼代理人;外国驻华使领馆官员,受本国公民的委托,可以以个人名义担任诉讼代理人,但在诉讼中不享有外交或者领事特权和豁免。

第五百二十七条 涉外民事诉讼中,外国驻华使领馆授权其本馆官员,在作为当事人的本国国民不在中华人民共和国领域内的情况下,可以以外交代表身份为其本国国民在中华人民共和国聘请中华人民共和国律师或者中华人民共和国公民代理民事诉讼。

第五百二十八条 涉外民事诉讼中,经调解双方达成协议,应当制发调解书。当事人要求发给判决书的,可以依协议的内容制作判决书送达当事人。

第五百二十九条 涉外合同或者其他财产权益纠纷的当事人,可以书面协议选择被告住所地、合同履行地、合同签订地、原告住所地、标的物所在地、侵权行为地等与争议有实际联系地点的外国法院管辖。

根据民事诉讼法第三十四条和第二百七十三条^① 规定,属于中华人民共和国法院专属管辖的案件,当事人不得协议选择外国法院管辖,但协议选择仲裁的除外。

第五百三十条 涉外民事案件同时符合下列情形的,人民法院可以裁定驳回原告的起诉,告知其向更方便的外国法院提起诉讼:

(一)被告提出案件应由更方便外国法院管辖的请求,或者提出管辖异议;

(二)当事人之间不存在选择中华人民共和国法院管辖的协议;

(三)案件不属于中华人民共和国法院专属管辖;

(四)案件不涉及中华人民共和国国家、公民、法人或者其他组织的利益;

(五)案件争议的主要事实不是发生在中华人民共和国境内,且案件不适用中华人民共和国法律,人民法院审理案件在认定事实和适用法律方面存在

---

① 现为《民事诉讼法》(2023年修正)第二百七十九条。

重大困难；

（六）外国法院对案件享有管辖权，且审理该案件更加方便。

第五百三十一条 中华人民共和国法院和外国法院都有管辖权的案件，一方当事人向外国法院起诉，而另一方当事人向中华人民共和国法院起诉的，人民法院可予受理。判决后，外国法院申请或者当事人请求人民法院承认和执行外国法院对本案作出的判决、裁定的，不予准许；但双方共同缔结或者参加的国际条约另有规定的除外。

外国法院判决、裁定已经被人民法院承认，当事人就同一争议向人民法院起诉的，人民法院不予受理。

第五百三十二条 对在中华人民共和国领域内没有住所的当事人，经用公告方式送达诉讼文书，公告期满不应诉，人民法院缺席判决后，仍应当将裁判文书依照民事诉讼法第二百七十四条[①]第八项规定公告送达。自公告送达裁判文书满三个月之日起，经过三十日的上诉期当事人没有上诉的，一审判决即发生法律效力。

第五百三十三条 外国人或者外国企业、组织的代表人、主要负责人在中华人民共和国领域内的，人民法院可以向该自然人或者外国企业、组织的代表人、主要负责人送达。

外国企业、组织的主要负责人包括该企业、组织的董事、监事、高级管理人员等。

第五百三十四条 受送达人所在国允许邮寄送达的，人民法院可以邮寄送达。

邮寄送达时应当附有送达回证。受送达人未在送达回证上签收但在邮件回执上签收的，视为送达，签收日期为送达日期。

自邮寄之日起满三个月，如果未收到送达的证明文件，且根据各种情况不足以认定已经送达的，视为不能用邮寄方式送达。

第五百三十五条 人民法院一审时采取公告方式向当事人送达诉讼文书的，二审时可径行采取公告方式向其送达诉讼文书，但人民法院能够采取公告方式之外的其他方式送达的除外。

---

① 现为《民事诉讼法》（2023 年修正）第二百八十三条。

第五百三十六条 不服第一审人民法院判决、裁定的上诉期，对在中华人民共和国领域内有住所的当事人，适用民事诉讼法第一百七十一条规定的期限；对在中华人民共和国领域内没有住所的当事人，适用民事诉讼法第二百七十六条①规定的期限。当事人的上诉期均已届满没有上诉的，第一审人民法院的判决、裁定即发生法律效力。

第五百三十七条 人民法院对涉外民事案件的当事人申请再审进行审查的期间，不受民事诉讼法第二百一十一条②规定的限制。

第五百三十八条 申请人向人民法院申请执行中华人民共和国涉外仲裁机构的裁决，应当提出书面申请，并附裁决书正本。如申请人为外国当事人，其申请书应当用中文文本提出。

第五百三十九条 人民法院强制执行涉外仲裁机构的仲裁裁决时，被执行人以有民事诉讼法第二百八十一条③第一款规定的情形为由提出抗辩的，人民法院应当对被执行人的抗辩进行审查，并根据审查结果裁定执行或者不予执行。

第五百四十条 依照民事诉讼法第二百七十九条④规定，中华人民共和国涉外仲裁机构将当事人的保全申请提交人民法院裁定的，人民法院可以进行审查，裁定是否进行保全。裁定保全的，应当责令申请人提供担保，申请人不提供担保的，裁定驳回申请。

当事人申请证据保全，人民法院经审查认为无需提供担保的，申请人可以不提供担保。

第五百四十一条 申请人向人民法院申请承认和执行外国法院作出的发生法律效力的判决、裁定，应当提交申请书，并附外国法院作出的发生法律效力的判决、裁定正本或者经证明无误的副本以及中文译本。外国法院判决、裁定为缺席判决、裁定的，申请人应当同时提交该外国法院已经合法传唤的证明文件，但判决、裁定已经对此予以明确说明的除外。

中华人民共和国缔结或者参加的国际条约对提交文件有规定的，按照规

---

① 现为《民事诉讼法》（2023年修正）第二百八十六条。
② 现为《民事诉讼法》（2023年修正）第二百一十五条。
③ 现为《民事诉讼法》（2023年修正）第二百九十一条。
④ 现为《民事诉讼法》（2023年修正）第二百八十九条。

定办理。

第五百四十二条 当事人向中华人民共和国有管辖权的中级人民法院申请承认和执行外国法院作出的发生法律效力的判决、裁定的,如果该法院所在国与中华人民共和国没有缔结或者共同参加国际条约,也没有互惠关系的,裁定驳回申请,但当事人向人民法院申请承认外国法院作出的发生法律效力的离婚判决的除外。

承认和执行申请被裁定驳回的,当事人可以向人民法院起诉。

第五百四十三条 对临时仲裁庭在中华人民共和国领域外作出的仲裁裁决,一方当事人向人民法院申请承认和执行的,人民法院应当依照民事诉讼法第二百九十条[①]规定处理。

第五百四十四条 对外国法院作出的发生法律效力的判决、裁定或者外国仲裁裁决,需要中华人民共和国法院执行的,当事人应当先向人民法院申请承认。人民法院经审查,裁定承认后,再根据民事诉讼法第三编的规定予以执行。

当事人仅申请承认而未同时申请执行的,人民法院仅对应否承认进行审查并作出裁定。

第五百四十五条 当事人申请承认和执行外国法院作出的发生法律效力的判决、裁定或者外国仲裁裁决的期间,适用民事诉讼法第二百四十六条的规定。

当事人仅申请承认而未同时申请执行的,申请执行的期间自人民法院对承认申请作出的裁定生效之日起重新计算。

第五百四十六条 承认和执行外国法院作出的发生法律效力的判决、裁定或者外国仲裁裁决的案件,人民法院应当组成合议庭进行审查。

人民法院应当将申请书送达被申请人。被申请人可以陈述意见。

人民法院经审查作出的裁定,一经送达即发生法律效力。

第五百四十七条 与中华人民共和国没有司法协助条约又无互惠关系的国家的法院,未通过外交途径,直接请求人民法院提供司法协助的,人民法院应予退回,并说明理由。

[①] 现为《民事诉讼法》(2023年修正)第三百零六条。

第五百四十八条 当事人在中华人民共和国领域外使用中华人民共和国法院的判决书、裁定书，要求中华人民共和国法院证明其法律效力的，或者外国法院要求中华人民共和国法院证明判决书、裁定书的法律效力的，作出判决、裁定的中华人民共和国法院，可以本法院的名义出具证明。

第五百四十九条 人民法院审理涉及香港、澳门特别行政区和台湾地区的民事诉讼案件，可以参照适用涉外民事诉讼程序的特别规定。

二十三、附　则

第五百五十条 本解释公布施行后，最高人民法院于1992年7月14日发布的《关于适用〈中华人民共和国民事诉讼法〉若干问题的意见》同时废止；最高人民法院以前发布的司法解释与本解释不一致的，不再适用。

【导读及适用要点】

一、2020年修正时，关于重点修改条文的修改说明和理解与适用

（一）第六十八条

【修改说明】

《民法典》第一百零一条第一款规定："居民委员会、村民委员会具有基层群众性自治组织法人资格，可以从事为履行职能所需要的民事活动。"《民法典》规定了居民委员会、村民委员会具有基层群众性自治组织法人资格。因此本条增加"居民委员会"与他人发生纠纷的，居民委员会可以作为独立诉讼主体参加民事诉讼。

【理解与适用】

居民委员会是居民自我管理、自我教育、自我服务的基层群众性自治组织。本条根据《民法典》第一百零一条规定增加了居民委员会可以作为独立民事诉讼主体。居民委员会、村民委员会是基层群众性自治组织，为履行其职能需要从事一些民事活动。《民法典》颁布之前，法律并没有规定居民委员会、村民委员会具有法人资格，且也没有明确与他人发生民事纠纷时是否具

有诉讼主体资格。《最高人民法院关于适用〈中华人民共和国民事诉讼法〉的解释》(以下简称《民事诉讼法解释》)赋予了村民委员和村民小组与他人发生民事纠纷时,村民委员会或者有独立财产的村民小组民事诉讼主体资格。

《民法典》第一百零一条明确了居民委员会、村民委员会具有基层群众性自治组织法人资格。居民委员会、村民委员会具备法人资格,当然具备民事诉讼主体资格,因此,本条根据《民法典》第一百零一条规定增加居民委员会为民事诉讼的当事人。

(二)第七十一条

【修改说明】

《民法典》第一百六十四条第二款规定:"代理人和相对人恶意串通,损害被代理人合法权益的,代理人和相对人应当承担连带责任。"本条根据《民法典》关于代理人和相对人的连带责任新增规定增加的一款,拟在明确代理人和相对人承担连带责任时,如何罗列当事人的问题。

【理解与适用】

关于代理人不当履行的民事责任,《民法通则》第六十六条[①]第二款、第三款已有明确规定:"代理人不履行职责而给被代理人造成损害的,应当承担民事责任。代理人和第三人串通、损害被代理人的利益的,由代理人和第三人负连带责任。"但是对于代理人和相对人恶意串通侵害被代理人的合法权益的情形,《民法通则》没有规定。《民法典》对代理人和相对人双方串通在一起,共同实施损害被代理人的合法权益的行为予以规范。对此本条根据《民法典》的规定增加规定,原告起诉代理人和相对人,要求承担连带责任的,代理人和相对人为共同被告。

(三)第三百五十一条[②]

【修改说明】

《民法典》第三十一条第一款规定:对监护人的确定有争议的,由被监护人住所地的居民委员会、村民委员会或者民政部门指定监护人,有关当事人也可以直接向人民法院申请指定监护人。本条根据《民法典》第三十一条第

[①] 现为《民法典》第一百六十四条。
[②] 现为《民事诉讼法解释》(2022年修正)第三百四十九条。

一款新增内容"直接向人民法院申请指定监护人"的规定,增加适用特别程序予以审理。

【理解与适用】

《民法典》第三十一条规定了监护争议解决程序的规定。第一款明确了对监护人的确定有争议的情况下的两种途径。一是确定由被监护人所在地的居民委员会、村民委员会或者民政部门指定监护人。该条规定继续延续了《民法通则》第十六条[①]第三款、第十七条[②]第二款的规定。二是《民法典》此次新增内容,即有关当事人可以不经居民委员会、村民委员会或者民政部门的指定,直接向人民法院提出申请,由人民法院指定监护人。《民法通则》第十六条第三款、第十七条第二款分别规定了未成年人监护和成年人监护发生争议时的诉前指定程序。《民法通则》规定,对担任监护人有争议的,由未成年人的父、母的所在单位(成年人的被监护人的所在单位)或者被监护人住所地的居民委员会、村民委员会在近亲属中指定。《民法典》修改了未成年人监护和成年人监护发生争议时的诉前指定程序,主要是考虑到我国经济发展导致人员流动频繁,工作单位不固定,住所地不固定,工作单位与居民委员会、村民委员会指定监护人的意愿不强。因此,赋予有关当事人直接向人民法院申请,由人民法院指定监护人更有利于保护被监护人的利益,更快地解决有关当事人的争议。相对于《民法通则》而言,增加了民政部门指定监护人的主体资格和直接向人民法院提出申请由人民法院指定的内容。因此,本条主要根据《民法典》规定进行的修改。

关于对担任监护人有争议处理的诉讼程序,《民事诉讼法》没有明确为是特别程序。考虑到从被指定为监护人的当事人提出异议的性质来看,异议人并非要求解决其与他人就监护权发生的争执,而是请求确认自己不适宜担任监护人的事实,符合《民事诉讼法》关于特别程序的性质。因此,《民事诉讼法解释》第三百五十一条沿袭了《最高人民法院关于〈中华人民共和国适用民事诉讼法〉若干问题的意见》(以下简称《民事诉讼法意见》)第一百九十八条规定,对于指定监护人争议处理比照特别程序予以审理。对于直接向人

---

① 现为《民法典》第二十七条。
② 现为《民法典》第二十八条。

民法院申请指定监护人的,我们认为,同样需要比照特别程序予以审理,因此规定:"有关当事人依据《民法典》第三十一条第一款规定直接向人民法院申请指定监护人的,适用特别程序审理,判决指定监护人。"同时,根据第一款规定,明确人民法院审理后作出的判决书应当送达申请人、判决指定的监护人。

(四)第三百五十二条[①]

【修改说明】

未成年人的父母已经死亡或者没有监护能力的,《民法通则》第十六条规定了有监护能力的人担任监护人的范围,其中第一款第三项规定:关系密切的其他亲属、朋友愿意承担监护责任,经未成年人的父、母的所在单位或者未成年人住所地的居民委员会、村民委员会同意的。无民事行为能力或者限制民事行为能力的精神病人的监护人的范围,《民法通则》第十七条第一款第五项分别规定:"关系密切的其他亲属、朋友愿意承担监护责任,经精神病人的所在单位或者住所地的居民委员会、村民委员会同意的。"《民法典》第二十七条将《民法通则》第十六条第三项修改为"其他愿意担任监护人的个人或者组织,但是须经未成年人住所地的居民委员会、村民委员会或者民政部门同意"。将"关系密切的其他亲属、朋友"修改为"其他愿意担任监护人的个人或者组织",并删除"未成年人的父、母的所在单位"。《民法典》第二十八条将《民法通则》第十七条中"关系密切的其他亲属、朋友承担监护责任,经精神病人的所在单位或者住所地的居民委员会、村民委员会同意的"修改为"其他愿意担任监护人的个人或者组织,但是须经被监护人住所地的居民委员会、村民委员会部门同意",同时删除了"精神病人的所在单位"作为指定监护人的资格的规定。本条根据《民法典》第二十八条、第三十二条规定进行修改。

【理解与适用】

《民法典》第二十七条第二款第三项、第二十八条第一款第四项将《民法通则》规定的自愿担任监护人的"关系密切的其他亲属、朋友"修改为愿意担任监护人的"个人",实际上是扩大了监护人的范围,以避免实践中无人担

---

① 现为《民事诉讼法解释》(2022年修正)第三百五十条。

任监护人的情形。同时考虑到监护职责与未成年人的父、母的所在单位，精神病人的所在单位不愿意承担对监护人审查职责，删除了未成年人的父、母的所在单位，精神病人的所在单位的内容。本条根据《民法典》的修改内容进行了修改。需要注意的是，对于"个人"担任监护人的，应当符合两个条件：一是个人愿意担任未成年人、无民事行为能力或者限制民事行为能力的成年人的监护人；二是对于担任未成年人的监护人，须经未成年人住所地的居民委员会、村民委员会或者民政部门同意；对于担任无民事行为能力人或者限制民事行为能力的成年人的监护人的，须经被监护人住所地的居民委员会、村民委员会或者民政部门同意。

［载最高人民法院民法典贯彻实施工作领导小组办公室编著：《最高人民法院实施民法典清理司法解释修改条文（111件）理解与适用》，人民法院出版社2022年版］

二、2022年修正时，部分条文的修改考量及具体适用

《最高人民法院关于修改〈最高人民法院关于适用《中华人民共和国民事诉讼法》的解释〉的决定》（法释〔2022〕11号，以下简称《民事诉讼法解释修改决定》）共有十六个条文，主要对照2021年《民事诉讼法》对简易程序、小额诉讼程序、司法确认程序等内容进行修改。

（一）修改简易程序的相关规定

1. 修改适用简易程序案件审限延长的规定

修改前的《民事诉讼法解释》第二百五十八条第一款规定，适用简易程序审理的案件，审理期限到期后，双方当事人同意继续适用简易程序的，由本院院长批准，可以延长审理期限。延长后的审理期限累计不得超过六个月。根据该规定，适用简易程序审理的案件，如果需要延长审限，必须经双方当事人同意，且可以在原三个月审限基础上再延长三个月。这一规则主要是基于诉讼经济原则以及尊重当事人程序选择权等考量。而2021年《民事诉讼法》第一百六十四条对适用简易程序案件延长审限作了明确限制，只有出现特殊情况需要延长的，经批准，方可延长。故《民事诉讼法解释修改决定》将修改前的《民事诉讼法解释》第二百五十八条第一款中的"双方当事人同意继续适用简易程序的"修改为"有特殊情况需要延长的"。关于简易程序的

最长审限问题，调研中，有意见提出，尽管2021年《民事诉讼法》已经明确可以延长一个月，但为避免片面解读，应明确规定适用简易程序案件的最长审限。我们采纳了上述建议，将简易程序的最长审限限定为四个月。本条在适用中应当注意以下几点。第一，适用简易程序审理的案件，审限的延长不再以双方当事人同意为要件，如遇特殊情况需要延长的，人民法院可以依法延长，但应当充分保障当事人的知情权。第二，这里的"特殊情况"一般是指不能预见和不可避免，受到客观因素制约的情形。比如，因疫情防控等因素影响案件的正常审结，法院依职权调取关键性证据，需与关联案件统筹协调等。第三，2021年《民事诉讼法》仅规定了可以延长的最长期限，并没有规定报批延长的次数，实践中可灵活掌握，但需要把握的是，适用简易程序案件的最长审限不得超过四个月（自立案之日计算）。

2. 修改简易程序向普通程序转换的条件

科学合理的程序转换机制有助于不同审理程序之间的有序衔接，回应多样化的解纷需求，实现《民事诉讼法》律制度的体系化和结构化。修改前的《民事诉讼法解释》第二百五十八条第二款规定："人民法院发现案情复杂，需要转为普通程序审理的，应当在审理期限届满前作出裁定并将合议庭组成人员及相关事项书面通知双方当事人。"在该款修改中，关于如何设定"简转普"的条件，有较大争议。有意见认为，该款中的"案情复杂"仅是普通程序合议制的适用条件，简易程序案件不仅可能转化为普通程序合议制，也有可能转化为普通程序独任制，故应当将普通程序独任制的适用条件增加为"简转普"的条件之一，应当将"案情复杂"修改为"人民法院发现案件符合《民事诉讼法》第四十条的规定或者案情复杂"。也有意见认为，2021年《民事诉讼法》第四十条第二款规定的"基本事实清楚、权利义务关系明确"仅是一审适用普通程序独任制的法定条件。案情复杂是转为普通程序的最重要原因，至于适用普通程序独任制还是适用普通程序合议制，再看是否满足"基本事实清楚、权利义务关系明确"的条件。

我们认为，前述两种观点均有一定道理，二者的分歧点在于对"案情复杂"外延的理解不同。"案情复杂"是一个弹性标准，司法解释并未明确其具体外延，审判实践中也难以把握。由于2021年《民事诉讼法》新增了普通程序独任制，对"简转普"条件设定的科学性提出了更高要求。如继续将"案情复杂"作为"简转普"的唯一条件,除非对"案情复杂"广义解读为"不符合新民事诉讼法第一百六十条所规定的简单案件"的"复杂案件",才能实现逻辑上的周延,否则本解释中的"案情复杂"将限缩2021年《民事诉讼法》第一百七十条的"不宜适用简易程序"的规定,不符合立法本意。如将"案情复杂"与"基本事实清楚、权利义务关系明确"并列作为"简转普"的条件,则此处的"案情复杂"主要指的是"基本案件事实不清或者权利义务关系不明确",一定意义上又限缩了原第二百五十八条的"案情复杂"的范围。可见,对于"案情复杂"的界定直接影响了本条对"简转普"条件的设定。

根据2021年《民事诉讼法》第一百六十条第一款的规定,适用简易程序审理的案件是"事实清楚、权利义务关系明确、争议不大的简单的"民事案件,只要不符合上述条件之一的(当事人约定适用的除外),均不宜适用简易程序审理。该法第一百七十条规定:"人民法院在审理过程中,发现案件不宜适用简易程序的,裁定转为普通程序。"因此,从法律层面看,"简转普"条件的设定应以2021年《民事诉讼法》第一百六十条为标准。为避免上述外延之争,在全国人大常委会法工委的指导下,我们依据2021年《民事诉讼法》第一百七十条的规定,将"案情复杂"修改为"不宜适用简易程序",不仅周延涵盖简易程序转换为普通程序独任制和合议制的条件,也为下一步细化程序转换条件特别是新形势下"案情复杂"的具体判定标准预留空间。

适用《民事诉讼法解释》第二百五十八条时应当注意,尽管本条并未明确简易程序转为普通程序独任制或者合议制的具体适用标准,但依据2021年《民事诉讼法》规定并结合繁简分流改革试点的经验做法,可以在依据2021年《民事诉讼法》第一百七十条规定的前提下,将"基本事实清楚、权利义务关系明确"作为实践中简易程序转为普通程序独任制的标准。其中,"基本事实清楚"主要是指案件的核心和关键事实总体清楚,但部分次要事实或者关联事实需要进一步查实,相关事实的查明需要经过当事人补充举证质证、评估、鉴定、审计、调查取证等程序和环节,有必要进行更充分的陈述辩论、适用更完备的审理程序。"权利义务关系明确"即法律适用明确,是指案件法律关系清晰明了,有明确的法律规范与之对应,在解释和适用上不存在空白与争议。对于既不符合2021年《民事诉讼法》第一百六十条规定的要件,也不符合"基本事实清楚、权利义务关系明确"的，则应当转换为普通程序合议制程序审理。

3. 修改驳回当事人程序异议的方式

关于不同审理程序之间转换的启动，通常包括法院依职权和当事人申请两种方式。我国2021年《民事诉讼法》规定了小额诉讼程序向普通程序、简易程序向普通程序以及普通程序独任制向合议制的转换机制。在普通程序独任和小额诉讼程序转换机制方面，2021年《民事诉讼法》明确了依职权启动和依申请启动两种方式。关于当事人对适用简易程序的异议，2003年《最高人民法院关于适用简易程序审理民事案件的若干规定》（以下简称《简易程序规定》）第三条首次作出规定，后2015年《民事诉讼法解释》第二百六十九条继续沿用，该条第一款规定："当事人就案件适用简易程序提出异议，人民法院经审查，异议成立的，裁定转为普通程序；异议不成立的，口头告知当事人，并记入笔录。"

然而，根据2021年《民事诉讼法》第四十三条和第一百六十九条的规定，在普通程序独任制和小额诉讼程序的转换中，如果人民法院经审查认为当事人提出的程序异议不成立，应当采用裁定的方式驳回。因此，根据前述规定，基于体系一致的考量，我们认为，当事人对简易程序提出的程序异议不成立的，也应当采用裁定的方式予以驳回，故《民事诉讼法解释修改决定》将《民事诉讼法解释》第二百六十九条第一款规定的"异议不成立的，口头告知当事人，并记入笔录"修改为"异议不成立的，裁定驳回"。同时，根据2021年《民事诉讼法》第一百五十七条第三款的规定，裁定包括书面和口头两种形式。书面裁定一般适用于与当事人权利义务关系比较重大的程序问题，如驳回起诉的裁定、财产保全和先予执行的裁定、终结诉讼的裁定等。口头裁定一般适用于比较简单的程序问题。基于前述区分，《民事诉讼法解释修改决定》明确，驳回当事人对审理程序转换异议的，可以采取口头裁定。应当注意，采取口头方式作出裁定，只是对裁定形式的简化，不能减损当事人的合法权益。人民法院作出口头裁定的，应当将裁定内容和宣布情况记入笔录。裁定内容既应当包含裁定结果，也应当包含作出依据和理由，充分保障当事人的权利和裁定的可接受性。

（二）修改简易程序中简便送达方式适用规则

2007年《民事诉讼法》第一百四十四条[①]规定了简易程序可以用简便方式传唤当事人和证人，但并未就送达法律文书、开庭审理以及裁判文书简化等事项作出明确规定。2012年《民事诉讼法》对该条进行了修改，明确规定基层人民法院和它派出的法庭审理简单的民事案件，可以用简便方式传唤当事人和证人、送达诉讼文书、审理案件，但应当保障当事人陈述意见的权利。为细化简便方式送达、传唤规则，2015年《民事诉讼法解释》第二百六十一条第一款规定："适用简易程序审理案件，人民法院可以采取捎口信、电话、短信、传真、电子邮件等简便方式传唤双方当事人、通知证人和送达裁判文书以外的诉讼文书。"该条之所以禁止适用简便方式对判决书、裁定书、调解书送达，主要是因为2012年《民事诉讼法》第八十七条明确规定这三类裁判文书不适用电子送达。而2021年《民事诉讼法》第九十条修改了原第八十七条的规定，将电子送达适用范围扩大至所有诉讼文书。因此，《民事诉讼法解释》第二百六十一条第一款也需要进行修改。对照2021年《民事诉讼法》的规定精神，我们进行了反复研究，最后将该款修改为："适用简易程序审理案件，人民法院可以依照民事诉讼法第九十条、第一百六十二条的规定采取捎口信、电话、短信、传真、电子邮件等简便方式传唤双方当事人、通知证人和送达诉讼文书。"在适用本条时应当注意：第一，通过电子方式送达诉讼文书的，必须经受送达人同意，以保障受送达人的程序利益。第二，要注意本条第二款与《人民法院在线诉讼规则》第三十一条之间的衔接。本条第二款规定"以简便方式送达的开庭通知，未经当事人确认或者没有其他证据证明当事人已经收到的，人民法院不得缺席判决"，实践中所采用的简便方式为电子方式，且符合《人民法院在线诉讼规则》第三十一条第一款、第二款所规定情形的，应当认定为有效送达，不属于"未经当事人确认或者没有证据证明当事人已经收到"的情形。

（三）修改小额诉讼程序的相关规定

2021年《民事诉讼法》通过五个条文对小额诉讼程序作了如下规定：一是完善小额诉讼程序适用范围和方式；二是明确不得适用小额诉讼程序的案

---

① 现为《民事诉讼法》（2023年修正）第一百六十二条。

件类型；三是简化小额诉讼案件的审理方式；四是明确小额诉讼的审理期限；五是明确了程序转化并赋予当事人程序异议权。其中，2021年《民事诉讼法》第一百六十五条将适用案件类型限定为"金钱给付"案件，同时提高了可适用小额诉讼程序的案件标的额上限，增加了当事人合意选择适用模式。2021年《民事诉讼法》第一百六十六条在吸收2015年《民事诉讼法解释》第二百七十五条实践成果的基础上，通过"两增一减"对负面清单予以完善。由于前述两个条文的变动，《民事诉讼法解释》必须作出相应调整。

1. 修改海事法院适用小额诉讼程序的案件标的额上限

修改前的《民事诉讼法解释》第二百七十三条对海事法院适用小额诉讼程序审理海事、海商案件作出了规定。之所以专门对海事法院作出规定，主要基于两点考虑：第一，根据2012年《民事诉讼法》的规定，小额诉讼程序的适用限于基层人民法院和它派出的法庭。但《中华人民共和国海事诉讼特别程序法》第九十八条规定，海事法院可以适用简易程序审理简单的民事案件。2013年，最高人民法院曾以批复的形式对海事法院可以适用小额诉讼程序审理简单的海事、海商案件予以明确，取得较好效果，故修改前的《民事诉讼法解释》第二百七十三条专门对此问题作出规定。第二，我国海事法院实行跨行政区划管辖模式，部分海事法院在不同的省级行政区内设有派出法庭。例如，武汉海事法院负责审理发生在四川宜宾合江门至安徽省与江苏省交界处的长江主干线及相应的与海相通的可航长江支流水域的海事、海商案件，管辖区域跨越四川、重庆、湖北、湖南、江西、安徽六省市，设有重庆、宜昌、芜湖三个派出法庭，分别位于重庆、湖北、安徽三个省、直辖市范围内。此时，究竟是应当按照海事法院所在的省级行政区域标准还是按照其派出法庭所在地的省级行政区域的标准来确定标的额，曾有一定争议，故修改前的《民事诉讼法解释》第二百七十三条明确规定，案件标的额以实际受理案件的海事法院或者其派出法庭所在的省、自治区、直辖市上年度就业人员年平均工资的百分之三十为限。

由于2021年《民事诉讼法》不仅提升了适用的案件标的额上限，还增加了合意选择适用规则，这使得对《民事诉讼法解释》第二百七十三条的修改有一定难度。经反复研究，我们采取了只规定案件标的额计算基数的方式，以最简练的表述、最少的修改实现该条的解释目的。在适用本条时应注意，本条只是确定了海事法院适用小额诉讼程序的案件标的额基数,具体标的额应当以2021年《民事诉讼法》第一百六十五条所规定的年平均工资的百分之五十为上限,对于案件标的额超过年平均工资百分之五十但在二倍以下,当事人双方约定适用小额诉讼的程序的,海事法院也可以适用小额诉讼的程序审理。

2. 删除适用小额诉讼程序案件正面清单与负面清单

由于2012年《民事诉讼法》仅有一条关于小额诉讼程序的规定,为了指导基层法官正确适用该条规定,2015年《民事诉讼法解释》进行了细化。其中,第二百七十四条和第二百七十五条采取了"列举+概括+排除"的方式对小额诉讼案件类型进行规定。2021年《民事诉讼法》第一百六十六条在吸收2015年《民事诉讼法解释》第二百七十五条的基础上进行了完善,故《民事诉讼法解释修改决定》删除了原第二百七十五条。

关于修改前的《民事诉讼法解释》第二百七十四条是否应当一并删除的问题,有意见认为不宜删除该条,主要理由是:第一,第二百七十四条从正面规定了适用小额诉讼程序的案件,有助于指导基层人民法院准确把握适用条件。第二,2021年《民事诉讼法》没有明确"金钱给付案件"的判断标准,对于包含金钱给付内容的复合诉讼请求案件等是否适用小额诉讼程序,需要司法解释结合审判实践予以细化,但在此之前,保留第二百七十四条对相关标准的判断具有重要参考价值。也有意见认为应当删除该条,主要理由是:第一,2021年《民事诉讼法》第一百六十五条将适用小额诉讼程序的案件确定为"简单金钱给付民事案件",而对具体案件类型未作限制要求,继续保留第二百七十四条的规定可能导致限缩小额诉讼程序适用范围,不符合立法本意。第二,2021年《民事诉讼法》第一百六十六条已经从反面规定了不得适用小额诉讼程序的案件范围,在立法技术要求上,不宜再作正面列举,否则将导致司法解释条文涵盖不周延、逻辑不顺畅的问题。经反复研究,综合各方面意见,《民事诉讼法解释修改决定》最终删除了第二百七十四条,尽可能避免不完全列举方式客观上带来的小额诉讼案件类型的趋同,切实推动我国小额诉讼程序日臻完善。

审判实践中应当注意,删除2015年《民事诉讼法解释》第二百七十四条,并不意味该条所列举的案件类型不再适用小额诉讼程序。恰恰相反,只要符合 2021 年《民事诉讼法》第一百六十五条规定条件，且不属于该法第一百六十六条所列情形的所有类型案件，均可适用小额诉讼程序。当然，对于是否属于"金钱给付案件"难以把握的，可将修改前《民事诉讼法解释》第二百七十四条所列情形作为参考。下一步，我们将在不断总结实践经验的基础上，进一步细化适用小额诉讼程序的相关标准。

（四）修改司法确认案件共同管辖规则

2012 年、2017 年《民事诉讼法》规定的司法确认案件管辖规则单一，只有调解组织所在地基层人民法院有管辖权，因此，共同管辖的问题仅存在多个调解组织共同参与调解的情况，2015 年《民事诉讼法解释》第三百五十四条也仅对两个以上调解组织参与调解时的共同管辖作出规定。但是，2021 年《民事诉讼法》第二百零一条规定的司法确认调解协议案件的管辖规则更加立体、多元，对"人民法院邀请调解组织开展先行调解"和"调解组织自行开展调解"两种情形分别规定了不同的管辖规则。特别是调解组织自行开展调解的，不仅增加当事人住所地、标的物所在地等作为地域管辖连结点，还规定中级人民法院（含专门法院）也可以进行司法确认。在新的管辖规则下，共同管辖和管辖冲突的问题将更加突出，修改前的《民事诉讼法解释》第三百五十四条规定的已经不能满足实践需求，故《民事诉讼法解释修改决定》根据 2021 年《民事诉讼法》第二百零一条的规定，对司法确认程序中的共同管辖和冲突规则进行了适应性修改。在适用时应当注意，修改后的《民事诉讼法解释》第三百五十二条仅针对 2021 年《民事诉讼法》第二百零一条[①]中的自行开展调解的情形作出细化，本条中"两个以上调解组织参与"指的是两个以上调解组织共同参与对同一民事纠纷的调解，并形成一份调解协议。双方当事人对该调解协议共同申请司法确认的，适用本条规定，各调解组织所在地人民法院均有管辖权。如果有两个以上调解组织分别进行调解，并形成多份调解协议的，双方当事人如欲申请确认其中一份调解协议效力，只能共同向实际参与该调解协议的调解组织所在地的人民法院提出申请。

（五）修改所引用的《民事诉讼法》条文序号及本解释的条文顺序

前文提到，对照 2021 年《民事诉讼法》调整《民事诉讼法解释》所引用

---

① 现为《民事诉讼法》（2023 年修正）第二百零五条。

的《民事诉讼法》条文序号，是启动本次解释修改的重要目的之一。司法解释是人民法院对具体法律应用问题作出的解释，引用被解释对象的具体条文序号并对其内容的具体应用予以明确和细化是制定司法解释的成熟经验做法。而《民事诉讼法解释》是人民法院专门针对《民事诉讼法》具体应用问题作出的较为体系化的解释，该解释中涉及《民事诉讼法》条文序号的条文有160余条、200余处之多。由于2021年《民事诉讼法》条文序号从第十六条开始全部发生变化，故《民事诉讼法解释》所引用的法律条文序号相应地均需要进行调整。关于调整的方式，征求意见过程中，绝大多数意见认为应当通过一个条文对所涉《民事诉讼法》相关条文序号作统一修改。经慎重研究，我们采纳了该意见，在第十五条对引用《民事诉讼法》相关条文序号进行统一修改，在发布《民事诉讼法解释修改决定》的同时，一并公布新《民事诉讼法解释》文本，所引用《民事诉讼法》条文序号以新公布的《民事诉讼法解释》为准。

除调整所引用《民事诉讼法》条文序号外，因删除了第二百七十四条、第二百七十五条，《民事诉讼法解释》本身条文顺序也可能面临调整。关于是否调整司法解释的条文序号，我们对历次法律和司法解释修改进行了认真研究。当法律删除个别条文时，该条文及后续条文的安排，存在两种实践方案：一种方案是仅删除条文内容但保留条文序号，如《刑法修正案（九）》删去了《刑法》第一百九十九条，其后的条文顺序并未变更。另一种方案是将条文内容和条文序号整体删除，其后条文的序号依次前移。这是我国修法时所采取的主要方式。有意见认为，本次司法解释修改可探索适用第一种方案，好处在于，不仅本解释中引用自身的条文序号不再需要调整，其他司法解释引用本解释的条文序号也不需要调整。但是，考虑到此次《民事诉讼法》修改采取的是调整条文序号的方式，为了与立法保持一致，我们仍然采取删除条文内容与条文序号的方式，并调整后续条文序号，以保持条文序号的连续性。但是，对于如何让司法解释条文顺序的修改更加科学，既便于检索也有利于法律适用上的前后一致性，我们将在以后的司法解释修改过程中继续深入研究。需要注意的是，《民事诉讼法解释修改决定》第十六条蕴含了两层意思：一是本解释的条文顺序调整，二是由于本解释条文顺序调整，条文所引用本解释的相关条文序号也进行相应调整。经统计，《民事诉讼法解释》中援引本解释的条文一共17处，其中12处需要修改。新《民事诉讼法解释》公布时作统一调整。

除上述重点内容外，《民事诉讼法解释修改决定》还对照2021年《民事诉讼法》等法律对个别条文表述进行修改。如将第九条、第二百一十八条中的"抚育费"改为"抚养费"，将第四十八条中的"助理审判员"删除，将第六十一条中的"人民调解委员会"修改为"人民调解委员会或者其他依法设立的调解组织"，将第四十五条、第二百五十八条、第二百六十九条中的"合议庭组成人员"修改为"审判人员"，确保《民事诉讼法解释》与2021年《民事诉讼法》等法律保持一致。

三、2022年修正时，关于2021年《民事诉讼法》的时间效力问题

2021年《民事诉讼法》立足经济社会发展变化，对小额诉讼的程序、普通程序独任制、二审独任制、申请司法确认调解协议、在线诉讼等重要制度予以规定，这些新规则自2022年1月1日起正式施行。那么，对于2022年1月1日之前受理但尚未审结的案件，是否可以适用2021年《民事诉讼法》？这涉及规定的时间效力问题。

一直以来，关于新旧法律衔接适用方面，有一个共识性的原则，即"实体（法）从旧、程序（法）从新"。"从新"规则是法律溯及既往的另类表述。基于程序法旨在提供法律救济和实现权利的方法和途径，以公正为主要价值目标，一般认为程序法溯及既往不会影响或侵害信赖利益。程序法溯及既往已经成为一个普遍的法律原则，不论在大陆法系还是在普通法系，也不论是在刑事法律领域还是在民事、行政法领域。但也有观点认为，"程序从新"并非是指程序法溯及既往，恰恰相反，"程序从新"是法不溯及既往原则在诉讼法中的特殊表现形式。新法颁布后的诉讼法律行为或者事件适用新法，新法颁布前已经完成的诉讼行为仍然有效，也即适用旧法，这其实就是《民事诉讼法》不溯及既往的表现。我们认为，关于"程序从新"与溯及既往的关系问题，之所以发生上述分歧，根源在于对溯及适用的判断标准不同。无论实体法还是程序法，溯及适用的大前提均为：一是行为发生时点与评价时点分别处于旧法和新法两种法律的施行区间；二是行为的依据与对行为进行评价的依据相异。此时，如果按照旧法对该行为进行评价，即为不溯及既往；如

果按照新法对该行为进行评价，则为溯及既往。以此为基础并综合各方观点，2012年，最高人民法院制定了《最高人民法院关于修改后的民事诉讼法施行时未结案件适用法律若干问题的规定》，这是我国首次针对《民事诉讼法》新旧衔接问题制定的司法解释，明确了新旧《民事诉讼法》衔接适用的基本规则：（1）对于新法施行时未结案件，适用新法；（2）新法施行前依照旧法规定已经完成的程序事项，仍然有效；（3）涉及当事人实体权利处分的事项，原则上从旧。上述法律适用规则对于民事案件的妥善解决和《民事诉讼法》的统一适用发挥了重要作用。依据上述规则和理念，2021年12月，最高人民法院下发了《关于认真学习贯彻〈全国人民代表大会常务委员会关于修改〈中华人民共和国民事诉讼法〉的决定〉的通知》，并明确了如下规则：2022年1月1日之后人民法院受理的民事案件，适用修改后的《民事诉讼法》。2022年1月1日之前人民法院未审结的案件，尚未进行的诉讼行为适用修改后的《民事诉讼法》；依照修改前的《民事诉讼法》或者《最高人民法院关于印发〈民事诉讼程序繁简分流改革试点实施办法〉的通知》的有关规定，已经完成的诉讼行为，仍然有效。中级人民法院、专门人民法院对2022年1月1日之后受理的第二审民事案件，可以依照修改后的《民事诉讼法》的有关规定适用独任制审理。

需要说明的是，民事诉讼繁简分流改革试点工作中，扩大了简易程序适用范围，允许对公告送达案件适用简易程序，此项制度调整在试点过程中取得了良好效果。《民事诉讼法解释》修改过程中，我们对此问题进行了反复研究，但由于该项成果需进一步综合评估，故本次修改并未对修改前的《民事诉讼法解释》第一百四十条、第二百五十七条第一项作出调整，审判实践中应予以注意。下一步，我们将继续对此问题进行调研，适时开展相应的条文修改论证工作。

（撰稿人：郭　锋　陈龙业　贾玉慧　牛晓煜）

二、管　辖

最高人民法院
关于审理民事级别管辖异议案件若干问题的规定

（2009年7月20日最高人民法院审判委员会第1471次会议通过　根据2020年12月23日最高人民法院审判委员会第1823次会议通过的《最高人民法院关于修改〈最高人民法院关于人民法院民事调解工作若干问题的规定〉等十九件民事诉讼类司法解释的决定》修正）

为正确审理民事级别管辖异议案件，依法维护诉讼秩序和当事人的合法权益，根据《中华人民共和国民事诉讼法》的规定，结合审判实践，制定本规定。

第一条　被告在提交答辩状期间提出管辖权异议，认为受诉人民法院违反级别管辖规定，案件应当由上级人民法院或者下级人民法院管辖的，受诉人民法院应当审查，并在受理异议之日起十五日内作出裁定：

（一）异议不成立的，裁定驳回；

（二）异议成立的，裁定移送有管辖权的人民法院。

第二条　在管辖权异议裁定作出前，原告申请撤回起诉，受诉人民法院作出准予撤回起诉裁定的，对管辖权异议不再审查，并在裁定书中一并写明。

第三条　提交答辩状期间届满后，原告增加诉讼请求金额致使案件标的额超过受诉人民法院级别管辖标准，被告提出管辖权异议，请求由上级人民法院管辖的，人民法院应当按照本规定第一条审查并作出裁定。

第四条　对于应由上级人民法院管辖的第一审民事案件，下级人民法院不得报请上级人民法院交其审理。

第五条　被告以受诉人民法院同时违反级别管辖和地域管辖规定为由提

出管辖权异议的,受诉人民法院应当一并作出裁定。

第六条 当事人未依法提出管辖权异议,但受诉人民法院发现其没有级别管辖权的,应当将案件移送有管辖权的人民法院审理。

第七条 对人民法院就级别管辖异议作出的裁定,当事人不服提起上诉的,第二审人民法院应当依法审理并作出裁定。

第八条 对于将案件移送上级人民法院管辖的裁定,当事人未提出上诉,但受移送的上级人民法院认为确有错误的,可以依职权裁定撤销。

第九条 经最高人民法院批准的第一审民事案件级别管辖标准的规定,应当作为审理民事级别管辖异议案件的依据。

第十条 本规定施行前颁布的有关司法解释与本规定不一致的,以本规定为准。

【导读及适用要点】

一、《最高人民法院关于审理民事级别管辖异议案件若干问题的规定》[①]**第一条与2007年《民事诉讼法》第三十八条**[②]**的关系**

对于《民事诉讼法》第三十八条是否适用于级别管辖异议,争议较大。《民事级别管辖异议规定》第一条明确级别管辖异议不成立的,裁定驳回,异议成立的,裁定移送有管辖权的人民法院,从而与《民事诉讼法》第三十八条保持一致,明确了处理级别管辖异议的法律依据。

实践中,级别管辖异议有两种情况,一种是受诉法院审查认为应由下级法院管辖,另一种是受诉法院审查认为应由上级法院管辖,这两种情形都应当依法作出裁定,不能再像以往那样以通知方式作出。但对于后一种情形该如何处理,是应当裁定将案件移送上级人民法院管辖,还是应当裁定驳回起诉并告知当事人向有管辖权的法院起诉,在起草、论证和审议过程中争论最

[①] 《最高人民法院关于审理民事级别管辖异议案件若干问题的规定》(以下简称《民事级别管辖异议规定》)。

[②] 现为《民事诉讼法》(2023年修正)第一百三十条。

大。主张应当裁定将案件移送上级人民法院的意见认为，裁定移送管辖是把案件从无管辖权的法院移送到有管辖权的法院，既包括平级法院之间的移送，也包括上下级法院之间的移送。《民事诉讼法》第三十八条规定移送管辖的立法目的是方便当事人诉讼，避免法院之间相互推诿案件，没有将管辖权异议限制在地域管辖异议，也应当适用于级别管辖异议。移送裁定是面对当事人的，不是针对受移送法院的，管辖问题是法律规定的，对于依法应由上级法院管辖的案件，下级法院裁定将案件移送上级法院，不存在下级指挥上级的问题。主张应当裁定驳回起诉的意见认为，下级法院只能裁判自己是否有管辖权，无权裁判上级法院的管辖权问题，其裁定将案件移送到上级法院管辖，观念上让人无法接受。

经过反复调研论证，征求专家、法官和律师意见，并与全国人大法工委多次沟通，《民事级别管辖异议规定》最终采纳了第一种意见。主要考虑：一是《民事诉讼法》第三十八条没有明确排除适用于级别管辖。从文义解释角度理解，应当适用于地域和级别管辖。全国人大法工委持这一观点，认为《民事诉讼法》第三十八条应当适用于级别管辖异议。在征求专家意见过程中，参与起草《民事诉讼法》的专家介绍，当时起草《民事诉讼法》时，由于实践中级别管辖问题并不突出，所以没有过多考虑第三十八条是否包括级别管辖，但专家一致认为，应当对该条作开放性的解释，以适应司法实践的需要。二是不同级别法院之间的裁定移送，有各国（地区）的民事诉讼立法和实践的基础。例如，德国的初级法院与州法院之间的相互移送。再如，《日本民事诉讼法》规定的裁量移送、双方当事人同意情形下的必要的移送、反诉管辖的移送，均为简易法院向地方法院的下移上类型的移送。而德国的初级法院与州法院之间、日本的简易法院与地方法院之间的关系，相当于我国基层法院与中级法院之间的关系，既是同为事务管辖上的一审法院（初审法院），又是审级管辖上的第一审法院与第二审法院。在我国台湾地区，一审法院与二审法院之间，二审法院与三审法院之间，甚至在再审案件的专属管辖方面，都存在不同级别法院之间的相互移送。三是为避免产生下级法院错误地作出移送上级法院的裁定而上级法院受其拘束无法纠正的情形，《民事级别管辖异议规定》第九条①规定,对于将案件移送上级人民法院管辖的裁定,当事人未提出上诉,但受移送的上级人民法院认为确有错误的,可以依职权裁定撤销。实践操作中,当事人提出上诉的,该上级法院自可依法审查并作出处理;当事人未提出上诉,而受移送的上级人民法院认为该裁定确有错误的,根据案件具体情况,既可以依职权撤销裁定,从而避免受错误裁定的拘束,也可以不撤销该裁定而由该上级人民法院自行审理,以使案件尽快进入实体审理,避免在管辖问题上拖延诉讼。

二、级别管辖异议案件审理程序的具体问题

1. 在管辖权异议裁定作出前,原告申请撤回起诉的处理程序

《民事级别管辖异议规定》第二条规定,在管辖权异议裁定作出前,原告申请撤回起诉,受诉人民法院作出准予撤回起诉裁定的,对管辖权异议不再审查,并在裁定书中一并写明。受诉法院无管辖权的,原则上应裁定将案件移送到有管辖权的法院审理。但实践中案件移送存在许多问题,例如,有的法院只移送案件,拖延甚至不移送诉讼费;有的法院为摆脱难缠案件的审理,将有管辖权的案件移送到其他法院;法院之间移送案卷,少则一二月,多则半年一年,严重拖延。如果被移送法院亦认为其无管辖权,还需报请上级法院指定管辖,时间将更长。并且,原告有可能不愿到受移送法院继续诉讼。为避免产生这些问题,在实际操作中,人民法院在作出移送管辖的裁定前,可以询问当事人是否申请撤诉。原告撤诉的,人民法院应尊重其意愿。主诉撤回后,管辖权异议即没有必要继续审理。

2. 答辩期间届满后,原告增加诉讼请求金额,被告提出管辖权异议的处理程序

《民事诉讼法》规定,被告提出管辖权异议的期限为提交答辩状期间,同时规定原告有权增加诉讼请求。审判实践中,有的原告就恶意地于管辖异议期满后才增加诉讼请求,致使案件标的金额超过受诉法院级别管辖标准。《最高人民法院关于案件级别管辖几个问题的批复》第二条规定:"当事人在诉讼中增加诉讼请求从而加大诉讼标的金额,致使诉讼标的金额超过受讼法院级

---

① 现为《民事级别管辖异议规定》(2020年修正)第八条。

别管辖权限的，一般不再变动。但是当事人故意规避有关级别管辖等规定的除外。"由于何谓"故意规避"难以判断，实践中对随意增加诉讼标的额致使超过受诉法院级别管辖标准的行为几乎放任不管，既破坏了级别管辖的秩序，也损害了对方当事人的管辖利益。

为保持原、被告之间在管辖争点上攻击防御的动态平衡，防止原告利用答辩期即为异议期，规避管辖异议制度，《民事级别管辖异议规定》第三条规定，提交答辩状期间届满后，原告增加诉讼请求金额致使案件标的额超过受诉人民法院级别管辖标准，被告提出管辖权异议，请求由上级人民法院管辖的，人民法院应当按照《民事级别管辖异议规定》第一条审查并作出裁定。即允许被告在特定情形下，可在答辩期届满后提出管辖权异议。该条争议的主要问题，一是是否需要设定原告规避级别管辖规定的恶意条件。对此，《民事级别管辖异议规定》从提高操作性、规范原告行为的角度，未予设定其他条件，只要增加诉讼请求金额后超出了受诉法院级别管辖标准，被告即可提出管辖权异议。二是是否需要给被告提出此类管辖权异议限制时间。对此，由于目前并无法律和司法解释规定原告增加诉讼请求后要重新给予被告答辩期间，而原告增加诉讼请求应当在庭审结束前提出，被告提出级别管辖权异议的时间与此对应即可，即在庭审结束前，只要原告增加诉讼请求致使案件标的额超过受诉人民法院级别管辖标准，被告即可依据此条提出管辖权异议。

3. 被告同时提出级别管辖异议和地域管辖异议的处理程序

被告以受诉人民法院同时违反级别管辖和地域管辖为由分别提出管辖权异议的，应当理解为一个管辖权异议下的两个不同理由，不是两个管辖权异议，受诉人民法院应当作为一个管辖权异议处理，以避免出现一个异议成立而另一个异议不成立时的裁判相互抵触的情况。实践中，由于各地级别管辖标准不同，应当先审查地域管辖异议理由是否成立。成立的，应当按照《民事诉讼法》第三十八条的规定处理，此时无需审查级别管辖理由；不成立的，再审查级别管辖理由是否成立。

4. 级别管辖异议上诉案件的审理程序

《民事级别管辖异议规定》第八条[①]明确了当事人对于级别管辖异议裁定

---

① 现为《民事级别管辖异议规定》（2020年修正）第七条。

的上诉权。改革级别管辖异议裁判机制的关键，不仅在于以裁定取代告知、通知，更重要的是赋予当事人上诉权，使上级法院得以通过第二审程序予以监督。

5. 受诉法院发现其没有级别管辖权应依职权移送的问题

《民事级别管辖异议规定》第七条①明确了当事人未依法提出管辖权异议情况下，受诉人民法院发现其没有级别管辖权的，应当将案件移送有管辖权的人民法院审理。规定此条的主要理由是，管辖权属于诉讼要件之一，是作出实体判决的前提条件。因此，不论当事人是否提出管辖权异议，法院都应当依职权审查。逾期提出的管辖权异议，尽管不是一个有诉讼法效力的异议，但由于管辖权问题是法院必须审查的事项，法院也应当对此慎重考虑。但是应当明确的是，如果当事人未提出异议，法院也未发现其无管辖权，在此基础上作出实体裁判的，除违反专属管辖外，一般不能认为构成程序严重违法并以此作为上诉或者再审的法定理由，其正当性根据在于诉讼行为瑕疵的补正理论，即欠缺任意管辖权问题，已经由于作出生效判决而得到补正。

与此相关仍然有待研究的问题：一是依职权的移送，是用裁定书的形式，还是通知书的形式。从法理上讲，移送管辖的行为，是法院就程序性问题作出的裁定行为，应当采用裁定书的形式，但我国现行的实践中多采用通知书的形式。二是依职权移送时的原告利益保护问题。德国、法国、日本、我国台湾地区的移送管辖，一般是受诉法院在发现无管辖权时，应原告的请求或者依照职权，裁定将案件移送到有管辖权的法院。移送管辖的目的，是节省原告重新起诉的费用和时间，及避免原告诉讼时效期间利益的丧失。从我国《民事诉讼法》及审判实践看，并无应原告的请求移送管辖的程序设计，容易产生移送管辖违背原告意愿和利益的问题。从调研情况看，原告选择法院和法官打官司的情况比较突出，原告不到受移送法院继续诉讼的情况比较常见。有鉴于此，在依职权移送前，最好征求原告的意见：原告不愿意继续诉讼的，可以撤诉；愿意继续诉讼的，可以征求原告意见，将案件移送到原告选择的有管辖权的法院。

---

① 现为《民事级别管辖异议规定》(2020年修正)第六条。

三、审理级别管辖异议案件的依据

《民事级别管辖异议规定》第十条①明确规定,经最高人民法院批准的第一审民事案件级别管辖标准的规定,应当作为审理民事级别管辖异议案件的依据。在调研和起草过程中,一些同志认为,高级法院所作的级别管辖规定,既非法律又非司法解释,在裁定书中不宜作为处理级别管辖异议案件的依据。但这里强调的是,高级人民法院作出的级别管辖规定是经过最高人民法院批准,并统一发布后施行的,人民法院和当事人都应当严格遵守,可以在裁判理由部分予以引用。再者,如果不明确将其作为裁判的依据,则裁判文书的理由部分不能让当事人理解和信服。需要说明的是,未经最高人民法院批准,各级人民法院自行作出的级别管辖标准,不能作为处理级别管辖异议的裁判依据。

（撰稿人：刘学文　姜启波　王胜全　刘小飞）

四、2020年修正时，修改情况说明

删除2009年《民事级别管辖异议规定》第四条内容。该条内容已经为《民事诉讼法》第三十八条②和《民事诉讼法解释》第四十二条所修正,不再适用。《民事诉讼法》第三十八条规定:"上级人民法院有权审理下级人民法院管辖的第一审民事案件；确有必要将本院管辖的第一审民事案件交下级人民法院审理的,应当报请其上级人民法院批准。下级人民法院对它所管辖的第一审民事案件,认为需要由上级人民法院审理的,可以报请上级人民法院审理。"《民事诉讼法解释》第四十二条规定:"下列第一审民事案件,人民法院依照民事诉讼法第三十八条第一款规定,可以在开庭前交下级人民法院审理:（一）破产程序中有关债务人的诉讼案件；（二）当事人人数众多且不方便诉讼的案件；（三）最高人民法院确定的其他类型案件。人民法院交下级人民法院审理前,应当报请其上级人民法院批准。上级人民法院批准后,人民法院

---

① 现为《民事级别管辖异议规定》（2020年修正）第九条。
② 现为《民事诉讼法》（2023年修正）第三十九条。

应当裁定将案件交下级人民法院审理。"

[载最高人民法院民法典贯彻实施工作领导小组办公室编著:《最高人民法院实施民法典清理司法解释修改条文（111件）理解与适用》，人民法院出版社2022年版]

三、审判组织

最高人民法院
关于适用《中华人民共和国人民陪审员法》若干问题的解释

法释〔2019〕5号

（2019年2月18日最高人民法院审判委员会第1761次会议通过 2019年4月24日最高人民法院公告公布 自2019年5月1日起施行）

为依法保障和规范人民陪审员参加审判活动，根据《中华人民共和国人民陪审员法》等法律的规定，结合审判实际，制定本解释。

第一条 根据人民陪审员法第十五条、第十六条的规定，人民法院决定由人民陪审员和法官组成合议庭审判的，合议庭成员确定后，应当及时告知当事人。

第二条 对于人民陪审员法第十五条、第十六条规定之外的第一审普通程序案件，人民法院应当告知刑事案件被告人、民事案件原告和被告、行政案件原告，在收到通知五日内有权申请由人民陪审员参加合议庭审判案件。

人民法院接到当事人在规定期限内提交的申请后，经审查决定由人民陪审员和法官组成合议庭审判的，合议庭成员确定后，应当及时告知当事人。

第三条 人民法院应当在开庭七日前从人民陪审员名单中随机抽取确定人民陪审员。

人民法院可以根据案件审判需要，从人民陪审员名单中随机抽取一定数量的候补人民陪审员,并确定递补顺序,一并告知当事人。

因案件类型需要具有相应专业知识的人民陪审员参加合议庭审判的,可以根据具体案情,在符合专业需求的人民陪审员名单中随机抽取确定。

第四条 人民陪审员确定后,人民法院应当将参审案件案由、当事人姓名或名称、开庭地点、开庭时间等事项告知参审人民陪审员及候补人民陪审员。

必要时,人民法院可以将参加审判活动的时间、地点等事项书面通知人民陪审员所在单位。

第五条 人民陪审员不参加下列案件的审理:

(一)依照民事诉讼法适用特别程序、督促程序、公示催告程序审理的案件;

(二)申请承认外国法院离婚判决的案件;

(三)裁定不予受理或者不需要开庭审理的案件。

第六条 人民陪审员不得参与审理由其以人民调解员身份先行调解的案件。

第七条 当事人依法有权申请人民陪审员回避。人民陪审员的回避,适用审判人员回避的法律规定。

人民陪审员回避事由经审查成立的,人民法院应当及时确定递补人选。

第八条 人民法院应当在开庭前,将相关权利和义务告知人民陪审员,并为其阅卷提供便利条件。

第九条 七人合议庭开庭前,应当制作事实认定问题清单,根据案件具体情况,区分事实认定问题与法律适用问题,对争议事实问题逐项列举,供人民陪审员在庭审时参考。事实认定问题和法律适用问题难以区分的,视为事实认定问题。

第十条 案件审判过程中,人民陪审员依法有权参加案件调查和调解工作。

第十一条 庭审过程中,人民陪审员依法有权向诉讼参加人发问,审判长应当提示人民陪审员围绕案件争议焦点进行发问。

第十二条 合议庭评议案件时,先由承办法官介绍案件涉及的相关法律、证据规则,然后由人民陪审员和法官依次发表意见,审判长最后发表意见并总结合议庭意见。

第十三条 七人合议庭评议时,审判长应当归纳和介绍需要通过评议讨论决定的案件事实认定问题,并列出案件事实问题清单。

人民陪审员全程参加合议庭评议,对于事实认定问题,由人民陪审员和法官在共同评议的基础上进行表决。对于法律适用问题,人民陪审员不参加表决,但可以发表意见,并记录在卷。

第十四条 人民陪审员应当认真阅读评议笔录,确认无误后签名。

第十五条 人民陪审员列席审判委员会讨论其参加审理的案件时,可以发表意见。

第十六条 案件审结后,人民法院应将裁判文书副本及时送交参加该案审判的人民陪审员。

第十七条 中级、基层人民法院应当保障人民陪审员均衡参审,结合本院实际情况,一般在不超过30件的范围内合理确定每名人民陪审员年度参加审判案件的数量上限,报高级人民法院备案,并向社会公告。

第十八条 人民法院应当依法规范和保障人民陪审员参加审判活动,不得安排人民陪审员从事与履行法定审判职责无关的工作。

第十九条 本解释自2019年5月1日起施行。

本解释公布施行后,最高人民法院于2010年1月12日发布的《最高人民法院关于人民陪审员参加审判活动若干问题的规定》同时废止。最高人民法院以前发布的司法解释与本解释不一致的,不再适用。

【导读及适用要点】

一、对当事人的告知程序和义务

程序公正是最大的公正,三大诉讼程序中,人民法院对当事人有一系列的告知义务。在人民陪审员参加审理的案件中,人民法院对当事人的告知同样重要。人民陪审员法就人民法院对当事人的告知义务没有明确规定,《最高人民法院关于适用〈中华人民共和国人民陪审员法〉若干问题的解释》(以下简称《人民陪审员法解释》)根据三大诉讼法的规定,结合审判实践需要,规定了一系列对当事人的告知程序和义务。

1. 合议庭成员确定后对当事人的告知义务

《人民陪审员法解释》第一条和第二条第二款规定了人民法院决定适用陪审制审理时对当事人的告知义务。人民法院根据《中华人民共和国人民陪审员法》(以下简称《人民陪审员法》)第十五条、第十六条依职权决定适用陪审制审理的,或者根据第十七条依当事人申请决定适用陪审制审理的,均应当在开庭前合理的期间通知当事人。《民事诉讼法》规定合议庭组成人员确定后,应当在三日内告知当事人,同时第一百三十六条①规定,应当在开庭三日以前通知当事人和其他诉讼参与人。《刑事诉讼法》未明确合议庭成员确定后几日内通知当事人,但也规定应当在开庭三日以前通知当事人,当然,通知当事人开庭,是否一并告知合议庭组成可能实践中做法不一。《中华人民共和国行政诉讼法》(以下简称《行政诉讼法》)对此没有明确规定,但是《最高人民法院关于适用〈中华人民共和国行政诉讼法〉的解释》(以下简称《行政诉讼法解释》)第七十一条规定"人民法院适用普通程序审理案件,应当在开庭三日前用传票传唤当事人",同样对于是否同时告知当事人合议庭组成没有明确。综合上述规定,为了进一步规范陪审案件的诉讼程序,《人民陪审员法解释》明确,人民法院决定适用陪审制审理并确定合议庭组成人员后,应当及时告知当事人。这里的"及时",是指应当区分案件类型按照三大诉讼法的规定确定告知当事人的时间。对于民事案件,合议庭成员确定后应当在三日内告知当事人,对于刑事和行政案件,虽然告知合议庭组成的时间没有规定,但有开庭前三日通知当事人的规定,因此,至迟于开庭三日前将合议庭组成告知当事人更为合理及时。

2. 对当事人有权申请人民陪审员参加合议庭审判案件的告知义务

《人民陪审员法》第十七条规定,第一审刑事案件被告人、民事案件原告或者被告、行政案件原告申请由人民陪审员参加合议庭审判的,人民法院可以决定由人民陪审员和法官组成合议庭审判。实践中,落实该条款涉及两个问题:一是当事人如何享有这项权利;二是对于哪些第一审案件,上述当事

---

① 现为《民事诉讼法》(2023年修正)第一百三十九条。

人可以申请适用陪审制度，是否包括《人民陪审员法》第十五条、第十六条规定的第一审案件。对于第一个问题，既然当事人享有这项权利，人民法院就有义务告知当事人，2010年《人民陪审员参加审判活动若干问题的规定》（已失效）对此有明确规定，当事人应当在接到人民法院通知五日内提出适用陪审制的申请，《人民陪审员法解释》沿用了这一规则。对于第二个问题，《人民陪审员法》把适用陪审制案件分成了人民法院应当适用陪审制的案件和依当事人申请适用陪审制的案件，对于第十五条、第十六条规定的案件，人民法院应当决定适用陪审制，因此，无须当事人提出申请；对于第十五条、第十六条规定之外的一审普通案件，当事人可以提出申请，由人民法院决定是否适用陪审制审理。

还需要说明的是，采用何种合议庭组成审判案件是人民法院的职权，根据《人民陪审员法》第十七条，当事人申请适用陪审制的，是否适用由人民法院依职权决定。但这一规定较为原则，实践中需要区分不同情况作出处理。刑事案件中，有被告人申请适用，但有其他被告人不同意的；民事案件中，一方当事人申请适用，有其他当事人不同意的，人民法院应根据《人民陪审员法》第十七条的规定，结合案件具体情况，决定是否适用陪审制审理。但是对于行政案件原告申请人民陪审员参加合议庭审判的，是否必须适用陪审制，有不同意见。有观点认为，因为被告是行政机关，根据公平、公开原则，为充分保护作为原告的行政相对人权益，人民法院应当安排人民陪审员参加案件审判。也有观点认为，根据《人民陪审员法》的规定，行政案件原告申请适用陪审制，也应当由法院决定是否适用。如果规定必须适用，将会与人民陪审员法的规定相冲突。《人民陪审员法解释》起草过程中，曾规定行政诉讼原告申请适用陪审制的，人民法院应当安排人民陪审员参加审判，但最终因分歧较大而未作规定。

另外，2015年《人民陪审员制度改革试点实施办法》（以下简称《试点办法》）规定，因涉及个人隐私、商业秘密或者其他原因，当事人可以申请不由人民陪审员参加审判。但实践中对此也有不同观点，认为这些只是不公开审理的理由，人民陪审员也有保守审判秘密的义务，以此为理由排除陪审员的参与不合适。故《人民陪审员法解释》对此也未作规定。

3. 告知人民陪审员参审案件情况的义务

《人民陪审员法》第四条规定，人民陪审员依法参加审判活动，受法律保护。人民法院应当依法保障人民陪审员履行审判职责。因此，人民陪审员确定后，人民法院应将需要开庭的案件相关情况尽快通知参审人民陪审员及候补人民陪审员。在起草过程中，对于"需要开庭的案件相关情况"包括哪些内容存在不同看法。有的认为要把起诉书、答辩状等相关具体案件内容和开庭地点、开庭时间等事项一并告知人民陪审员；有的则认为，因为开庭前还可以组织人民陪审员阅卷，所以起诉书、答辩状等相关具体案件内容不必通知人民陪审员，将参审案件案由、当事人姓名或名称、开庭地点、开庭时间等事项告知参审人民陪审员及候补人民陪审员就可以了。最终采纳后一种意见作出规定。

4. 必要时通知人民陪审员所在单位的义务

《人民陪审员法》第四条第三款规定，人民陪审员所在单位、户籍所在地或者经常居住地的基层群众性自治组织应当依法保障人民陪审员参加审判活动。但是实践中，有些单位认为人民陪审员参加审判活动影响了本职工作，对人民陪审员参加审判活动支持不够。征求意见过程中，很多陪审员提出，应当将开庭计划书面通知其所在单位，以便于请假协调时间。我们认为，实践中确实存在类似情况，但不是普遍现象，对于单位支持陪审员工作力度比较大的，每次开庭都书面通知，似乎必要性不大。因此，《人民陪审员法解释》规定，必要时，可以将参加审判活动的时间、地点等事项书面通知人民陪审员所在单位。

5. 开庭前对人民陪审员相关权利和义务的告知

人民陪审员不是专业的法官，开庭前有必要对人民陪审员的相关权利义务予以告知，《人民陪审员法解释》第八条专门作出规定，这里的"相关权利和义务"主要是与参加案件审判相关的权利义务。人民陪审员依法参加案件审理，除不能担任审判长外，在三人合议庭中与法官具有同等权利；在七人合议庭中，不就法律适用问题参加表决，其余职责与法官基本相同。这些权利主要包括：参与审判案件时不受行政机关、社会团体和个人干涉；独立自主地陈述对案件的看法和观点；查阅卷宗材料、参加案件调查、调解、参与庭审、庭审中询问、评议案件的权利；在合议庭享受与法官平等的表决权等。人民陪审员参加审判时的义务主要包括：参与案件审理，应当遵守宪法和法律，依法履行职责；注重司法礼仪，维护司法形象，遵守审判纪律，保守审判秘密，遵守回避制度等。

二、明确了人民陪审员不参加审判的案件范围

关于案件参审范围，《人民陪审员法》第十五条、第十六条较为笼统，且仅有正面规定，没有反向排除。实践中，不少法官建议，在人民陪审员每年有参审数上限的情况下，司法解释应当就哪些案件不宜适用陪审制作出规定，以方便法官具体适用。针对这一建议，《人民陪审员法解释》在第五条中对排除适用陪审制的案件范围作出规定，主要包括依照民事诉讼法适用特别程序、督促程序、公示催告程序审理的案件，申请承认外国法院离婚判决的案件以及裁定不予受理或者不需要开庭审理的案件。有些人民陪审员同时具有人民调解员身份，为了避免身份冲突和防止先入为主，这些兼具人民调解员身份的人民陪审员，不宜参加由其先行进行调解的案件的审理，故《人民陪审员法解释》第六条对此予以明确，这也属于对人民陪审员参审范围的细化范畴。为方便实践中具体运用，对上述两个条文涉及的案件类型分类如下。

1. 法律明确规定不予适用的案件

根据《民事诉讼法》第十五章特别程序相关条文的规定，人民法院审理选民资格案件、宣告失踪或者宣告死亡案件、认定公民无民事行为能力或者限制民事行为能力案件、认定财产无主案件、确认调解协议案件和实现担保物权案件，实行一审终审。选民资格案件或者重大、疑难的案件，由审判员组成合议庭审理；其他案件由审判员一人独任审理。也就是说，对于《民事诉讼法》第十五章规定的适用特别程序审理的案件中，选民资格案件或者重大、疑难的案件，应当由法官组成合议庭，陪审员不参与这些案件的审理。

2. 司法解释明确不予适用的案件

此类案件目前有三种情形。一是适用督促程序审理的案件，《民事诉讼法解释》第四百三十条[①]明确，人民法院受理申请后，由审判员一人进行审查。二是适用公示催告程序审理的案件，根据《民事诉讼法解释》第四百五十四

---

① 现为《民事诉讼法解释》(2022年修正)第四百二十八条。

条①的规定，可由审判员一人独任审理；判决宣告票据无效的，应当组成合议庭审理。显然，从文义上理解，判决宣告票据无效的公示催告案件，既可以由法官组成合议庭，也可以由法官和陪审员组成合议庭。但是，《人民陪审员法解释》第五条规定，陪审员不参加适用公示催告程序案件的审理；根据《人民陪审员法解释》第十九条，最高人民法院以前发布的司法解释与本解释不一致的，不再适用。因此，《人民陪审员法解释》生效后，宣告票据无效的公示催告案件，也只能由审判员组成合议庭审理，这一点在实践中要特别注意。三是指申请承认外国法院离婚判决的案件。对此，1991年《最高人民法院关于中国公民申请承认外国法院离婚判决程序问题的规定》第七条明确规定："人民法院审查承认外国法院离婚判决的申请，由三名审判员组成合议庭进行，作出的裁定不得上诉。"《人民陪审员法解释》在此予以重申。

3．裁定不予受理或者不需要开庭审理的案件

《人民陪审员法解释》第五条第三项实际上是一个兜底条款。实践中，民事裁定不予受理的案件，一般不开庭审理，大多是由审判员一人审查后作出裁定，有的是组成合议庭审查。实践中有让陪审员参加合议庭的情况，但大多不开庭审理。此类情况下，陪审员不实质参与，有走过场之嫌，不但无法发挥陪审员的实质参审作用，也损害了人民陪审员制度的严肃性。因此《人民陪审员法解释》最终明确此类案件陪审员不参加审理。关于"不需要开庭审理的案件"，从目前相关法律和司法解释的规定看，我们认为，至少应当包括以下几类案件：一是行政案件中裁定不予立案的案件，实际上在立案登记制度实行之前，《行政诉讼法》也是使用"不予受理"表述，但为了与立案登记制相衔接，在修改《行政诉讼法》时改用"不予立案"表述，实际上和"不予受理"意思是一样的，因此，此类案件陪审员也不应参加审理；二是执行案件，执行案件的裁定有的由法官或者法官组成合议庭作出，有的由执行员作出，执行案件是非诉案件，一般不需要开庭审理，因此，陪审员也不宜参与；三是仲裁程序案件，主要包括申请确认仲裁协议效力和申请撤销仲裁裁决案件，这些案件属特殊程序案件，多是书面审理，一般也不应当由陪审员参加审理；四是申请承认与执行法院判决、仲裁裁决案件，主要包括申

---

① 现为《民事诉讼法解释》（2022年修正）第四百五十二条。

请执行海事仲裁裁决、申请执行知识产权仲裁裁决、申请执行涉外仲裁裁决、申请认可和执行香港特别行政区法院民事判决、申请认可和执行香港特别行政区仲裁裁决、申请认可和执行澳门特别行政区法院民事判决、申请认可和执行澳门特别行政区仲裁裁决、申请认可和执行台湾地区法院民事判决、申请认可和执行台湾地区仲裁裁决、申请承认和执行外国法院民事判决及裁定、申请承认和执行外国仲裁裁决等案件，这些案件也是以书面审理为主，不宜由陪审员参加审判。除此以外，因为是兜底条款，实践中对于其他不需要开庭审理的案件，人民法院也应当决定不适用陪审制审理。

4. 以人民调解员身份先行调解的案件

为了避免身份冲突和防止先入为主，兼具人民调解员身份的人民陪审员，不应参加由其先行进行调解的案件的审理。2010年《最高人民法院关于进一步加强和推进人民陪审工作的若干意见》第二十一条就对此作出了明确规定，我们在《人民陪审员法解释》起草过程中，对该规定予以吸收。但实践中要注意，目前除了有人民调解员，还有行业调解员，比如保险业就有调解员。对于这些人员，也应参照适用该条款，即对于先前参与调解，没有调解成功又起诉到法院的案件，不得参加合议庭进行审理。

《人民陪审员法解释》起草过程中，为了方便广大法官具体适用，我们还曾尝试对可以不适用陪审制审理的案件类型作出规定。其中，第一类是被告人认罪认罚的刑事案件。此类案件被告人自愿如实交代自己的犯罪行为，对于指控的犯罪事实没有异议，同意检察机关的量刑意见并签署具结书，即对事实认定和法律适用没有异议。此时，让人民陪审员参加进来，社会效果不明显。第二类是对事实认定争议不大的民事、行政案件。一些民事、行政案件，当事人各方对事实认定没有争议，仅对于法律适用或者具体责任承担有争议，此时，让人民陪审员参加进来，其事实认定方面的优势无法得到发挥，社会效果同样不明显。第三类、第四类是发回重审和再审适用第一审程序审理案件，这些案件不是新受理的一审案件，只是适用第一审程序审理，人民陪审员没有参与先前程序的审理，不利于认定案情、发挥事实认定方面的优势。上述几类案件，实践操作性很强，在有参审数上限的情况下，方便法官把有限的资源用到真正能发挥陪审员作用的案件上去。在征求意见过程中，也得到了各级法官的认可，但也有意见提出，"可以不适用"，也就意味着"可以适用",但"可以不适用"又明显有"不适用"的导向性指引,司法解释应当指引明确,不应模棱两可、语焉不详,建议删去该条。我们最终采纳了该意见。但是,我们认为,对于上述案件,虽然法律和司法解释并未明确规定不得适用陪审制,但从充分发挥陪审员参审作用并控制不超过案件参审数上限角度出发,人民法院在具体实践中,可以根据《人民陪审员法》相关规定,视情况决定是否适用陪审制审理。

三、参加庭审活动规则

1. 关于个案随机抽取

个案随机抽取是人民陪审员平等参与司法的重要方面,人民陪审员法对此予以坚持。个案随机抽取原则自 2004 年实行以来,实践中主要存在三个方面的问题。

一是陪审员因特殊原因无法到庭参加诉讼时如何处理。实践中,不少法院在抽取陪审员组成合议庭的同时,抽取一定的陪审员作为候补,以保证诉讼效率。在人民陪审员制度改革试点过程中,2015 年《人民陪审员制度改革试点工作实施办法》第一次通过规范性文件对候补陪审员作出明确规定,该办法第十六条第二款规定:"人民法院可以根据案件审理需要,从人民陪审员名册中随机抽选一定数量的候补人民陪审员,并确定递补顺序。"三年的试点过程中,这一做法提高了诉讼效率,得到当事人和陪审员的一致认可,取得了很好的社会效果。吸收这一实践做法,《人民陪审员法解释》在第三条第二款规定,人民法院可以根据案件审判需要,从人民陪审员名单中随机抽取一定数量的候补人民陪审员,并确定递补顺序,一并告知当事人。我们认为,"一定数量"一般以三到五人为宜。个别法院为了便于陪审员参审,把其他大部分陪审员都列入候补名单一并告知当事人的做法,缺乏严肃性,也与随机抽取规则相违背。

二是专业陪审员如何参加个案的审理。我们认为,专业陪审员也应贯彻个案随机抽取原则,可以根据具体案情,在符合专业需求的人民陪审员名单中随机抽取确定。但是,实践中,一些基层法院某类专业陪审员人数较少,无法随机抽取,有意见担心会再次出现陪审专业户现象。我们认为,人民陪审员法规定了每个陪审员每年的参审数上限,严格贯彻一般不会出现此类情况。

三是专门法院审理案件时的陪审员确定。目前大多数专门法院没有选任人民陪审员，少数通过所在地或者相邻普通基层法院帮助选任了一些陪审员，这些陪审员名义上是普通法院的陪审员，实际上由专门法院单独使用。我们认为，专门法院可以参照中级法院的做法，不专门选任陪审员，需要由人民陪审员参加合议庭审判的，可在其所在地级市辖区内的基层人民法院或案件当事人所在地基层人民法院的人民陪审员名单中随机抽取确定。该内容在《司法部 最高人民法院 公安部关于印发〈人民陪审员选任办法〉的通知》中已有规定，故《人民陪审员法解释》中未作规定。为了便于实践操作，《人民陪审员法解释》第三条还明确，人民法院应当在开庭七日前从人民陪审员名单中随机抽取确定人民陪审员。

2. 关于庭前准备工作

做好庭前准备工作是庭审工作能够顺利完成的重要条件，涉及两个方面的问题。一是庭前阅卷。为了保证庭审的顺利进行，合议庭成员都应在庭前调阅卷宗，人民陪审员也不例外。因此，《人民陪审员法解释》第八条要求人民法院为人民陪审员庭前阅卷提供便利。二是庭前会议制度。我国刑事诉讼法和民事诉讼法及其司法解释都规定了庭前会议制度，人民陪审员作为合议庭成员，有权参加庭前会议。为此，《人民陪审员法解释》曾经规定"必要时，可以邀请人民陪审员参加庭前会议"。但是在征求意见过程中，有意见提出，人民陪审员是合议庭成员，必要时参加庭前会议是应有之义，在两大诉讼法及司法解释对庭前会议作出明确规定的情况下，《人民陪审员法解释》无须再次规定，最终采纳该意见，没有对此作出规定。但是实践中，人民法院应当保障人民陪审员参加庭前会议的权利。

3. 关于开庭时的法官指引

法官的指引对于充分发挥人民陪审员的作用十分重要。开庭时法官对陪审员的指引主要体现在两个方面。一方面是人民陪审员的询问权。人民陪审员作为合议庭组成人员，在法庭上依法有权向诉讼参加人发问。作为法庭主持人的审判长应当保障人民陪审员的询问权，引导人民陪审员积极围绕案件争议焦点进行发问。另一方面是建立事实问题清单制度。在七人合议庭中，为了正确区分事实问题和法律问题，法官有必要通过问题清单的形式把事实问题列明，让陪审员带着这些问题参加庭审，陪审员对这些问题形成认知的同时，也就有效区分了事实认定问题与法律适用问题。实践中，事实认定问题和法律适用问题大部分情况下比较容易区分，但也存在模糊地带，不易区分。此时，为了保障陪审员的参审权利，应当按照事实认定问题处理，由陪审员和法官共同作出认定。因此，《人民陪审员法解释》第九条规定："七人合议庭开庭前，应当制作事实认定问题清单，根据案件具体情况，区分事实认定问题与法律适用问题，对争议事实问题逐项列举，供人民陪审员在庭审时参考。事实认定问题和法律适用问题难以区分的，视为事实认定问题。"

四、完善合议庭评议规则

1. 关于评议的程序保障

在原来的司法实践中，存在承办法官先发表意见，陪审员附和法官意见的情况。为了从程序上保证陪审员真正独立发表个人意见，有必要在法官介绍完案情后，由陪审员最先发表评议意见，然后再是法官和审判长发言，这是解决"陪而不议"最直接也最为有效的手段。因此《人民陪审员法解释》在第十二条明确，合议庭评议案件时，先由承办法官介绍案件涉及的相关法律、证据规则，然后由人民陪审员和法官依次发表意见，审判长最后发表意见并总结合议庭意见。

2. 关于七人合议庭事实认定问题清单

在七人合议庭开庭阶段需要为陪审员制作事实问题清单，到了评议阶段，根据开庭情况，审判长需要再次制作问题清单，此清单可能由于庭审查明内容的变化而有所变化，是评议时对陪审员正确指引的重要方面。同时为了充分保障陪审员就法律适用问题发表意见的权利，《人民陪审员法解释》第十三条第二款强调，人民陪审员全程参加合议庭评议，对于事实认定问题，由人民陪审员和法官在共同评议的基础上进行表决。对于法律适用问题，人民陪审员不参加表决，但可以发表意见，并记录在卷。

七人合议庭事实问题清单制度是《人民陪审员法解释》的一大创制，对于合理区分事实问题和法律问题意义重大。我们在起草《人民陪审员法解释》的过程中，曾考虑区分三大诉讼把事实问题清单的主要内容予以明确，方便广大法官适用，当时的表述为："事实问题清单的内容应当包括全部案件事实，重点针对诉讼双方有争议的案件事实。刑事案件中，事实问题清单应当包括被告人有罪、无罪以及量刑情节轻重的事实；民事案件中，事实问题清单应当包括请求权是否成立的所有民事责任构成要件事实；行政案件中，事实问题清单应当包括行政行为合法性所必须具备的事实。"在征求意见过程中，很多意见提出，现有表述对民事和行政事实问题内容的概括很不全面，而且由于民事和行政案件类型较多，也无法全面概括，只能在具体个案中由法官确定，建议不在司法解释中规定，可以在指导性意见或裁判文书样式中予以规范。最后采纳该意见，没有就事实问题清单具体内容作出规定。

五、进一步规范履职活动

1. 不从事与履行法定审判职责无关的工作

人民陪审员制度不是解决"案多人少"的手段，人民陪审员不具有送达、执行、接访等业外职能，更不是法院的编外工作人员。在极个别地方法院，人民陪审员名义上担任陪审员的同时，还承担书记员、执行员、文员等工作，不仅与人民陪审员制度的设计初衷相违背，还损害了人民陪审员制度的公信度和严肃性。因此，《人民陪审员法解释》第十八条明确："人民法院应当依法规范和保障人民陪审员参加审判活动，不得安排人民陪审员从事与履行法定审判职责无关的工作。"人民陪审员的法定审判职责就是开庭和合议，文书送达、庭审记录、案件执行等都不是其法定职责，有些地方还把陪审员从事送达工作和专门从事执行工作当作先进典范予以宣传，这是十分错误的。人民陪审员不是"司法民工"，不是法院的廉价劳动力。在贯彻落实过程中，各级人民法院必须严格贯彻落实好这一规定，同时，广大人民陪审员也有权拒绝在履行法定审判职责之外帮助法院开展其他工作。下一步，最高人民法院将把陪审员不从事与履行法定审判职责无关的工作作为督察的重点，进一步保证人民陪审员制度的严肃性，维护人民陪审员的尊严。

2. 参审数上限和下限

人民陪审员法仅对人民陪审员每年的参审数上限作出原则规定，需要《人民陪审员法解释》进一步明确。陪审员制度改革和人民陪审员法立法的主要目的之一就是解决"驻庭陪审、编外法官"问题，单纯以法院案件数多少决定人民陪审员参审数是错误的。我们既要保证把陪审力量用到真正需要人民参与的案件上，又要保证人民陪审员实质发挥作用，再者不能过多影响陪审员的正常工作和生活。此前，我们请部分地方高级法院做过测算，均衡参审情况下，案件较少的基层法院，每名陪审员每年平均参审案件4件左右，案件较多的法院，每名陪审员每年平均参审案件28件左右。也有极个别案件量大的法院，如北京知识产权法院、北京市朝阳区法院，参审案件数大大超过30件。因此，《人民陪审员法解释》第十七条提出明确要求，一是参审数上限一般不超30件；二是参审数上限确定后要报高级人民法院备案。需要注意的是，一般不超过30件，也就是说大部分法院的参审数上限不得超过30件，个别案件量大的法院可以结合本院实际情况，在30件以上确定参审数上限。另外，报高级人民法院备案，不代表高级法院对参审数上限完全不进行审查。高级法院应在掌握辖区法院案件整体情况的前提下，对辖区法院确定参审案件数上限给予指导，如果一些法院参审数上限定得明显过高或过低，应当及时予以纠正。为了真正发挥人民陪审员制度应有作用，各高级法院必须运用好"参审数上限"这一重要抓手。

另外，为了促使陪审员积极履职，不少法院建议对参审数下限作出规定。考虑到陪审员参审案件通过随机抽取确定，不宜对参审数下限作出硬性规定，但有必要强调均衡参审。因此，《人民陪审员法解释》第十七条首先对均衡参审作出原则规定："中级、基层人民法院应当保障人民陪审员均衡参审……"

（撰稿人：姚宝华　陈龙业　鄂海珊）

四、诉讼参加人

最高人民法院
关于诉讼代理人查阅民事案件材料的规定

（2002年11月4日最高人民法院审判委员会第1254次会议通过 根据2020年12月23日最高人民法院审判委员会第1823次会议通过的《最高人民法院关于修改〈最高人民法院关于人民法院民事调解工作若干问题的规定〉等十九件民事诉讼类司法解释的决定》修正）

为保障代理民事诉讼的律师和其他诉讼代理人依法行使查阅所代理案件有关材料的权利，保证诉讼活动的顺利进行，根据《中华人民共和国民事诉讼法》第六十一条[①]的规定，现对诉讼代理人查阅代理案件有关材料的范围和办法作如下规定：

第一条 代理民事诉讼的律师和其他诉讼代理人有权查阅所代理案件的有关材料。但是，诉讼代理人查阅案件材料不得影响案件的审理。

诉讼代理人为了申请再审的需要，可以查阅已经审理终结的所代理案件有关材料。

第二条 人民法院应当为诉讼代理人阅卷提供便利条件，安排阅卷场所。必要时，该案件的书记员或者法院其他工作人员应当在场。

第三条 诉讼代理人在诉讼过程中需要查阅案件有关材料的，应当提前与该案件的书记员或者审判人员联系；查阅已经审理终结的案件有关材料的，应当与人民法院有关部门工作人员联系。

第四条 诉讼代理人查阅案件有关材料应当出示律师证或者身份证等有

---

① 现为《民事诉讼法》（2023年修正）第六十四条。

效证件。查阅案件有关材料应当填写查阅案件有关材料阅卷单。

第五条 诉讼代理人在诉讼中查阅案件材料限于案件审判卷和执行卷的正卷,包括起诉书、答辩书、庭审笔录及各种证据材料等。

案件审理终结后,可以查阅案件审判卷的正卷。

第六条 诉讼代理人查阅案件有关材料后,应当及时将查阅的全部案件材料交回书记员或者其他负责保管案卷的工作人员。

书记员或者法院其他工作人员对诉讼代理人交回的案件材料应当当面清查,认为无误后在阅卷单上签注。阅卷单应当附卷。

诉讼代理人不得将查阅的案件材料携出法院指定的阅卷场所。

第七条 诉讼代理人查阅案件材料可以摘抄或者复印。涉及国家秘密的案件材料,依照国家有关规定办理。

复印案件材料应当经案卷保管人员的同意。复印已经审理终结的案件有关材料,诉讼代理人可以要求案卷管理部门在复印材料上盖章确认。

复印案件材料可以收取必要的费用。

第八条 查阅案件材料中涉及国家秘密、商业秘密和个人隐私的,诉讼代理人应当保密。

第九条 诉讼代理人查阅案件材料时不得涂改、损毁、抽取案件材料。

人民法院对修改、损毁、抽取案卷材料的诉讼代理人,可以参照民事诉讼法第一百一十一条①第一款第(一)项的规定处理。

第十条 民事案件的当事人查阅案件有关材料的,参照本规定执行。

第十一条 本规定自公布之日起施行。

【导读及适用要点】

一、当事人及其诉讼代理人依法享有查阅案件有关材料的权利

当事人进行民事诉讼活动,除了向法院提供能够支持其诉讼请求的各种

---

① 现为《民事诉讼法》(2023年修正)第一百一十四条。

证据材料外,还必须及时掌握对方当事人的诉讼请求,全面了解与案件有关联的各种证据材料,准确把握法院的诉讼活动状况。只有如此,才能采取行之有效的应对措施以维护自己的合法权益。所以,《民事诉讼法》赋予了当事人查阅、复制本案有关材料的权利。代理诉讼的律师和其他诉讼代理人是受当事人委托代替当事人进行诉讼活动的人,他们在诉讼活动中,一方面,可以根据当事人提供的资料了解案件情况;另一方面,通过查阅案件材料可以了解案件更全面的情况。由于诉讼代理人多为律师或者其他掌握法律专业知识的人,相对于不具有法律专业知识的当事人而言,诉讼代理人可以自己专业的角度分析案件材料、把握诉讼进展状况,从而更好地为当事人提供法律服务。因而,《民事诉讼法》同样赋予诉讼代理人查阅、复制案件材料的权利。虽然从理论上分析,诉讼代理人查阅案件有关材料的权利源于当事人,但根据现行《民事诉讼法》的规定,诉讼代理人的这项权利是法定权利,并非当事人的授权。

《诉讼代理人查阅民事案件材料的规定》一方面依法肯定了当事人及其诉讼代理人查阅案件材料的权利,另一方面又规定查阅案件材料时不得影响案件的审理。这主要基于以下考虑:其一,根据档案管理办法和司法实践,民事案件在不同的诉讼阶段分立不同的案卷,如一审卷宗、二审卷宗和再审卷宗以及执行卷宗。各种卷宗中的材料是人民法院和诉讼参与人进行诉讼活动的真实、详细记录,各种诉讼文书是人民法院进行诉讼活动的重要依据和必要条件,根据最高人民法院于1991年12月4日发布的《人民法院诉讼文书立卷归档办法》第七条规定,入卷的诉讼文书材料一般只保存一份,重份的材料一律剔除。而且许多证据材料是原始证据,有的证据甚至是决定案件的唯一证据。因而,保护案卷材料的完整性和原始性对案件的审判和执行就显得非常重要。其二,阅卷是各方当事人及其诉讼代理人的权利,不应当允许一方当事人或其诉讼代理人阅卷而影响他方代理人或其诉讼代理人阅卷。其三,《民事诉讼法》规定了案件的审理期限,因而当事人或其诉讼代理人阅卷的时间和次数客观上受到限制,阅卷不得影响案件的审限。当然,诉讼代理人阅卷是否影响案件的审理应由审判人员根据具体情况作出判断。

诉讼代理人代理案件的权限既取决于当事人的授权,又取决于诉讼阶段。代理进行一审、二审和再审或执行不同诉讼阶段的诉讼活动,必须分别取得不同阶段的授权。享有代理一审诉讼活动的权利，并不意味着当然享有代理二审、再审或执行阶段诉讼活动的权利。例如，《最高人民法院关于民事诉讼委托代理人的代理权限问题的批复》（法复〔1997〕1号）中规定，如果当事人在授权委托书中没有写明代理人在执行程序中有代理权及具体的代理事项，则代理人在执行程序中没有代理权。所以，诉讼代理人查阅案件有关材料的权利只及于所代理的诉讼阶段及其之前的卷宗。案件已经审理终结后，也就是说，法院作出生效裁判文书后，诉讼代理人查阅案件有关材料的权利即告终止。对审理终结的案件材料，只有当事人决定申请再审并委托律师或者其他人作为申请再审的诉讼代理人时，诉讼代理人才可以向法院提出查阅其所代理的案件材料。案件审理终结后，出于当事人申请再审的需要，诉讼代理人查阅案件材料时，必须向法院出具授权委托书。当然，当事人既可委托原来的诉讼代理人作为再审阶段的代理人，也可以委托其他人作为再审阶段的代理人。《诉讼代理人查阅民事案件材料的规定》第一条第二款中"为了申请再审的需要"并非仅限于当事人已向法院提出了再审申请。当事人有申请再审的意向，委托诉讼代理人先查阅案件材料，诉讼代理人通过查阅材料并综合考虑其他因素，向当事人出具申请再审或接受已经生效的裁判的法律意见。

根据《民事诉讼法》和《诉讼代理人查阅民事案件材料的规定》，查阅案件材料是当事人及其诉讼代理人的权利。除另有规定外，非当事人或诉讼代理人不得查阅案件材料。

二、诉讼代理人查阅案件的程序

诉讼代理人在诉讼过程中查阅案件材料，应当提前与该案的书记员或者承办案件的审判人员联系；查阅已经审理终结的案件材料，如果案卷已经归档，与法院档案管理部门联系，如果案卷尚未归档，则与该案的书记员或审判人员联系。只有提前联系，才能不至于与其他人阅卷或者审判人员的既定工作产生冲突。

为便利阅卷，各法院应当为当事人及其诉讼代理人安排适当的阅卷场所和合理的阅卷时间。诉讼代理人只能在法院规定的阅卷时间和专门的阅卷场所阅卷，不得将案件材料携出阅卷场所。这样规定的主要考虑是为了保证案件材料的完整无缺和诉讼活动的顺利进行。为保持阅卷场所秩序和维护卷宗的安全，必要时，该案的书记员或者法院其他工作人员应当在场。

查阅案件材料，律师应当出示律师证，其他诉讼代理人应当出示身份证或者其他有效证件，以表明阅卷人的身份。查阅案件材料还应当填写阅卷单。《诉讼代理人查阅民事案件材料的规定》对阅卷单的规定是一项新的内容。阅卷单，既是当事人及其诉讼代理人行使阅卷权利的体现，又是法院对卷宗管理的一种形式。当案卷归档后，通过阅卷单还可以方便档案管理人员查找案卷。因而，法院工作人员、当事人及其诉讼代理人都应当认真填写阅卷单，法院工作人员还应当将阅卷单附卷。《诉讼代理人查阅民事案件材料的规定》附有阅卷单的样式，各级人民法院可以根据这个样式自行制作。阅卷单的内容包括：阅卷人（填写阅卷人的姓名）、证件名称及其编号（表明阅卷人的身份：诉讼代理人或者当事人）、案件名称、案由、案号、借阅册数、归还册数、阅卷时间、法院工作人员签注（姓名、案件卷宗归还时的状况等）。

三、查阅案件材料的范围

当事人及其诉讼代理人查阅案件材料的范围限于审判卷和执行卷的正卷，不可查阅案件副卷的内容。

按照《人民法院诉讼文书立卷归档办法》的规定，正卷分民事一审、民事二审等。例如，民事案件一审案件正卷诉讼文书材料包括：（1）起诉状或口头起诉笔录；（2）立案（受理）通知书；（3）缴纳诉讼费收据或减、缓、免交诉讼费用的手续；（4）应诉通知书回执；（5）答辩状及附件；（6）原、被告诉讼代理人、法定代表人授权委托书、鉴定委托书及法定代表人身份证明；（7）原、被告举证材料；（8）询问、调查取证材料；（9）调解笔录及调解材料；（10）开庭通知、传票及开庭公告底稿；（11）开庭审判笔录；（12）判决书、调解书、裁定书正本；（13）宣判笔录；（14）判决书、调解书、裁定书送达回证；（15）上诉案件移送函存根；（16）上级法院退卷函；（17）上级法院判决书、调解书、裁定书正本；（18）证物处理手续；（19）执行手续材料，等等。

副卷中的诉讼文书材料包括：（1）阅卷笔录；（2）案件承办人的审查报告；（3）承办人与有关部门内部交换意见的材料或笔录；（4）有关本案的内部请示及批复；（5）合议庭评议案件笔录；（6）审判庭研究、汇报案件记录；

(7)审判委员会讨论记录;(8)案情综合报告原、正本;(9)判决书、裁定书原本;(10)审判监督表或发回重审意见书;(11)其他不宜对外公开的材料,等等。副卷的存在是我国现行司法体制的必然结果,但其中的一些内容并非都不宜向当事人或其诉讼代理人公开。不过,随着司法体制改革的深入和审判公开化和透明化程度的增加,副卷中的有些材料的内容,如合议庭不同组成人员的意见会写在法律文书中;有些材料可能会归入审制正卷。

《诉讼代理人查阅民事案件材料的规定》仅适用于当事人及其诉讼代理人,主要是在诉讼阶段查阅案件材料的情形。案件审理终结后,案卷都应当依法归档,由法院档案部门管理。归档后,查阅案材料属于对档案的利用范畴。按照《中华人民共和国档案法》的规定,对已开放的档案,我国公民和组织可以利用已经开放的档案,即可以对档案阅览、复制和摘录。根据1991年12月24日最高人民法院发布的《人民法院档案管理办法》第十六条的规定,法院"外单位查阅档案,应持有县、团级以上(本县、区的,应持乡、街道办事处以上)介绍信,按有关外调规定办理。涉及国家机密、个人隐私和对社会有不良影响的案卷,不得查阅。律师查阅档案,应通过原案件承办人办理。卷内材料除判决书、裁定书、调解书等结论性材料外,其他材料原则上不准摘抄和复制"。《诉讼代理人查阅民事案件材料的规定》与该管理办法相比,诉讼代理人查阅案件的范围有所扩大,并不限于结论性材料。

四、查阅案件材料的方式

根据《民事诉讼法》的规定,当事人及其诉讼代理人查阅案件材料时除可以阅览外,还可以摘抄、复制。案件材料通常以纸质形式存在,因而复制这种材料的方式就是复印。如果以电子文档等非纸质形式存在,可以复制。对于复印的案件材料,当事人及其诉讼代理人可以要求案卷管理部门盖章确认其真实性和权威性,方便当事人或诉讼代理人对案件材料的利用。在审判过程中,当事人复印案件材料时可否要求审判人员签字或盖章,《诉讼代理人查阅民事案件材料的规定》没有提及。这主要考虑到,当事人及其诉讼代理人复印案件有关材料用于本案的诉讼活动需要。当然,如果当事人提交的证据材料为原始材料且只有一份,但该证据还需用于其他事由,当事人要求审判人员在复印件签字或盖章,可以比照《诉讼代理人查阅民事案件材料的规定》第七条第二款的规定办理。

五、查阅案件材料的责任

当事人及其诉讼代理人查阅案件材料时，应当保持案件材料的完整性，不得涂改或以其他方式修改、损毁、抽取案件材料。否则，人民法院可以依照《民事诉讼法》第一百零二条第一项[①]对"伪造、毁灭重要证据，妨碍人民法院审理案件的"行为的处罚措施予以处罚。另外，案件材料中涉及国家秘密、商业秘密和个人隐私的内容，当事人及其诉讼代理人应当依法保密。

按《诉讼代理人查阅民事案件材料的规定》第十条的规定，当事人查阅案件的有关材料参照《诉讼代理人查阅民事案件材料的规定》处理。由于《民事诉讼法》对当事人及其诉讼代理人查阅案件有关材料的范围和办法都要求最高人民法院作出规定，因而有人提出，最高人民法院可以就当事人和诉讼代理人查阅案件有关材料的范围和办法分别作出规定。只是考虑到当事人及其诉讼代理人在查阅案件材料的范围和办法不应当有所差别，而且以前最高人民法院与有关部门就律师阅卷问题作出过规定，故《诉讼代理人查阅民事案件材料的规定》将诉讼代理人作为规定的主体。

（撰稿人：汪治平）

六、2020年修正时，修改情况说明

《诉讼代理人查阅民事案件材料的规定》的修改涉及对所引用法律依据条文序号的调整。《民法典》出台后，对《民法典》颁布前的司法解释进行全面清理，是保证人民法院统一法律适用，统一裁判标准，保障国家法律正确实施的必然要求。本次司法解释清理坚持全面清理的原则，凡是与《民法典》及其他现行法律规定不一致的司法解释，均应进行清理。《诉讼代理人查阅民事案件材料的规定》出台于2002年，法律依据是1991年公布的《民事诉讼法》第六十一条[②]和第五十条[③]。《诉讼代理人查阅民事案件材料的规定》旨在

---

① 现为《民事诉讼法》（2023年修正）第一百一十四条第一项。
② 现为《民事诉讼法》（2023年修正）第六十四条。
③ 现为《民事诉讼法》（2023年修正）第五十二条。

保障当事人及其诉讼代理人依法行使其查阅案件材料的权利，维护诉讼程序的顺利进行。从规范内容上看，《诉讼代理人查阅民事案件材料的规定》与《民法典》并不冲突，但鉴于《民事诉讼法》已于2007年、2012年、2017年和2023年进行四次修正（编者注：2023年《民事诉讼法》进行了第四次修正），因此在本次清理过程中，按照《民事诉讼法》最新规定对《诉讼代理人查阅民事案件材料的规定》所引用的《民事诉讼法》有关条文的序号进行修改。

《诉讼代理人查阅民事案件材料的规定》第九条原规定"诉讼代理人查阅案件材料时不得涂改、损毁、抽取案件材料。人民法院对修改、损毁、抽取案卷材料的诉讼代理人，可以参照民事诉讼法第一百零二条第一款第（一）项的规定处理"，引用条文为1991年《民事诉讼法》第一百零二条第一款第一项，即"（一）伪造、毁灭重要证据，妨碍人民法院审理案件的"，在2017年修正后的《民事诉讼法》中的对应条文是第一百一十一条第一款第一项。因此，《诉讼代理人查阅民事案件材料的规定》第九条对所引用的《民事诉讼法》条文序号作相应修改。

［载最高人民法院民法典贯彻实施工作领导小组办公室编著：《最高人民法院实施民法典清理司法解释修改条文（111件）理解与适用》，人民法院出版社2022年版］

五、证 据

最高人民法院
关于民事诉讼证据的若干规定

(2001年12月6日最高人民法院审判委员会第1201次会议通过 根据2019年10月14日最高人民法院审判委员会第1777次会议《关于修改〈关于民事诉讼证据的若干规定〉的决定》修正)

为保证人民法院正确认定案件事实,公正、及时审理民事案件,保障和便利当事人依法行使诉讼权利,根据《中华人民共和国民事诉讼法》(以下简称民事诉讼法)等有关法律的规定,结合民事审判经验和实际情况,制定本规定。

一、当事人举证

第一条 原告向人民法院起诉或者被告提出反诉,应当提供符合起诉条件的相应的证据。

第二条 人民法院应当向当事人说明举证的要求及法律后果,促使当事人在合理期限内积极、全面、正确、诚实地完成举证。

当事人因客观原因不能自行收集的证据,可申请人民法院调查收集。

第三条 在诉讼过程中,一方当事人陈述的于己不利的事实,或者对于己不利的事实明确表示承认的,另一方当事人无需举证证明。

在证据交换、询问、调查过程中,或者在起诉状、答辩状、代理词等书面材料中,当事人明确承认于己不利的事实的,适用前款规定。

第四条 一方当事人对于另一方当事人主张的于己不利的事实既不承认也不否认,经审判人员说明并询问后,其仍然不明确表示肯定或者否定的,视为对该事实的承认。

第五条 当事人委托诉讼代理人参加诉讼的,除授权委托书明确排除的事项外,诉讼代理人的自认视为当事人的自认。

当事人在场对诉讼代理人的自认明确否认的,不视为自认。

第六条 普通共同诉讼中,共同诉讼人中一人或者数人作出的自认,对作出自认的当事人发生效力。

必要共同诉讼中,共同诉讼人中一人或者数人作出自认而其他共同诉讼人予以否认的,不发生自认的效力。其他共同诉讼人既不承认也不否认,经审判人员说明并询问后仍然不明确表示意见的,视为全体共同诉讼人的自认。

第七条 一方当事人对于另一方当事人主张的于己不利的事实有所限制或者附加条件予以承认的,由人民法院综合案件情况决定是否构成自认。

第八条 《最高人民法院关于适用〈中华人民共和国民事诉讼法〉的解释》第九十六条第一款规定的事实,不适用有关自认的规定。

自认的事实与已经查明的事实不符的,人民法院不予确认。

第九条 有下列情形之一,当事人在法庭辩论终结前撤销自认的,人民法院应当准许:

(一)经对方当事人同意的;

(二)自认是在受胁迫或者重大误解情况下作出的。

人民法院准许当事人撤销自认的,应当作出口头或者书面裁定。

第十条 下列事实,当事人无须举证证明:

(一)自然规律以及定理、定律;

(二)众所周知的事实;

(三)根据法律规定推定的事实;

(四)根据已知的事实和日常生活经验法则推定出的另一事实;

(五)已为仲裁机构的生效裁决所确认的事实;

(六)已为人民法院发生法律效力的裁判所确认的基本事实;

(七)已为有效公证文书所证明的事实。

前款第二项至第五项事实,当事人有相反证据足以反驳的除外;第六项、第七项事实,当事人有相反证据足以推翻的除外。

第十一条 当事人向人民法院提供证据,应当提供原件或者原物。如需自己保存证据原件、原物或者提供原件、原物确有困难的,可以提供经人民法院核对无异的复制件或者复制品。

第十二条 以动产作为证据的,应当将原物提交人民法院。原物不宜搬移或者不宜保存的,当事人可以提供复制品、影像资料或者其他替代品。

人民法院在收到当事人提交的动产或者替代品后,应当及时通知双方当事人到人民法院或者保存现场查验。

第十三条 当事人以不动产作为证据的,应当向人民法院提供该不动产的影像资料。

人民法院认为有必要的,应当通知双方当事人到场进行查验。

第十四条 电子数据包括下列信息、电子文件:

(一)网页、博客、微博客等网络平台发布的信息;

(二)手机短信、电子邮件、即时通信、通讯群组等网络应用服务的通信信息;

(三)用户注册信息、身份认证信息、电子交易记录、通信记录、登录日志等信息;

(四)文档、图片、音频、视频、数字证书、计算机程序等电子文件;

(五)其他以数字化形式存储、处理、传输的能够证明案件事实的信息。

第十五条 当事人以视听资料作为证据的,应当提供存储该视听资料的原始载体。

当事人以电子数据作为证据的,应当提供原件。电子数据的制作者制作的与原件一致的副本,或者直接来源于电子数据的打印件或其他可以显示、识别的输出介质,视为电子数据的原件。

第十六条 当事人提供的公文书证系在中华人民共和国领域外形成的,该证据应当经所在国公证机关证明,或者履行中华人民共和国与该所在国订立的有关条约中规定的证明手续。

中华人民共和国领域外形成的涉及身份关系的证据,应当经所在国公证机关证明并经中华人民共和国驻该国使领馆认证,或者履行中华人民共和国与该所在国订立的有关条约中规定的证明手续。

当事人向人民法院提供的证据是在香港、澳门、台湾地区形成的,应当履行相关的证明手续。

第十七条 当事人向人民法院提供外文书证或者外文说明资料,应当附有中文译本。

第十八条 双方当事人无争议的事实符合《最高人民法院关于适用〈中华人民共和国民事诉讼法〉的解释》第九十六条第一款规定情形的，人民法院可以责令当事人提供有关证据。

第十九条 当事人应当对其提交的证据材料逐一分类编号，对证据材料的来源、证明对象和内容作简要说明，签名盖章，注明提交日期，并依照对方当事人人数提出副本。

人民法院收到当事人提交的证据材料，应当出具收据，注明证据的名称、份数和页数以及收到的时间，由经办人员签名或者盖章。

二、证据的调查收集和保全

第二十条 当事人及其诉讼代理人申请人民法院调查收集证据，应当在举证期限届满前提交书面申请。

申请书应当载明被调查人的姓名或者单位名称、住所地等基本情况、所要调查收集的证据名称或者内容、需要由人民法院调查收集证据的原因及其要证明的事实以及明确的线索。

第二十一条 人民法院调查收集的书证，可以是原件，也可以是经核对无误的副本或者复制件。是副本或者复制件的，应当在调查笔录中说明来源和取证情况。

第二十二条 人民法院调查收集的物证应当是原物。被调查人提供原物确有困难的，可以提供复制品或者影像资料。提供复制品或者影像资料的，应当在调查笔录中说明取证情况。

第二十三条 人民法院调查收集视听资料、电子数据，应当要求被调查人提供原始载体。

提供原始载体确有困难的，可以提供复制件。提供复制件的，人民法院应当在调查笔录中说明其来源和制作经过。

人民法院对视听资料、电子数据采取证据保全措施的，适用前款规定。

第二十四条 人民法院调查收集可能需要鉴定的证据，应当遵守相关技术规范，确保证据不被污染。

第二十五条 当事人或者利害关系人根据民事诉讼法第八十一条①的规定申请证据保全的，申请书应当载明需要保全的证据的基本情况、申请保全的理由以及采取何种保全措施等内容。

当事人根据民事诉讼法第八十一条第一款的规定申请证据保全的，应当在举证期限届满前向人民法院提出。

法律、司法解释对诉前证据保全有规定的，依照其规定办理。

第二十六条 当事人或者利害关系人申请采取查封、扣押等限制保全标的物使用、流通等保全措施，或者保全可能对证据持有人造成损失的，人民法院应当责令申请人提供相应的担保。

担保方式或者数额由人民法院根据保全措施对证据持有人的影响、保全标的物的价值、当事人或者利害关系人争议的诉讼标的金额等因素综合确定。

第二十七条 人民法院进行证据保全，可以要求当事人或者诉讼代理人到场。

根据当事人的申请和具体情况，人民法院可以采取查封、扣押、录音、录像、复制、鉴定、勘验等方法进行证据保全，并制作笔录。

在符合证据保全目的的情况下，人民法院应当选择对证据持有人利益影响最小的保全措施。

第二十八条 申请证据保全错误造成财产损失，当事人请求申请人承担赔偿责任的，人民法院应予支持。

第二十九条 人民法院采取诉前证据保全措施后，当事人向其他有管辖权的人民法院提起诉讼的，采取保全措施的人民法院应当根据当事人的申请，将保全的证据及时移交受理案件的人民法院。

第三十条 人民法院在审理案件过程中认为待证事实需要通过鉴定意见证明的，应当向当事人释明，并指定提出鉴定申请的期间。

符合《最高人民法院关于适用〈中华人民共和国民事诉讼法〉的解释》第九十六条第一款规定情形的，人民法院应当依职权委托鉴定。

第三十一条 当事人申请鉴定，应当在人民法院指定期间内提出，并预交鉴定费用。逾期不提出申请或者不预交鉴定费用的，视为放弃申请。

---

① 现为《民事诉讼法》（2023年修正）第八十四条。

对需要鉴定的待证事实负有举证责任的当事人，在人民法院指定期间内无正当理由不提出鉴定申请或者不预交鉴定费用，或者拒不提供相关材料，致使待证事实无法查明的，应当承担举证不能的法律后果。

第三十二条 人民法院准许鉴定申请的，应当组织双方当事人协商确定具备相应资格的鉴定人。当事人协商不成的，由人民法院指定。

人民法院依职权委托鉴定的，可以在询问当事人的意见后，指定具备相应资格的鉴定人。

人民法院在确定鉴定人后应当出具委托书，委托书中应当载明鉴定事项、鉴定范围、鉴定目的和鉴定期限。

第三十三条 鉴定开始之前，人民法院应当要求鉴定人签署承诺书。承诺书中应当载明鉴定人保证客观、公正、诚实地进行鉴定，保证出庭作证，如作虚假鉴定应当承担法律责任等内容。

鉴定人故意作虚假鉴定的，人民法院应当责令其退还鉴定费用，并根据情节，依照民事诉讼法第一百一十一条①的规定进行处罚。

第三十四条 人民法院应当组织当事人对鉴定材料进行质证。未经质证的材料，不得作为鉴定的根据。

经人民法院准许，鉴定人可以调取证据、勘验物证和现场、询问当事人或者证人。

第三十五条 鉴定人应当在人民法院确定的期限内完成鉴定，并提交鉴定书。

鉴定人无正当理由未按期提交鉴定书的，当事人可以申请人民法院另行委托鉴定人进行鉴定。人民法院准许的，原鉴定人已经收取的鉴定费用应当退还；拒不退还的，依照本规定第八十一条第二款的规定处理。

第三十六条 人民法院对鉴定人出具的鉴定书，应当审查是否具有下列内容：

（一）委托法院的名称；

（二）委托鉴定的内容、要求；

（三）鉴定材料；

---

① 现为《民事诉讼法》（2023年修正）第一百一十四条。

（四）鉴定所依据的原理、方法；

（五）对鉴定过程的说明；

（六）鉴定意见；

（七）承诺书。

鉴定书应当由鉴定人签名或者盖章，并附鉴定人的相应资格证明。委托机构鉴定的，鉴定书应当由鉴定机构盖章，并由从事鉴定的人员签名。

第三十七条 人民法院收到鉴定书后，应当及时将副本送交当事人。

当事人对鉴定书的内容有异议的，应当在人民法院指定期间内以书面方式提出。

对于当事人的异议，人民法院应当要求鉴定人作出解释、说明或者补充。人民法院认为有必要的，可以要求鉴定人对当事人未提出异议的内容进行解释、说明或者补充。

第三十八条 当事人在收到鉴定人的书面答复后仍有异议的，人民法院应当根据《诉讼费用交纳办法》第十一条的规定，通知有异议的当事人预交鉴定人出庭费用，并通知鉴定人出庭。有异议的当事人不预交鉴定人出庭费用的，视为放弃异议。

双方当事人对鉴定意见均有异议的，分摊预交鉴定人出庭费用。

第三十九条 鉴定人出庭费用按照证人出庭作证费用的标准计算，由败诉的当事人负担。因鉴定意见不明确或者有瑕疵需要鉴定人出庭的，出庭费用由其自行负担。

人民法院委托鉴定时已经确定鉴定人出庭费用包含在鉴定费用中的，不再通知当事人预交。

第四十条 当事人申请重新鉴定，存在下列情形之一的，人民法院应当准许：

（一）鉴定人不具备相应资格的；

（二）鉴定程序严重违法的；

（三）鉴定意见明显依据不足的；

（四）鉴定意见不能作为证据使用的其他情形。

存在前款第一项至第三项情形的，鉴定人已经收取的鉴定费用应当退还。拒不退还的，依照本规定第八十一条第二款的规定处理。

对鉴定意见的瑕疵，可以通过补正、补充鉴定或者补充质证、重新质证等方法解决的，人民法院不予准许重新鉴定的申请。

重新鉴定的，原鉴定意见不得作为认定案件事实的根据。

第四十一条 对于一方当事人就专门性问题自行委托有关机构或者人员出具的意见，另一方当事人有证据或者理由足以反驳并申请鉴定的，人民法院应予准许。

第四十二条 鉴定意见被采信后，鉴定人无正当理由撤销鉴定意见的，人民法院应当责令其退还鉴定费用，并可以根据情节，依照民事诉讼法第一百一十一条的规定对鉴定人进行处罚。当事人主张鉴定人负担由此增加的合理费用的，人民法院应予支持。

人民法院采信鉴定意见后准许鉴定人撤销的，应当责令其退还鉴定费用。

第四十三条 人民法院应当在勘验前将勘验的时间和地点通知当事人。当事人不参加的，不影响勘验进行。

当事人可以就勘验事项向人民法院进行解释和说明，可以请求人民法院注意勘验中的重要事项。

人民法院勘验物证或者现场，应当制作笔录，记录勘验的时间、地点、勘验人、在场人、勘验的经过、结果，由勘验人、在场人签名或者盖章。对于绘制的现场图应当注明绘制的时间、方位、测绘人姓名、身份等内容。

第四十四条 摘录有关单位制作的与案件事实相关的文件、材料，应当注明出处，并加盖制作单位或者保管单位的印章，摘录人和其他调查人员应当在摘录件上签名或者盖章。

摘录文件、材料应当保持内容相应的完整性。

第四十五条 当事人根据《最高人民法院关于适用〈中华人民共和国民事诉讼法〉的解释》第一百一十二条的规定申请人民法院责令对方当事人提交书证的，申请书应当载明所申请提交的书证名称或者内容、需要以该书证证明的事实及事实的重要性、对方当事人控制该书证的根据以及应当提交该书证的理由。

对方当事人否认控制书证的，人民法院应当根据法律规定、习惯等因素，结合案件的事实、证据，对于书证是否在对方当事人控制之下的事实作出综合判断。

第四十六条 人民法院对当事人提交书证的申请进行审查时，应当听取对方当事人的意见，必要时可以要求双方当事人提供证据、进行辩论。

当事人申请提交的书证不明确、书证对于待证事实的证明无必要、待证事实对于裁判结果无实质性影响、书证未在对方当事人控制之下或者不符合本规定第四十七条情形的，人民法院不予准许。

当事人申请理由成立的，人民法院应当作出裁定，责令对方当事人提交书证；理由不成立的，通知申请人。

第四十七条 下列情形，控制书证的当事人应当提交书证：

（一）控制书证的当事人在诉讼中曾经引用过的书证；

（二）为对方当事人的利益制作的书证；

（三）对方当事人依照法律规定有权查阅、获取的书证；

（四）账簿、记账原始凭证；

（五）人民法院认为应当提交书证的其他情形。

前款所列书证，涉及国家秘密、商业秘密、当事人或第三人的隐私，或者存在法律规定应当保密的情形的，提交后不得公开质证。

第四十八条 控制书证的当事人无正当理由拒不提交书证的，人民法院可以认定对方当事人所主张的书证内容为真实。

控制书证的当事人存在《最高人民法院关于适用〈中华人民共和国民事诉讼法〉的解释》第一百一十三条规定情形的，人民法院可以认定对方当事人主张以该书证证明的事实为真实。

三、举证时限与证据交换

第四十九条 被告应当在答辩期届满前提出书面答辩，阐明其对原告诉讼请求及所依据的事实和理由的意见。

第五十条 人民法院应当在审理前的准备阶段向当事人送达举证通知书。

举证通知书应当载明举证责任的分配原则和要求、可以向人民法院申请调查收集证据的情形、人民法院根据案件情况指定的举证期限以及逾期提供证据的法律后果等内容。

第五十一条 举证期限可以由当事人协商，并经人民法院准许。

人民法院指定举证期限的，适用第一审普通程序审理的案件不得少于十五日，当事人提供新的证据的第二审案件不得少于十日。适用简易程序审理的案件不得超过十五日，小额诉讼案件的举证期限一般不得超过七日。

举证期限届满后，当事人提供反驳证据或者对已经提供的证据的来源、形式等方面的瑕疵进行补正的，人民法院可以酌情再次确定举证期限，该期限不受前款规定的期间限制。

第五十二条 当事人在举证期限内提供证据存在客观障碍，属于民事诉讼法第六十五条①第二款规定的"当事人在该期限内提供证据确有困难"的情形。

前款情形，人民法院应当根据当事人的举证能力、不能在举证期限内提供证据的原因等因素综合判断。必要时，可以听取对方当事人的意见。

第五十三条 诉讼过程中，当事人主张的法律关系性质或者民事行为效力与人民法院根据案件事实作出的认定不一致的，人民法院应当将法律关系性质或者民事行为效力作为焦点问题进行审理。但法律关系性质对裁判理由及结果没有影响，或者有关问题已经当事人充分辩论的除外。

存在前款情形，当事人根据法庭审理情况变更诉讼请求的，人民法院应当准许并可以根据案件的具体情况重新指定举证期限。

第五十四条 当事人申请延长举证期限的，应当在举证期限届满前向人民法院提出书面申请。

申请理由成立的，人民法院应当准许，适当延长举证期限，并通知其他当事人。延长的举证期限适用于其他当事人。

申请理由不成立的，人民法院不予准许，并通知申请人。

第五十五条 存在下列情形的，举证期限按照如下方式确定：

（一）当事人依照民事诉讼法第一百二十七条②规定提出管辖权异议的，举证期限中止，自驳回管辖权异议的裁定生效之日起恢复计算；

（二）追加当事人、有独立请求权的第三人参加诉讼或者无独立请求权的第三人经人民法院通知参加诉讼的，人民法院应当依照本规定第五十一条的规定为新参加诉讼的当事人确定举证期限，该举证期限适用于其他当事人；

---

① 现为《民事诉讼法》（2023年修正）第六十八条。
② 现为《民事诉讼法》（2023年修正）第一百三十条。

（三）发回重审的案件，第一审人民法院可以结合案件具体情况和发回重审的原因，酌情确定举证期限；

（四）当事人增加、变更诉讼请求或者提出反诉的，人民法院应当根据案件具体情况重新确定举证期限；

（五）公告送达的，举证期限自公告期届满之次日起计算。

第五十六条　人民法院依照民事诉讼法第一百三十三条[①]第四项的规定，通过组织证据交换进行审理前准备的，证据交换之日举证期限届满。

证据交换的时间可以由当事人协商一致并经人民法院认可，也可以由人民法院指定。当事人申请延期举证经人民法院准许的，证据交换日相应顺延。

第五十七条　证据交换应当在审判人员的主持下进行。

在证据交换的过程中，审判人员对当事人无异议的事实、证据应当记录在卷；对有异议的证据，按照需要证明的事实分类记录在卷，并记载异议的理由。通过证据交换，确定双方当事人争议的主要问题。

第五十八条　当事人收到对方的证据后有反驳证据需要提交的，人民法院应当再次组织证据交换。

第五十九条　人民法院对逾期提供证据的当事人处以罚款的，可以结合当事人逾期提供证据的主观过错程度、导致诉讼迟延的情况、诉讼标的金额等因素，确定罚款数额。

四、质证

第六十条　当事人在审理前的准备阶段或者人民法院调查、询问过程中发表过质证意见的证据，视为质证过的证据。

当事人要求以书面方式发表质证意见，人民法院在听取对方当事人意见后认为有必要的，可以准许。人民法院应当及时将书面质证意见送交对方当事人。

第六十一条　对书证、物证、视听资料进行质证时，当事人应当出示证据的原件或者原物。但有下列情形之一的除外：

（一）出示原件或者原物确有困难并经人民法院准许出示复制件或者复制

[①]　现为《民事诉讼法》（2023年修正）第一百三十六条。

品的；

（二）原件或者原物已不存在，但有证据证明复制件、复制品与原件或者原物一致的。

第六十二条 质证一般按下列顺序进行：

（一）原告出示证据，被告、第三人与原告进行质证；

（二）被告出示证据，原告、第三人与被告进行质证；

（三）第三人出示证据，原告、被告与第三人进行质证。

人民法院根据当事人申请调查收集的证据，审判人员对调查收集证据的情况进行说明后，由提出申请的当事人与对方当事人、第三人进行质证。

人民法院依职权调查收集的证据，由审判人员对调查收集证据的情况进行说明后，听取当事人的意见。

第六十三条 当事人应当就案件事实作真实、完整的陈述。

当事人的陈述与此前陈述不一致的，人民法院应当责令其说明理由，并结合当事人的诉讼能力、证据和案件具体情况进行审查认定。

当事人故意作虚假陈述妨碍人民法院审理的，人民法院应当根据情节，依照民事诉讼法第一百一十一条的规定进行处罚。

第六十四条 人民法院认为有必要的，可以要求当事人本人到场，就案件的有关事实接受询问。

人民法院要求当事人到场接受询问的，应当通知当事人询问的时间、地点、拒不到场的后果等内容。

第六十五条 人民法院应当在询问前责令当事人签署保证书并宣读保证书的内容。

保证书应当载明保证据实陈述，绝无隐瞒、歪曲、增减，如有虚假陈述应当接受处罚等内容。当事人应当在保证书上签名、捺印。

当事人有正当理由不能宣读保证书的，由书记员宣读并进行说明。

第六十六条 当事人无正当理由拒不到场、拒不签署或宣读保证书或者拒不接受询问的，人民法院应当综合案件情况，判断待证事实的真伪。待证事实无其他证据证明的，人民法院应当作出不利于该当事人的认定。

第六十七条 不能正确表达意思的人，不能作为证人。

待证事实与其年龄、智力状况或者精神健康状况相适应的无民事行为能力人和限制民事行为能力人，可以作为证人。

第六十八条 人民法院应当要求证人出庭作证，接受审判人员和当事人的询问。证人在审理前的准备阶段或者人民法院调查、询问等双方当事人在场时陈述证言的，视为出庭作证。

双方当事人同意证人以其他方式作证并经人民法院准许的，证人可以不出庭作证。

无正当理由未出庭的证人以书面等方式提供的证言，不得作为认定案件事实的根据。

第六十九条 当事人申请证人出庭作证的，应当在举证期限届满前向人民法院提交申请书。

申请书应当载明证人的姓名、职业、住所、联系方式，作证的主要内容，作证内容与待证事实的关联性，以及证人出庭作证的必要性。

符合《最高人民法院关于适用〈中华人民共和国民事诉讼法〉的解释》第九十六条第一款规定情形的，人民法院应当依职权通知证人出庭作证。

第七十条 人民法院准许证人出庭作证申请的，应当向证人送达通知书并告知双方当事人。通知书中应当载明证人作证的时间、地点，作证的事项、要求以及作伪证的法律后果等内容。

当事人申请证人出庭作证的事项与待证事实无关，或者没有通知证人出庭作证必要的，人民法院不予准许当事人的申请。

第七十一条 人民法院应当要求证人在作证之前签署保证书，并在法庭上宣读保证书的内容。但无民事行为能力人和限制民事行为能力人作为证人的除外。

证人确有正当理由不能宣读保证书的，由书记员代为宣读并进行说明。

证人拒绝签署或者宣读保证书的，不得作证，并自行承担相关费用。

证人保证书的内容适用当事人保证书的规定。

第七十二条 证人应当客观陈述其亲身感知的事实，作证时不得使用猜测、推断或者评论性语言。

证人作证前不得旁听法庭审理，作证时不得以宣读事先准备的书面材料的方式陈述证言。

证人言辞表达有障碍的，可以通过其他表达方式作证。

第七十三条 证人应当就其作证的事项进行连续陈述。

当事人及其法定代理人、诉讼代理人或者旁听人员干扰证人陈述的,人民法院应当及时制止,必要时可以依照民事诉讼法第一百一十条[①]的规定进行处罚。

第七十四条 审判人员可以对证人进行询问。当事人及其诉讼代理人经审判人员许可后可以询问证人。

询问证人时其他证人不得在场。

人民法院认为有必要的,可以要求证人之间进行对质。

第七十五条 证人出庭作证后,可以向人民法院申请支付证人出庭作证费用。证人有困难需要预先支取出庭作证费用的,人民法院可以根据证人的申请在出庭作证前支付。

第七十六条 证人确有困难不能出庭作证,申请以书面证言、视听传输技术或者视听资料等方式作证的,应当向人民法院提交申请书。申请书中应当载明不能出庭的具体原因。

符合民事诉讼法第七十三条[②]规定情形的,人民法院应当准许。

第七十七条 证人经人民法院准许,以书面证言方式作证的,应当签署保证书;以视听传输技术或者视听资料方式作证的,应当签署保证书并宣读保证书的内容。

第七十八条 当事人及其诉讼代理人对证人的询问与待证事实无关,或者存在威胁、侮辱证人或不适当引导等情形的,审判人员应当及时制止。必要时可以依照民事诉讼法第一百一十条、第一百一十一条的规定进行处罚。

证人故意作虚假陈述,诉讼参与人或者其他人以暴力、威胁、贿买等方法妨碍证人作证,或者在证人作证后以侮辱、诽谤、诬陷、恐吓、殴打等方式对证人打击报复的,人民法院应当根据情节,依照民事诉讼法第一百一十一条的规定,对行为人进行处罚。

第七十九条 鉴定人依照民事诉讼法第七十八条[③]的规定出庭作证的,人民法院应当在开庭审理三日前将出庭的时间、地点及要求通知鉴定人。

---

① 现为《民事诉讼法》(2023年修正)第一百一十三条。
② 现为《民事诉讼法》(2023年修正)第七十六条。
③ 现为《民事诉讼法》(2023年修正)第八十一条。

委托机构鉴定的，应当由从事鉴定的人员代表机构出庭。

第八十条　鉴定人应当就鉴定事项如实答复当事人的异议和审判人员的询问。当庭答复确有困难的，经人民法院准许，可以在庭审结束后书面答复。

人民法院应当及时将书面答复送交当事人，并听取当事人的意见。必要时，可以再次组织质证。

第八十一条　鉴定人拒不出庭作证的，鉴定意见不得作为认定案件事实的根据。人民法院应当建议有关主管部门或者组织对拒不出庭作证的鉴定人予以处罚。

当事人要求退还鉴定费用的，人民法院应当在三日内作出裁定，责令鉴定人退还；拒不退还的，由人民法院依法执行。

当事人因鉴定人拒不出庭作证申请重新鉴定的，人民法院应当准许。

第八十二条　经法庭许可，当事人可以询问鉴定人、勘验人。

询问鉴定人、勘验人不得使用威胁、侮辱等不适当的言语和方式。

第八十三条　当事人依照民事诉讼法第七十九条[①]和《最高人民法院关于适用〈中华人民共和国民事诉讼法〉的解释》第一百二十二条的规定，申请有专门知识的人出庭的，申请书中应当载明有专门知识的人的基本情况和申请的目的。

人民法院准许当事人申请的，应当通知双方当事人。

第八十四条　审判人员可以对有专门知识的人进行询问。经法庭准许，当事人可以对有专门知识的人进行询问，当事人各自申请的有专门知识的人可以就案件中的有关问题进行对质。

有专门知识的人不得参与对鉴定意见质证或者就专业问题发表意见之外的法庭审理活动。

五、证据的审核认定

第八十五条　人民法院应当以证据能够证明的案件事实为根据依法作出裁判。

审判人员应当依照法定程序，全面、客观地审核证据，依据法律的规定，

[①]　现为《民事诉讼法》（2023年修正）第八十二条。

遵循法官职业道德，运用逻辑推理和日常生活经验，对证据有无证明力和证明力大小独立进行判断，并公开判断的理由和结果。

第八十六条 当事人对于欺诈、胁迫、恶意串通事实的证明，以及对于口头遗嘱或赠与事实的证明，人民法院确信该待证事实存在的可能性能够排除合理怀疑的，应当认定该事实存在。

与诉讼保全、回避等程序事项有关的事实，人民法院结合当事人的说明及相关证据，认为有关事实存在的可能性较大的，可以认定该事实存在。

第八十七条 审判人员对单一证据可以从下列方面进行审核认定：

（一）证据是否为原件、原物，复制件、复制品与原件、原物是否相符；

（二）证据与本案事实是否相关；

（三）证据的形式、来源是否符合法律规定；

（四）证据的内容是否真实；

（五）证人或者提供证据的人与当事人有无利害关系。

第八十八条 审判人员对案件的全部证据，应当从各证据与案件事实的关联程度、各证据之间的联系等方面进行综合审查判断。

第八十九条 当事人在诉讼过程中认可的证据，人民法院应当予以确认。但法律、司法解释另有规定的除外。

当事人对认可的证据反悔的，参照《最高人民法院关于适用〈中华人民共和国民事诉讼法〉的解释》第二百二十九条的规定处理。

第九十条 下列证据不能单独作为认定案件事实的根据：

（一）当事人的陈述；

（二）无民事行为能力人或者限制民事行为能力人所作的与其年龄、智力状况或者精神健康状况不相当的证言；

（三）与一方当事人或者其代理人有利害关系的证人陈述的证言；

（四）存有疑点的视听资料、电子数据；

（五）无法与原件、原物核对的复制件、复制品。

第九十一条 公文书证的制作者根据文书原件制作的载有部分或者全部内容的副本，与正本具有相同的证明力。

在国家机关存档的文件，其复制件、副本、节录本经档案部门或者制作原本的机关证明其内容与原本一致的，该复制件、副本、节录本具有与原本相同的证明力。

第九十二条 私文书证的真实性，由主张以私文书证证明案件事实的当事人承担举证责任。

私文书证由制作者或者其代理人签名、盖章或捺印的，推定为真实。

私文书证上有删除、涂改、增添或者其他形式瑕疵的，人民法院应当综合案件的具体情况判断其证明力。

第九十三条 人民法院对于电子数据的真实性，应当结合下列因素综合判断：

（一）电子数据的生成、存储、传输所依赖的计算机系统的硬件、软件环境是否完整、可靠；

（二）电子数据的生成、存储、传输所依赖的计算机系统的硬件、软件环境是否处于正常运行状态，或者不处于正常运行状态时对电子数据的生成、存储、传输是否有影响；

（三）电子数据的生成、存储、传输所依赖的计算机系统的硬件、软件环境是否具备有效的防止出错的监测、核查手段；

（四）电子数据是否被完整地保存、传输、提取，保存、传输、提取的方法是否可靠；

（五）电子数据是否在正常的往来活动中形成和存储；

（六）保存、传输、提取电子数据的主体是否适当；

（七）影响电子数据完整性和可靠性的其他因素。

人民法院认为有必要的，可以通过鉴定或者勘验等方法，审查判断电子数据的真实性。

第九十四条 电子数据存在下列情形的，人民法院可以确认其真实性，但有足以反驳的相反证据的除外：

（一）由当事人提交或者保管的于己不利的电子数据；

（二）由记录和保存电子数据的中立第三方平台提供或者确认的；

（三）在正常业务活动中形成的；

（四）以档案管理方式保管的；

（五）以当事人约定的方式保存、传输、提取的。

电子数据的内容经公证机关公证的，人民法院应当确认其真实性，但有相反证据足以推翻的除外。

第九十五条 一方当事人控制证据无正当理由拒不提交，对待证事实负有举证责任的当事人主张该证据的内容不利于控制人的，人民法院可以认定该主张成立。

第九十六条 人民法院认定证人证言，可以通过对证人的智力状况、品德、知识、经验、法律意识和专业技能等的综合分析作出判断。

第九十七条 人民法院应当在裁判文书中阐明证据是否采纳的理由。

对当事人无争议的证据，是否采纳的理由可以不在裁判文书中表述。

六、其他

第九十八条 对证人、鉴定人、勘验人的合法权益依法予以保护。

当事人或者其他诉讼参与人伪造、毁灭证据，提供虚假证据，阻止证人作证，指使、贿买、胁迫他人作伪证，或者对证人、鉴定人、勘验人打击报复的，依照民事诉讼法第一百一十条、第一百一十一条的规定进行处罚。

第九十九条 本规定对证据保全没有规定的，参照适用法律、司法解释关于财产保全的规定。

除法律、司法解释另有规定外，对当事人、鉴定人、有专门知识的人的询问参照适用本规定中关于询问证人的规定；关于书证的规定适用于视听资料、电子数据；存储在电子计算机等电子介质中的视听资料，适用电子数据的规定。

第一百条 本规定自 2020 年 5 月 1 日起施行。

本规定公布施行后，最高人民法院以前发布的司法解释与本规定不一致的，不再适用。

【导读及适用要点】

一、关于自认规则

民事诉讼中，当事人主张于己有利的事实的，应当提供证据证明，这是

"谁主张，谁举证"的应有之义；而当事人主张于己不利事实，构成自认，具有免除对方当事人举证责任的效力。自认不是证据，而是举证责任的例外情形，是当事人行使处分权的结果，也是人民法院认定案件事实的方法，对于保障当事人的诉讼权利、节约诉讼成本具有重要意义。

2001年《最高人民法院关于民事诉讼证据的若干规定》(以下简称2001年《民事诉讼证据规定》)第八条对自认作出规定，2015年《民事诉讼法解释》第九十二条规定了自认的基本内容及其除外情形。《最高人民法院关于修改〈关于民事诉讼证据的若干规定〉的决定》(以下简称《民事诉讼证据修改决定》)在《民事诉讼法解释》第九十二条基础上，对于2001年《民事诉讼证据规定》第八条进行了修改和补充，主要体现在以下几个方面。

1. 修改了委托诉讼代理人自认规则。2001年《民事诉讼证据规定》将委托诉讼代理人自认按照授权范围不同区分了不同后果，未经特别授权的委托诉讼代理人对事实的承认直接导致承认对方诉讼请求的，不构成自认。审判实践中，当事人不出庭而由委托诉讼代理人出庭的情况非常普遍，一些当事人、委托诉讼代理人利用前述规定，出尔反尔、随意否认代理人在法庭上陈述的行为时有发生，严重干扰诉讼秩序，损害对方当事人合法权益。事实上，《民事诉讼法》对于委托诉讼代理人特别授权的规定，针对的是诉讼代理人对诉讼请求的处分，而自认是对事实的承认，其本身与诉讼请求并不直接相关；审判实践中，"对事实的承认直接导致承认对方诉讼请求"的情形发生在对事实和诉讼请求概况承认的场合，这种情况下可以直接认定为对诉讼请求的认可，没有区分对事实承认和对诉讼请求认可的必要。因此，《最高人民法院关于修改〈关于民事诉讼证据的若干规定〉的决定》(以下简称《民事诉讼证据修改决定》)规定，除授权委托书明确排除的事项外，诉讼代理人的自认视为当事人的自认。

2. 增加了共同诉讼人自认的规定。2001年《民事诉讼证据规定》没有规定共同诉讼人的自认，由于共同诉讼属于实践中常见的诉讼形态，《民事诉讼证据修改决定》增加规定了共同诉讼人自认的规则。由于普通共同诉讼中共同诉讼人相互之间具有独立性，一人或数人的自认仅对作出自认的当事人发生效力。而必要共同诉讼因共同诉讼人对诉讼标的须"合一确定"，故只有全体共同诉讼人共同作出的自认，才能发生自认的效力，部分共同诉讼人作出自认而其他共同诉讼人否认的，不能发生自认的效力。同时，为防止部分必要共同诉讼人以消极态度妨碍诉讼进行，对于于己不利的事实消极应对的必要共同诉讼人，可以适用拟制自认规则。

3. 增加了限制自认或附条件自认的规定。自认，一般指完全自认，即自认并不附加条件或限制。限制自认或附条件自认是与完全自认相对的情形，是指一方对于对方当事人所主张的于己不利事实承认其中一部分而否认其他部分，或者在自认时附加独立的攻击或防御方法。限制自认或附条件自认在2001年《民事诉讼证据规定》中没有涉及，但审判实践中这种情形大量存在，不同法院、不同审判人员对限制自认或附条件自认的认识不统一，影响事实认定和法律适用的效果，有作出规定的必要。《民事诉讼证据修改决定》没有遵循德国民事诉讼法上有关限制自认亦构成自认、由作出自认的当事人对所附的限制条件举证证明的观点，而是采纳了我国台湾地区"民事诉讼法"的立场，由法官根据案件具体情况"审酌情形"判断是否构成自认。申言之，对于单纯的承认部分事实而否认其他事实的情形，即不附加条件的部分自认，应当认定承认部分事实的行为构成自认，否认的部分不构成自认。对于附加条件的自认，则应当考查所附加的条件与承认的事实是否不可分割。如果当事人承认对方当事人陈述的不利于己事实的同时，又附加了独立的攻击或防御方法以否定对方当事人的主张，则应当将承认事实与附加事实作为一个整体加以考察。若将两个事实割裂开，截取对当事人不利的部分认定为自认，因该部分自认并不能反映当事人全部意思表示，很可能由于断章取义而导致不公平的结果。如果一方当事人承认对方当事人陈述的不利于己事实的同时，又以与对方当事人主张的事实不具有法律上关联性另一事实进行独立的攻击或防御，由于两项事实分别表达各自独立的内容，具有可分割性，当事人对于己不利事实的承认构成自认。

4. 修改了撤销自认的条件。根据2001年《民事诉讼证据规定》，当事人在法庭辩论终结前存在两种情形下可以撤销自认：其一，经对方当事人同意；其二，有充分证据证明其承认行为是在受胁迫或者重大误解情况下作出且与事实不符。这一规定，特别是第二种情形的规定对于撤销自认设定了比较严格的条件。事实上，如果自认的内容与事实不符，无论当事人作出自认是否基于受胁迫或者重大误解，均不发生自认的效力。因此，《民事诉讼证据修改决定》对 2001 年《民事诉讼证据规定》第八条关于撤销自认的规定进行重新整理，对第二种情形进行修改，不再要求作出自认的当事人证明自认内容与事实不符，只要自认是在受胁迫或者重大误解下作出的，即可以撤销自认，实质上放宽了撤销自认的条件。

二、关于免证事实

2015 年《民事诉讼法解释》第九十三条对 2001 年《民事诉讼证据规定》第九条免证事实的规定作了修改，《民事诉讼证据修改决定》对 2015 年《民事诉讼法解释》第九十三条的内容作了进一步修改和完善，主要体现在两个方面。

1. 对于"已为仲裁机构的生效裁决所确认的事实"的反证标准进行修改。关于仲裁机构的生效裁决所确认的事实能否作为免证事实问题，在修改《民事诉讼证据规定》过程中存在很大争议。反对将其作为免证事实的观点认为，其一，人民法院的裁判受仲裁庭认定的事实约束，没有理论依据，也违背自由心证原则；其二，仲裁庭对事实认定并不需要遵循严格的证据规则，在认定事实上有很大的自由和空间，其事实认定可靠性不足；其三，仲裁庭对事实的认定不受法院生效裁判拘束，人民法院裁判反受仲裁庭约束，逻辑上不成立；其四，审判实践中，当事人利用仲裁程序确认事实后，再进行关联诉讼，给人民法院的审判活动带来很大困扰。因此，仲裁机构生效裁决所确认的事实不宜作为免证事实保留。支持其作为免证事实的观点认为，仲裁作为当事人协议选择的争议解决方式，对于及时解决纠纷，减少诉讼案件具有积极意义；将仲裁裁决确认的事实从免证事实中删除，不利于仲裁的发展，与国家积极倡导的大力支持仲裁发展的政策相悖。我们对这两种意见进行折中，在保留生效仲裁裁决作为免证事实的同时，降低其反证的标准。我们认为，由于仲裁机构并非具有社会管理职能的组织，仲裁裁决本身不属于公文书证，因此对于仲裁裁决的反证不需要按照公文书证的标准，达到有相反证据足以推翻的程度，而应当按照私文书证的反证标准，以有"相反证据足以反驳"作为其反证标准。

2. 将"已为人民法院发生法律效力的裁判所确认的事实"限缩为"基本事实"。在修改《民事诉讼证据规定》过程中，有学者提出，"已为人民法院发生法律效力的裁判所确认的事实"免除当事人举证责任的规定违反自由心证原则，应删除。我们经研究认为，"已为人民法院发生法律效力的裁判所确认的事实"免除当事人举证责任的规定，与自由心证原则确实存在一定矛盾。但由于生效裁判所确认的事实与裁判结果存在密切关系，如果在免证事实中删除此项规定，在我国现阶段尚未建立既判力规则的情况下，容易产生裁判效力的冲突，且对事实认定不一致所导致的相关联裁判结果的不一致，不易被社会公众所接受，故现阶段仍然有保留该项规定的必要。考虑到已生效裁判所审理认定的基本事实系人民法院经过审理重点查明的事实，本身已经过严格的质证与审查程序，故对该项免证事实的范围缩限为"已为人民法院发生法律效力的裁判所确认的基本事实"。

三、关于域外证据

《民事诉讼证据修改决定》对2001年《民事诉讼证据规定》第十一条关于域外形成的证据的规定作了较大修改，区分证据的不同性质规定了不同的要求，限缩了需要经所在国公证机关证明以及我国驻该国使领馆认证的范围。根据《民事诉讼证据修改决定》，域外形成的证据是公文书证的，须经所在国公证机关证明；而域外形成的涉及身份关系的证据，须经所在国公证机关证明并经我国驻该国使领馆认证；对于其他情形的证据，不作公证、认证手续上的要求。上述修改主要基于如下考虑：其一，普通的民事法律关系的证据，一般仅涉及当事人之间的权利义务，其真实性通过质证检验即可，一概要求经所在国公证机关证明或者经我国驻该国使领馆认证，没有必要，也增加当事人的诉讼成本和我国驻外使领馆的工作负担；其二，由于公文书证适用推定真实的规则，而对于域外形成的公文书证是否真实，人民法院无法采取依职权查询等针对一般公文书证的方法检验，因此，由所在国公证机关证明是必要的；其三，由于身份关系的事实涉及社会基本伦理价值和秩序，对域外形成的证据应当有更为严格的要求，涉及身份关系的证据按照《民事诉讼法》第二百六十四条[①]涉外授权委托书的要求，由所在国公证机关证明并经我国驻该国使领馆认证的有其必要性与合理性。

---

① 现为《民事诉讼法》（2023年修正）第二百七十五条。

四、关于书证提出命令

书证提出命令在《民事诉讼法》上没有规定，是《民事诉讼法解释》创设的制度，是最高人民法院为提高当事人举证能力、扩展当事人收集证据手段所采取的重要措施。在对2001年《民事诉讼证据规定》施行情况进行调研的过程中，我们发现，由于立法上对当事人调查收集证据的权利保障不够充分，而法律规定的律师调查权亦未得到充分落实，致使当事人调查收集证据的手段十分有限，由此导致当事人的举证能力不足，特别在证据偏在场合更显得十分突出。这种情况严重影响事实查明的准确性，影响当事人诉讼权利的保障和实体权利的实现，是民事诉讼实践中十分突出、亟待解决的问题。为此，《民事诉讼证据修改决定》在2015年《民事诉讼法解释》第一百一十二条对书证提出命令作出原则性规定的基础上，作出了进一步完善。

1. 申请书证提出命令的条件。《民事诉讼证据修改决定》第四十七条通过对申请书内容的规定，明确了对待证事实负有举证责任的当事人向人民法院申请控制书证的对方当人提出书证的条件，包括：其一，作为提出对象的书证应当特定化，即申请人应当明确需要对方当事人提出的书证名称或标题或者主要内容；其二，应当明确需要以对象书证证明的事实以及事实的重要性，即在对象书证对要证事实的证明有积极作用，且要证事实本身对于裁判有重要意义的情况下，人民法院才有作出书证提出命令的必要；其三，应当证明书证存在且对方当事人控制对象书证的事实；其四，控制书证的对方当事人提出书证的法定原因或者理由，即《民事诉讼证据修改决定》第四十九条所规定的控制书证的当事人的书证提出义务。

2. 控制书证的当事人的书证提出义务范围，即书证提出命令客体范围，包括：其一，控制书证的当事人在诉讼中曾经引用过的书证，控制书证的当事人在诉讼中引用过书证，意味着其愿意将该书证公开，负有举证责任的当事人有权要求控制人提交该书证；其二，为对方当事人的利益制作的书证，此处的利益不仅指负有举证责任的当事人的利益，也包括负有举证责任的当事人与其他人拥有共同利益的情形，即只要包括负有举证责任的当事人的利益即可；其三，对方当事人依照法律规定有权查阅、获取的书证，这种权利文书作为书证提出义务的范围，源于实体法上的理由，其既可以基于实体法的规定,如《公司法》关于股东知情权的规定作出判断,也可以基于实体法上的请求权而发生,如委托人要求受托人交付其保管的文书;其四、账簿、记账原始凭证,这些财务资料在正常的经济往来中,能够比较准确地反映出交易的主要过程,或者能够从中推定交易情况,具有较强的证明作用;其五、人民法院认为应当提交书证的其他情形,属于兜底性条款,由人民法院在案件审理中根据具体情况审酌确定。需要注意的是,虽然《民事诉讼证据修改决定》规定了书证提出义务范围的兜底性条款,但这种兜底性条款与大陆法系国家和地区书证提出义务一般化不能等同,其目的在于为人民法院在审判实践中逐步探索前四项之外的书证提出义务范围预留空间。在适用中,人民法院应当充分考虑当事人举证责任的贯彻,并可以结合负有举证责任的当事人是否处于事件发生或者证据形成过程之外、是否确实存在不能获得有关证据的情形,以及对方当事人是否能够较为容易获取证据等因素,根据诚信原则和公平原则进行综合判断。

3. 不遵守书证提出命令的后果。不遵守书证提出命令,适用证明妨害法理,确定行为的法律后果。对于不遵守书证提出命令的一般情形,人民法院可以认定书证提出命令的申请人所主张的书证内容为真实,通过这种间接强制的方法,对书证控制人课以诉讼法上的后果,以促使其尽可能提出书证。对于恶意损毁书证或者实施其他使书证不能使用行为的情形,由于其行为本身已经构成妨碍民事诉讼,在处以罚款、拘留等强制措施的同时,在证据法上也应令其承担更为严重的后果,人民法院可以认定对方当事人主张以该书证证明的事实为真实。

五、关于鉴定

鉴定是民事诉讼涉及专业性问题时查明事实的重要手段,鉴定意见也是民事诉讼中十分重要的证据形式,在民事诉讼中具有重要地位。但审判实践中,鉴定存在的问题比较突出。审判人员对鉴定程序参与不充分,人民法院对鉴定人参与诉讼缺乏有效管理和监督等情形一定范围内普遍存在。这些都是民事诉讼中亟待解决的问题。《民事诉讼证据修改决定》主要从以下几个方面对2001年《民事诉讼证据规定》的有关内容进行完善和补充。

1. 加强审判人员对鉴定程序的参与。审判实践中,一些审判人员对当事人鉴定申请缺乏必要审查，放任申请、"不鉴不审"；一些法院委托鉴定事项不明确、不具体，委托鉴定之后不闻不问、不监督鉴定过程和期限，导致鉴定程序冗长、鉴定意见缺乏针对性。《民事诉讼证据修改决定》针对这些问题，加强了审判人员对鉴定程序的参与和管理。其一，在第三十二条规定了人民法院对鉴定的释明和当事人申请期间的要求，促使当事人及时、适当地提出鉴定申请。其二，根据第三十四条第三款规定，鉴定事项、鉴定范围、鉴定目的和鉴定期限属于委托书必要记载事项，而这四项内容一般需要在与鉴定人充分沟通的基础上才能明确。关于委托书记载内容的规定，可促进审判人员积极参与鉴定过程。

2. 加强对鉴定人的诉讼管理。对鉴定人的行政管理，归属于行政主管部门或者行业组织，但对鉴定人参与民事诉讼的活动进行管理，则是人民法院的职权。针对审判实践中鉴定人参与诉讼活动不规范的情况，《民事诉讼证据修改决定》从以下几个方面加强对鉴定人的诉讼管理：其一，规定了鉴定人承诺制度及故意作虚假鉴定的处罚，要求鉴定人在从事鉴定活动之前，应当签署承诺书，保证客观、公正、诚实地进行鉴定等，增加其内心的约束，促使其谨慎、勤勉履行职责；鉴定人违背承诺，故意作虚假鉴定的，除应当退还鉴定费用外，由于其行为构成妨碍民事诉讼，人民法院应当依照《民事诉讼法》第一百一十一条[①]规定对其进行处罚。其二，规定了鉴定人如期提交鉴定书的义务，未按期提交且无正当理由的，当事人可以重新申请鉴定，原鉴定人收取的鉴定费用退还。其三，对鉴定人在人民法院采信鉴定意见后擅自撤销的行为规定了处罚措施，对于鉴定人无正当理由撤销鉴定意见的，不仅应当退还鉴定费用，人民法院应当对这种妨碍民事诉讼的行为予以处罚，并支持当事人关于鉴定人负担合理费用的主张。

六、关于电子数据

《民事诉讼证据修改决定》在 2015 年《民事诉讼法解释》第一百一十六条关于电子数据含义的原则性规定基础上，进一步明确了电子数据的范围以及审查判断规则。

---

① 现为《民事诉讼法》（2023 年修正）第一百一十四条。

1. 明确电子数据的范围。为增强电子数据在审判实践中的操作性,《民事诉讼证据修改决定》根据电子数据的表现形式和特点进行归类整理。为了实现有效分析,技术上通常将电子数据的内容分为以下四类:一是内容数据,指与案件有关的文档、图片、图像等电子数据;二是衍生数据,指对内容数据进行操作时,计算机自动生成的有关操作行为的数据;三是环境数据,指数据的生成、增加、删除、修改、传输所依赖的软硬件环境;四是通信数据,是指在利用网络传输数据时生成的关于通信信息的数据。在此基础上,我们征求了网络、电子计算机专业人士的意见,将电子数据的范围确定为:网络平台发布的信息,网络应用服务的通信信息,注册信息、交易记录等痕迹信息以及文档、音频、视频等电子文件,同时规定了"其他以数字化形式存储、处理、传输的能够证明案件事实的信息"的兜底性条款,为当事人区分搜集相关证据提供了指引的线索。

2. 明确电子数据审查判断规则。其一,电子数据的完整性、可靠性需要遵循无损性原则、专业性原则和完整性原则,因此人民法院对于电子数据的真实性,应当结合电子数据的生成、存储、传输所依赖的计算机系统的硬件、软件环境否完整、可靠,是否处于正常运行状态,如处于非正常状态下的影响程度,是否具备有效的防止出错的监测、核查手段,是否被完整地保存、传输、提取,相关搜集的方法是否可靠,相关搜集的主体是否适当等因素综合判断。在有必要时,可以通过鉴定、勘验的方法,辅助法官形成心证。其二,明确了电子数据推定真实的规则。通过对审判实践中电子数据的真实性、可靠性程度较高情形进行总结,结合电子数据形成、保存、传输、提取的一般方式,我们认为,以下电子数据,除有足以反驳的相反证据外,人民法院可以推定其为真实:(1)由当事人提交和保管的于己不利的电子数据;(2)由记录和保存电子数据的中立第三方平台提供或者确认的电子数据;(3)在正常业务活动中形成的电子数据;(4)以档案管理方式保管的电子数据;(5)以当事人约定的方式保存、传输、提取的电子数据。

七、关于当事人的陈述

为更好地发挥当事人的陈述作为独立的证据形式在民事诉讼中的事实证明作用,《民事诉讼证据修改决定》在《民事诉讼法解释》的基础上,对当事人的陈述进行了完善和补充。

1. 明确当事人的真实陈述义务。当事人既是案件所涉事实的亲历者，同时亦是案件的直接利害关系人。这决定了当事人陈述一方面更能反映案件事实，另一方面也具有主观性和不稳定性的特点。为了使当事人的陈述能够更好地发挥事实证明作用，《民事诉讼证据修改决定》从《民事诉讼法》第十三条诚信原则的规定出发，明确规定了当事人"应当就案件事实作真实、完整的陈述"，以及当事人故意作虚假陈述的处罚，以促使当事人谨慎、诚实地陈述事实情况。

2. 完善了人民法院询问时当事人具结的方式。《民事诉讼法解释》第一百一十条对人民法院询问时当事人应当签署保证书作出规定。通过对《民事诉讼法解释》施行情况的调研，我们发现仅签署保证书这种具结方式并不能使当事人产生足够的内心威慑。审判实践经验表明，当事人、证人以大声朗读的方式宣读保证书的内容，能够更好地起到具结效果。为此，《民事诉讼证据修改决定》规定，人民法院在询问时，当事人不仅应当签署保证书，还应当宣读保证书的内容，由此构成完整的具结；当事人拒绝具结，或者拒绝完整具结的，如待证事实无其他证据证明的，人民法院应当作出不利于该当事人的认定。

八、关于防止裁判突袭的释明

民事审判实践中，当事人主张的法律关系的性质或者民事行为的效力与人民法院认定不一致的情况经常发生。传统上，人民法院对于这种情况，或者驳回当事人的诉讼请求，或者根据自己的认识进行审理、作出实体裁判。但无论哪种处理方式，都存在当事人诉讼权利保障不充分、发生裁判突袭的风险，而第二种处理方式也可能导致人民法院的审理与裁判超出当事人的诉讼请求、违反辩论主义原则。因此，2001年《民事诉讼证据规定》第三十五条规定，这种情况下，"人民法院应当告知当事人可以变更诉讼请求"。这种释明的规定对于保障当事人的诉讼权利，防止裁判突袭，节约诉讼成本具有积极意义。但在适用过程中，关于法律关系的性质或者民事行为的效力的释明方式、释明程度如何把握，存在较大分歧，特别是上下级法院对法律关系性质或民事行为效力问题存在不同认识时，往往会使下级法院的审判人员处于无所适从境地。

在修改《民事诉讼证据规定》的过程中，我们对此问题进行了认真研究。我们认为，对法律关系性质或者民事行为效力问题进行释明，对于保障当事人诉讼权利，防止裁判突袭，规范人民法院的审理活动，十分必要，应当坚持。但从释明的目的出发，可以对释明的方式进行调整。因此，《民事诉讼证据修改决定》规定，当事人主张的法律关系性质或者民事行为效力与人民法院根据案件事实作出的认定不一致的，人民法院应当将该问题作为焦点问题进行审理，即通过审理焦点问题的方式，使当事人对法律关系性质或者民事行为效力问题有充分发表意见、进行辩论的机会，以此种方式实现释明目的。在归纳焦点问题时，对于当事人未主张的法律关系性质或者民事行为效力的观点，也需要进行适当提示，以促使当事人对法律关系性质或者民事行为效力问题能够充分、完整、全面地发表意见。当然，如果法律关系性质对裁判理由及结果没有影响，或者人民法院需要释明的内容本身即为争议焦点、已经当事人充分辩论的，人民法院可以不再进行释明。

九、关于新的证据

2001年《民事诉讼证据规定》对于逾期提供证据后果的规定，以证据失权为原则，新的证据不属于逾期提供证据的情形，即只有符合新的证据条件的，才不发生证据失权的后果。因此，对于新的证据的内涵、外延作出明确规定，十分必要。这也是2001年《民事诉讼证据规定》在第四十一条至第四十四条对新的证据的范围、判断标准及后果等作出详细规定的原因。

2012年《民事诉讼法》在总结2001年《民事诉讼证据规定》有关举证时限规定施行情况的基础上，在第六十五条确立的举证时限制度，采取了区分逾期提供证据的不同情况对应不同后果的处理方式。即2012年《民事诉讼法》对于逾期提供证据，并未以证据失权作为一般原则，而是针对逾期提供证据的理由是否成立，对应训诫、罚款直至不予采纳的后果。由于2012年民事诉讼法实质上改变了以证据失权作为逾期提供证据后果的一般原则的立场，在此前提下，2001年《民事诉讼证据规定》中有关新的证据的规定，没有存在的价值和必要。因此，《民事诉讼证据修改决定》删除了2001年《民事诉讼证据规定》中有关新的证据的内容。民事审判实践中，除法律、司法解释有特别规定外，新的证据不再具有特别的含义，未在以前的诉讼过程中出现过的证据，原则上都属于新的证据。

十、关于举证责任

《民事诉讼证据修改决定》的一个基本思路是，对于2015年《民事诉讼法解释》已经作出规定的内容，除确有必要的外，不再重复规定。因此，修改后的《民事诉讼证据规定》与修改前相比，删除了一些在《民事诉讼法解释》中已经作出规定的内容。其中比较重要的是关于举证责任的规定。

2001年《民事诉讼证据规定》第二条、第四条、第五条、第六条、第七条都是关于举证责任及分配规则的规定。这些规定中，第二条的内容已经被《民事诉讼法解释》第九十条吸收；第四条关于举证责任倒置的规定，第五条、第六条关于合同纠纷和劳动争议案件举证责任分配的规定，均能够通过适用《民事诉讼法解释》第九十一条关于举证责任分配规则的规定解决，没有重复规定的必要。2001年《民事诉讼证据规定》第七条是关于法官分配举证责任的规定，《民事诉讼证据修改决定》没有保留，主要考虑：举证责任分配具有法定性，实体法律规范本身包含了法律对举证责任分配的内容，原则上举证责任由法律分配而非由法官分配，只有在极为特殊的情况下，按照法律分配的举证责任会导致明显不公平的结果时，才允许法官根据诚信原则、公平原则等因素分配举证责任。这也是2001年《民事诉讼证据规定》第七条的本意。但在对2001年《民事诉讼证据规定》实施情况的调研中，我们发现审判实践中随意适用第七条的情况比较普遍，仅应在极为特殊情形下适用的法官分配举证责任的规定存在滥用的风险。为此，《民事诉讼证据修改决定》不再保留该条内容。实践中如果出现按照实体法律规定确定举证责任分配可能导致明显不公平情形的，由于涉及《民事诉讼法解释》第九十一条适用问题，可以通过向最高人民法院请示、由最高人民法院批复的方式解决，而不能在个案中随意变更法律所确定的举证责任分配规则。

（撰稿人：刘　敏　宋春雨　潘华明）

六、期间、送达

最高人民法院
关于以法院专递方式邮寄送达
民事诉讼文书的若干规定

法释〔2004〕13号

(2004年9月7日最高人民法院审判委员会第1324次会议通过 2004年9月17日最高人民法院公告公布 自2005年1月1日起施行)

为保障和方便双方当事人依法行使诉讼权利,根据《中华人民共和国民事诉讼法》的有关规定,结合民事审判经验和各地的实际情况,制定本规定。

第一条 人民法院直接送达诉讼文书有困难的,可以交由国家邮政机构(以下简称邮政机构)以法院专递方式邮寄送达,但有下列情形之一的除外:

(一)受送达人或者其诉讼代理人、受送达人指定的代收人同意在指定的期间内到人民法院接受送达的;

(二)受送达人下落不明的;

(三)法律规定或者我国缔结或者参加的国际条约中约定有特别送达方式的。

第二条 以法院专递方式邮寄送达民事诉讼文书的,其送达与人民法院送达具有同等法律效力。

第三条 当事人起诉或者答辩时应当向人民法院提供或者确认自己准确的送达地址,并填写送达地址确认书。当事人拒绝提供的,人民法院应当告知其拒不提供送达地址的不利后果,并记入笔录。

第四条 送达地址确认书的内容应当包括送达地址的邮政编码、详细地址以及受送达人的联系电话等内容。

当事人要求对送达地址确认书中的内容保密的,人民法院应当为其保密。

当事人在第一审、第二审和执行终结前变更送达地址的,应当及时以书面方式告知人民法院。

第五条 当事人拒绝提供自己的送达地址,经人民法院告知后仍不提供的,自然人以其户籍登记中的住所地或者经常居住地为送达地址;法人或者其他组织以其工商登记或者其他依法登记、备案中的住所地为送达地址。

第六条 邮政机构按照当事人提供或者确认的送达地址送达的,应当在规定的日期内将回执退回人民法院。

邮政机构按照当事人提供或确认的送达地址在五日内投送三次以上未能送达,通过电话或者其他联系方式又无法告知受送达人的,应当将邮件在规定的日期内退回人民法院,并说明退回的理由。

第七条 受送达人指定代收人的,指定代收人的签收视为受送达人本人签收。

邮政机构在受送达人提供或确认的送达地址未能见到受送达人的,可以将邮件交给与受送达人同住的成年家属代收,但代收人是同一案件中另一方当事人的除外。

第八条 受送达人及其代收人应当在邮件回执上签名、盖章或者捺印。

受送达人及其代收人在签收时应当出示其有效身份证件并在回执上填写该证件的号码;受送达人及其代收人拒绝签收的,由邮政机构的投递员记明情况后将邮件退回人民法院。

第九条 有下列情形之一的,即为送达:

(一)受送达人在邮件回执上签名、盖章或者捺印的;

(二)受送达人是无民事行为能力或者限制民事行为能力的自然人,其法定代理人签收的;

(三)受送达人是法人或者其他组织,其法人的法定代表人、该组织的主要负责人或者办公室、收发室、值班室的工作人员签收的;

(四)受送达人的诉讼代理人签收的;

(五)受送达人指定的代收人签收的;

(六)受送达人的同住成年家属签收的。

第十条 签收人是受送达人本人或者是受送达人的法定代表人、主要负责人、法定代理人、诉讼代理人的,签收人应当当场核对邮件内容。签收人发现邮件内容与回执上的文书名称不一致的,应当当场向邮政机构的投递员提出,由投递员在回执上记明情况后将邮件退回人民法院。

签收人是受送达人办公室、收发室和值班室的工作人员或者是与受送达人同住成年家属,受送达人发现邮件内容与回执上的文书名称不一致的,应当在收到邮件后的三日内将该邮件退回人民法院,并以书面方式说明退回的理由。

第十一条 因受送达人自己提供或者确认的送达地址不准确、拒不提供送达地址、送达地址变更未及时告知人民法院、受送达人本人或者受送达人指定的代收人拒绝签收,导致诉讼文书未能被受送达人实际接收的,文书退回之日视为送达之日。

受送达人能够证明自己在诉讼文书送达的过程中没有过错的,不适用前款规定。

第十二条 本规定自 2005 年 1 月 1 日起实施。

我院以前的司法解释与本规定不一致的,以本规定为准。

【导读及适用要点】

一、法院专递的性质和特征

当前,制约邮寄送达的主要障碍集中表现在以下几个方面:第一,邮政机构的性质和地位无法确立。我们在调研的过程中,邮政机构要求明确自己为人民法院委托的送达人,这样便于提高送达的效率。我国《民事诉讼法》对邮政机构的性质和地位未予明确,这次《最高人民法院关于以法院专递方式邮寄送达民事诉讼文书的若干规定》只是明确了邮政机构"以法院专递方式邮寄送达民事诉讼文书的,其送达与人民法院送达具有同等法律效力"。第二,缺少当事人对自己邮寄送达地址的确认制度。我们从民事简易程序中率先推出当事人对自己的送达地址的确认制度,受到了基层人民法院的一致肯定,多数法院来信来电要求在普遍程序中尽快推广这一制度。这次《最高人民法院关于以法院专递方式邮寄送达民事诉讼文书的若干规定》明确了当事人对自己送达地址的确认制度，可以大大提高邮寄送达的质量和效率。第三，因受送达人原因导致送达不能的法律后果不明确。在邮寄送达的实践中，因受送达人故意或重大过失导致送达不能的情况时有发生，而邮递人员在面对受送达人拒收邮件时因无法留置送达又颇显无奈。因此，对于因受送达人自己的原因导致送达不能的后果理应由受送达人自己承担。这次《最高人民法院关于以法院专递方式邮寄送达民事诉讼文书的若干规定》对送达不能的法律后果作了明确规定，即因受送达人自己的原因导致送达不能的，"文书退回之日视为送达之日。"

二、关于法院专递的范围

我国《民事诉讼法》第八十条①规定："直接送达诉讼文书有困难的，可以委托其他人民法院代为送达，或者邮寄送达。邮寄送达的，以回执上注明的收件日期为送达日期。"因此，"直接送达有困难"是邮寄送达的前提条件，也是确定邮寄送达范围的重要标准。

为了避免与现行法律发生冲突，《最高人民法院关于以法院专递方式邮寄送达民事诉讼文书的若干规定》采取反向排除的方法对邮寄送达的范围作了规定，并保留了《民事诉讼法》关于邮寄送达条件的规定。我们认为，"直接送达诉讼文书是否有困难"应当由受理案件的法院根据自己的人员、经费、装备等条件来具体判定，不宜在司法解释中作出统一、具体的规定。近年来，各地法院的物质装备条件虽有不同程度的改善，但要完全适应当前人民法院案多人少的现状尚有一定困难，因此，大力拓展邮寄送达特别是法院专递的范围，是解决人民法院"送达难"的重要举措。

三、关于法院专递的机构与效力

法院专递是邮政机构以特快专递的方式送达人民法院民事诉讼文书的一种邮寄送达方式，它相比传统的邮寄送达具有专业、快捷、准确、方便等优点，也是近年来各地法院普遍选择的一种邮寄送达方式。由于特快专递只是一种单向传递的邮寄方式，不具备回执返还等民事诉讼文书送达的必要条件，

---

① 现为《民事诉讼法》（2023年修正）第九十一条。

因此，我们在邮政特快专递现有的基础上，根据送达的基本要求，对法院专递的机构、效力、投送方式等作出了统一规定。

与普通的邮寄送达相比，法院专递具有更强的专业性和准确性，《最高人民法院关于以法院专递方式邮寄送达民事诉讼文书的若干规定》第六条规定："邮政机构按照当事人提供或者确认的送达地址送达的，应当在规定的日期内将回执退回人民法院。邮政机构按照当事人提供或确认的送达地址在五日内投送三次以上未能送达，通过电话或者其他联系方式又无法告知受送达人的，应当将邮件在规定的日期内退回人民法院，并说明退回的理由。"正是有国家邮政机构的上述操作规程作为保证，我们在《最高人民法院关于以法院专递方式邮寄送达民事诉讼文书的若干规定》的第二条中明确规定："以法院专递方式邮寄送达民事诉讼文书的，其送达与人民法院送达具有同等法律效力。"

《最高人民法院关于以法院专递方式邮寄送达民事诉讼文书的若干规定》赋予法院专递与人民法院送达具有同等法律效力的规定，既可以大大提高邮寄送达的效率，又可以强化邮政机构的责任，实践证明是现实可行的。

四、关于送达地址的提供或确认

由当事人提供或者确认自己的送达地址，可以确保邮寄送达的准确性和及时性。总结过去人民法院"送达难"的一个重要原因，就是缺少当事人对自己送达地址的提供和确认制度。根据《民事诉讼法》第一百一十条[①]关于起诉状的规定，原告应当在起诉时向人民法院提供当事人双方的住所，因此，由原告提供当事人双方的送达地址是其依法应当承担的义务。原告因自己的权益遭受侵害而请求国家司法救济，当然应当为推进诉讼进程而提供自己准确的送达地址，这是启动民事诉讼进程的前提和基础。此外，我国现行《民事诉讼法》虽然没有直接规定被告负有提供或确认自己送达地址的义务，但根据《民事诉讼法》第五十条[②]第三款之规定，被告负有遵守诉讼秩序的义务，而向人民法院提供或确认自己准确的送达地址正是诉讼秩序的基本要求。同时，诉讼是文明社会解决纠纷最重要的一种方式，它可以在较大程度

---

① 现为《民事诉讼法》（2023年修正）第一百二十四条。
② 现为《民事诉讼法》（2023年修正）第五十二条。

上避免私力救济和武力冲突。因此，任何回避和蔑视司法裁判的行为均属拒绝与国家合作的行为，违背了社会共同体成员之间共同生活与生存的基本规则。被告选择通过诉讼解决纠纷，并遵守诉讼的基本秩序，是现代社会公民依法应当履行的义务。因此，在《最高人民法院关于以法院专递方式邮寄送达民事诉讼文书的若干规定》中要求当事人提供或确认自己的送达地址，符合《民事诉讼法》的一般规定和基本精神。

当事人应当向人民法院提供自己准确的送达地址，同时，还应当向人民法院提供自己的电话号码、电子邮箱等便于与其联系的相关信息，以保证送达的质量和效率，更好地保护当事人依法享有的诉讼权利。在起草《最高人民法院关于以法院专递方式邮寄送达民事诉讼文书的若干规定》的过程中，有人对此曾提出疑问，即当事人是否可以拒绝提供自己的家庭电话和移动电话，因为这些信息资料均可能给当事人的正常生活带来诸多不便。这个问题实际上涉及国家司法权与公民个人隐私权的冲突问题。我们认为，公民享有隐私权的大小是现代社会文明进步的标志，合理界定国家司法权与公民个人隐私权的界限是现代法治社会的基本要求。因此，《最高人民法院关于以法院专递方式邮寄送达民事诉讼文书的若干规定》给人民法院设定了为当事人私人信息保密的义务。在司法实践中，当事人的住所依法应予公开，但当事人在送达地址确认书中的部分内容可能不愿公开，如电话号码、临时住所或指定代收人，这些内容在离婚、人身损害等案件中常常成为一方当事人要求保密的事项。为了鼓励当事人向人民法院提供真实的送达地址，减除当事人的后顾之忧，我们在《最高人民法院关于以法院专递方式邮寄送达民事诉讼文书的若干规定》第四条第二款中规定："当事人要求对送达地址确认书中的内容保密的，人民法院应当为其保密。"

当事人拒绝提供自己送达地址的，人民法院应当向其行使释明权，告知当事人拒不提供送达地址的不利后果。如果当事人拒不提供送达地址，经人民法院告知后仍不提供，人民法院只能按照法定住所地推定当事人的送达地址，并按照推定的地址进行邮寄送达，即自然人以其户籍登记中的住所地或者经常居住地为送达地址；法人或者其他组织以其工商登记或者其他依法登记、备案中的住所地为送达地址。由于法定住所地与当事人的送达地址常常不统一，因此，根据法定住所地推定的地址可能导致送达不能，受送达人为此需要付出的代价和风险远远大于提供真实送达地址的代价。由于人民法院在事先已经告知了当事人拒不提供送达地址的后果，并且为当事人提供了充分的选择机会，当事人应当对自己的选择承担相应后果。

五、关于送达的六种情形

在邮寄送达的实践中，受送达人的法定代理人、诉讼代理人、指定代收人、法定代收人拒绝签收或者签收后反悔的现象时有发生，导致邮寄送达的质量无法保证。《最高人民法院关于以法院专递方式邮寄送达民事诉讼文书的若干规定》总结了当前邮寄送达实践中好的经验，将送达的六种情形作了明确统一的规定，进一步完善了邮寄送达制度。

首先，《最高人民法院关于以法院专递方式邮寄送达民事诉讼文书的若干规定》明确了法人或其他组织的办公室、收发室或值班室工作人员签收的制度。最高人民法院于1992年制定的《最高人民法院印发〈关于适用《中华人民共和国民事诉讼法》若干问题的意见〉的通知》第八十一条规定："向法人或者其他组织送达诉讼文书，应当由法人的法定代表人、该组织的主要负责人或者办公室、收发室、值班室等负责收件的人签收或盖章，拒绝签收或者盖章的，适用留置送达。"经过长达十余年司法实践的检验，如何判断和掌握"负责收件的人"成为送达是否有效的重要标准。由于企业内部到底由谁负责收件只能由企业自己说明，无法由送达人自行判定，导致许多企业事后否认签收人的现象屡有发生。《最高人民法院关于以法院专递方式邮寄送达民事诉讼文书的若干规定》总结了现行送达制度中的缺陷和不足，规定了法人或其他组织的办公室、收发室或值班室工作人员签收即为送达的制度，避免了因签收人资格和权利而引发新的矛盾和冲突。

其次，《最高人民法院关于以法院专递方式邮寄送达民事诉讼文书的若干规定》明确了诉讼代理人签收的制度。签收诉讼文书是民事诉讼中的一项基本事务，也是诉讼代理人最基本的义务。长期以来，由于我国尚未建立律师强制代理制度，律师与当事人之间的权利义务关系尚待进一步完善，这就使个别代理律师以拖延诉讼或恶意诉讼为目的，拒绝签收诉讼文书，加剧了司法实践中的"送达难"。《最高人民法院关于以法院专递方式邮寄送达民事诉讼文书的若干规定》中将诉讼代理人的签收即为送达完成的一种情形，符合民事诉讼代理制度的基本法理。

最后,《最高人民法院关于以法院专递方式邮寄送达民事诉讼文书的若干规定》对受送达人指定的代收人以及同住的成年家属签收的法律后果也作了明确规定,这将大大提高了邮寄送达的质量和效率。

六、关于邮寄送达的核对制度

如何核对邮件内容是邮寄送达实践中较为复杂的问题,也是最容易发生争议的问题。由于邮寄送达以"回执"代替了"送达回证",人民法院单凭"回执"只能确定受送达人是否已经收到了邮件,而无法确认受送达人已经实际接收了邮件中的诉讼文书。因此,要求受送达人当场核对邮件内容既是受送达人应当承担的一项重要义务,又是送达人享有的一项重要权利。

在送达实践中,有权签收邮件的人并不一定有权启封文书,如收发室、值班室工作人员有权签收邮件,但无权开启邮件,当然也就无法当场核对邮件内的诉讼文书。因此,《最高人民法院关于以法院专递方式邮寄送达民事诉讼文书的若干规定》第十条第二款规定:"签收人是受送达人办公室、收发室和值班室的工作人员或者是与受送达人同住的成年家属,受送达人发现邮件内容与回执上的文书名称不一致的,应当在收到邮件后的三日内将该邮件退回人民法院,并以书面方式说明退回的理由。"

七、关于送达不能的法律后果

送达不能的法律后果是起草《最高人民法院关于以法院专递方式邮寄送达民事诉讼文书的若干规定》过程中争议最大的问题。多数基层法院的同志认为,对于因当事人自己的过错导致送达不能的后果,一定要由负有提供送达地址的当事人自己承担不利后果。只有这样,才能彻底解决"送达难"的问题。按照诚信原则,当事人应当对自己在民事诉讼过程中陈述、认可的真实性承担法律责任。当前,隐藏在"送达难"背后的其实就是"恶意诉讼",因此,对于那些严重违背诚信、意图逃废债务的当事人而言,由其承担送达不能的不利后果,符合民事诉讼中的诚信原则。《最高人民法院关于以法院专递方式邮寄送达民事诉讼文书的若干规定》第十一条采纳了上述意见。

在司法实践中,"送达不能"所形成的原因是多元的。当前,因邮政机构工作人员疏忽大意或严重不负责任导致送达不能的情形也客观存在，因此，如果受送达人能够证明"送达不能"不是由于自己的原因导致的，受送达人可以不承担"送达不能"的不利后果。

（撰稿人：贺小荣
审稿人：杜万华）

七、调　解

最高人民法院
关于人民法院民事调解工作若干问题的规定

（2004年8月18日最高人民法院审判委员会第1321次会议通过　根据2020年12月23日最高人民法院审判委员会第1823次会议通过的《最高人民法院关于修改〈最高人民法院关于人民法院民事调解工作若干问题的规定〉等十九件民事诉讼类司法解释的决定》修正）

为了保证人民法院正确调解民事案件，及时解决纠纷，保障和方便当事人依法行使诉讼权利，节约司法资源，根据《中华人民共和国民事诉讼法》等法律的规定，结合人民法院调解工作的经验和实际情况，制定本规定。

第一条　根据民事诉讼法第九十五条[①]的规定，人民法院可以邀请与当事人有特定关系或者与案件有一定联系的企业事业单位、社会团体或者其他组织，和具有专门知识、特定社会经验、与当事人有特定关系并有利于促成调解的个人协助调解工作。

经各方当事人同意，人民法院可以委托前款规定的单位或者个人对案件进行调解，达成调解协议后，人民法院应当依法予以确认。

---

① 现为《民事诉讼法》（2023年修正）第九十八条。

第二条 当事人在诉讼过程中自行达成和解协议的,人民法院可以根据当事人的申请依法确认和解协议制作调解书。双方当事人申请庭外和解的期间,不计入审限。

当事人在和解过程中申请人民法院对和解活动进行协调的,人民法院可以委派审判辅助人员或者邀请、委托有关单位和个人从事协调活动。

第三条 人民法院应当在调解前告知当事人主持调解人员和书记员姓名以及是否申请回避等有关诉讼权利和诉讼义务。

第四条 在答辩期满前人民法院对案件进行调解,适用普通程序的案件在当事人同意调解之日起15天内,适用简易程序的案件在当事人同意调解之日起7天内未达成调解协议的,经各方当事人同意,可以继续调解。延长的调解期间不计入审限。

第五条 当事人申请不公开进行调解的,人民法院应当准许。

调解时当事人各方应当同时在场,根据需要也可以对当事人分别作调解工作。

第六条 当事人可以自行提出调解方案,主持调解的人员也可以提出调解方案供当事人协商时参考。

第七条 调解协议内容超出诉讼请求的,人民法院可以准许。

第八条 人民法院对于调解协议约定一方不履行协议应当承担民事责任的,应予准许。

调解协议约定一方不履行协议,另一方可以请求人民法院对案件作出裁判的条款,人民法院不予准许。

第九条 调解协议约定一方提供担保或者案外人同意为当事人提供担保的,人民法院应当准许。

案外人提供担保的,人民法院制作调解书应当列明担保人,并将调解书送交担保人。担保人不签收调解书的,不影响调解书生效。

当事人或者案外人提供的担保符合民法典规定的条件时生效。

第十条 调解协议具有下列情形之一的,人民法院不予确认:

(一)侵害国家利益、社会公共利益的;

(二)侵害案外人利益的;

(三)违背当事人真实意思的;

（四）违反法律、行政法规禁止性规定的。

第十一条　当事人不能对诉讼费用如何承担达成协议的，不影响调解协议的效力。人民法院可以直接决定当事人承担诉讼费用的比例，并将决定记入调解书。

第十二条　对调解书的内容既不享有权利又不承担义务的当事人不签收调解书的，不影响调解书的效力。

第十三条　当事人以民事调解书与调解协议的原意不一致为由提出异议，人民法院审查后认为异议成立的，应当根据调解协议裁定补正民事调解书的相关内容。

第十四条　当事人就部分诉讼请求达成调解协议的，人民法院可以就此先行确认并制作调解书。

当事人就主要诉讼请求达成调解协议，请求人民法院对未达成协议的诉讼请求提出处理意见并表示接受该处理结果的，人民法院的处理意见是调解协议的一部分内容，制作调解书的记入调解书。

第十五条　调解书确定的担保条款条件或者承担民事责任的条件成就时，当事人申请执行的，人民法院应当依法执行。

不履行调解协议的当事人按照前款规定承担了调解书确定的民事责任后，对方当事人又要求其承担民事诉讼法第二百五十三条[①]规定的迟延履行责任的，人民法院不予支持。

第十六条　调解书约定给付特定标的物的，调解协议达成前该物上已经存在的第三人的物权和优先权不受影响。第三人在执行过程中对执行标的物提出异议的，应当按照民事诉讼法第二百二十七条[②]规定处理。

第十七条　人民法院对刑事附带民事诉讼案件进行调解，依照本规定执行。

第十八条　本规定实施前人民法院已经受理的案件，在本规定施行后尚未审结的，依照本规定执行。

第十九条　本规定实施前最高人民法院的有关司法解释与本规定不一致

[①]　现为《民事诉讼法》（2023年修正）第二百六十四条。
[②]　现为《民事诉讼法》（2023年修正）第二百五十九条。

的，适用本规定。

第二十条 本规定自 2004 年 11 月 1 日起实施。

【导读及适用要点】

一、2020 年修正时，关于重点修改条文的情况说明和理解与适用

（一）删除原第一条

原第一条规定："人民法院对受理的第一审、第二审和再审民事案件，可以在答辩期满后裁判作出前进行调解。在征得当事人各方同意后，人民法院可以在答辩期满前进行调解。"该条在当时背景下具有积极意义。尽管 1991 年的《民事诉讼法》规定，调解是民事案件审判工作的一项重要原则，但调解原则如何贯彻，尤其是如何处理调解与裁判的关系等，当时的《民事诉讼法》没有作出明确规定。该条贯彻了民事诉讼调解原则，进一步强调了人民法院审理民事案件必须全面贯彻调解工作的基本原则。一方面，该条明确规定了调解适用的诉讼阶段，即不管是一审、上诉审还是审判监督程序审，原则上都适用调解原则。另一方面，明确了调解应当贯彻民事审判工作始终。当时的《民事诉讼法》（2007 年修正）第一百二十八条规定："法庭辩论终结，应当依法作出判决。判决前能够调解的，还可以进行调解，调解不成的，应当及时判决。"该规定中的"还可以进行调解"并不意味着调解只能在法庭辩论终结后进行，辩论终结前调解也是符合立法本义的。可以说，该条将当时《民事诉讼法》立法精神进行了一个很好的阐释和贯彻。

2012 年《民事诉讼法》第二次修正时，对调解制度作出了修改完善，增加了关于调解的重要规定，进一步明确了调解与裁判的关系问题，将调解贯彻于诉讼的全过程。比如，该法第一百二十二条规定："当事人起诉到人民法院的民事纠纷，适宜调解的，先行调解，但当事人拒绝调解的除外。"又如，第一百三十三条规定："人民法院对受理的案件，分别情形，予以处理：……（二）开庭前可以调解的，采取调解方式及时解决纠纷……"等等。2015 年，最高人民法院出台《民事诉讼法解释》，该司法解释第一百四十二条规定：

"人民法院受理案件后,经审查,认为法律关系明确、事实清楚,在征得当事人双方同意后,可以径行调解。"与本解释原第一条相比,第一百四十二条对人民法院调解的时间介入进一步放宽,同时不再从诉讼阶段进行规定,而是从径行调解的角度入手,明确了只要符合"法律关系明确""事实清楚""双方当事人同意"三个条件的,人民法院可以径行调解。本条的意义在于,在实践中,哪些案件类型、案件具体情形可以不经当事人举证质证、法庭调查、辩论而可以径行调解,认识不一。要合理甄别出可以"径行调解的案件",则需要甄别案件调解的必要性和可能性。但这一工作环节,在实践中常被忽略,一方面,造成对立案后可以直接进行调解的案件没有进行调解,妨碍径行调解功能的发挥,导致案件直接进入开庭审理程序,增加当事人的诉累;另一方面,造成对一些不应当调解案件也进行调解,不仅浪费审判资源,还可能产生一系列负面影响。对所受理案件决定是否以径行调解的方式予以解决,本条予以明确。人民法院对受理的案件,经审查当事人的诉辩后,发现具有这三个条件的,就可以径行调解。

由于原第一条规定已与《民事诉讼法解释》的相关规定不一致,故予以删除。

(二)删除原第二条

本条规定的精神已被2015年《民事诉讼法解释》第一百四十三条所吸收,该条规定:"适用特别程序、督促程序、公示催告程序的案件,婚姻等身份关系确认案件以及其他根据案件性质不能进行调解的案件,不得调解。"鉴于此,对本解释原第二条予以删除。

(三)删除原第十三条

本条规定的精神基本上被2015年《民事诉讼法解释》第一百五十一条所吸收,但是也有部分修改。对于当事人请求制作调解书的,原第十三条规定的是"人民法院应当制作调解书",而《民事诉讼法解释》第一百五十一条规定的是"人民法院审查确认后可以制作调解书"。鉴于此,对原第十三条予以删除。

(四)删除原第十八条

本条规定精神已被2015年《民事诉讼法解释》第一百四十八条第一款的规定所吸收。另外,针对实践中无民事行为能力人离婚案件所遇到的问题,为充分保护无民事行为能力人合法权益,在第二款作出了特别规定:"无民事行为能力人的离婚案件,由其法定代理人进行诉讼。法定代理人与对方达成协议要求发给判决书的,可根据协议内容制作判决书。"鉴于此,对原第十八条予以删除。

[载最高人民法院民法典贯彻实施工作领导小组办公室编著:《最高人民法院实施民法典清理司法解释修改条文(111件)理解与适用》,人民法院出版社2022年版]

八、保 全

最高人民法院
关于人民法院办理财产保全案件若干问题的规定

(2016年10月17日最高人民法院审判委员会第1696次会议通过 根据2020年12月23日最高人民法院审判委员会第1823次会议通过的《最高人民法院关于修改〈最高人民法院关于人民法院扣押铁路运输货物若干问题的规定〉等十八件执行类司法解释的决定》修正)

为依法保护当事人、利害关系人的合法权益,规范人民法院办理财产保全案件,根据《中华人民共和国民事诉讼法》等法律规定,结合审判、执行实践,制定本规定。

第一条 当事人、利害关系人申请财产保全,应当向人民法院提交申请书,并提供相关证据材料。

申请书应当载明下列事项:

(一)申请保全人与被保全人的身份、送达地址、联系方式;

(二)请求事项和所根据的事实与理由;

(三)请求保全数额或者争议标的;

（四）明确的被保全财产信息或者具体的被保全财产线索；

（五）为财产保全提供担保的财产信息或资信证明，或者不需要提供担保的理由；

（六）其他需要载明的事项。

法律文书生效后，进入执行程序前，债权人申请财产保全的，应当写明生效法律文书的制作机关、文号和主要内容，并附生效法律文书副本。

第二条 人民法院进行财产保全，由立案、审判机构作出裁定，一般应当移送执行机构实施。

第三条 仲裁过程中，当事人申请财产保全的，应当通过仲裁机构向人民法院提交申请书及仲裁案件受理通知书等相关材料。人民法院裁定采取保全措施或者裁定驳回申请的，应当将裁定书送达当事人，并通知仲裁机构。

第四条 人民法院接受财产保全申请后，应当在五日内作出裁定；需要提供担保的，应当在提供担保后五日内作出裁定；裁定采取保全措施的，应当在五日内开始执行。对情况紧急的，必须在四十八小时内作出裁定；裁定采取保全措施的，应当立即开始执行。

第五条 人民法院依照民事诉讼法第一百条[①]规定责令申请保全人提供财产保全担保的，担保数额不超过请求保全数额的百分之三十；申请保全的财产系争议标的的，担保数额不超过争议标的价值的百分之三十。

利害关系人申请诉前财产保全的，应当提供相当于请求保全数额的担保；情况特殊的，人民法院可以酌情处理。

财产保全期间，申请保全人提供的担保不足以赔偿可能给被保全人造成的损失的，人民法院可以责令其追加相应的担保；拒不追加的，可以裁定解除或者部分解除保全。

第六条 申请保全人或第三人为财产保全提供财产担保的，应当向人民法院出具担保书。担保书应当载明担保人、担保方式、担保范围、担保财产及其价值、担保责任承担等内容，并附相关证据材料。

第三人为财产保全提供保证担保的，应当向人民法院提交保证书。保证书应当载明保证人、保证方式、保证范围、保证责任承担等内容，并附相关

---

① 现为《民事诉讼法》（2023年修正）第一百零三条。

证据材料。

对财产保全担保，人民法院经审查，认为违反民法典、公司法等有关法律禁止性规定的，应当责令申请保全人在指定期限内提供其他担保；逾期未提供的，裁定驳回申请。

第七条 保险人以其与申请保全人签订财产保全责任险合同的方式为财产保全提供担保的，应当向人民法院出具担保书。

担保书应当载明，因申请财产保全错误，由保险人赔偿被保全人因保全所遭受的损失等内容，并附相关证据材料。

第八条 金融监管部门批准设立的金融机构以独立保函形式为财产保全提供担保的，人民法院应当依法准许。

第九条 当事人在诉讼中申请财产保全，有下列情形之一的，人民法院可以不要求提供担保：

（一）追索赡养费、扶养费、抚育费、抚恤金、医疗费用、劳动报酬、工伤赔偿、交通事故人身损害赔偿的；

（二）婚姻家庭纠纷案件中遭遇家庭暴力且经济困难的；

（三）人民检察院提起的公益诉讼涉及损害赔偿的；

（四）因见义勇为遭受侵害请求损害赔偿的；

（五）案件事实清楚、权利义务关系明确，发生保全错误可能性较小的；

（六）申请保全人为商业银行、保险公司等由金融监管部门批准设立的具有独立偿付债务能力的金融机构及其分支机构的。

法律文书生效后，进入执行程序前，债权人申请财产保全的，人民法院可以不要求提供担保。

第十条 当事人、利害关系人申请财产保全，应当向人民法院提供明确的被保全财产信息。

当事人在诉讼中申请财产保全，确因客观原因不能提供明确的被保全财产信息，但提供了具体财产线索的，人民法院可以依法裁定采取财产保全措施。

第十一条 人民法院依照本规定第十条第二款规定作出保全裁定的，在该裁定执行过程中，申请保全人可以向已经建立网络执行查控系统的执行法院，书面申请通过该系统查询被保全人的财产。

申请保全人提出查询申请的,执行法院可以利用网络执行查控系统,对裁定保全的财产或者保全数额范围内的财产进行查询,并采取相应的查封、扣押、冻结措施。

人民法院利用网络执行查控系统未查询到可供保全财产的,应当书面告知申请保全人。

第十二条 人民法院对查询到的被保全人财产信息,应当依法保密。除依法保全的财产外,不得泄露被保全人其他财产信息,也不得在财产保全、强制执行以外使用相关信息。

第十三条 被保全人有多项财产可供保全的,在能够实现保全目的的情况下,人民法院应当选择对其生产经营活动影响较小的财产进行保全。

人民法院对厂房、机器设备等生产经营性财产进行保全时,指定被保全人保管的,应当允许其继续使用。

第十四条 被保全财产系机动车、航空器等特殊动产的,除被保全人下落不明的以外,人民法院应当责令被保全人书面报告该动产的权属和占有、使用等情况,并予以核实。

第十五条 人民法院应当依据财产保全裁定采取相应的查封、扣押、冻结措施。

可供保全的土地、房屋等不动产的整体价值明显高于保全裁定载明金额的,人民法院应当对该不动产的相应价值部分采取查封、扣押、冻结措施,但该不动产在使用上不可分或者分割会严重减损其价值的除外。

对银行账户内资金采取冻结措施的,人民法院应当明确具体的冻结数额。

第十六条 人民法院在财产保全中采取查封、扣押、冻结措施,需要有关单位协助办理登记手续的,有关单位应当在裁定书和协助执行通知书送达后立即办理。针对同一财产有多个裁定书和协助执行通知书的,应当按照送达的时间先后办理登记手续。

第十七条 利害关系人申请诉前财产保全,在人民法院采取保全措施后三十日内依法提起诉讼或者申请仲裁的,诉前财产保全措施自动转为诉讼或仲裁中的保全措施;进入执行程序后,保全措施自动转为执行中的查封、扣押、冻结措施。

依前款规定,自动转为诉讼、仲裁中的保全措施或者执行中的查封、扣押、冻结措施的，期限连续计算，人民法院无需重新制作裁定书。

第十八条 申请保全人申请续行财产保全的，应当在保全期限届满七日前向人民法院提出；逾期申请或者不申请的，自行承担不能续行保全的法律后果。

人民法院进行财产保全时，应当书面告知申请保全人明确的保全期限届满日以及前款有关申请续行保全的事项。

第十九条 再审审查期间，债务人申请保全生效法律文书确定给付的财产的，人民法院不予受理。

再审审理期间，原生效法律文书中止执行，当事人申请财产保全的，人民法院应当受理。

第二十条 财产保全期间，被保全人请求对被保全财产自行处分，人民法院经审查，认为不损害申请保全人和其他执行债权人合法权益的，可以准许，但应当监督被保全人按照合理价格在指定期限内处分，并控制相应价款。

被保全人请求对作为争议标的的被保全财产自行处分的，须经申请保全人同意。

人民法院准许被保全人自行处分被保全财产的，应当通知申请保全人；申请保全人不同意的，可以依照民事诉讼法第二百二十五条①规定提出异议。

第二十一条 保全法院在首先采取查封、扣押、冻结措施后超过一年未对被保全财产进行处分的，除被保全财产系争议标的外，在先轮候查封、扣押、冻结的执行法院可以商请保全法院将被保全财产移送执行。但司法解释另有特别规定的，适用其规定。

保全法院与在先轮候查封、扣押、冻结的执行法院就移送被保全财产发生争议的，可以逐级报请共同的上级法院指定该财产的执行法院。

共同的上级法院应当根据被保全财产的种类及所在地、各债权数额与被保全财产价值之间的关系等案件具体情况指定执行法院，并督促其在指定期限内处分被保全财产。

第二十二条 财产纠纷案件，被保全人或第三人提供充分有效担保请求解除保全，人民法院应当裁定准许。被保全人请求对作为争议标的的财产解

---

① 现为《民事诉讼法》(2023年修正)第二百三十六条。

除保全的,须经申请保全人同意。

第二十三条 人民法院采取财产保全措施后,有下列情形之一的,申请保全人应当及时申请解除保全:

(一)采取诉前财产保全措施后三十日内不依法提起诉讼或者申请仲裁的;

(二)仲裁机构不予受理仲裁申请、准许撤回仲裁申请或者按撤回仲裁申请处理的;

(三)仲裁申请或者请求被仲裁裁决驳回的;

(四)其他人民法院对起诉不予受理、准许撤诉或者按撤诉处理的;

(五)起诉或者诉讼请求被其他人民法院生效裁判驳回的;

(六)申请保全人应当申请解除保全的其他情形。

人民法院收到解除保全申请后,应当在五日内裁定解除保全;对情况紧急的,必须在四十八小时内裁定解除保全。

申请保全人未及时申请人民法院解除保全,应当赔偿被保全人因财产保全所遭受的损失。

被保全人申请解除保全,人民法院经审查认为符合法律规定的,应当在本条第二款规定的期间内裁定解除保全。

第二十四条 财产保全裁定执行中,人民法院发现保全裁定的内容与被保全财产的实际情况不符的,应当予以撤销、变更或补正。

第二十五条 申请保全人、被保全人对保全裁定或者驳回申请裁定不服的,可以自裁定书送达之日起五日内向作出裁定的人民法院申请复议一次。人民法院应当自收到复议申请后十日内审查。

对保全裁定不服申请复议的,人民法院经审查,理由成立的,裁定撤销或变更;理由不成立的,裁定驳回。

对驳回申请裁定不服申请复议的,人民法院经审查,理由成立的,裁定撤销,并采取保全措施;理由不成立的,裁定驳回。

第二十六条 申请保全人、被保全人、利害关系人认为保全裁定实施过程中的执行行为违反法律规定提出书面异议的,人民法院应当依照民事诉讼法第二百二十五条规定审查处理。

第二十七条 人民法院对诉讼争议标的以外的财产进行保全,案外人对保全裁定或者保全裁定实施过程中的执行行为不服，基于实体权利对被保全财产提出书面异议的，人民法院应当依照民事诉讼法第二百二十七条[①]规定审查处理并作出裁定。案外人、申请保全人对该裁定不服的，可以自裁定送达之日起十五日内向人民法院提起执行异议之诉。

人民法院裁定案外人异议成立后，申请保全人在法律规定的期间内未提起执行异议之诉的，人民法院应当自起诉期限届满之日起七日内对该被保全财产解除保全。

第二十八条 海事诉讼中，海事请求人申请海事请求保全，适用《中华人民共和国海事诉讼特别程序法》及相关司法解释。

第二十九条 本规定自2016年12月1日起施行。

本规定施行前公布的司法解释与本规定不一致的，以本规定为准。

【导读及适用要点】

一、以问题为导向，合理调整申请诉讼财产保全的担保数额

通常情况下，当事人申请财产保全的，需要提供担保，以便赔偿可能因保全错误对被保全一方造成的损失。《民事诉讼法》对当事人申请诉讼财产保全时应当提供的担保数额未作规定，实践中通行做法是要求当事人提供相当于请求保全数额的担保，由于保全仅限制被保全财产的处分，一般不会导致财产灭失，所以，全额担保的数额通常远远高于可能对被保全一方造成的财产损失，导致担保要求过高，保全适用比例过低，保全作用难以有效发挥。为此，《最高人民法院关于人民法院办理财产保全案件若干问题的规定》（以下简称《财产保全规定》）在充分考虑因保全可能对被保全财产造成实际损失的情况下，对保全担保数额予以合理调整，规定诉讼保全的担保数额不超过请求保全数额或争议标的财产价值的百分之三十，大大降低了当事人申请保全的成本。同时，为避免担保数额过低，不足以赔偿因保全期间过长、市场发

---

① 现为《民事诉讼法》（2023年修正）第二百三十八条。

生巨变等增加的可能损失，司法解释规定法院有权责令当事人追加担保，对担保数额予以调整，以平衡保护各方当事人的合法权益。

二、以市场需求为参考，适时引入财产保险机制

近些年，司法实践中出现了一种新的担保方式，当事人通过购买财产保全责任保险，由保险公司为其财产保全提供担保、并依照《民事诉讼法》规定承担保全错误的赔偿责任。这种新的担保方式，有助于增强当事人的担保能力，进一步降低保全门槛，提高保全适用比例，因此，我们在司法解释中对这种创新做法予以吸收明确。

三、以信息化手段为支撑，明确网络执行查控系统在保全实施阶段的应用

近年来，人民法院执行信息化建设实现了跨越式发展，为审判、执行工作质效的提升发挥了巨大作用。建成的网络执行查控系统，可以在很短时间内，通过互联网查控被执行人遍布全国范围内的存款、车辆等主要财产，极大提高了人民法院查找被执行人财产的能力和效率。过去在保全的实施过程中，负责实施的执行机构能否运用该系统进行保全，实践中做法并不统一。鉴于保全的实施也是执行工作的主要内容，依法应当可以适用该系统，而且该系统的运用有助于降低对当事人提供财产信息的要求，提高查控财产效率，防止债务人在诉讼阶段隐匿、转移财产，促进保全制度效用的充分发挥，因此，我们在《财产保全规定》中对此予以明确。此外，该系统在保全实施阶段的应用，还要避免债权人因滥诉使用查控系统进而损害债务人利益。为此，《财产保全规定》对此种情形下的申请保全条件、信息告知和保密义务、保全措施的采取及救济等相关制度做了特别规定，以便平衡保护双方当事人的利益。

四、以司法为民为宗旨，明确可免于担保的情形

当前，在诉讼保全中可免于担保的情形，法律及司法解释没有规定。《财产保全规定》对于赡养费、扶养费、抚育费等涉及弱势群体以及公益诉讼等案件，明确规定可以不要求申请保全人提供担保，这也是减轻当事人担保负担、解决保全难的重要体现。

五、以制度规范为根本，明确解决保全乱的各项措施

实践中，明显超标的保全、恶意保全导致债务人生产生活困难、恶意延期申请解除保全、错误保全别人财产等保全乱问题也客观存在，损害了债务人和案外人的合法权益。为进一步规范保全，落实中央提出完善依法保护产权制度的要求，在财产保全中体现"善治"理念，《保全财产规定》对此做了四个方面的合理安排：一是在确保实现保全目的的情况下，依法保护债务人产权。《财产保全规定》第十三条明确，被保全人有多项财产可供保全的，在能够实现保全目的的情况下，人民法院应当选择对其生产经营活动影响较小的财产进行保全，对厂房、机器设备等生产经营性财产进行保全时，指定被保全人保管的，应当允许其继续使用。第二十条规定，财产保全期间，在不损害债权人合法权益的情况下，允许债务人对被保全财产自行处分。二是禁止超标的保全。《财产保全规定》第十五条明确不得超标的保全，对明显超标的的土地、房屋等不动产以部分保全为原则，对银行账户进行保全时应当明确冻结数额。三是合理分配解除保全责任，解决恶意延期解保问题。《财产保全规定》第二十三条明确，在仲裁请求被依法驳回等六种情况下，申请保全人应当及时申请解除保全，否则应当就此承担赔偿责任。四是保障权利救济，防止保全违法错误。《财产保全规定》第二十六条明确，当事人、利害关系人认为保全行为违法提出异议的，人民法院应当依法予以审查。第二十七条明确，对被保全财产主张实体权利的案外人，可以最终通过诉讼进行救济。

六、2020年修正时的修改

本解释仅涉及对法律依据的调整。《民法典》颁布实施的同时，《物权法》《担保法》废止，因此在对本解释修改时，将其第六条中的"认为违反物权法、担保法、公司法等有关法律禁止性规定的"修改为"认为违反民法典、公司法等有关法律禁止性规定的"。

［载最高人民法院民法典贯彻实施工作领导小组办公室编著：《最高人民法院实施民法典清理司法解释修改条文（111件）理解与适用》，人民法院出版社2022年版］

九、简易程序

最高人民法院
关于适用简易程序审理民事案件的若干规定

（2003年7月4日最高人民法院审判委员会第1280次会议通过 根据2020年12月23日最高人民法院审判委员会第1823次会议通过的《最高人民法院关于修改〈最高人民法院关于人民法院民事调解工作若干问题的规定〉等十九件民事诉讼类司法解释的决定》修正）

为保障和方便当事人依法行使诉讼权利，保证人民法院公正、及时审理民事案件，根据《中华人民共和国民事诉讼法》的有关规定，结合审判实践，制定本规定。

一、适用范围

第一条 基层人民法院根据民事诉讼法第一百五十七条[①]规定审理简单的民事案件，适用本规定，但有下列情形之一的案件除外：

（一）起诉时被告下落不明的；

（二）发回重审的；

（三）共同诉讼中一方或者双方当事人人数众多的；

（四）法律规定应当适用特别程序、审判监督程序、督促程序、公示催告程序和企业法人破产还债程序的；

（五）人民法院认为不宜适用简易程序进行审理的。

第二条 基层人民法院适用第一审普通程序审理的民事案件，当事人各

[①] 现为《民事诉讼法》（2023年修正）第一百六十条。

方自愿选择适用简易程序，经人民法院审查同意的，可以适用简易程序进行审理。

人民法院不得违反当事人自愿原则，将普通程序转为简易程序。

第三条　当事人就适用简易程序提出异议，人民法院认为异议成立的，或者人民法院在审理过程中发现不宜适用简易程序的，应当将案件转入普通程序审理。

二、起诉与答辩

第四条　原告本人不能书写起诉状，委托他人代写起诉状确有困难的，可以口头起诉。

原告口头起诉的，人民法院应当将当事人的基本情况、联系方式、诉讼请求、事实及理由予以准确记录，将相关证据予以登记。人民法院应当将上述记录和登记的内容向原告当面宣读，原告认为无误后应当签名或者按指印。

第五条　当事人应当在起诉或者答辩时向人民法院提供自己准确的送达地址、收件人、电话号码等其他联系方式，并签名或者按指印确认。

送达地址应当写明受送达人住所地的邮政编码和详细地址；受送达人是有固定职业的自然人的，其从业的场所可以视为送达地址。

第六条　原告起诉后，人民法院可以采取捎口信、电话、传真、电子邮件等简便方式随时传唤双方当事人、证人。

第七条　双方当事人到庭后，被告同意口头答辩的，人民法院可以当即开庭审理；被告要求书面答辩的，人民法院应当将提交答辩状的期限和开庭的具体日期告知各方当事人，并向当事人说明逾期举证以及拒不到庭的法律后果，由各方当事人在笔录和开庭传票的送达回证上签名或者按指印。

第八条　人民法院按照原告提供的被告的送达地址或者其他联系方式无法通知被告应诉的，应当按以下情况分别处理：

（一）原告提供了被告准确的送达地址，但人民法院无法向被告直接送达或者留置送达应诉通知书的，应当将案件转入普通程序审理；

（二）原告不能提供被告准确的送达地址，人民法院经查证后仍不能确定被告送达地址的，可以被告不明确为由裁定驳回原告起诉。

第九条　被告到庭后拒绝提供自己的送达地址和联系方式的，人民法院应当告知其拒不提供送达地址的后果；经人民法院告知后被告仍然拒不提供的，按下列方式处理：

（一）被告是自然人的，以其户籍登记中的住所或者经常居所为送达地址；

（二）被告是法人或者非法人组织的，应当以其在登记机关登记、备案中的住所为送达地址。

人民法院应当将上述告知的内容记入笔录。

第十条　因当事人自己提供的送达地址不准确、送达地址变更未及时告知人民法院，或者当事人拒不提供自己的送达地址而导致诉讼文书未能被当事人实际接收的，按下列方式处理：

（一）邮寄送达的，以邮件回执上注明的退回之日视为送达之日；

（二）直接送达的，送达人当场在送达回证上记明情况之日视为送达之日。

上述内容，人民法院应当在原告起诉和被告答辩时以书面或者口头方式告知当事人。

第十一条　受送达的自然人以及他的同住成年家属拒绝签收诉讼文书的，或者法人、非法人组织负责收件的人拒绝签收诉讼文书的，送达人应当依据民事诉讼法第八十六条[①]的规定邀请有关基层组织或者所在单位的代表到场见证，被邀请的人不愿到场见证的，送达人应当在送达回证上记明拒收事由、时间和地点以及被邀请人不愿到场见证的情形，将诉讼文书留在受送达人的住所或者从业场所，即视为送达。

受送达人的同住成年家属或者法人、非法人组织负责收件的人是同一案件中另一方当事人的，不适用前款规定。

三、审理前的准备

第十二条　适用简易程序审理的民事案件，当事人及其诉讼代理人申请证人出庭作证，应当在举证期限届满前提出。

第十三条　当事人一方或者双方就适用简易程序提出异议后，人民法院

---

① 现为《民事诉讼法》（2023 年修正）第八十九条。

应当进行审查,并按下列情形分别处理:

(一)异议成立的,应当将案件转入普通程序审理,并将合议庭的组成人员及相关事项以书面形式通知双方当事人;

(二)异议不成立的,口头告知双方当事人,并将上述内容记入笔录。

转入普通程序审理的民事案件的审理期限自人民法院立案的次日起开始计算。

第十四条 下列民事案件,人民法院在开庭审理时应当先行调解:

(一)婚姻家庭纠纷和继承纠纷;

(二)劳务合同纠纷;

(三)交通事故和工伤事故引起的权利义务关系较为明确的损害赔偿纠纷;

(四)宅基地和相邻关系纠纷;

(五)合伙合同纠纷;

(六)诉讼标的额较小的纠纷。

但是根据案件的性质和当事人的实际情况不能调解或者显然没有调解必要的除外。

第十五条 调解达成协议并经审判人员审核后,双方当事人同意该调解协议经双方签名或者按指印生效的,该调解协议自双方签名或者按指印之日起发生法律效力。当事人要求摘录或者复制该调解协议的,应予准许。

调解协议符合前款规定,且不属于不需要制作调解书的,人民法院应当另行制作民事调解书。调解协议生效后一方拒不履行的,另一方可以持民事调解书申请强制执行。

第十六条 人民法院可以当庭告知当事人到人民法院领取民事调解书的具体日期,也可以在当事人达成调解协议的次日起十日内将民事调解书发送给当事人。

第十七条 当事人以民事调解书与调解协议的原意不一致为由提出异议,人民法院审查后认为异议成立的,应当根据调解协议裁定补正民事调解书的相关内容。

四、开庭审理

第十八条 以捎口信、电话、传真、电子邮件等形式发送的开庭通知,未经当事人确认或者没有其他证据足以证明当事人已经收到的,人民法院不得将其作为按撤诉处理和缺席判决的根据。

第十九条 开庭前已经书面或者口头告知当事人诉讼权利义务,或者当事人各方均委托律师代理诉讼的,审判人员除告知当事人申请回避的权利外,可以不再告知当事人其他的诉讼权利义务。

第二十条 对没有委托律师代理诉讼的当事人,审判人员应当对回避、自认、举证责任等相关内容向其作必要的解释或者说明,并在庭审过程中适当提示当事人正确行使诉讼权利、履行诉讼义务,指导当事人进行正常的诉讼活动。

第二十一条 开庭时,审判人员可以根据当事人的诉讼请求和答辩意见归纳出争议焦点,经当事人确认后,由当事人围绕争议焦点举证、质证和辩论。

当事人对案件事实无争议的,审判人员可以在听取当事人就适用法律方面的辩论意见后径行判决、裁定。

第二十二条 当事人双方同时到基层人民法院请求解决简单的民事纠纷,但未协商举证期限,或者被告一方经简便方式传唤到庭的,当事人在开庭审理时要求当庭举证的,应予准许;当事人当庭举证有困难的,举证的期限由当事人协商决定,但最长不得超过十五日;协商不成的,由人民法院决定。

第二十三条 适用简易程序审理的民事案件,应当一次开庭审结,但人民法院认为确有必要再次开庭的除外。

第二十四条 书记员应当将适用简易程序审理民事案件的全部活动记入笔录。对于下列事项,应当详细记载:

(一)审判人员关于当事人诉讼权利义务的告知、争议焦点的概括、证据的认定和裁判的宣告等重大事项;

(二)当事人申请回避、自认、撤诉、和解等重大事项;

(三)当事人当庭陈述的与其诉讼权利直接相关的其他事项。

第二十五条 庭审结束时,审判人员可以根据案件的审理情况对争议焦点和当事人各方举证、质证和辩论的情况进行简要总结，并就是否同意调解征询当事人的意见。

第二十六条 审判人员在审理过程中发现案情复杂需要转为普通程序的，应当在审限届满前及时作出决定，并书面通知当事人。

五、宣判与送达

第二十七条 适用简易程序审理的民事案件，除人民法院认为不宜当庭宣判的以外，应当当庭宣判。

第二十八条 当庭宣判的案件，除当事人当庭要求邮寄送达的以外，人民法院应当告知当事人或者诉讼代理人领取裁判文书的期间和地点以及逾期不领取的法律后果。上述情况，应当记入笔录。

人民法院已经告知当事人领取裁判文书的期间和地点的，当事人在指定期间内领取裁判文书之日即为送达之日；当事人在指定期间内未领取的，指定领取裁判文书期间届满之日即为送达之日，当事人的上诉期从人民法院指定领取裁判文书期间届满之日的次日起开始计算。

第二十九条 当事人因交通不便或者其他原因要求邮寄送达裁判文书的，人民法院可以按照当事人自己提供的送达地址邮寄送达。

人民法院根据当事人自己提供的送达地址邮寄送达的，邮件回执上注明收到或者退回之日即为送达之日，当事人的上诉期从邮件回执上注明收到或者退回之日的次日起开始计算。

第三十条 原告经传票传唤，无正当理由拒不到庭或者未经法庭许可中途退庭的，可以按撤诉处理；被告经传票传唤，无正当理由拒不到庭或者未经法庭许可中途退庭的，人民法院可以根据原告的诉讼请求及双方已经提交给法庭的证据材料缺席判决。

按撤诉处理或者缺席判决的，人民法院可以按照当事人自己提供的送达地址将裁判文书送达给未到庭的当事人。

第三十一条 定期宣判的案件，定期宣判之日即为送达之日，当事人的上诉期自定期宣判的次日起开始计算。当事人在定期宣判的日期无正当理由未到庭的，不影响该裁判上诉期间的计算。

当事人确有正当理由不能到庭，并在定期宣判前已经告知人民法院的，人民法院可以按照当事人自己提供的送达地址将裁判文书送达给未到庭的当事人。

第三十二条 适用简易程序审理的民事案件，有下列情形之一的，人民法院在制作裁判文书时对认定事实或者判决理由部分可以适当简化：

（一）当事人达成调解协议并需要制作民事调解书的；

（二）一方当事人在诉讼过程中明确表示承认对方全部诉讼请求或者部分诉讼请求的；

（三）当事人对案件事实没有争议或者争议不大的；

（四）涉及自然人的隐私、个人信息，或者商业秘密的案件，当事人一方要求简化裁判文书中的相关内容，人民法院认为理由正当的；

（五）当事人双方一致同意简化裁判文书的。

六、其他

第三十三条 本院已经公布的司法解释与本规定不一致的，以本规定为准。

第三十四条 本规定自 2003 年 12 月 1 日起施行。2003 年 12 月 1 日以后受理的民事案件，适用本规定。

【导读及适用要点】

一、关于适用范围

1. 民事简易程序的适用范围

民事简易程序的适用范围是起草本规定过程中争论最大的问题。在充分吸收各基层人民法院意见的基础上，《简易程序规定》第一条从正面对简单的民事案件进行了必要的限制，即根据《民事诉讼法》第一百四十二条[①]的规定审理的民事案件属于简单的民事案件，然后通过反向排除法来具体确定民事

---

① 现为《民事诉讼法》(2023 年修正) 第一百六十条。

简易程序的适用范围。首先,《简易程序规定》将简单的民事案件确定为适用民事简易程序的前提条件。其次,《简易程序规定》又将不适用民事简易程序的五种情形进行了反向排除。在这五种情形中,有三项是根据现行法律和司法解释不能适用简易程序进行审理的;第三项是共同诉讼中一方或双方当事人人数众多的,这类案件一般社会影响较大,不宜适用简易程序;第五项是一个弹性条款,它可以将新类型的案件、疑难复杂案件和有较社会影响的案件统统纳入"人民法院认为其他不宜适用简易程序进行审理的"范围之内。

2. 程序选择权

在民事简易程序中引入当事人的程序选择权,既符合民事诉讼当事人意思自治的要求,又能够大大节省国家的司法资源。《民事诉讼法意见》第一百七十一条规定:"已经按照普通程序审理的民事案件,在审理过程中无论是否发生了情况变化,都不得改用简易程序审理。"《简易程序规定》第二条对上述内容进行了必要的补正,即"基层人民法院适用第一审普通程序审理的民事案件,当事人各方自愿选择适用简易程序,经人民法院审查同意的,可以适用简易程序进行审理"。同时,该条第二款又特别强调了当事人自愿选择的重要性,即"人民法院不得违反当事人自愿原则,将普通程序转为简易程序"。将当事人的程序选择权引入民事简易程序,符合当事人意思自治原则和处分原则。因为:第一,当事人一致选择简易程序,可以节省司法成本,提高诉讼效率,加快当事人实体权利的实现,减少涉讼财产流转的成本;第二,《民事诉讼法意见》强调的是人民法院不能因案情变化而依职权将普通程序转为简易程序,而《简易程序规定》强调的是当事人自愿选择,因此这两种解释的本质和初衷并不矛盾;第三,当事人通过普通程序解决纠纷是其依法享有的一项诉讼权利,而当事人通过合意放弃这种诉讼权利,正是其依法享有处分权的直接表现。因此,当事人选择适用简易程序而引发程序的转换,符合民事诉讼自身的法理。

《简易程序规定》对当事人的程序选择权进行了必要的限制,即当事人对程序的选择必须要"经人民法院审查同意"。这主要是出于两种考虑:其一,当事人对简易程序的选择权不能与《简易程序规定》第一条第五项人民法院对程序的决定权相矛盾;其二,当事人对程序的选择不得损害国家利益、社会公共利益或他人合法权益。

3. 程序转换

《简易程序规定》将简易程序转为普通程序的形式要件归结为两种：其一，是当事人提出异议；其二，是人民法院依职权进行转换。在司法实践中，如何判断当事人的异议能否成立以及人民法院依职权转换程序的正当性，应当根据案件的具体情况综合认定：（1）案情复杂，需要人民法院依职权调查的案件；（2）涉及国家利益、社会公共利益或他人合法权益的案件；（3）在当地具有重大影响，涉及的问题具有典型性的案件；（4）新类型的案件，在适用法律上具有一定困难的案件；（5）需要人民法院对举证责任进行分配的案件。

二、起诉与答辩

1. 口头起诉

根据《民事诉讼法》第一百零九条①第二款的规定，"书写起诉状确有困难"是口头起诉的基本条件。在司法实践中，如何正确理解"书写起诉状确有困难"是建立和完善口头起诉制度的基础和前提。根据《简易程序规定》第四条的规定，口头起诉应当具备下列三个条件：第一，原告必须是自然人。我国法律对口头起诉的主体虽未作明确限制，但根据口头起诉制度设立的初衷和目的，应当将口头起诉的主体限定在自然人的范畴之内。因为法人和其他组织应当是依法设立并从事一定商务或其他社会活动的组织，它们较个人具有更强的诉讼能力，也可以聘请具有专业知识的律师参加诉讼活动。第二，原告本人不能书写起诉状。原告本人不能书写起诉状主要有以下两种情形：其一，原告本人是文盲或半文盲，不能亲自书写诉状。半文盲是指那些只能识字而不能写字的人，他们很难用文字形式表达自己的诉讼请求及理由；其二，原告本人因肢体残疾不能书写诉状。在司法实践中，有些原告文化水平不高，担心诉状写不好而要求口头起诉；有的原告因不愿花钱打印起诉状而要求口头起诉；还有的原告因字写得不好而要求口头起诉等。上述因素均不能成为原告要求口头起诉的理由。第三，委托他人代写确有困难。原告本人不能书写起诉状并不能成为口头起诉的充分条件，因为原告本人不能书写时

---

① 现为《民事诉讼法》（2023年修正）第一百二十三条。

可以委托家人、同事或者朋友代写，也可以委托律师或其他法律工作者有偿代写。只有当原告不能委托家人或朋友代写，又因经济困难不能委托法律服务机构有偿代写时，方可具备口头起诉的条件。在起草《简易程序规定》的过程中，东部沿海地区部分法院的同志建议取消口头起诉制度，因为口头起诉制度常常被一些"开着大奔（奔驰轿车）的文盲大款"所利用，而真正需要救助的人却很少利用。为此，《简易程序规定》将"委托他人代写确有困难"视为口头起诉的一个重要条件，将一些经济条件较好但文化水平较低的人从口头起诉的主体范围内分流出去，使有限的司法资源能够被真正需要司法救助的人所利用，建立一种科学而又合理的口头起诉制度。

2. 当事人对自己送达地址的书面确认制度

为了提高送达的效率，《简易程序规定》对当前民事简易程序中的送达制度进行了大胆的改革。首先，《简易程序规定》将诚信原则引入民事简易程序之中，确立了当事人对自己送达地址的书面确认制度。当事人应当在起诉或答辩时向人民法院提供自己准确的送达地址，并签名或捺印确认。如果因当事人自己提供的送达地址不准确、送达地址变更未及时告知人民法院，或者当事人拒不提供自己送达地址而导致诉讼文书未能被当事人实际接收的，应当由提供自己送达地址的当事人承担不利后果。其次，《简易程序规定》第五条第二款对当事人送达地址的范围作出了更加合理的界定。根据《民事诉讼法》第七十八条①的规定："受送达人民是公民的，本人不在交他的同住成年家属签收。"司法实践中由此推定，受送达人是公民的，其住所为合法有效的送达地址；也只有受送达人或其同住成年家属在住所拒收诉讼文书时，方可适用留置送达。这种认识给当前民事简易程序的送达带来了较大的困难，因为公民在住所的时间一般正是法院送达人员和邮局工作人员下班的时间，因此，《简易程序规定》在第五条第二款中规定："受送达人是有固定职业的自然人的，其从业的场所可以视为送达地址。"

3. 简便方法传唤

由于简便方式传唤在事实上是以牺牲程序上的种种环节来换取民事诉讼的效率，其最终目的仍然是及时、快捷地保护当事人依法享有的诉讼权利和

---

① 现为《民事诉讼法》（2023年修正）第八十八条。

实体权利，因此，我们不能单纯为了程序上的简便而无视当事人依法享有的诉讼权利。正是出于这种考虑，《简易程序规定》第十八条规定，以捎口信、电话、传真、电子邮件等形式发送的开庭通知，未经当事人确认或者没有其他证据足以证明当事人已经收到的，人民法院不得将其作为按撤诉处理和缺席判决的根据。

4. 原告对被告送达地址的证明义务

原告是否应当负有提供被告送达地址的义务？我国《民事诉讼法》将"明确的被告"视为原告起诉的一个重要条件。如果原告不能提供被告准确的送达地址，不仅人民法院无法向被告送达诉讼文书，被告也无法履行裁判文书中确定的义务，实际上失去了民事诉讼的基本条件。我们认为，如果原告不能提供被告准确的送达地址，人民法院经查证后也不能确定被告送达地址的，应当以"没有明确的被告"为由驳回原告的起诉。在此，应当严格区分"送达不能"与"被告送达地址不准确"。首先，送达不能是指原告在诉讼开始时能够提供被告准确的送达地址，但人民法院无法向被告直接送达和留置送达应诉通知书；而被告送达地址不准确是指原告在起诉时提供了被告的送达地址，但其提供的送达地址不准确，或者故意提供了虚假的送达地址。其次，送达不能的应当转入普通程序审理，因为原告履行了自己应当提供送达地址的义务；而被告送达地址不准确的应当裁定驳回原告起诉，因为原告没有能够向人民法院提供被告准确的送达地址。应当指出，如果原告因不能提供被告准确的送达地址而被驳回起诉的，可以在获得被告准确的送达地址后再行起诉，第一次起诉虽然被驳回，但可以使诉讼时效中断。

5. 被告拒不提供送达地址的不利后果

被告是否应当向人民法院提供或确认自己的送达地址，一直是起草《简易程序规定》过程中争论较为激烈的问题。如果将民事诉讼仅仅理解为一种私权纠纷，被告可以拒绝提供自己的送达地址和相关信息。但是，民事诉讼是一种公法意义上的活动，参加诉讼既是被告的权利，又是被告依法负有的义务。因为诉讼是现代社会避免私力救济和暴力冲突的重要手段，它关系到全社会公共秩序的安定。因此，被告在民事诉讼中应当向人民法院提供或确认自己准确的送达地址，促进民事诉讼的进程。

在司法实践中，如果被告到庭后拒绝提供自己的送达地址和联系方式，人民法院首先应当告知被告拒不提供送达地址的后果。按照以往民事诉讼的惯例，如果被告拒不提供送达地址，人民法院在留置送达有困难时，只能选择公告送达。根据《民事诉讼法》第八十四条①的规定，公告送达需要经过六十日才视为送达，这就达到了被告恶意拖延诉讼、延缓原告实体权利实现的目的。因此，《简易程序规定》将被告拒不提供送达地址的后果转化为人民法院对被告送达地址的推定，使被告希望通过公告送达而拖延诉讼的目的难以实现。其次，如果人民法院将送达地址推定的后果告知被告后，被告仍然拒不提供，被告是自然人的，以其户籍登记中的住所地或者经常居住地为送达地址；被告是法人或者其他组织的，应当以其工商登记或者其他依法登记、备案中的住所地为送达地址。应当承认，以人民法院推定的送达地址向被告送达，被告为此需要付出的代价和风险远远大于提供真实送达地址。由于人民法院在事先已经告知了被告拒不提供送达地址的后果，并且为被告提供了充分的选择机会，被告应当对自己的选择承担相应后果。

6. 送达地址不准确的不利后果

当事人虽然向人民法院提供了自己的送达地址，但如果因当事人自己提供的送达地址不准确，或送达地址变更未及时告知人民法院，导致诉讼文书未能被当事人实际接收时，有义务提供自己送达地址的当事人应当负担何种法律后果？

依诚信原则，当事人应当对自己在民事诉讼过程中陈述、认诺的真实性承担法律责任。因此，因当事人自己提供的送达地址不准确或送达地址变更未及时告知人民法院，导致诉讼文书未能被当事人实际接收的，《简易程序规定》确立了两种处理方式：其一，邮寄送达的，邮件回执上注明的退回之日视为送达之日。在此应当特别强调的是，邮件被退回的原因必须与当事人提供的送达地址不准确或拒不提供送达地址具有事实上的因果联系，如果当事人能够证明邮件被退回与其提供的送达地址的真实性没有必然因果联系，不能让当事人承担推定送达的后果。其二，直接送达的，送达人当场在送达回证上记明情况之日视为送达之日。人民法院按照当事人提供的送达地址直接送达的，或者被告拒不提供送达地址时人民法院按照推定的送达地址直接送

---

① 现为《民事诉讼法》（2023年修正）第九十五条。

达的，如果经送达人当场查证后认为当事人提供的送达地址不真实，或者送达地址已经变更以及推定的送达地址与其真实的住所不一致的，由送达人当场在送达回证上记明情况之日视为送达之日。在此应当特别强调人民法院当场查证的重要性。当事人提供的送达地址是否真实以及送达地址是否已经变更，均需送达人通过对周围住户、小区物业管理部门、当地居委会、村委会以及公安派出所调查后方可确认。如果当事人提供的送达地址是真实的，只是临时外出而未能实际接收诉讼文书的，不应当承担送达不能的后果。

7. 留置送达的范围、条件及其例外

我们在基层人民法院调研中发现，《民事诉讼法》第七十九条①关于邀请有关基层组织或者所在单位代表到场见证的制度已形同虚设，特别是《公司法》实施以后，过去企业法人的上级主管部门已不复存在；因人口流动大，基层和社区组织不够健全，街道办事处等基层组织的工作人员又不愿到场见证；在农村，多数基层组织因顾及到邻里乡情和世代相处等复杂关系而拒绝到场见证。因此，送达人能够"邀请有关基层组织或所在单位的代表"到场见证并签名的，十分罕见。所以，《简易程序规定》第十一条对留置送达的条件作出了更加详细的规定，即"被邀请的人不愿到场见证的"，送达人应当在送达回证上记明当事人拒收和相关组织代表不愿到场见证的事由、时间和地点，即可以留置送达。

留置送达的一个重要条件是"受送达人或者他的同住成年家属拒绝接收诉讼文书"。也就是说，送达人与受送达人或者他的同住成年家属面对面是留置送达的前提条件。在司法实践中，有人将受送达人或者他的同住成年家属不在住所视为留置送达的条件，违背了留置送达的本来含义。

留置送达的假定条件是受送达人的同住成年家属或者法人、其他组织负责收件的人能够将诉讼文书转交给受送达人，如果这些转交的人与受送达人已经在同一案件中发生了利害冲突，就不能成为留置送达的对象。因此，《简易程序规定》第十一条第二款规定，受送达人的同住成年家属或者法人、其他组织负责收件的人是同一案件中另一方当事人的，不适用留置送达的规定。

---

① 现为《民事诉讼法》（2023年修正）第八十九条。

三、审理前的准备

1. 申请法院调查和申请证人出庭作证

适用简易程序审理的民事案件一般不需要人民法院调查收集证据。但是，有些简单的民事案件，由于足以支持当事人一方的主要证据属于国家有关部门保存并须人民法院依职权调取，如果人民法院以当事人申请人民法院调查收集证据为由而将案件转为普通程序，将会影响当事人诉讼权利的尽快实现。此外，部分适用普通程序审理的民事案件因当事人行使程序选择权而转为适用简易程序，在这些案件中应当赋予当事人申请人民法院调查收集证据的权利。因此，《简易程序规定》从正面确认了当事人在民事简易程序中可以申请人民法院调查收集证据的权利。

根据《民事诉讼证据规定》第十九条第一款、第五十四条第一款的规定，当事人及其诉讼代理人申请人民法院调查收集证据，不得迟于举证期限届满前七日；当事人申请证人出庭作证，应当在举证期限届满十日前提出，并经人民法院许可。这些规定对于人民法院适用普通程序审理民事案件时防止一方当事人搞证据突袭具有重要意义。在民事简易程序中，既要对当事人申请人民法院调查收集证据和申请证人出庭作证予以必要的限制，防止回到证据随时提出主义；又要对当事人申请的期限予以适度放宽，允许当事人在举证期限届满前随时提出，使当事人依法享有的诉讼权利在民事简易程序中得以充分实现。

2. 调解前置

调解前置是人民法院在适用简易程序审理民事案件时，将符合一定条件的案件在法庭调查前先行调解的制度。《简易程序规定》第十四条将六类民事案件确定为调解前置案件，完全是根据这六类民事案件自身的性质决定的。首先，《简易程序规定》将婚姻家庭纠纷和继承纠纷列入调解前置程序，主要是因为这类案件内含着丰富的伦理道德内容，如果单纯用法律规范去调整，不利于纠纷的彻底解决。其次，《简易程序规定》将劳务纠纷、宅基地和相邻关系纠纷以及合伙协议纠纷列入调解前置程序，主要是因为这些纠纷关系到当事人最基本的生活秩序和生活环境，如果以调解方式化解矛盾，便于当事人在未来的合作与生活中和睦相处。再次，《简易程序规定》将交通事故和工伤事故引起的权利义务关系明确的损害赔偿纠纷列入调解前置程序，主要是为了使受害一方当事人能尽快获得赔偿。在司法实践中，如果通过正常的诉讼程序解决因交通事故或工伤事故引起的损害赔偿纠纷，常常需要一年甚至更长的时间，这就使受害一方的当事人要经历漫长的等待和煎熬。如果当事人双方通过调解前置程序解决纠纷，既可以缩短获赔的期限，又便于双方实际履行调解协议。最后，《简易程序规定》将诉讼标的额较小的纠纷列入调解前置程序，是因为通过调解方式解决这类纠纷的可能性较大，也符合国家司法资源合理配置的原则。

3. 调解协议与民事调解书的效力

民事调解书生效的条件和时间是这次司法解释起草过程中争论最为激烈的问题。《简易程序规定》根据《民事诉讼法》第十三条的规定，以当事人的处分权为根据，将诚信原则引入民事简易程序，确立了以当事人自愿为前提，以当事人在调解协议上签名、捺印为生效条件的诉讼调解制度。首先，调解协议以签名或捺印为生效条件，必须以当事人双方自愿为前提。只有在当事人一致同意以签名或捺指印为调解协议生效的条件时，人民法院才可以根据当事人的处分权原则进行调解。其次，调解协议生效后，人民法院还应当制作民事调解书。调解协议是当事人双方在人民法院主持下达成的协议，而并不是人民法院依法制作的法律文书，因此，它不能成为人民法院强制执行的法律依据。为了解决调解协议生效后一方反悔或拒不履行的问题，2003年《简易程序规定》第十五条第二款规定："调解协议符合前款规定，且不属于不需要制作调解书的，人民法院应当另行制作民事调解书。调解协议生效后一方拒不履行的，另一方可以持民事调解书申请强制执行。"

4. 民事调解书的补正

民事调解书是人民法院根据当事人双方达成的调解协议而制作的法律文书，它在文体、程式、用语等方面比调解协议更加规范和严谨。而民事调解书的这种再加工过程，是否能够准确、完整地反映调解协议的全部内容，又是民事简易程序审判实践中的一个难题。在贯彻、执行规定的过程中，应当注意下列问题：第一，正确判定民事调解书表述的内容与调解协议的原意之间的差异。民事调解书是人民法院依照法定程序制作的法律文书，它在文字和语言表述上不可能完全照搬调解协议的全部内容。因此，判断民事调解书与调解协议的原意是否一致，主要是看民事调解书表述的内容与调解协议的内容相比是否足以影响当事人实体权利义务关系的变化。如果仅仅是文字表述方法上的差异，当事人的异议将不能成立。第二，人民法院应当对当事人提出的异议进行审查。当事人以民事调解书与调解协议内容不一致为由提出的异议，人民法院应当予以审查。第三，当事人异议成立的，人民法院应当根据调解协议的内容裁定补正民事调解书的相关内容。民事调解书必须以当事人在自愿条件下达成的调解协议为根据，如果民事调解书与调解协议发生冲突和矛盾，当然应当以调解协议的内容为准。由于民事调解书是人民法院依照法定程序制作的，因此只能用裁定形式予以补正。

四、开庭审理

1. 诉讼指挥权与法官的释明义务

《简易程序规定》第二十条对审判人员在民事简易程序中的释明义务作出了较为全面的规定。首先，对没有委托律师代理诉讼的当事人，审判人员应当对回避、自认、举证责任等相关内容向当事人作必要的解释和说明，因为这些制度与当事人的实体权利密切相关。如果法官仅仅成为一个消极的中立者，就可以使诉辩双方在诉讼过程中失衡。其次，审判人员还应当在庭审过程中适当提示当事人正确行使自己的诉讼权利、履行自己的诉讼义务，指导当事人进行正常的诉讼活动。应当特别强调的是，审判人员既要提示和指导当事人进行诉讼活动，又要保证其提示和指导的适当性。

2. 当庭举证与举证期限

适用简易程序审理的民事案件，多数是发生在人民群众身边的纠纷，具有数额较小、主体广泛、类型多样等特征。在这些案件中，如果当事人双方同时到人民法院请求解决纠纷，或者被告一方经简便方式传唤到庭，当事人双方未协商举证期限的，人民法院应当允许当事人当庭举证。

《民事诉讼证据规定》实施以来，当事人在民事诉讼中的举证期限被严格限定在举证期限届满之前，这对于以防止证据突袭、平衡诉辩双方的利益起到了十分重要的作用。但是，在民事简易程序中，如果将当事人的举证期限一律限定在举证期限届满之前，将会使双方当事人一起到庭或者被告一方经简便方式传唤到庭时失去举证的机会。此外，在广大农村和老少边穷地区，当事人委托律师代理诉讼的较少，如果将当事人的举证期限规定过严，不利于他们行使诉讼权利。因此，《简易程序规定》第二十二条适度放宽了当事人当庭举证的条件，以更好地体现民事简易程序经济、便民、快捷的原则。

3. 一次开庭原则及其例外

在确保程序公正的前提下，快捷就成为衡量民事简易程序内在价值的一个重要标准。《简易程序规定》将一次开庭确立为适用简易程序审理民事案件的一般原则，对于减轻当事人的讼累、加快涉讼财产的流转速度具有十分重要的作用。首先，适用简易程序审理民事案件以一次开庭为原则，可以大大降低当事人的诉讼成本。出庭参诉是当事人进入诉讼后最重要的一项诉讼活动，如果以一次开庭为原则，可以促使当事人提高庭审过程中举证、质证的主动性，同时也可以加强审判人员的责任意识，大大提高庭审的质量。其次，适用简易程序审理民事案件以一次开庭为原则，可以大大减少诉讼外因素对审判活动的干扰，增加法庭审理的透明度，加速法官职业化的进程。总之，以一次开庭为原则，可以更好地实现民事简易程序所负载的社会功能，使广大人民群众依法享有的诉讼权利和实体权利得以及时实现。

以一次开庭为原则，丝毫不能以牺牲公正而换取效率。在司法实践中，当事人申请人民法院调查收集证据的、当事人一方申请鉴定的，当事人的诉讼请求涉及国家利益，社会公共利益或他人合法权益的，当事人当庭申请延期举证的等，都可能成为再次开庭的条件。人民法院应当根据案件的具体情况决定开庭的次数。

4. 法庭笔录的特别规定

民事简易程序以追求当事人诉讼权利的尽快实现为价值取向，这就使诉讼程序中与当事人诉讼权利关系不大的环节、手续以及裁判文书均可以通过当事人协商、事前告知、当事人选择等特定方式予以简化。而法庭笔录既是人民法院适用简易程序审理案件活动的全部记录，又是上级法院在二审程序中全面掌握一审审判活动的主要依据，因此，在适用简易程序审理民事案件的过程中，程序可简，文书可简，但法庭笔录不能简。这是因为：第一，民事简易程序中涉及大量当事人处分自己民事权利的诉讼行为，这些行为均会产生相应的法律后果。如果因法庭笔录简化而忽略了对这些行为的记载，司法判决的依据将不复存在。第二，在民事简易程序中，人民法院有大量涉及当事人诉讼权利义务的事项需要当庭向当事人告知。如果法庭笔录因简化而忽略了对上述内容的记录，一审的程序正当性将无法体现。第三，在民事简易程序中，当事人当庭陈述的与其诉讼权利直接相关的事项是否被法庭记录在卷，常常是当事人能否接受一审判决的重要原因，也是当事人亲身感受司法是否公正的最重要的标准。因此，对法庭审理活动中一切涉及当事人诉讼权利义务的事项予以详细记载，既有利于上级法院对下级法院的审判活动进行监督，又有利于当事人对人民法院的审判活动进行监督。

五、宣判与送达

1. 当庭宣判及其例外

适用简易程序审理的民事案件一般具有争议标的额小、事实清楚、权利义务关系明确等特点，这就为人民法院当庭宣判奠定了基础。《简易程序规定》将当庭宣判确定为适用简易程序审理民事案件的一般原则，主要虑及如下因素：第一，以当庭宣判为原则，可以促使当事人和法官更加重视庭前准备程序，了解和熟悉当事人双方争议的焦点以及双方所持证据的情况。第二，以当庭宣判为原则，可以充分发挥当事人在庭审过程中举证、质证的质量，凸显法庭辩论与判决结果的紧密联系，增强司法判断的透明度，也更符合民事诉讼的直接原则。第三，以当庭宣判为原则，要求法官通过简短的法庭审理活动形成内心的确信，并当庭作出判决，这就对法官的职业化程度提出了更高的要求。如果没有经过系统的法律教育和司法训练，法官就无法根据庭审过程中诉辩双方的证据材料和证明活动而当庭判决。第四，以当庭宣判为原则，可以在一定程度上排除案外因素对司法的干扰，树立人民法院清正廉洁的形象。

在民事简易程序中确立当庭宣判的原则，并不能完全取消或替代定期宣判的必要性。我们应当避免以单一的当庭宣判率来衡量人民法院审判工作的优劣，而是应当根据案件判决的质量以及法官职业化的程度而对当庭宣判率进行综合评判。

2. 当事人领取裁判文书及其例外

裁判文书的送达是制约当前民事审判效率的一个重要因素，可能败诉的一方当事人拒绝接收诉讼文书已经成为人民法院送达实践中的一大重要难题。

《简易程序规定》第二十八条将邮寄送达和当事人领取裁判文书确定为当庭宣判后裁判文书的两种送达方式，其主要理由为：第一，当事人前来人民法院领取裁判文书必须以当庭宣判为条件。因为当事人已经知道了裁判文书的内容，已经败诉或判决对其不利的当事人应当对自己是否上诉以及在多长期限内上诉有一个充分的准备。因此，当事人在已经知道判决结果并知道上诉期之后拒绝领取裁判文书，应当由其自己承担相应后果。第二，当事人前来人民法院领取裁判文书必须以其放弃邮寄送达为前提。人民法院为当事人选择邮寄送达提供了非常充分的条件，只要当事人要求邮寄送达，人民法院就应当按照当事人自己提供的送达地址邮寄送达，而不对其要求邮寄送达的理由进行实质审查。因此，在当事人放弃邮寄送达并选择领取裁判文书的前提下，人民法院在法院内向当事人直接送达并不违反依职权送达的原则。第三，在司法实践中，当事人前来人民法院领取可能比邮寄送达更为方便、快捷和经济。在广大农村，多数基层人民法院的派出法庭就设在农村乡镇，当事人利用逢集赶会前来领取，更为方便和快捷。第四，当事人在民事诉讼中同样负有促进民事诉讼的义务。由当事人前来人民法院领取裁判文书，可以加快民事诉讼的进程，使涉讼当事人尽快从民事诉讼中解脱出来，加快涉讼财产的流转速度。

人民法院应当为当事人前来人民法院领取裁判文书提供方便、合理的期间。为了充分保护当事人的诉讼权利，人民法院一般应当为当事人提供至少不少于七天的期间，并在领取裁判文书通知书中告知当事人领取裁判文书的具体地点。

3. 裁判文书的邮寄送达

邮寄送达是人民法院通过邮政机构送达诉讼文书的一种送达方式，它凭借专业、快捷、经济、中立等优点已被当前多数基层人民法院所普遍采用。邮寄送达以当事人提供准确的送达地址为前提，以邮政机构专业、中立的送达方式为保证。

《简易程序规定》第二十九第二款对邮寄送达的送达日期以及送达不能的后果作出了较为严格的规定，即："人民法院根据当事人自己提供的送达地址邮寄送达的，邮件回执上注明收到或者退回之日即为送达之日，当事人的上诉期从邮件回执上注明收到或者退回之日的次日起开始计算。"正确理解和全面把握本条规定的内在含义,应当注意以下事项:第一,邮件回执上注明的退回之日即为送达之日,必须以当事人提供的送达地址不真实为前提。因此,如果当事人能够证明邮件被退回是因邮政机构自身投递不当而导致的,不能让当事人承担送达不能的不利后果。第二,邮件回执上注明的退回之日即为送达之日,必须以邮政机构完全依照邮政法规进行规范的邮寄送达为条件。如果邮政机构违章操作、投递人员责任心不强等,都会导致邮件被退回的情形发生。为了配合人民法院开展邮寄送达业务,国家邮政速递局正在抓紧制定关于邮政机构送达诉讼文书的操作规程,并就诉讼文书的接收、分拣、投递、签收等一系列问题进行统一和规范,以提高人民法院诉讼文书的邮寄送达工作。第三,邮件回执上注明收到或者退回之日即为送达之日,应当以人民法院以书面或口头方式告知当事人邮寄送达的后果为前提。人民法院应当在当事人起诉或答辩时告知当事人提供送达地址的后果,并且在《领取裁判文书通知书》中再次以书面方式告知当事人邮寄送达的后果。如果人民法院未将邮寄送达的后果以口头或书面方式告知当事人,当事人即不能承担邮寄送达的不利后果。

4. 缺席判决及其判决依据

我国《民事诉讼法》规定了缺席判决的条件,但未规定缺席判决的方法及其依据。在民事简易程序中引入一方辩论判决主义的合理成分,是完善我国缺席判决制度的重要举措。缺席判决主义由于过分强调了对缺席一方的惩罚性,使缺席的一方当事人承担较为严重的法律后果,不适合我国当前的具体国情。我国过去长期实行超职权主义的诉讼模式,当事人习惯于将一切纠纷和争议提交给人民法院裁断,加之我们过去十分强调实体公正的重要性,当事人对民事诉讼程序的认识尚需一定时期。因此,吸取一方辩论判决主义的合理因素,改善我国现行的缺席判决制度,为我国民事诉讼程序改革和进步所必需。《简易程序规定》第三十条在借鉴和吸收一方辩论判决主义合理成分的基础上,对简易程序中的缺席判决制度作出了新的规定。

5. 定期宣判与当庭送达

定期宣判是人民法院在庭审结束后另定日期宣告判决的制度,它是我国

《民事诉讼法》所规定的两种宣判方式之一。《民事诉讼法》第一百三十四条[①]第二款规定:"当庭宣判的,应当在十日内发送判决书;定期宣判的,宣判后立即发给判决书。"根据这一精神,《简易程序规定》第三十一条规定:"定期宣判之日即为送达之日,当事人的上诉期自定期宣判的次日起开始计算。"如何正确理解"定期宣判之日即为送达之日"是正确理解定期宣判制度的核心和关键。首先,定期宣判是开庭的一种方式,而当事人到庭参讼是其依法应当承担的义务。既然按时到庭是当事人的基本义务,当庭送达裁判文书就是人民法院按照法定程序所做的一种制度安排。其次,定期宣判前人民法院已经告知了当事人"定期宣判之日即为送达之日"的内容,当事人对定期宣判的后果已经有足够的心理准备。如果当事人在定期宣判的日期无正当理由未到庭的,不影响该裁判上诉期间的计算。再次,定期宣判之日即为送达之日,充分体现了定期宣判制度本身的严肃性和对拒不到庭行为的惩罚性。当事人在定期宣判之日未到庭的,其行为的性质与开庭时拒不到庭相同,其承担的法律后果也应与缺席判决制度相同。

为了充分保护当事人依法享有的诉讼权利,使确有正当理由不能到庭的当事人能够充分行使其上诉权,《简易程序规定》第三十一条第二款对此作出了例外规定,即:"当事人确有正当理由不能到庭,并在定期宣判前已经告知人民法院的,人民法院可以按照当事人自己提供的送达地址将裁判文书送达给未到庭的当事人。"

6. 裁判文书的简化

为了充分体现民事简易程序自身的特点,《简易程序规定》第三十二条对适用简易程序审理的民事案件中裁判文书的简化作了具体的规定。首先,民事裁判文书的简化不是要素的删除,而是要素内容是简写或浓缩。在适用简易程序审理的民事案件中,人民法院可以根据案件的具体情况对裁判文书中认定事实或者判决理由部分予以适当简化。其次,对当事人没有争议或争议不大的事实可以简化。裁判文书所担负的重要功能就是对当事人争议的事实作出具有法律效力的评判,如果当事人对案件事实没有争议或争议不大,人民法院就可以在认定事实和判决理由部分予以适当的简化。再次,对涉及个

[①] 现为《民事诉讼法》(2023年修正)第一百五十一条。

人隐私或者商业秘密的案件，如果当事人一方要求简化裁判文书，人民法院认为理由正当时，可以对认定事实和判决理由部分予以简化。根据《民事诉讼法》的规定，凡涉及国家秘密、个人隐私的案件可以不公开审理，但裁判文书必须一律公开。这就使涉及个人隐私、商业秘密的当事人会因裁判文书的公开而再度受到侵害，为了保护当事人依法享有的权利不被侵害，人民法院应当在不影响裁判文书论理的前提下，适当简化与当事人隐私和商业秘密相关的内容，以展现现代司法文明、民主和理性的价值取向。

（撰稿人：贺小荣）

六、2020年修正时，关于适应性修改条文的说明

1. 引言：本部分只作文字性调整，将引言中的"结合民事审判经验和实际情况，制定本规定"修改为"结合审判实践，制定本规定"。

2. 第一条：本条将《中华人民共和国民事诉讼法》这一法律名称修改为简称，并将所依据的法条予以更新。

3. 第四条第二款：本条只作文字性调整。

4. 第五条第一款：本条只作文字性调整。

5. 第七条：本条只作文字性调整。

6. 第九条第一款第一项、第二项：由于《民法典》第二十五条中使用"住所""经常居所"的表述，故相应名词予以更新；由于《民法典》总则编第四章明确了在自然人、法人之外的非法人组织的民事主体地位，故相应名词予以更新。

7. 第十一条：本条将《中华人民共和国民事诉讼法》这一法律名称修改为简称，并将所依据的法条予以更新；由于《民法典》总则编第四章明确了在自然人、法人之外的非法人组织的民事主体地位，故相应名词予以更新。

8. 第十二条：由于《民事诉讼法解释》第二百五十六条规定"简单民事案件中的事实清楚，是指当事人对争议的事实陈述基本一致，并能提供相应的证据，无须人民法院调查收集证据即可查明事实"，故本条的"申请人民法院调查收集证据"与"简单民事案件中的事实清楚"的要求不符，应当予以删除。相应的，原条文中引用的《民事诉讼证据规定》第十九条第一款"当

事人及其诉讼代理人申请人民法院调查收集证据，不得迟于举证期限届满前七日"虽然已经修改为《民事诉讼证据规定》第二十条第一款"当事人及其诉讼代理人申请人民法院调查收集证据，应当在举证期限届满前提交书面申请"，但因没有存在的依据，应当予以删除。

同时，原条文中引用的《民事诉讼证据规定》第五十四条第一款"当事人申请证人出庭作证，应当在举证期限届满十日前提出，并经人民法院许可"已修改为《民事诉讼证据规定》第六十九条第一款"当事人申请证人出庭作证的，应当在举证期限届满前向人民法院提交申请书"，故原条文中对举证期限的限制的适当放宽就没有了必要，应当予以删除。

9. 第十四条第一款第五项：本条只作文字性调整。

10. 第十五条：本条第一款只作文字性调整。考虑到《民事诉讼法》第九十八条规定了人民法院可以不制作调解书的情形，本条第二款相应进行修改。

11. 第三十二条第四项：考虑到《民法典》人格权编第六章隐私权和个人信息保护中特别强调，自然人的个人信息受法律保护，故将个人信息纳入可适当简化内容范围。

［载最高人民法院民法典贯彻实施工作领导小组办公室编著：《最高人民法院实施民法典清理司法解释修改条文（111件）理解与适用》，人民法院出版社2022年版］

十、审判监督程序

最高人民法院
关于适用《中华人民共和国民事诉讼法》
审判监督程序若干问题的解释

（2008年11月10日最高人民法院审判委员会第1453次会议通过 根据2020年12月23日最高人民法院审判委员会第1823次会议通过的《最高人民法院关于修改〈最高人民法院关于人民法院民事调解工作若干问题的规定〉等十九件民事诉讼类司法解释的决定》修正）

为了保障当事人申请再审权利，规范审判监督程序，维护各方当事人的合法权益，根据《中华人民共和国民事诉讼法》，结合审判实践，对审判监督程序中适用法律的若干问题作出如下解释：

第一条 当事人在民事诉讼法第二百零五条①规定的期限内，以民事诉讼法第二百条②所列明的再审事由，向原审人民法院的上一级人民法院申请再审的，上一级人民法院应当依法受理。

第二条 民事诉讼法第二百零五条规定的申请再审期间不适用中止、中断和延长的规定。

第三条 当事人申请再审，应当向人民法院提交再审申请书，并按照对方当事人人数提出副本。

人民法院应当审查再审申请书是否载明下列事项：

（一）申请再审人与对方当事人的姓名、住所及有效联系方式等基本情况；法人或其他组织的名称、住所和法定代表人或主要负责人的姓名、职务

---

① 现为《民事诉讼法》（2023年修正）第二百一十六条。
② 现为《民事诉讼法》（2023年修正）第二百一十一条。

及有效联系方式等基本情况；

（二）原审人民法院的名称，原判决、裁定、调解文书案号；

（三）申请再审的法定情形及具体事实、理由；

（四）具体的再审请求。

第四条 当事人申请再审，应当向人民法院提交已经发生法律效力的判决书、裁定书、调解书，身份证明及相关证据材料。

第五条 申请再审人提交的再审申请书或者其他材料不符合本解释第三条、第四条的规定，或者有人身攻击等内容，可能引起矛盾激化的，人民法院应当要求申请再审人补充或改正。

第六条 人民法院应当自收到符合条件的再审申请书等材料后五日内完成向申请再审人发送受理通知书等受理登记手续，并向对方当事人发送受理通知书及再审申请书副本。

第七条 人民法院受理再审申请后，应当组成合议庭予以审查。

第八条 人民法院对再审申请的审查，应当围绕再审事由是否成立进行。

第九条 民事诉讼法第二百条第（五）项规定的"对审理案件需要的主要证据"，是指人民法院认定案件基本事实所必需的证据。

第十条 原判决、裁定对基本事实和案件性质的认定系根据其他法律文书作出，而上述其他法律文书被撤销或变更的，人民法院可以认定为民事诉讼法第二百条第（十二）项规定的情形。

第十一条 人民法院经审查再审申请书等材料，认为申请再审事由成立的，应当径行裁定再审。

当事人申请再审超过民事诉讼法第二百零五条规定的期限，或者超出民事诉讼法第二百条所列明的再审事由范围的，人民法院应当裁定驳回再审申请。

第十二条 人民法院认为仅审查再审申请书等材料难以作出裁定的，应当调阅原审卷宗予以审查。

第十三条 人民法院可以根据案情需要决定是否询问当事人。

以有新的证据足以推翻原判决、裁定为由申请再审的，人民法院应当询问当事人。

第十四条 在审查再审申请过程中，对方当事人也申请再审的，人民法院应当将其列为申请再审人，对其提出的再审申请一并审查。

第十五条　申请再审人在案件审查期间申请撤回再审申请的，是否准许，由人民法院裁定。

申请再审人经传票传唤，无正当理由拒不接受询问，可以裁定按撤回再审申请处理。

第十六条　人民法院经审查认为申请再审事由不成立的，应当裁定驳回再审申请。

驳回再审申请的裁定一经送达，即发生法律效力。

第十七条　人民法院审查再审申请期间，人民检察院对该案提出抗诉的，人民法院应依照民事诉讼法第二百一十一条[①]的规定裁定再审。申请再审人提出的具体再审请求应纳入审理范围。

第十八条　上一级人民法院经审查认为申请再审事由成立的，一般由本院提审。最高人民法院、高级人民法院也可以指定与原审人民法院同级的其他人民法院再审，或者指令原审人民法院再审。

第十九条　上一级人民法院可以根据案件的影响程度以及案件参与人等情况，决定是否指定再审。需要指定再审的，应当考虑便利当事人行使诉讼权利以及便利人民法院审理等因素。

接受指定再审的人民法院，应当按照民事诉讼法第二百零七条[②]第一款规定的程序审理。

第二十条　有下列情形之一的，不得指令原审人民法院再审：

（一）原审人民法院对该案无管辖权的；

（二）审判人员在审理该案件时有贪污受贿，徇私舞弊，枉法裁判行为的；

（三）原判决、裁定系经原审人民法院审判委员会讨论作出的；

（四）其他不宜指令原审人民法院再审的。

第二十一条　当事人未申请再审、人民检察院未抗诉的案件，人民法院发现原判决、裁定、调解协议有损害国家利益、社会公共利益等确有错误情

[①] 现为《民事诉讼法》(2023年修正)第二百二十二条。
[②] 现为《民事诉讼法》(2023年修正)第二百一十八条。

形的，应当依照民事诉讼法第一百九十八条^①的规定提起再审。

第二十二条 人民法院应当依照民事诉讼法第二百零七条的规定，按照第一审程序或者第二审程序审理再审案件。

人民法院审理再审案件应当开庭审理。但按照第二审程序审理的，双方当事人已经其他方式充分表达意见，且书面同意不开庭审理的除外。

第二十三条 申请再审人在再审期间撤回再审申请的，是否准许由人民法院裁定。裁定准许的，应终结再审程序。申请再审人经传票传唤，无正当理由拒不到庭的，或者未经法庭许可中途退庭的，可以裁定按自动撤回再审申请处理。

人民检察院抗诉再审的案件，申请抗诉的当事人有前款规定的情形，且不损害国家利益、社会公共利益或第三人利益的，人民法院应当裁定终结再审程序；人民检察院撤回抗诉的，应当准予。

终结再审程序的，恢复原判决的执行。

第二十四条 按照第一审程序审理再审案件时，一审原告申请撤回起诉的，是否准许由人民法院裁定。裁定准许的，应当同时裁定撤销原判决、裁定、调解书。

第二十五条 当事人在再审审理中经调解达成协议的，人民法院应当制作调解书。调解书经各方当事人签收后，即具有法律效力，原判决、裁定视为被撤销。

第二十六条 人民法院经再审审理认为，原判决、裁定认定事实清楚、适用法律正确的，应予维持；原判决、裁定在认定事实、适用法律、阐述理由方面虽有瑕疵，但裁判结果正确的，人民法院应在再审判决、裁定中纠正上述瑕疵后予以维持。

第二十七条 人民法院按照第二审程序审理再审案件，发现原判决认定事实错误或者认定事实不清的，应当在查清事实后改判。但原审人民法院便于查清事实，化解纠纷的，可以裁定撤销原判决，发回重审；原审程序遗漏必须参加诉讼的当事人且无法达成调解协议，以及其他违反法定程序不宜在再审程序中直接作出实体处理的，应当裁定撤销原判决，发回重审。

---

① 现为《民事诉讼法》（2023年修正）第二百零九条。

第二十八条 人民法院以调解方式审结的案件裁定再审后，经审理发现申请再审人提出的调解违反自愿原则的事由不成立，且调解协议的内容不违反法律强制性规定的，应当裁定驳回再审申请，并恢复原调解书的执行。

第二十九条 民事再审案件的当事人应为原审案件的当事人。原审案件当事人死亡或者终止的，其权利义务承受人可以申请再审并参加再审诉讼。

第三十条 本院以前发布的司法解释与本解释不一致的，以本解释为准。本解释未作规定的，按照以前的规定执行。

【导读及适用要点】

一、2020年修正时，修改条文的说明

1. 引言。由于《民事诉讼法》在2007年修正之后，又于2012年、2017年进行了两次修正（编者注：2023年《民事诉讼法》进行了第四次修正），故在此删除了"2007年10月28日修正的"的表述。

2. 保留并予以相应修改的条文。根据2017年修正的并于2017年7月1日施行的《民事诉讼法》，原司法解释中的第一条、第二条、第十二条、第十六条、第十九条、第二十六条、第二十八条、第三十条、第三十一条中涉及2007年修正的《民事诉讼法》的具体条文序号，相应地被修改为2017年《民事诉讼法》中的具体条文序号。其他内容，因与当前《民事诉讼法》及其司法解释没有冲突，对司法实践仍然具有指导意义，故没有改动。

3. 删除的条文。删除了原司法解释中的第五条、第十条、第十一条、第十三至十五条、第十七条、第十八条、第二十五条、第三十二条、第三十三条、第三十九条、第四十二条。其中，删除第十七条是基于该条文原先解释的《民事诉讼法》条文已被立法删除，故已没有解释必要。其他条文均因《民事诉讼法解释》重新作了规定，根据该解释第五百五十二条[①]"最高人民法院以前发布的司法解释与本解释不一致的，不再适用"的规定，予以删除。

---

① 现为《民事诉讼法解释》（2022年修正）第五百五十条。

[载最高人民法院民法典贯彻实施工作领导小组办公室编著：《最高人民法院实施民法典清理司法解释修改条文（111件）理解与适用》，人民法院出版社2022年版]

十一、涉外民事诉讼程序的规定

最高人民法院
关于涉外民商事案件管辖若干问题的规定

法释〔2022〕18号

（2022年8月16日最高人民法院审判委员会第1872次会议通过 2022年11月14日最高人民法院公告公布 自2023年1月1日起施行）

为依法保护中外当事人合法权益，便利当事人诉讼，进一步提升涉外民商事审判质效，根据《中华人民共和国民事诉讼法》的规定，结合审判实践，制定本规定。

第一条 基层人民法院管辖第一审涉外民商事案件，法律、司法解释另有规定的除外。

第二条 中级人民法院管辖下列第一审涉外民商事案件：

（一）争议标的额大的涉外民商事案件。

北京、天津、上海、江苏、浙江、福建、山东、广东、重庆辖区中级人民法院，管辖诉讼标的额人民币4000万元以上（包含本数）的涉外民商事案件；

河北、山西、内蒙古、辽宁、吉林、黑龙江、安徽、江西、河南、湖北、湖南、广西、海南、四川、贵州、云南、西藏、陕西、甘肃、青海、宁夏、新疆辖区中级人民法院，解放军各战区、总直属军事法院，新疆维吾尔自治区高级人民法院生产建设兵团分院所辖各中级人民法院，管辖诉讼标的额人民币2000万元以上（包含本数）的涉外民商事案件。

（二）案情复杂或者一方当事人人数众多的涉外民商事案件。

（三）其他在本辖区有重大影响的涉外民商事案件。

法律、司法解释对中级人民法院管辖第一审涉外民商事案件另有规定的，依照相关规定办理。

第三条 高级人民法院管辖诉讼标的额人民币 50 亿元以上（包含本数）或者其他在本辖区有重大影响的第一审涉外民商事案件。

第四条 高级人民法院根据本辖区的实际情况，认为确有必要的，经报最高人民法院批准，可以指定一个或数个基层人民法院、中级人民法院分别对本规定第一条、第二条规定的第一审涉外民商事案件实行跨区域集中管辖。

依据前款规定实行跨区域集中管辖的，高级人民法院应及时向社会公布该基层人民法院、中级人民法院相应的管辖区域。

第五条 涉外民商事案件由专门的审判庭或合议庭审理。

第六条 涉外海事海商纠纷案件、涉外知识产权纠纷案件、涉外生态环境损害赔偿纠纷案件以及涉外环境民事公益诉讼案件，不适用本规定。

第七条 涉及香港、澳门特别行政区和台湾地区的民商事案件参照适用本规定。

第八条 本规定自 2023 年 1 月 1 日起施行。本规定施行后受理的案件适用本规定。

第九条 本院以前发布的司法解释与本规定不一致的，以本规定为准。

【导读及适用要点】

一、明确了基层人民法院管辖第一审涉外民商事案件的相关规则

关于基层人民法院管辖第一审涉外民商事案件的规则，主要体现在《最高人民法院关于涉外民商事案件管辖若干问题的规定》（以下简称《涉外民商事管辖解释》）第一条。《民事诉讼法》第十八条规定，基层人民法院管辖第一审民事案件。《民事诉讼法》第十九条第一项、第二项规定，中级人民法院管辖第一审重大涉外案件和在本辖区有重大影响的案件，因此，非重大的第

一审涉外民商事案件原则上均应由基层人民法院管辖。2002年《涉外民商事管辖解释》制定之初较好地解决了我国"入世"时涉外审判力量不足的掣肘，但存在和《民事诉讼法》规定相冲突的问题。因此，《涉外民商事管辖解释》第一条以《民事诉讼法》第十八条和第十九条为依据，明确第一审涉外民商事案件原则上由基层人民法院管辖。此规定符合《民事诉讼法》的原意，符合社会经济发展的实际，也顺应四级法院审级职能定位改革的要求。应注意的是，如果法律、司法解释对第一审涉外民商事案件管辖权另有规定的，则适用特别规定。例如，最高人民法院公布的《关于设立国际商事法庭若干问题的规定》对最高人民法院国际商事法庭受理第一审涉外商事案件有专门的规定，该类案件的管辖则应依据该规定。

二、明确了中级人民法院管辖第一审涉外民商事案件的相关规则

《涉外民商事管辖解释》第二条将第一审涉外民商事案件管辖权下放至所有中级人民法院，同时明确中级人民法院管辖第一审涉外民商事案件的级别管辖标准。《民事诉讼法》第十九条第一项规定重大涉外案件由中级人民法院管辖，最高人民法院公布的《民事诉讼法解释》第一条进一步明确，重大涉外案件是指争议标的额大、案情复杂，或者一方当事人人数众多等具有重大影响的案件。《涉外民商事管辖解释》第二条第一款第二项和第三项与《民事诉讼法解释》第一条的规定保持一致，第二条第一款第一项则从标的额角度界定了"争议标的额大"的标准。《涉外民商事管辖解释》第二条第二款是但书条款，即现行法律和司法解释规定其他相关案件应由中级人民法院管辖的，则依照规定由中级人民法院管辖，主要是指《民事诉讼法》、最高人民法院公布的《关于审理仲裁司法审查案件若干问题的规定》等规定的由中级人民法院管辖的申请承认和执行外国法院判决案件、仲裁司法审查案件以及其他依法应由中级人民法院管辖的案件等情形。

《涉外民商事管辖解释》根据不同区域确定不同标的额的管辖标准，主要考虑是各地外向型经济发展存在巨大差异，中级人民法院涉外民商事案件收案数量相应存在明显差异的实际情况。如果标的额采取"一刀切"模式，标的额过低可能会出现部分中级人民法院一审涉外民商事案件数量过多；过高则可能导致部分中级人民法院一审涉外民商事案件数量过少。基于均衡中级、

基层人民法院涉外案件工作量、保障涉外案件裁判尺度统一、提升中西部法官涉外审判水平等多方面考虑，我们经广泛调研，多方听取意见，采取了分区域梯度划分标的额管辖标准的模式，第一档为人民币4000万元以上（包含本数），第二档为人民币2000万元以上（包含本数），加大第一审涉外民商事案件下沉力度，构建统一、稳定、可预期的涉外民商事案件管辖规则。

三、明确了高级人民法院管辖第一审涉外民商事案件的相关规则

《涉外民商事管辖解释》第三条规定："高级人民法院管辖诉讼标的额人民币50亿元以上（包含本数）或者其他在本辖区有重大影响的第一审涉外民商事案件。"该规定的主要依据在于两个方面。

第一，关于"重大影响"管辖标准的把握。根据《民事诉讼法》第十九条第一项和第二十条的规定，中级人民法院管辖重大第一审涉外民事案件，高级人民法院管辖在本辖区有重大影响的第一审民事案件。因此，根据《民事诉讼法》的现行规定，在高级人民法院辖区有重大影响的第一审涉外民商事案件，应由高级人民法院管辖。实践中应注意的是，重大涉外案件应以中级人民法院管辖为原则，一般应由中级人民法院管辖，只有在高级人民法院辖区内乃至全国范围内影响极为重大的第一审涉外民商事案件，方应由高级人民法院管辖。

第二，关于诉讼标的额标准的把握。应注意到，2019年4月，最高人民法院发布《关于调整高级人民法院和中级人民法院管辖第一审民事案件标准的通知》（法发〔2019〕14号，以下简称《通知》），根据《通知》第二条、第三条的规定，高级人民法院管辖诉讼标的额50亿元（人民币）以上（包含本数）或者其他在本辖区有重大影响的第一审民事案件。海事海商案件、涉外民事案件的级别管辖标准按照《通知》执行。由于《通知》第二条已经对高级人民法院管辖第一审民事案件的标准予以确定，《通知》第三条明确该标准适用于涉外民事案件。为保证规则的稳定和涉外管辖规则体系的统一，《涉外民商事管辖解释》沿用了《通知》第二条和第三条的内容，作出了现行规定。

四、明确了必要情况下基层人民法院、中级人民法院对第一审涉外民商事案件实行跨区域集中管辖的相关规则

《涉外民商事管辖解释》第四条规定:"高级人民法院根据本辖区的实际情况,认为确有必要的,经报最高人民法院批准,可以指定一个或数个基层人民法院、中级人民法院分别对本规定第一条、第二条规定的第一审涉外民商事案件实行跨区域集中管辖。依据前款规定实行跨区域集中管辖的,高级人民法院应及时向社会公布该基层人民法院、中级人民法院相应的管辖区域。"理解这一规定,应把握如下要点。

首先,必须明确的是,《涉外民商事管辖解释》前三条与第四条是一般规定与特殊规定、原则规定与例外规定的关系。下沉第一审涉外民商事案件的管辖是《涉外民商事管辖解释》确立的一个基本原则,第四条的内容并不能动摇这一原则。

其次,因不同地区的实际情况不一,涉外案件数量分布、涉外审判力量配备不均衡,允许高级人民法院根据实际情况、因地制宜,其认为确有必要并层报最高人民法院批准,可以在部分基层人民法院、少数中级人民法院仍然实施第一审涉外民商事案件跨区域集中管辖机制。

再次,关于基层人民法院实行跨区域集中管辖的特别规定。第一审涉外民商事案件管辖下沉后,在便利中外当事人、优化涉外审判资源配置的同时,可能产生案件质量参差不齐影响涉外司法公信力、涉外审判人案配比矛盾突出等问题。从前期深圳、珠海等地将区域内第一审涉外民商事案件集中到涉外审判力量较强的一家基层人民法院审理的情况看,已经取得了较好效果。为此,《涉外民商事管辖解释》第四条第一款允许各高级人民法院报经最高人民法院批准,可以指定中级人民法院辖区内一个或数个基层人民法院管辖第一审涉外民商事案件。但需要强调的是,原则上每个中级人民法院辖区内应至少确定一个基层人民法院管辖涉外民商事案件,以免造成中外当事人诉讼不便。

最后,关于中级人民法院集中管辖第一审涉外民商事案件的规定。鉴于北京、天津、上海、重庆四个直辖市辖区内的各中级人民法院基本上集中在一个城市,故《涉外民商事管辖解释》第四条第一款允许直辖市的高级人民法院报经最高人民法院批准，可以指定辖区内特定的一个或数个中级人民法院集中管辖第一审涉外民商事案件。

五、与开放型经济关系密切的特定民商事案件归口办理的问题

实践中，对于最高人民法院印发的《关于明确第一审涉外民商事案件级别管辖标准以及归口办理有关问题的通知》（法〔2017〕359号）在《涉外民商事管辖解释》施行后是否予以废止存有疑问。《涉外民商事管辖解释》第九条规定："本院以前发布的司法解释与本规定不一致的，以本规定为准。"该条也适用于《涉外民商事管辖解释》出台前发布的规范性文件。由于《涉外民商事管辖解释》对四级法院第一审涉外民商事案件级别管辖标准作出了明确规定，取代了《关于明确第一审涉外民商事案件级别管辖标准以及归口办理有关问题的通知》第一条的规定，故该通知第一条的规定不再适用。但该通知第二条规定的与开放型经济关系密切的十类特定民商事案件由涉外审判庭或专门合议庭归口办理的内容，并未被《涉外民商事管辖解释》所涵盖，因而仍然是有效的。这十类案件包括："（一）当事人一方或者双方是外国人、无国籍人、外国企业或者组织，或者当事人一方或者双方的经常居所地在中华人民共和国领域外的民商事案件；（二）产生、变更或者消灭民事关系的法律事实发生在中华人民共和国领域外，或者标的物在中华人民共和国领域外的民商事案件；（三）外商投资企业设立、出资、确认股东资格、分配利润、合并、分立、解散等与该企业有关的民商事案件；（四）一方当事人为外商独资企业的民商事案件；（五）信用证、保函纠纷案件，包括申请止付保全案件；（六）对第一项至第五项案件的管辖权异议裁定提起上诉的案件；（七）对第一项至第五项案件的生效裁判申请再审的案件，但当事人依法向原审人民法院申请再审的除外；（八）跨境破产协助案件；（九）民商事司法协助案件；（十）最高人民法院《关于仲裁司法审查案件归口办理有关问题的通知》确定的仲裁司法审查案件。"

此外，实践中对于涉外民商事案件归口办理与管辖的关系问题，存在着一定的混淆认识。对此，应当注意两者是不同层面的问题。归口办理仅涉及同一法院内设审判部门之间对办理案件的分工，即法院受理案件后由哪个民事审判庭办理，其并不涉及管辖事宜。管辖是诉讼制度的组成部分，是不同层级、不同地域法院之间对受理第一审民商事案件的分工。归口办理所涉及的十类案件的管辖应当根据《民事诉讼法》《仲裁法》等法律以及《涉外民商事管辖解释》等司法解释予以确定。综上，由于《涉外民商事管辖解释》仅涉及第一审涉外民商事案件的管辖规则，并不涉及归口办理的问题，因此法《关于明确第一审涉外民商事案件级别管辖标准以及归口办理有关问题的通知》第二条仍然有效，该条规定范围内的案件仍应由涉外审判庭或专门合议庭归口办理。同时，根据该条第二款的规定，如该条规定范围内的案件属于涉外婚姻家庭纠纷、继承纠纷、劳动争议、人事争议、环境污染侵权纠纷及环境公益诉讼的，则不适用归口办理。

六、此前已经报批过的具有涉外管辖权的中级人民法院和基层人民法院，《涉外民商事管辖解释》生效后如何处理

《涉外民商事管辖解释》的出台完全改变了此前的涉外集中管辖制度，形成了中级、基层人民法院均有权依据《民事诉讼法》等法律及司法解释的规定审理第一审涉外民商事案件的常态化管辖机制，但根据《涉外民商事管辖解释》第四条的规定，高级人民法院认为确有必要并经最高人民法院批准，可以指定少数中级、基层人民法院实施涉外集中管辖机制，即以涉外管辖权下沉为原则、集中管辖为例外。这是理解如何处理前期报批问题和后续可能的报批问题的重要出发点。

其一，尚未取得涉外管辖权的中级人民法院和基层人民法院在《涉外民商事管辖解释》生效后，自动获得了对涉外民商事案件的管辖权。

其二，此前涉外集中管辖制度实施过程中，最高人民法院依据2002年《涉外民商事管辖解释》对高级人民法院要求授予中级、基层人民法院涉外民商事案件管辖权的请示作出的批复，因2002年《涉外民商事管辖解释》被废止而相应废止，不需再另行撤销。

其三，《涉外民商事管辖解释》第四条涉及的层报制度是在放开涉外管辖权背景下，将跨区域集中管辖作为例外情形，由高级人民法院根据实际情况、因地制宜决定是否呈报最高人民法院批准。因此，如果高级人民法院拟在部分基层人民法院和中级人民法院仍实行跨区域集中管辖，应当重新履行报批手续。

其四,最高人民法院前期已陆续批准在苏州、北京、成都、厦门、长春、泉州、无锡、南宁等地中级人民法院设立国际商事法庭,集中管辖第一审涉外民商事案件。鉴于国际商事法庭的特殊性,为维护管辖规则的稳定和统一,其可以继续实行集中管辖机制,无须再履行向最高人民法院报批的手续。

(撰稿人:沈红雨 郭载宇)

十二、仲 裁

最高人民法院关于适用《中华人民共和国仲裁法》若干问题的解释

法释〔2006〕7号

(2005年12月26日最高人民法院审判委员会第1375次会议通过 2006年8月23日最高人民法院公告公布 自2006年9月8日起施行)

根据《中华人民共和国仲裁法》和《中华人民共和国民事诉讼法》等法律规定,对人民法院审理涉及仲裁案件适用法律的若干问题作如下解释:

第一条 仲裁法第十六条规定的"其他书面形式"的仲裁协议,包括以合同书、信件和数据电文(包括电报、电传、传真、电子数据交换和电子邮件)等形式达成的请求仲裁的协议。

第二条 当事人概括约定仲裁事项为合同争议的,基于合同成立、效力、变更、转让、履行、违约责任、解释、解除等产生的纠纷都可以认定为仲裁事项。

第三条 仲裁协议约定的仲裁机构名称不准确,但能够确定具体的仲裁机构的,应当认定选定了仲裁机构。

第四条 仲裁协议仅约定纠纷适用的仲裁规则的,视为未约定仲裁机构,但当事人达成补充协议或者按照约定的仲裁规则能够确定仲裁机构的除外。

第五条 仲裁协议约定两个以上仲裁机构的，当事人可以协议选择其中的一个仲裁机构申请仲裁；当事人不能就仲裁机构选择达成一致的，仲裁协议无效。

第六条 仲裁协议约定由某地的仲裁机构仲裁且该地仅有一个仲裁机构的，该仲裁机构视为约定的仲裁机构。该地有两个以上仲裁机构的，当事人可以协议选择其中的一个仲裁机构申请仲裁；当事人不能就仲裁机构选择达成一致的，仲裁协议无效。

第七条 当事人约定争议可以向仲裁机构申请仲裁也可以向人民法院起诉的，仲裁协议无效。但一方向仲裁机构申请仲裁，另一方未在仲裁法第二十条第二款规定期间内提出异议的除外。

第八条 当事人订立仲裁协议后合并、分立的，仲裁协议对其权利义务的继受人有效。

当事人订立仲裁协议后死亡的，仲裁协议对承继其仲裁事项中的权利义务的继承人有效。

前两款规定情形，当事人订立仲裁协议时另有约定的除外。

第九条 债权债务全部或者部分转让的，仲裁协议对受让人有效，但当事人另有约定、在受让债权债务时受让人明确反对或者不知有单独仲裁协议的除外。

第十条 合同成立后未生效或者被撤销的，仲裁协议效力的认定适用仲裁法第十九条第一款的规定。

当事人在订立合同时就争议达成仲裁协议的，合同未成立不影响仲裁协议的效力。

第十一条 合同约定解决争议适用其他合同、文件中的有效仲裁条款的，发生合同争议时，当事人应当按照该仲裁条款提请仲裁。

涉外合同应当适用的有关国际条约中有仲裁规定的，发生合同争议时，当事人应当按照国际条约中的仲裁规定提请仲裁。

第十二条 当事人向人民法院申请确认仲裁协议效力的案件，由仲裁协议约定的仲裁机构所在地的中级人民法院管辖；仲裁协议约定的仲裁机构不明确的，由仲裁协议签订地或者被申请人住所地的中级人民法院管辖。

申请确认涉外仲裁协议效力的案件，由仲裁协议约定的仲裁机构所在地、仲裁协议签订地、申请人或者被申请人住所地的中级人民法院管辖。

涉及海事海商纠纷仲裁协议效力的案件，由仲裁协议约定的仲裁机构所在地、仲裁协议签订地、申请人或者被申请人住所地的海事法院管辖；上述地点没有海事法院的，由就近的海事法院管辖。

第十三条 依照仲裁法第二十条第二款的规定，当事人在仲裁庭首次开庭前没有对仲裁协议的效力提出异议，而后向人民法院申请确认仲裁协议无效的，人民法院不予受理。

仲裁机构对仲裁协议的效力作出决定后，当事人向人民法院申请确认仲裁协议效力或者申请撤销仲裁机构的决定的，人民法院不予受理。

第十四条 仲裁法第二十六条规定的"首次开庭"是指答辩期满后人民法院组织的第一次开庭审理，不包括审前程序中的各项活动。

第十五条 人民法院审理仲裁协议效力确认案件，应当组成合议庭进行审查，并询问当事人。

第十六条 对涉外仲裁协议的效力审查，适用当事人约定的法律；当事人没有约定适用的法律但约定了仲裁地的，适用仲裁地法律；没有约定适用的法律也没有约定仲裁地或者仲裁地约定不明的，适用法院地法律。

第十七条 当事人以不属于仲裁法第五十八条或者民事诉讼法第二百五十八条①规定的事由申请撤销仲裁裁决的，人民法院不予支持。

第十八条 仲裁法第五十八条第一款第一项规定的"没有仲裁协议"是指当事人没有达成仲裁协议。仲裁协议被认定无效或者被撤销的，视为没有仲裁协议。

第十九条 当事人以仲裁裁决事项超出仲裁协议范围为由申请撤销仲裁裁决，经审查属实的，人民法院应当撤销仲裁裁决中的超裁部分。但超裁部分与其他裁决事项不可分的，人民法院应当撤销仲裁裁决。

第二十条 仲裁法第五十八条规定的"违反法定程序"，是指违反仲裁法规定的仲裁程序和当事人选择的仲裁规则可能影响案件正确裁决的情形。

第二十一条 当事人申请撤销国内仲裁裁决的案件属于下列情形之一的，

---

① 现为《民事诉讼法》（2023年修正）第二百九十一条。

人民法院可以依照仲裁法第六十一条的规定通知仲裁庭在一定期限内重新仲裁：

（一）仲裁裁决所根据的证据是伪造的；

（二）对方当事人隐瞒了足以影响公正裁决的证据的。

人民法院应当在通知中说明要求重新仲裁的具体理由。

第二十二条 仲裁庭在人民法院指定的期限内开始重新仲裁的，人民法院应当裁定终结撤销程序；未开始重新仲裁的，人民法院应当裁定恢复撤销程序。

第二十三条 当事人对重新仲裁裁决不服的，可以在重新仲裁裁决书送达之日起六个月内依据仲裁法第五十八条规定向人民法院申请撤销。

第二十四条 当事人申请撤销仲裁裁决的案件，人民法院应当组成合议庭审理，并询问当事人。

第二十五条 人民法院受理当事人撤销仲裁裁决的申请后，另一方当事人申请执行同一仲裁裁决的，受理执行申请的人民法院应当在受理后裁定中止执行。

第二十六条 当事人向人民法院申请撤销仲裁裁决被驳回后，又在执行程序中以相同理由提出不予执行抗辩的，人民法院不予支持。

第二十七条 当事人在仲裁程序中未对仲裁协议的效力提出异议，在仲裁裁决作出后以仲裁协议无效为由主张撤销仲裁裁决或者提出不予执行抗辩的，人民法院不予支持。

当事人在仲裁程序中对仲裁协议的效力提出异议，在仲裁裁决作出后又以此为由主张撤销仲裁裁决或者提出不予执行抗辩，经审查符合仲裁法第五十八条或者民事诉讼法第二百一十三条、[①]第二百五十八条规定的，人民法院应予支持。

第二十八条 当事人请求不予执行仲裁调解书或者根据当事人之间的和解协议作出的仲裁裁决书的，人民法院不予支持。

第二十九条 当事人申请执行仲裁裁决案件，由被执行人住所地或者被执行的财产所在地的中级人民法院管辖。

---

① 现为《民事诉讼法》（2023年修正）第二百四十八条。

第三十条 根据审理撤销、执行仲裁裁决案件的实际需要，人民法院可以要求仲裁机构作出说明或者向相关仲裁机构调阅仲裁案卷。

人民法院在办理涉及仲裁的案件过程中作出的裁定，可以送相关的仲裁机构。

第三十一条 本解释自公布之日起实施。

本院以前发布的司法解释与本解释不一致的，以本解释为准。

【导读及适用要点】

一、关于仲裁协议的形式

《仲裁法》第十六条第一款规定："仲裁协议包括合同中订立的仲裁条款和以其他书面方式在纠纷发生前或者纠纷发生后达成的请求仲裁的协议。"因此，"书面方式"是法律对仲裁协议形式方面的明确要求。《仲裁法》关于仲裁协议"书面方式"的要求，与世界各国仲裁立法、国际公约的有关规定是一致的。一般而言，合同中的仲裁条款大都属于"书面方式"，以"其他书面方式"达成的请求仲裁的协议亦符合法律关于"书面方式"的要求。但对"书面方式"如何理解，在各国商务和司法实践中较易发生分歧。《最高人民法院关于适用〈中华人民共和国仲裁法〉若干问题的解释》(以下简称《仲裁法解释》)第一条参考了《中华人民共和国合同法》(以下简称《合同法》)第十一条有关"书面形式"的内容，对《仲裁法》第十六条规定的"其他书面方式"作出了明确规定，即以合同书、信件和数据电文（包括电报、电传、传真、电子数据交换和电子邮件）等形式达成的请求仲裁的协议，都是书面形式的仲裁协议。

二、关于仲裁事项

《仲裁法》第十六条第二款规定："仲裁协议应当具有下列内容：（一）请求仲裁的意思表示；（二）仲裁事项；（三）选定的仲裁委员会。"因此，有效的仲裁协议必须具有明确的交付仲裁的事项。仲裁事项首先受制于国家法律，即只有法律规定可以提交仲裁的纠纷，仲裁庭才有权作出裁定。这就是通常所称的"可仲裁性"问题。如果仲裁事项不具有可仲裁性，则仲裁协议无效，仲裁裁决因而也无效，依法应予撤销或者裁定不予执行。根据《仲裁法》第三条的规定，婚姻、收养、监护、扶养、继承纠纷以及依法应当由行政机关处理的行政争议不能仲裁。这是我国法律关于不可仲裁情形的规定。另一方面，仲裁事项亦受制于当事人的意思表示，即当事人有权决定将何种及哪些争议事项提请仲裁庭仲裁。因此，仲裁庭只能就法律规定具有可仲裁性且当事人明确提请仲裁的事项作出裁决。

当事人关于仲裁事项的约定可以是概括的，也可以是具体的。但在绝大多数情况下，仲裁协议并不具体列举应提交仲裁的事项，而是笼统地约定"因本合同发生或与本合同有关的一切争议"提请仲裁解决。在此情形下，当事人间实际发生的争议是否属于"因本合同发生的争议"或者"与本合同有关的争议"，往往因不同当事人的理解不同而得出截然相反的结论。为避免实践中产生争议，《仲裁法解释》第二条明确规定，当事人概括约定仲裁事项为合同争议的，基于合同成立、效力、变更、转让、履行、违约责任、解释、解除等产生的纠纷都可以认定为仲裁事项。

三、关于仲裁机构

仲裁机构作为仲裁协议的必备内容，同样是《仲裁法》第十六条第二款的明确要求，即仲裁协议应当具有"选定的仲裁委员会"。根据《仲裁法》第十八条的规定，仲裁协议未约定仲裁机构或者约定不明的，当事人可以就此达成补充协议；未达成补充协议的，仲裁协议无效。

商务实践中，仲裁协议对仲裁机构的约定五花八门。因当事人对上述仲裁协议的效力容易产生分歧，《仲裁法解释》第三条、第四条、第五条和第六条分别针对上述有关仲裁机构的约定作出了明确规定。

对于约定的仲裁机构不存在的情形，在起草《仲裁法解释》过程中并无分歧，大家一致的意见认为应认定当事人未约定仲裁机构，有关仲裁协议依法应认定无效。但对于仲裁协议援引的仲裁机构名称不准确时应如何认定仲裁协议的效力，则存在不同的观点。有观点认为：仲裁机构的名称不准确，其后果等同于约定的仲裁机构不存在，有关仲裁协议依法应认定无效。我们认为：由于当事人对仲裁机构的名称不尽熟悉，在起草合同文本时不能准确引用仲裁机构的名称是正常且合理的。只要有关当事人提请某仲裁机构仲裁的意思表示能够确定，不应仅因仲裁机构名称不准确而认定有关仲裁协议无效。这不仅符合当事人的真实意思表示，而且肯定了司法实践中的一贯做法。在适用该条时，有关人民法院应当特别留意商务实践中约定的仲裁机构名称不准确的情形包括：（1）使用仲裁机构的旧称。例如，中国国际经济贸易仲裁委员会曾多次更名，1956年成立时名称为"中国国际经济贸易促进委员会对外贸易仲裁委员会"，1980年改名为"中国国际经济贸易促进委员会对外经济贸易仲裁委员会"，1988年正式更名为"中国国际经济贸易仲裁委员会"，2000年同时启用"中国国际商会仲裁院"名称。由于名称多次更换，造成当事人对该机构的名称变化情况不够了解，在仲裁协议中仍使用旧称。（2）遗漏仲裁机构名称中的字词。如将"中国国际经济贸易仲裁委员会"写成"中国国际贸易仲裁委员会"或者"中国国际经济仲裁委员会"。（3）在仲裁机构名称中增加字词，如将"北京仲裁委员会"写成"北京市仲裁委员会"，将"深圳仲裁委员会"写成"深圳市经济仲裁委员会"等。（4）指定的机构无仲裁职能，但该机构下设有仲裁机构。例如，仲裁协议约定由"中国国际经济贸易促进委员会"或者"国际商会"进行仲裁。实际上，"中国国际经济贸易促进委员会"或者"国际商会"并不具体履行仲裁职能，但因其下辖有"中国国际经济贸易仲裁委员会""国际商会仲裁院"，因此，应认定当事人选择了中国国际经济贸易仲裁委员会或者国际商会仲裁院仲裁案件。

对于仅约定纠纷适用的仲裁规则但未同时约定仲裁机构的情形，《仲裁法解释》第四条原则上认定当事人"未约定仲裁机构"，除非当事人就仲裁机构达成补充协议或者约定的仲裁规则能够确定仲裁机构。长期以来，理论与实务界一致认为：仲裁协议指定了仲裁机构但未同时约定应适用的仲裁规则时，仲裁庭应当适用指定的仲裁机构的仲裁规则进行仲裁。但对于仅约定适用某仲裁机构的仲裁规则而未同时约定由该仲裁机构进行仲裁的仲裁协议，理论与实务界均有不同看法。一种意见认为，选择了某仲裁机构的仲裁规则，就意味着由该仲裁机构进行仲裁，除非有关当事人另有约定；另一种意见则认为，有些仲裁机构的仲裁规则明确允许当事人选择其他仲裁机构的仲裁规则进行仲裁。实践中，也有当事人选择由甲仲裁机构进行仲裁而适用乙仲裁机构的仲裁规则的情形。因此，选择了某仲裁机构的仲裁规则但未同时指定由该仲裁机构仲裁时，不能必然得出由该仲裁机构仲裁的结论。《仲裁法解释》第四条采用了折中的办法，结束了多年的争论。对此类仲裁协议，原则上认定当事人未选择仲裁机构，符合当事人的真实意思表示；允许当事人就仲裁机构达成补充协议，体现了对当事人意思自治的尊重；审查当事人选择的仲裁规则的规定，则不仅符合当事人的真实意思表示，而且体现了对仲裁机构仲裁规则的尊重。

对于直接或者间接约定两个或者两个以上仲裁机构的情形，《仲裁法解释》第五条、第六条作出了明确规定。直接约定的情形是指当事人在合同中明确约定争议由两个或者两个以上的仲裁机构进行仲裁；而间接约定的情形则是指当事人在合同中约定争议由某地的仲裁机构进行仲裁，而该地存在两个或者两个以上的仲裁机构。为避免实践中可能产生的仲裁机构管辖冲突问题，《仲裁法解释》对最高人民法院此前的批复作出了一定调整，即首先要求有关当事人协议选择；在当事人不能就仲裁机构达成协议时，认定该仲裁协议无效。这是对此前相关司法解释的一种必要修正和完善，并非人民法院支持仲裁的态度有任何改变。

四、关于"或裁或审"仲裁协议

仲裁与诉讼是当事人解决民商事纠纷经常采用的两种方法。一般而言，当事人有权在纠纷产生前后通过自愿、平等协商选择其争议解决办法。当事人所选择的争议解决办法可以是仲裁，也可以是诉讼，或者是其他方法。就特定争议而言，有关当事人究竟是选择仲裁还是选择诉讼，完全是当事人意思自治的结果。但当事人在具体选择争议解决办法时应当具有明确性、确定性。否则，容易造成在实体纠纷之外又产生以何种方式解决纠纷的争议。《仲裁法解释》第七条的目的就在于解决实践中经常发生的"或裁或审"问题。

"或裁或审"问题大都来源于当事人在有关合同或者单独仲裁协议中约定的争议解决条款。比较典型的是当事人在合同中约定："凡因履行本合同发生的或与本合同有关的一切争议，双方应通过友好协商解决。协商不成的，一方当事人可以申请××仲裁机关仲裁，也可以向××法院提起诉讼。"在格式合同的情形下，格式合同大都提供了仲裁、诉讼或者其他争议解决办法等多种方式供签约各方选择。如果当事人对仲裁或者诉讼的解决办法均作出了选择，则应视为当事人选择了"或裁或审"解决其争议。但如果当事人未作出任何选择，则尽管格式合同提供了多种争议解决办法，仍应视为当事人就争议解决办法未达成任何协议。在此情形下，不存在所谓的"或裁或审"问题。

在确定有关协议是否构成"或裁或审"问题方面，争议较大的是当事人明确约定有关争议"可申请仲裁"而未同时明确约定"也可提起诉讼"。典型的此类仲裁条款是当事人在合同中约定："凡因履行本合同发生的或与本合同有关的一切争议，双方应通过友好协商解决。协商不成的，任何一方当事人均可以申请××仲裁机关仲裁。"对此，有关当事人、法院的分歧较大。有观点认为：该类仲裁条款虽有明确的请求仲裁的意思表示、仲裁事项和仲裁机构，但由于当事人在合同中仅约定"可以申请仲裁"并未约定"应当申请仲裁"，因此，从当事人的真实意思看，"申请仲裁"不具有强制性，并非当事人的义务。既然是"可以申请仲裁"，也就可以理解为"也可以提起诉讼"。有关当事人并未明确排除诉讼作为其争议解决办法，故此类仲裁条款亦属"或裁或审"协议。根据多年的司法实践，我们认为：此类仲裁条款并不属于"或裁或审"协议。对于仲裁条款中的"可申请仲裁"，应当侧重于"任何一方都可以"申请仲裁，而不应理解为"既可以申请仲裁，也可以提起诉讼"。最高人民法院有关此类仲裁条款效力的复函均持这一观点。

对"或裁或审"协议的效力，在起草《仲裁法解释》时曾有过不同意见。一种意见认为：诉讼与仲裁是当事人经常选择的两种争议解决办法。当事人在合同中如果同时选择了诉讼与仲裁这两种争议解决办法，这是当事人的真实意思表示，人民法院应当予以尊重。在发生纠纷后，任何一方当事人均可选择其中之一予以解决。因此，应认定此类仲裁条款有效。另一种意见则认为：诉讼与仲裁虽均为当事人经常选择的争议解决办法，但两者彼此排斥，选择了仲裁就意味着排斥了诉讼，反之亦然。如果当事人在合同中同时选择了通过诉讼与仲裁解决其争议，应认定该仲裁条款无效。后经研究，《仲裁法解释》第七条原则上采纳了后一种意见，主要原因在于：（1）从仲裁与诉讼的发展历史及现实看，仲裁与诉讼虽作为解决民商事争议的主要方法并存，但该两种争议解决方法在性质上是彼此排斥的，即：选择了仲裁就意味着排斥了诉讼,选择了诉讼就意味着排斥了仲裁。因此,在具体选择争议解决办法时,诉讼与仲裁这两种方式不能并存。(2)从当事人的真实意思表示看,对仲裁与诉讼两种方法均作出了选择。如果说一方当事人在将有关争议提交约定的仲裁机构仲裁时不违反当事人各方最初的真实意思表示,同样,对方当事人拒绝仲裁,甚至提起诉讼也没有违反当事人各方最初的真实意思表示。[①]因此,应认定当事人的真实意思表示不确定。(3)从法律后果看,原则上认定此类协议无效比认定有效要好。如果认定此类协议有效,则极易在实践中造成混乱,浪费当事人的人力、物力和财力,浪费仲裁与司法资源。如果肯定此类协议的效力,则除非各方当事人予以配合,否则,其结果将导致:①一方当事人向仲裁机构申请仲裁,他方当事人在不知情的情况下向法院提起诉讼,或者正好相反;②一方当事人向仲裁机构申请仲裁后,由于彼此间矛盾的不可调和,他方当事人故意向法院提起诉讼,或者正好相反。这两种情形都将必然造成仲裁与诉讼的管辖冲突,而现有法律并无协调仲裁机构与法院之间管辖冲突的机制。如果当事人选择的仲裁机构为外国仲裁机构,则情形更加复杂。但如果原则上否定此类协议的效力,则完全避免了可能出现的上述棘手问题。

《仲裁法》第二十条第二款规定:"当事人对仲裁协议的效力有异议,应当在仲裁庭首次开庭前提出。"因此,在"或裁或审"协议下,如果一方当事人向仲裁机构申请仲裁,他方当事人没有在仲裁庭首次开庭前(包括首次开庭时)提出异议的,应当认定有关当事人就由仲裁机构解决其纠纷达成了一致。在此情形下,有关当事人不得再以"或裁或审"为由主张仲裁协议无效或者以此为由主张撤销或者不予执行有关仲裁裁决。

有关人民法院在适用本条时,应当注意:(1)准确认定有关仲裁协议是否是"或裁或审"协议。(2)在认定有关仲裁协议为"或裁或审"协议后,严格审查各方当事人是否就仲裁机构的管辖权达成了一致。当事人在订立"或裁或审"协议后重新达成补充协议由仲裁机构仲裁或者一方当事人向约定的仲裁机构申请仲裁,他方当事人未提出异议并提出实体答辩意见的,可

---

① 参见陆效龙:《涉外仲裁协议的司法审查》,载最高人民法院民事审判第四庭编:《中国涉外商事海事审判指导与研究》2001年第1卷,人民法院出版社2001年版,第232~253页。

以认定该协议有效。(3) 有下列情形之一的,应认定"或裁或审"协议无效:①发生纠纷后,一方当事人直接向法院提起诉讼;②一方当事人向仲裁机构申请仲裁,他方当事人在仲裁庭首次开庭前或者首次开庭时提出了管辖异议;③一方当事人请求法院就"或裁或审"协议的效力作出认定。

五、关于仲裁协议的独立性

《仲裁法》第十九条第一款规定:"仲裁协议独立存在,合同的变更、解除、终止或者无效,不影响仲裁协议的效力。"但该法未就合同成立后未生效、合同成立后被撤销以及合同不存在情况下仲裁条款的独立性问题作出规定。《仲裁法解释》第十条对《仲裁法》规定的仲裁协议的独立性问题作出了补充规定。

"合同成立后未生效"是指当事人就合同的全部条款已经达成一致,但法律规定有关合同应当经过批准才能生效而未经批准的,或者当事人约定附条件、附期限才能生效的合同而条件、期限未成就的情形。"合同成立后被撤销"是指当事人就合同的全部条款已经达成一致,但因存在《合同法》第五十四条规定的情况而请求人民法院或者仲裁机构撤销合同的情形。当事人有权申请撤销的理由包括:(1)合同因重大误解订立的;(2)在订立合同时显失公平的;(3)一方以欺诈、胁迫的手段或者乘人之危,使对方在违背真实意思的情况下订立的合同。由于合同成立后未生效或者被撤销均属于当事人已就合同条款(包括仲裁条款)达成了合意,因此,不能因合同未生效或者被撤销而否定合同中有效仲裁条款的效力。《合同法》第五十七条[1]规定:"合同无效、被撤销或者终止的,不影响合同中独立存在的有关解决争议方法的条款的效力。"《仲裁法解释》第十条之规定,与《合同法》第五十七条规定一致。

但是,如果有关当事人尚未就合同条款达成一致,则其争议应否通过仲裁解决,应根据案件的具体情况作出认定。如果有关当事人就仲裁解决争议达成了合意,则当事人达成的有效仲裁条款对解决合同争议具有法律约束力;如果当事人未达成合意,则应认定仲裁条款无效,不能以合同中存在仲裁条

---

[1] 对应《民法典》第五百零七条。

款为由主张对相关争议进行仲裁。

六、关于涉外仲裁协议的法律适用

《仲裁法解释》第十六条对具有重要影响的涉外仲裁协议效力的准据法作出了规定。首先，应按照当事人约定的仲裁协议效力准据法认定涉外仲裁协议的效力。这是当事人意思自治原则在法律适用方面的充分体现。除非有关约定违反了法院地国家的禁止性规定或者违反了社会公共利益，当事人选择的仲裁协议效力准据法应优先适用。这里需要注意的是：首先，不能适用当事人约定的主合同的准据法来认定涉外仲裁协议的效力。其次，当事人没有选择仲裁协议效力准据法但约定了仲裁地的，则按照仲裁地的法律认定有关涉外仲裁协议的效力。仲裁地法在国际商事仲裁立法及实践中得到了普遍的适用。按照我国参加的1958年《承认及执行外国仲裁裁决公约》第五条第一款第一项的规定，在当事人未选择仲裁协议所适用的法律时，应根据仲裁地国的法律来认定仲裁协议是否有效。此外，一些地区性公约如《关于国际商事仲裁的欧洲公约》《美洲国家间关于国际商事仲裁的公约》均规定，当事人未指定适用于仲裁协议的法律时，依仲裁地国家的法律。《仲裁法解释》的上述规定符合国际公约的相应规定。再次，如果当事人既没有约定适用的法律也没有约定仲裁地或者仲裁地约定不明，应以法院地法作为确认仲裁协议效力的准据法。涉外仲裁协议是一种程序性契约，在当事人既未对仲裁协议准据法作出约定，又未明确约定仲裁地的情况下，以法院地法作为确认仲裁协议效力的准据法，是合理的。

七、关于撤销仲裁裁决

《仲裁法解释》从四个方面对撤销仲裁裁决案件的有关突出问题作出了规定。第一是严格依法定事由进行审查。根据《仲裁法解释》第十七条的规定，当事人申请人民法院撤销仲裁裁决的事由必须符合《仲裁法》第五十八条和《民事诉讼法》第二百六十条[①]的规定。如果当事人以上述法律规定以外的其他事由向人民法院申请撤销仲裁裁决，人民法院均不支持。第二是根据超裁

---

① 现为《民事诉讼法》（2023年修正）第二百九十一条。

的实际情况决定撤销超裁部分或者撤销仲裁裁决。超裁是仲裁庭超出当事人仲裁协议约定的范围作出裁决的情形，仲裁实践中时有发生。根据《仲裁法解释》第十九条的规定，如果超裁部分与其他裁项是可分的，则仅撤销超裁部分的裁决；而如果超裁部分与其他裁决事项不可分，则应撤销仲裁裁决；第三是规定了"违反法定程序"的范围。《仲裁法解释》第二十条对"违反法定程序"作出了扩大解释，又作出了适当限定。根据该条规定，《仲裁法》第五十八条所称"违反法定程序"，是指违反《仲裁法》规定的仲裁程序和当事人选择的仲裁规则且可能影响案件正确裁决的情形。第四是就重新仲裁的相关问题作出了规定。如前所述，《仲裁法》第六十一条虽规定了人民法院可以通知仲裁庭重新仲裁，但对于何种情况下应通知重新仲裁则未作出规定。《仲裁法解释》第二十一条规定了重新仲裁的适用范围，即仅限于违反《仲裁法》第五十八条规定的两种情形：仲裁裁决所根据的证据是伪造的或者对方当事人隐瞒了足以影响公正裁决的证据。该条第二款还要求人民法院通知仲裁庭重新仲裁时必须说明具体理由。这不仅有利于避免和减少人民法院通知重新仲裁的随意性，而且有利于仲裁庭进一步了解和查清问题，从而确保重新仲裁的案件质量，更好地维护当事人的合法权益。《仲裁法解释》第二十二条规定仲裁庭在指定的期限内开始重新仲裁的，人民法院应当裁定终结撤销程序。《仲裁法解释》第二十三条规定对重新仲裁裁决不服的，当事人可以在重新仲裁裁决书送达之日起六个月内向人民法院申请撤销。《仲裁法解释》有关重新仲裁的规定解决了许多司法实践中亟待解决的问题。

八、关于执行仲裁裁决

在执行仲裁裁决方面，《仲裁法解释》主要解决了司法实践中的两个主要问题：一是执行法院级别过低，在确定执行或者不予执行仲裁裁决时随意性较大的问题。《仲裁法解释》第二十九条规定，当事人申请执行仲裁裁决案件，由被执行人住所地或者被执行的财产所在地的中级人民法院管辖。这就把执行法院由原先的基层法院提高到中级法院，使审查撤销仲裁裁决和不予执行仲裁裁决的法院级别得到了统一，解决了不予执行仲裁裁决案件法院审查级别过低的问题，能够确保案件质量。二是限制当事人滥用不予执行抗辩权，故意拖延正确裁决执行的问题。《仲裁法解释》第二十六条规定，当事人向人民法院申请撤销仲裁裁决被驳回后，又在执行程序中以相同理由提出不予执行抗辩的，人民法院不予支持。这一规定解决了当事人以相同事由先申请撤销后申请不予执行以拖延执行的问题，也可以避免法院之间或者同一法院裁定维持仲裁裁决效力后又作出不予执行仲裁裁决的裁定，导致裁定之间相互冲突的问题。《仲裁法解释》第二十七条第一款还规定，当事人在仲裁程序中未对仲裁协议的效力提出异议，在仲裁裁决作出后以仲裁协议无效为由主张撤销仲裁裁决或者提出不予执行抗辩的，人民法院不予支持。这一规定有利于督促当事人积极行使异议权，提高仲裁效率，切实维护仲裁裁决的终局性。

九、关于案件管辖与审查

《仲裁法解释》还对仲裁协议效力审查、撤销仲裁裁决案件及不予执行仲裁裁决案件的法院管辖、审查组织及程序等问题作出了明确规定，弥补了法律规定的不足。

在仲裁协议效力审查方面，首先，确定了法院管辖原则。《仲裁法解释》第十二条规定，当事人向人民法院申请确认仲裁协议效力的案件，由仲裁协议约定的仲裁机构所在地的中级人民法院管辖；仲裁协议约定的仲裁机构不明确的，由仲裁协议签订地或者被申请人住所地的中级人民法院管辖。申请确认涉外仲裁协议效力的案件，由仲裁协议约定的仲裁机构所在地、仲裁协议签订地、申请人或者被申请人住所地的中级人民法院管辖。涉及海事海商纠纷仲裁协议效力的案件，由仲裁协议约定的仲裁机构所在地、仲裁协议签订地、申请人或者被申请人住所地的海事法院管辖；上述地点没有海事法院的，由就近的海事法院管辖。其次，明确了不予受理的条件。《仲裁法解释》第十三条规定，依照《仲裁法》第二十条第二款的规定，当事人在仲裁庭首次开庭前没有对仲裁协议的效力提出异议，而后向人民法院申请确认仲裁协议无效的，人民法院不予受理。仲裁机构对仲裁协议的效力作出决定后，当事人向人民法院申请确认仲裁协议效力或者申请撤销仲裁机构的决定的，人民法院不予受理。再次，明确了审理组织与程序。《仲裁法解释》第十五条规定，人民法院审理仲裁协议效力确认案件，应当组成合议庭进行审查，并询问当事人。

在撤销和执行仲裁裁决审查方面,《仲裁法解释》不仅统一了审查案件的法院级别,而且明确要求组成合议庭进行审查并询问当事人。

(撰稿人:陆效龙 吴兆祥)

第二部分　司法观点

一、管　辖

1.夫妻一方或者双方离开住所地的离婚案件的管辖

《民事诉讼法》第二十二条第一款规定："对公民提起的民事诉讼，由被告住所地人民法院管辖；被告住所地与经常居住地不一致的，由经常居住地人民法院管辖。"因此，对于夫妻双方均在住所地生活的，一方提起离婚诉讼，应该适用"原告就被告"的一般地域管辖原则，由被告住所地人民法院管辖。但是，具体到夫妻一方或者双方离开住所地的离婚诉讼，如何确定一般地域管辖，《民事诉讼法》没有作出明确的规定，《最高人民法院关于适用〈中华人民共和国民事诉讼法〉若干问题的意见》（法发〔1992〕22号）（以下简称《1992年意见》）第12条进行了回应，解决了法律适用过程中存在的问题。2015年《民事诉讼法解释》对《1992年意见》第12条进行了以下修改：

一是增加了"可以"的表述，即"夫妻一方离开住所地超过一年，另一方起诉离婚的案件"，原告可以选择向自己住所地的法院起诉。当然，原告能够提供证据证明被告离开住所地后，在暂住地连续居住超过一年的，也可以向该经常居住地人民法院提起诉讼。

二是突破了"居住地"的一般理解。《民事诉讼法解释》第十二条第二款规定，夫妻双方离开住所地超过一年，一方起诉离婚的案件，由被告经常居住地人民法院管辖；没有经常居住地的，由原告起诉时被告居住地人民法院管辖。这也就意味着，如果在双方都离开住所地的情形下，原告能证明被告在暂住地连续居住超过一年的，可以向被告经常居住地法院起诉。原告不能证明被告在暂住地居住超过一年，但是，能够证明被告在暂住地固定居住的，仍然可以向被告暂住地法院起诉。

审判实践中应当注意：

关于流动人口经常居住地的认定，根据《民事诉讼法解释》第四条的规定，是指公民离开住所地至起诉时已连续居住一年以上的地方。但是，具体到夫妻双方离开住所地超过一年，一方起诉离婚的案件，被告没有经常居住地这一特定情形，为减少原告方诉累，《民事诉讼法解释》规定只要原告证明被告有固定住所，即可向被告暂住地法院起诉。同时，这也为人民法院下一步的审理、执行提供了便利。

——最高人民法院民法典贯彻实施工作领导小组办公室编著：《最高人民法院新民事诉讼法司法解释理解与适用》，人民法院出版社2022年版，第102~103页。

2.对合同履行地的理解

对合同履行地的理解要把握以下问题。

1.民事实体法与民事诉讼法中履行地的含义

合同在一般情况下都是双务合同，即当事人的义务是对应的，而履行地主要是指义务履行地点。在合同有两个义务履行地点的情况下，必须选择其一为确定管辖的履行地点。司法实践中，当事人在不同的履行地点任意起诉或以不同的履行地任意抗辩，以及法律和司法解释对合同履行地认定的缺陷，导致诉权的行使和管辖权的确定出现一定程度的混乱。

（1）民事实体法中的合同履行地。按照通说理解，合同的履行是指合同的双方当事人正确、适当地完成合同中规定的双方应当承担的义务行为，合同的履行地点即为债务人履行债务和债权人接受履行的地方。合同的实质内容，即是双方当事人就彼此的权利义务作出约定。一般而言，合同义务是双务的，一方负有给付义务时，另一方则会负有相应的对待给付义务作为对价。双方约定的义务内容不同，履行的方式也不同，履行地也可能相应地发生变化。当事人为多数时，可以各自约定不同的履行地点。同一个合同的数个给付不必约定相同的履行地点，尤其是双务合同中的两个债务，可以有两个履行地点。换句话说，民法中的合同履行地是与义务或债务的履行相联系的，一个合同关系中各项义务的履行地是相互独立的。

（2）民事诉讼法中的合同履行地。我国《民事诉讼法》以及相关的司法解释并没有像《民法典》那样，对合同履行地的确定规定一般原则。司法解释中多只是对具体合同的履行地作出大量细节的规定，显得没有简单的规律可循。一般而言，审判实践中，履行地的确定一般遵循"特征履行地"为主、结合"实际履行地"的判断原则。

第一，特征履行地规则。主流观点认为，在合同约定的众多义务中，尤其是互负债务的双务合同中，必有一个能反映合同本质特征的义务。不同合同的类型彼此相异，主要原因就在于这个本质特征义务的区别。而一般认为，在双务合同中非金钱给付义务是该类合同的区分标志，只有这个特征义务的履行地才是确定管辖应依据的履行地。比如，买卖合同的目的是一方向另一方转移标的物所有权，交付标的物义务是买卖合同的特征义务，因此买卖合同履行地的判断一般应该依据交付标的物义务的履行地确定。同理，加工承揽合同、财产租赁合同、融资租赁合同的履行地为加工行为地、租赁物使用地等，因为这些合同的特征义务就是货物加工、租赁物交付使用等。

第二，实际履行地规则。选取特征义务之后，合同是否实际履行也会影响履行地的确定，这依我国现行法又可分为多种情况。首先，合同没有实际履行的，依据《民事诉讼法解释》第十八条第三款的规定确定管辖，即"合同没有实际履行，当事人双方住所地都不在合同约定的履行地的，由被告住所地法院管辖"。此外，实际履行中发生履行地点变更的，也可能导致管辖地发生相应变化。但是在这种分类下，法律规定并未穷尽所有情形。比如，对于当事人没有约定履行地点或者有多个履行地的、合同没有实际履行的，立法就处于空白状态。

（3）民事实体法与民事诉讼法对合同履行地的不同认识。我国《民事诉讼法》中，合同履行地很大意义上是一个纯粹的程序法的裁判概念，只是为了方便法院的管辖确定。而实体法的履行地规则是为了指导合同当事人准确履行债务，促进合同的履行，防范履行风险，减少纠纷的发生。在民事实体法意义上，履行地是为合同项下义务履行服务的，与具体的义务紧密联系，同一合同中往往双方的履行地是多样的。而在民事诉讼法中履行地虽然和部分合同义务有关，但主要根据合同的实体性质判断，且每个合同的履行地一般是固定的。

2.《1992年意见》合同履行地规则的弊端

《民事诉讼法》未对合同履行地进行定义，而实体法和实体法理论则对合同履行地作了详细阐述。法院在审理合同履行地管辖争议案件时，能否当然援引实体法中的"合同履行地"解决程序法的管辖问题，在2015年《民事诉讼法解释》起草过程中存在争论。一种观点认为，从立法本意上看，两者是同一的。因为《民事诉讼法》没有对"合同履行地"一词另行作出特殊的规定，不适用《合同法》对合同履行地的规定无法理依据。大多数观点在阐述如何确定合同案件的管辖权时，明确指出"对履行地约定不明确的合同，应当根据《合同法》第六十二条的规定确定履行地"。根据实体法理论，可将程序法的合同履行地定义为当事人根据合同约定或者法律规定履行合同义务的地点。要确定合同履行地管辖，首先要确定是否有合同约定，若没有合同约定，可根据《合同法》第六十一条和第六十二条的规定进行确定。这样一来，不论是口头合同还是书面合同，也不论是否约定了合同履行地以及是否实际履行了合同，任何合同纠纷都有可能依据实体法的合同履行地确定管辖权。另一种观点认为，实体法上的合同履行地具有两个特点：一是不确定性。当事人是因合同的履行产生纠纷才起诉到法院，合同是否需要履行、怎样履行都存在争议，履行合同地点当然也是双方实体争议的一部分，在法院作出实体判决之前，合同履行地实际上无法确定。二是合同履行地具有多样性。根据实体法理论，当事人履行合同义务的地点包括主合同履行地、从合同履行地、随附义务履行地，还有书面约定的履行地、口头约定的履行地、实际履行地等。这两个特点也必然导致合同管辖的混乱及管辖争议的大量存在，进而导致法院先审实体后定管辖和"被告就原告"。因此，该观点认为实体法上的合同履行地存在大量争议是合同管辖混乱的最初根源。

最高人民法院为了减少管辖权争议，对几类常见且易产生纠纷的合同，如买卖、加工承揽、财产租赁、融资租赁、补偿贸易、借款、证券回购、企业联营等合同的合同履行地作了限制性规定，这就产生了一些有名合同（如买卖合同、借款合同等）的合同履行地在程序法中的含义与实体法中的含义不一致的情况。如买卖合同，根据程序法的司法解释，合同履行地仅为书面合同约定的合同履行地或货物交付地。而在实体法含义中,货物到达地、到站地、验收地、接收地、货币接收地当然都是合同履行地。由于司法解释对这些有名合同的合同履行地所作的规定与实体法中的规定不同,故此处合同履行地的含义与实体法中的含义并不同一。《民事诉讼法》的合同履行地规则与实体法含义的分离,在审判实践中造成合同纠纷的管辖权异议的泛滥,最高人民法院就具体个案的管辖权争议作的批复、通知、复函就多达上百件。因此,确立一个更为简便的规则,就是 2015 年《民事诉讼法解释》起草本条的出发点。

3. 以程序法的规定为原则结合实体法内容确定合同履行地认定规则

世界上多数国家的立法例,对合同争议都规定了由有争议的债务履行地法院管辖,该履行地一般是指法定的履行地,即实体法规定的履行地,当事人有约定时从约定;或者规定当事人可以在物之实际交付地和给付履行地中选择管辖法院,解决约定履行地与实际履行地不一致时当事人的选择权和处理方式问题。为使合同履行地的确定规则更加简单、明确,减少管辖权异议和争议,2015 年《民事诉讼法解释》关于合同履行地的规定对《1992 年意见》的多个条文进行整合。

在 2015 年《民事诉讼法解释》的起草过程中,也有意见认为,对合同履行地没有约定的,按法定处理,理由是:首先,本处的"法定",是指法律或司法解释对某类有名合同的履行地的具体规定,如《最高人民法院关于审理建设工程施工合同纠纷案件适用法律问题的解释》(现已失效)第二十四条规定:"建设施工合同纠纷以施工行为地为合同履行地。"这样规定明确了约定优先的原则,且基本统一了诉讼法和实体法上的认定标准。由于借款合同的履行地另行规定,本条不涉及。其次,即时清结的合同(如集市买卖)产生的纠纷在交易行为地处理符合"两便"原则,故规定即时清结合同以交易行为地为合同履行地。认为"有约定依约定,无约定依法定,既无约定又无法定则按照《合同法》第六十二条①第三项的规定"确定合同履行地原则更为简单明了,便于适用。但 2015 年《民事诉讼法解释》未采纳该种意见,理由是 2015 年《民事诉讼法解释》已经规定网络买卖合同等几种特殊合同的履行地,

---

① 对应《民法典》第五百一十一条。

为使合同履行地确定只设定一个规则,不再出现"依法定"这种表述为宜。

——最高人民法院民法典贯彻实施工作领导小组办公室编著:《最高人民法院新民事诉讼法司法解释理解与适用》,人民法院出版社2022年版,第110~114页。

3. 互联网信息网络买卖合同的履行地的确定

《民事诉讼法解释》对以信息网络方式订立的买卖合同的履行地作出了明确规定。关于《民事诉讼法解释》第二十条的理解要把握以下问题。

1. 准确界定通过互联网等信息网络订立的买卖合同范围

《最高人民法院关于审理侵害信息网络传播权民事纠纷案件适用法律若干问题的规定》第二条规定:"本规定所称信息网络,包括以计算机、电视机、固定电话机、移动电话机等电子设备为终端的计算机互联网、广播电视网、固定通信网、移动通信网等信息网络,以及向公众开放的局域网络。"因此,通过上述媒介订立的买卖合同,均可视为以互联网等信息网络方式订立的买卖合同。

2. 准确把握不同性质的互联网信息网络买卖合同的履行地

以信息网络方式订立的买卖合同的标的有无形的数字化产品(如通过信息网络提供权利人许可的可传播的作品、表演、录音录像制品;权利人或其他受托人通过上传到网络服务器、设置共享文件或者利用文件分享软件等方式,将作品、表演、录音录像制品置于信息网络中,使公众能够在个人选定的时间和地点以有偿下载、浏览或者其他方式获得无形的数字化产品),也有有形的商品(如通过邮寄等方式送达的有形商品等)。这两类不同形式买卖合同的履行地的确定以方便确定、便利诉讼为原则,因此规定:通过信息网络交付标的的,以买受人住所地为合同履行地;通过其他方式交付标的的,收货地为合同履行地。

3. 合同对履行地有约定的,从其约定

以互联网等信息网络方式订立的买卖合同,如果双方对合同履行地有明确约定的,从其约定。约定若为格式条款,应符合《民法典》第四百九十六条的规定。《民法典》第四百九十七条规定:"有下列情形之一的,该格式条款无效：（一）具有本法第一编第六章第三节和本法第五百零六条规定的无效情形；（二）提供格式条款一方不合理地免除或者减轻其责任、加重对方责任、限制对方主要权利；（三）提供格式条款一方排除对方主要权利。"

审判实践中还应当注意：

对以互联网等信息网络方式订立的买卖合同履行地的确定，要按照本条规定进行，但有约定的要按约定确定。《民法典》第四百六十九条规定："当事人订立合同，可以采用书面形式，口头形式或者其他形式。书面形式是合同书、信件、电报、电传、传真等可以有形地表现所载内容的形式。以电子数据交换、电子邮件等方式能够有形地表现所载内容，并且可以随时调取查用的数据电文，视为书面形式。"这表明了电子合同必然属于《民法典》合同编的调整范围。电子商务活动中，交易双方当事人进行的是无纸化贸易，通过电子商务系统进行网上谈判，将磋商结果做成文件，以电子文件形式签订贸易合同。明确标的商品的种类、数量、价格，交货地点、交货期、交易方式、结算方式、运输方式、违约责任、服务、索赔等合同条款后，双方用电子数据交换签约或用数字签字签约，形成电子合同，传递订单、提单、保险单等。这些电子单证被记录和保存在磁性介质中，储存于计算机的存储设备内，采用的是电子数据交换和电子邮件形式。此为国内外电子商务市场通行的做法。我国在编纂《民法典》之时已充分注意到这一点，因此特别规定了"书面合同"包括电子数据交换和电子邮件，以国家立法的形式赋予了电子合同合法的法律地位，传输中的电子数据信息、接受的电子数据信息是双方当事人的意思表示，是确定管辖的依据。

——最高人民法院民法典贯彻实施工作领导小组办公室编著：《最高人民法院新民事诉讼法司法解释理解与适用》，人民法院出版社2022年版，第116~117页。

4.已经离婚的中国公民且双方均定居国外的离婚诉讼，如果仅就国内财产分割发生纠纷，应当向主要财产所在地人民法院提起诉讼

对于已经离婚的中国公民且双方均定居国外的离婚诉讼，如果仅就国内财产分割发生纠纷，应当依据《民事诉讼法解释》关于特殊地域管辖的规定，

向主要财产所在地人民法院提起诉讼，而不能依据一般地域管辖的规定，向当事人在国内的原住所地法院提起诉讼。离婚后财产分割纠纷，不涉及离婚等身份事项，是纯粹的财产分割纠纷，《民事诉讼法解释》规定由主要财产所在地人民法院管辖，是一种特殊的地域管辖。

《民事诉讼法解释》中的主要财产所在地，是指当事人请求分割的财产中价值最大财产的所在地。如果有多项财产，分别处于不同法院的管辖区域，则应当按照各法院管辖区域内财产价值确定主要财产。

同时要注意，《民事诉讼法解释》所规定的主要财产所在地，包括不动产所在地，也包括其他财产所在地。在既有不动产，又有其他财产时，如何确定主要财产？例如，分割财产中有1000万元证券在北京，500万元存款在上海，价值50万元的房屋在海南，能否以价值最大的证券所在地北京的法院确定管辖？我们认为，《民事诉讼法解释》有关规定是为便利当事人诉讼、便于法院审理而设计的一种特殊管辖规则，如果主要财产不是不动产且与不动产财产不在同一地点的，可以由该主要财产所在地的法院管辖该案件。

——最高人民法院民法典贯彻实施工作领导小组办公室编著：《最高人民法院新民事诉讼法司法解释理解与适用》，人民法院出版社2022年版，第105~106页。

5.不动产纠纷的专属管辖

1.不动产纠纷仅限于部分物权纠纷

物权是指人们对物的占有、使用、收益、处分的权利，是财产权的一种。我国《民法典》将物权分为所有权、用益物权和担保物权。所有权是物权的完整形态，包含了物权占有、使用、收益和处分的全部功能。用益物权是以对物的使用收益为目的的他物权，如土地承包经营权、建设用地使用权、宅基地使用权、地役权等。担保物权是以物的价值担保债权到期能够得到清偿的他物权，如抵押权、质权、留置权等。物权纠纷是基于物权关系而产生的纠纷，它与债权纠纷构成了民事纠纷的常见种类。

物通常分为动产和不动产两类。因不动产物权确认、使用、收益、处分和保护等发生的纠纷统称为不动产物权纠纷。实践中，区分不动产物权纠纷与不动产债权纠纷会产生一些争议,如确认房屋抵押合同无效纠纷究竟属于哪一类纠纷。最高人民法院《民事案件案由规定》明确,按照物权变动原因与结果相区分的原则,确定纠纷的性质和案由。对于因物权变动的原因关系,即债权性质的合同关系产生的纠纷,如物权设立原因关系方面的担保合同纠纷,物权转让原因关系方面的买卖合同纠纷,均是债权纠纷;对于因物权设立、权属、效力、使用、收益等物权关系产生的纠纷,则是物权纠纷。《民事案件案由规定》列举了不动产物权纠纷六类二级案由和三十四类三级案由(不包括质权纠纷),可见在实践中物权纠纷的种类是很多的。

基于专属管辖属于强行性规定,不允许当事人通过合意进行变通,其适用应当尽可能限定在确有必要的范围内。因此,《民事诉讼法解释》第二十八条第一款将适用专属管辖的不动产纠纷限定在"因不动产的权利确认、分割、相邻关系等引起的物权纠纷"。除此以外的其他不动产物权纠纷,不适用专属管辖。

2. 几类特殊合同纠纷适用专属管辖

在实践中,有些涉及不动产的合同纠纷具有一定特殊性。例如,农村土地承包经营合同纠纷、房屋租赁合同纠纷、政策性房屋买卖合同纠纷,双方的争议除涉及合同的订立、履行等,还涉及当地的土地承包经营政策和房地产宏观调控政策,由不动产所在地法院专属管辖,有利于统一裁判尺度以及配合当地政府处理该类案件引起的群体性纠纷。又如,建设工程施工合同纠纷往往涉及建筑物工程造价评估、质量鉴定、留置权优先受偿、执行拍卖等,由建筑物所在地法院管辖有利于案件的审理与执行。因此,《民事诉讼法解释》第二十八条第二款规定:"农村土地承包经营合同纠纷、房屋租赁合同纠纷、建设工程施工合同纠纷、政策性房屋买卖合同纠纷,按照不动产纠纷确定管辖。"

3. 不动产所在地如何确定

不动产实际所在地就是不动产所在地。我国对土地与房屋等实行登记制,凡经有关政府部门登记的,不动产登记簿记载的所在地为不动产所在地。在实践中,不动产实际所在地与登记簿记载的所在地是重合的。

审判实践中应当注意:

继承纠纷中涉及不动产的,是不动产纠纷专属管辖优先抑或继承遗产纠纷专属管辖优先？由于《民事诉讼法》没有明确规定，其第三十四条第一项与第三项之间有可能发生冲突。现将不动产纠纷限于《民事诉讼法解释》界定的不动产物权纠纷，该问题不解自破。

——最高人民法院民法典贯彻实施工作领导小组办公室编著：《最高人民法院新民事诉讼法司法解释理解与适用》，人民法院出版社2022年版，第132~135页。

二、诉讼参加人

6.有独立财产的村民小组能够成为民事诉讼主体，可以作为原告或者被告

有独立财产的村民小组能够成为民事诉讼主体，在诉讼中既可以作为原告，也可以作为被告。《最高人民法院关于村民小组诉讼权利如何行使的复函》(〔2006〕民立他字第23号）规定，村民小组可以作为民事诉讼当事人。村民小组为当事人的诉讼应以小组长作为主要负责人提起。小组长以村民小组的名义起诉和行使诉讼权利应当参照1998年《村民委员会组织法》第十七条①履行民主议定程序。所谓民主议定程序就是村民小组在决定村小组重大事项时，必须要召开村民大会形成会议决定，并经村民大会通过。2018年修正的《村民委员会组织法》第二十六条规定："村民代表会议由村民委员会召集。村民代表会议每季度召开一次。有五分之一以上的村民代表提议，应当召集村民代表会议。村民代表会议有三分之二以上的组成人员参加方可召开，所作决定应当经到会人员的过半数同意。"

——最高人民法院民法典贯彻实施工作领导小组办公室编著：《最高人民法院新民事诉讼法司法解释理解与适用》，人民法院出版社2022年版，第209~210页。

---

① 现为《村民委员会组织法》（2018年修正）第二十六条。

7.劳务派遣侵权案件中，受害人可单独起诉用工单位

《民事诉讼法解释》第五十八条"当事人主张劳务派遣单位承担责任的"中的"当事人"范围，包括劳务派遣侵权案件中的受害人，也包括用工单位。也就是说，如果用工单位认为劳务派遣单位在选任工作人员方面存在过错，也可以要求其承担赔偿责任。审判实践中应当注意，在劳务派遣侵权案件中，受害人可以单独起诉用工单位，如果受害人和用工单位都没有主张劳务派遣单位承担侵权责任，人民法院在审理过程中认为有必要的，可以进行释明，由当事人决定是否追加被告。

——最高人民法院民法典贯彻实施工作领导小组办公室编著：《最高人民法院新民事诉讼法司法解释理解与适用》，人民法院出版社2022年版，第185页。

8.当事人如果只主张挂靠人或被挂靠人独立承担责任的，法院应当只列挂靠人或被挂靠人为当事人

《民事诉讼法解释》第五十四条主要是解决挂靠主体的诉讼地位问题。审判实践中要注意，应当根据一方当事人的请求来确定另一方当事人。当事人如果只主张挂靠人或者只主张被挂靠人独立承担责任的，人民法院应当只列挂靠人或被挂靠人一方为当事人。当事人主张挂靠人和被挂靠人共同承担民事责任的，人民法院应当将其列为共同诉讼人。人民法院在审查时可以向只列一方为被告的原告给予适当释明。如果原告在起诉时只列挂靠人或被挂靠人一方的，人民法院经审理依法判决后，当事人不能以遗漏诉讼当事人为由要求发回重审或者申请再审。在二审程序中，可以申请追加当事人或者另行起诉。

——最高人民法院民法典贯彻实施工作领导小组办公室编著：《最高人民法院新民事诉讼法司法解释理解与适用》，人民法院出版社2022年版，第179页。

9.当事人在追加必须进行共同诉讼的当事人的申请被人民法院裁定驳回后,如何行使其救济权

关于当事人的追加必须进行共同诉讼的当事人的申请被人民法院裁定驳回后,当事人的救济权的问题。少数意见认为,既然是裁定驳回,当事人应当有权上诉,以赋予其救济权利;多数意见认为,根据民事诉讼法规定,当事人可以上诉的裁定限于不予受理裁定、管辖权异议裁定以及驳回起诉裁定,此处的驳回当事人追加申请的裁定,显然不在此列。再者,拟被追加的主体是否属于必须共同进行诉讼的当事人,属于人民法院审查判断的范畴,假若人民法院审查处理后驳回当事人追加申请有误,由此导致本应参加诉讼的主体(必须共同进行诉讼的当事人)未能参加诉讼的,该主体还可以根据民事诉讼法及《民事诉讼法解释》的规定,对生效裁判申请再审,其救济途径是畅通的。

——最高人民法院民法典贯彻实施工作领导小组办公室编著:《最高人民法院新民事诉讼法司法解释理解与适用》,人民法院出版社2022年版,第217~218页。

10.如何处理监护人既作为法定代理人又作为被告的双重身份问题

无民事行为能力人或限制民事行为能力人的监护人以法定诉讼代理人身份参加诉讼,同时,其也是承担民事责任的主体。如何处理监护人既作为法定代理人又作为被告的双重身份问题,是审判实践中需要注意的问题。在是否承担责任问题上,监护人和被监护人同为共同被告,利益方向应当一致。但在内部赔偿费用支付问题上,特别是对有独立财产的无民事行为能力人、限制民事行为能力人来说,监护人和被监护人的利益方向可能存在不一致,要防止监护人作为法定代理人侵害被监护人权益的行为。一般来说,在无民事行为能力人、限制民事行为能力人有多个监护人为共同被告的情形下,其参加诉讼的法定代理人只能为其中一人,作为无民事行为能力人、限制民事行为能力人的法定代理人,由于有其他监护人的监督,很难侵害被监护人的利益。但在监护人和法定代理人均仅为一人的情况下，就需要防止无民事行为能力人、限制民事行为能力人的法定代理人在诉讼中侵害被监护人的合法权益。

——最高人民法院民法典贯彻实施工作领导小组办公室编著：《最高人民法院新民事诉讼法司法解释理解与适用》，人民法院出版社2022年版，第203页。

11.审判实践中，注意把握民事诉讼主体与民事责任主体的冲突情形

其他组织可以作为民事主体进行必要的民事活动，也可以作为民事诉讼主体以自己的名义参加民事诉讼，但其他组织毕竟不是独立的民事责任主体，在其财产不足以单独承担民事责任时，对其他组织负责的法人就要代其承担民事责任或者由行为人承担民事责任。

民事诉讼主体与民事责任主体的冲突情形经常发生，审判实践中，要特别注意把握。例如，《公司法》第十四条[①]规定，分公司不具有法人资格，其民事责任由公司承担。对分公司能否作为被告参加诉讼，实践中一直存在争议。一种观点认为，因为分公司不能独立承担民事责任，涉及分公司的民事责任时，一律以总公司作为被告，即否认分公司的被告资格；另一种观点认为，分公司可以作为被告参加诉讼，但是民事责任依然由总公司承担；还有一种观点认为，将分公司和总公司列为共同被告，总公司承担连带责任或补充责任。虽然《民事诉讼法解释》第五十二条第五项规定，依法设立并领取营业执照的法人的分支机构作为其他组织可以成为民事诉讼主体。对于其他组织作为原告提起诉讼，争议不大。但是其他组织能否作为独立的被告存在争议，司法实践中的做法也不统一。

我们认为，《民事诉讼法》的制定是建立在尊重客观现实与市场规律的基础上的，充分保障当事人的诉讼主体资格。《民事诉讼法》对法人的分支机构的诉讼主体地位的规定，是对其在作为被告情况下的程序处理，这一规定与实体法中规定的民事责任主体的规定并不冲突。再以总公司和分公司为例，《公司法》中关于分公司与总公司之间关系的规定是公司内部管理、责任承担

---

① 现为《公司法》(2023年修订)第十三条。

的分配。以《民事诉讼法》为基础，分公司作为被告参加诉讼，在法院判决分公司承担民事责任后，并不免除总公司的责任，总公司仍要对不足部分负有清偿义务。

审判实践中，在当事人只选择法人的分支机构作为被告的情况下，法院可以直接判决法人的分支机构承担法律责任。在原告选择法人为被告，而不以法人的分支机构为被告的情况下，要根据法人的分支机构责任能力大小以及是否有特殊法律规定区别处理。法人的分支机构如果具有较强的偿付能力或者是有特殊的法律规定的，应当以法人的分支机构为被告，而不能以法人为被告。在原告以法人的分支机构与法人为共同被告的情况下，法人的分支机构如果没有较强的支付能力，在判决分支机构承担责任的同时，可以判决法人承担补充责任。

——最高人民法院民法典贯彻实施工作领导小组办公室编著：《最高人民法院新民事诉讼法司法解释理解与适用》，人民法院出版社2022年版，第174~175页。

12.注意区分权利义务受让人以何种身份申请参加诉讼

实务中，应注意区分受让人以何种身份申请参加诉讼。该身份会影响人民法院准许其参加诉讼的方式。对于受让人申请以无独立请求权第三人身份参加诉讼，人民法院决定准许的，实践中多采用书面通知或笔录告知的形式。应当注意的是，对于受让人申请替代当事人承担诉讼，人民法院决定准许的，应当作出裁定。

对于受让人申请替代当事人承担诉讼的，人民法院应对受让人的申请进行审查。人民法院审查的主要内容为诉讼标的的转移是否存在，有必要时，人民法院可询问当事人、第三人等。

——最高人民法院民法典贯彻实施工作领导小组办公室编著：《最高人民法院新民事诉讼法司法解释理解与适用》，人民法院出版社2022年版，第527页。

13.民事诉讼中当事人死亡的，如何处理

上诉的案件中，如果出现当事人死亡情形，人民法院依然要按照一般规定，先中止案件的审理，然后依法通知其权利义务承继者参加诉讼，是否终结上诉案件则需要根据《民事诉讼法》第一百五十四条的规定进行判断。《民事诉讼法解释》第三百二十条规定："上诉案件的当事人死亡或者终止的，人民法院依法通知其权利义务承继者参加诉讼。需要终结诉讼的，适用民事诉讼法第一百五十四条规定。""权利义务承继者"相比"继承人"的范围更大，因为其将自然人当事人扩大到了其他类型当事人。

《民事诉讼法解释》第四百条规定，再审申请人死亡或者终止，无权利义务承继者或者权利义务承继者声明放弃再审申请的，或在给付之诉中，负有给付义务的被申请人死亡或者终止，无可供执行的财产，也没有应当承担义务的人的，人民法院应当终结审查。再审审查过程中，一方当事人死亡，首先应当按照一般规定中止再审审查，并等待死亡当事人的继承人或权利义务承继者承担权利或义务。再审申请人死亡或者终止，无权利义务承继者或者权利义务承继者声明放弃再审申请的，由法院裁定终结再审审查；但对于被申请人死亡的情况，仅在给付之诉中出现负有给付义务的被申请人死亡或者终止，无可供执行的财产，也没有应当承担义务的人时，才会由法院裁定终结案件，也即除给付之诉外的其他类型案件中，即使被申请人死亡，法院依然要对再审申请进行审查。

执行案件中，《民事诉讼法解释》第四百七十三条规定，"作为被执行人的公民死亡，其遗产继承人没有放弃继承的，人民法院可以裁定变更被执行人，由该继承人在遗产的范围内偿还债务。继承人放弃继承的，人民法院可以直接执行被执行人的遗产"。执行中一方当事人死亡时，首先要裁定中止执行，并等待其继承人继承权利或者承担义务。特殊情形是，追索赡养费、扶养费、抚养费案件的权利人死亡的，无须等待其继承人继承权利，直接由法院裁定终结执行。作为被执行人的公民死亡，遗产继承人没有放弃继承的，人民法院可以裁定变更被执行人，由该继承人在遗产的范围内偿还债务。继承人放弃继承的，人民法院可以直接执行被执行人的遗产，无遗产可供执行，

又无义务承受人的，则由法院裁定终结执行。

——最高人民法院民法典贯彻实施工作领导小组办公室编著：《最高人民法院新民事诉讼法司法解释理解与适用》，人民法院出版社2022年版，第180页。

三、证 据

14.为达成调解或和解协议而认可的事实不适用自认规则

诉讼调解或和解的过程是当事人双方平等协商，依自愿合法的原则处分其实体权利和诉讼权利，在互谅互让的基础上解决民事纠纷的过程。在这一过程中，当事人为达成调解或者和解协议的目的，往往对一些有争议的事实不再争辩，或者本着息事宁人的态度予以承认。在调解不能达成最终一致的情况下，依2001年《民事诉讼证据规定》和《民事诉讼法解释》第一百零七条的规定，这种表面上符合自认特征的诉讼行为不能发生自认的后果。作出这种规定主要考虑：其一，诉讼调解与和解过程中对事实的认可，是以达成协议为目的而作出的妥协和让步，与诉讼对抗过程中对事实的承认存在本质不同；其二，如果承认调解或和解过程中对事实的认可能够发生自认的效果，无异于是对违反诚信原则的肯定，不利于鼓励当事人通过调解或和解的方式解决纠纷。当然，如果当事人双方均同意赋予这种对认可的事实以自认效果，则属于对自己程序利益的处分，人民法院应当予以尊重。

——最高人民法院民法典贯彻实施工作领导小组办公室编著：《最高人民法院新民事诉讼法司法解释理解与适用》，人民法院出版社2022年版，第289页。

《最高人民法院关于人民法院特邀调解的规定》第二十二条规定调解中不适用民事诉讼中的自认制度，但不排除诉讼中自认制度的适用。自认制度是指在辩论陈述中，一方对对方所主张的、于己不利的事实主张予以认可的意思表示的制度。根据《民事诉讼法解释》第九十二条规定:"一方当事人在法庭审理中,或者在起诉状、答辩状、代理词等书面材料中,对于己不利的事实明确表示承认的,另一方当事人无需举证证明。"自认在诉讼上会产生三个方面的法律效力:(1)对方当事人免除对自认事实的举证责任;(2)排除法院对自认事实的审查;(3)对自认一方当事人产生拘束力,不得任意反悔。

但是在诉讼中,如果一方当事人明确表示承认自己在调解过程中为达成调解协议作出妥协而认可的事实,则产生自认的效力,另一方当事人无需举证,而不能以本条的规定进行抗辩,除非按照2001年《民事诉讼证据规定》第八条第四款的规定,"在法庭辩论终结前撤回承认并经对方当事人同意,或者有充分证据证明其承认行为是在受胁迫或者重大误解情况下作出且与事实不符的",否则不能轻易撤回自认。

——李少平主编:《最高人民法院多元化纠纷解决机制改革意见和特邀调解规定的理解与适用》,人民法院出版社2017年版,第446~448页。

15.当事人举证期限的确定

举证期限是举证时限制度的基础,举证期限的确定也是举证时限制度首先需要解决的问题。举证期限在性质上属于民事诉讼的期间,法律对举证期限的规定,意味着当事人负有遵守期间、在期间内完成举证的法定义务。《民事诉讼法解释》第九十九条关于举证期限的规定,包含三个方面的内容,即举证期限何时确定、如何确定及除外情形。

1.关于举证期限何时确定问题

根据2001年《民事诉讼证据规定》第三十三条第一款的规定,人民法院应当在送达案件受理通知书和应诉通知书的同时送达举证通知书,并在举证通知书中明确举证期限及逾期举证的后果。这意味着2001年《民事诉讼证据规定》是在人民法院受理诉讼的阶段确定举证期限。2015年《民事诉讼法解释》起草时改变了这种做法,规定人民法院应当在审理前的准备阶段确定当事人提供证据的期限。根据《民事诉讼法》第十二章第二节的规定,审理前的准备阶段是答辩期届满后至开庭审理前的阶段。这种改变主要基于如下考虑:其一,在案件受理时即指定举证期限,双方当事人举证期限届满时间不一致,当诉讼中出现追加当事人等稍微复杂情况时,由于当事人举证期限届满时间不一,会导致程序操作上的混乱。最高人民法院在2008年下发《最高人民法院关于适用〈关于民事诉讼证据的若干规定〉中有关举证时限规定的通知》(以下简称《举证时限规定通知》),也正是为了解决这一问题。其二,根据2012年《民事诉讼法》第一百三十三条的规定,需要开庭审理的案件,都要通过证据交换等方式明确争议焦点。这意味着凡开庭审理的案件,均应有以整理焦点、固定证据为目的的审理前准备。2001年《民事诉讼证据规定》第三十三条关于在案件受理时指定举证期限的规定,已经不适应立法修改的新要求。其三,在审理前准备阶段,特别是双方当事人到场的情况下指定举证期限,双方期限届满时间相同,有利于诉讼程序的操作。特别是在采取审前会议、证据交换方式进行审理前准备的更是如此。

2. 关于如何确定举证期限问题

在这一问题上,《民事诉讼法解释》延续2001年《民事诉讼证据规定》的思路,规定了人民法院确定和当事人协商并经人民法院准许两种方式。在具体的期限上,2001年《民事诉讼证据规定》第三十三条第三款规定人民法院指定的期限不少于三十日,《民事诉讼法解释》规定为第一审普通程序案件不少于十五日。这种变化主要考虑《民事诉讼法解释》与2001年《民事诉讼证据规定》相比,举证期限的起算点从受理时变更为答辩期届满后,从总的时间来看,依《民事诉讼法解释》规定人民法院确定的举证期限不会少于三十日。关于当事人提供新的证据的二审案件的举证期限问题,2001年《民事诉讼证据规定》未涉及,《举证时限规定通知》规定的是不受"不少于三十日"的限制。由于二审程序当事人提交新证据的概率不高、数量不多,《民事诉讼法解释》将其明确为不少于十日。

3. 关于除外情形

2001年《民事诉讼证据规定》并未规定不受举证期限约束的除外情形。《举证时限规定通知》规定,对于反驳证据允许人民法院酌情指定举证期限。《民事诉讼法解释》延续了该通知的基本思路,同时增加了补强证据。所谓补强证据,是指用以确认或者证明另一主要证据的真实性或弥补其资格、形式上的瑕疵,以补充或增强其证明力的证据。一般认为,举证期限针对主要证据发挥作用,补强证据作为佐证,不受举证期限的限制。因此,《民事诉讼法解释》第九十九条规定当事人要求对主要证据在来源、形式上的瑕疵予以补强的，人民法院可以酌情再次确定举证期限，该期限不受前述"十五日""十日"举证期限的限制。

——最高人民法院民法典贯彻实施工作领导小组编著：《最高人民法院新民事诉讼法司法解释理解与适用》，人民法院出版社2022年版，第272~273页。

16.逾期提供的证据视为未逾期的情形

人民法院对当事人逾期提供证据的理由的审查，是连接举证期限和逾期提供证据的后果之间的桥梁。逾期提供证据的后果的适用，必然经过人民法院的审查过程。因此，人民法院如何进行审查，对于举证时限制度的适用具有十分重要的意义。

对当事人逾期提供证据的理由进行审查，是《民事诉讼法》第六十八条的要求。该条规定，当事人逾期提供证据的，人民法院应当责令其说明理由；拒不说明理由或者理由不成立的，人民法院根据不同情形可以不予采纳该证据，或者采纳该证据但予以训诫、罚款。可见，审查是人民法院适用相应后果的前提。在2001年《民事诉讼证据规定》中，并没有人民法院应当对当事人逾期提供证据的理由进行审查的明确规定。但根据2001年《民事诉讼证据规定》的相应内容，证据虽然逾期提供，但对方当事人同意质证的和符合新的证据的条件的，不发生证据逾期的失权后果。而对方当事人是否同意质证，特别是逾期的证据是否符合新的证据的条件，非经人民法院审查，无法得出结论。因此，2001年《民事诉讼证据规定》虽然没有明确规定对逾期证据进行审查及有关的程序上的要求，但审查的内容隐含在新的证据如何判断的条文之中。实践中，人民法院在判断逾期提供的证据是否构成新的证据时，也必然存在审查的过程。

根据《民事诉讼法》第六十八条的规定，人民法院应当在一定程序之中责令逾期提供证据的当事人说明理由。这是程序公正的基本要求，也是审判实践经验的总结。程序公正的标准有三个方面的内容，即中立、冲突的疏导、裁判。其中冲突的疏导包括四项具体规则：（1）平等地告知每一方当事人有关程序的事项;(2)冲突的解决应听取双方的辩论和证据;(3)冲突的解决者只应在另一方当事人在场的情况下听取对方的意见;(4)每一方当事人都应有公平的机会回答另一方所提出的辩论和意见。①因此,在当事人逾期提供证据的场合,要求人民法院在一定程序中责令当事人说明理由,意味着必须有对方当事人在场,保障对方当事人发表意见的权利。通过逾期提供证据的当事人的说明,对方当事人的反驳,双方的辩论,以及必要时双方当事人的举证、质证,人民法院对当事人逾期提供证据的理由是否成立能够更好地作出判断。审判实践中,一些人对于程序公正的价值缺乏应有的认识,对于程序公正的标准缺乏应有的知识,在理解和适用《民事诉讼法》第六十八条的过程中,缺乏应有的程序意识,在判断证据是否逾期问题上,认为双方当事人在场对逾期提供证据的理由发表意见、进行辩论和质证,增加程序的复杂性,没有必要。这种观念是极端错误、非常有害的,2001年《民事诉讼证据规定》施行的效果不理想,也与此有很大关系。当然,要求人民法院在一定的程序中责令当事人说明逾期提供证据的理由,其目的在于要求人民法院为双方当事人提供程序上的保障,并非要求人民法院另行专门组织双方当事人就逾期提供证据的理由进行辩论和质证。事实上,在具体操作上,可以灵活处理,如在开庭审理过程中一方当事人提出举证期限之内未提供的证据,人民法院可以在其后庭审中先就当事人逾期提供证据的理由进行查明。这里所强调的是,人民法院在这一事关当事人重大利益和程序权利的事项上,应当满足程序公正的基本要求。

  关于逾期提供的证据不发生逾期后果即视为未逾期的情形,《民事诉讼法解释》第一百零一条规定了两种。其一为因客观原因逾期提供证据。这里的客观原因包括自然灾害等不可抗力,也包括社会事件以及其他非逾期提供证据的当事人自身所能够控制的因素。其二为对方当事人对逾期提供的证据无异议的。此种情形主要考虑尊重对方当事人在诉讼中的处分权。一方当事人逾期提供证据,会导致相应的不利后果,对方当事人对这种结果享有利益。对方当事人放弃这种诉讼上的利益,是行使处分权的行为,原则上人民法院

---

① 参见[美]马丁·P.戈尔丁:《法律哲学》,齐海滨译,生活·读书·新知三联书店出版社1987年版,第240页。

应当予以尊重。《民事诉讼法解释》第一百零一条与 2001 年《民事诉讼证据规定》相比，在视为未逾期的情形上有所变化。2001 年《民事诉讼证据规定》对视为未逾期的情形规定为两种：对方当事人同意质证的和新的证据。在尊重当事人处分权这一点上，《民事诉讼法解释》与 2001 年《民事诉讼证据规定》基本一致。但对于除此之外的情形，2001 年《民事诉讼证据规定》强调的是新的证据，《民事诉讼法解释》则从客观原因角度考虑问题。究其原因，主要因为 2001 年《民事诉讼证据规定》的举证时限制度系以证据失权为原则，对于不发生证据失权后果的视为未逾期的证据，则属于例外情形。这种情形只能通过对新的证据进行解释，才能既与立法相呼应，又能解决实际问题。而 2012 年《民事诉讼法》第六十五条新增加的举证时限的规定，则以证据不失权为原则、失权为例外，而依《民事诉讼法解释》的规定，证据是否失权的判断与逾期提供证据的当事人主观状态存在直接的关系。故《民事诉讼法解释》与 2001 年《民事诉讼证据规定》关于举证时限制度的基本思路不同，导致具体规则上的差异。

审判实践中应当注意的问题：

审判实践中，在审查当事人逾期提供证据的理由时，应当注意对双方当事人的程序保障，应当基于程序公正的基本要求，为双方当事人提供平等的发表意见、辩论和举证的机会和相应的程序。否则，既不符合《民事诉讼法》的本意和民事诉讼的规律，也会对审判的公信力造成损害。

——最高人民法院民法典贯彻实施工作领导小组编著：《最高人民法院新民事诉讼法司法解释理解与适用》，人民法院出版社 2022 年版，第 275~277 页。

17.当事人逾期举证的法律后果

根据 2021 年《民事诉讼法》第六十八条的规定，当事人逾期提供证据又无正当理由的，可能面临证据不被采纳，或者证据虽被采纳但遭受训诫、罚款的处罚的后果。《民事诉讼法解释》第一百零二条内容可以从以下几个方面理解。

第一，根据当事人逾期提供证据的主观过错程度，适用不同的责任和后果。根据当事人逾期提供证据的主观状态对应不同的后果，是自2001年《民事诉讼证据规定》以来最高人民法院对适用逾期举证后果的一贯立场。在2003年全国民事审判工作座谈会上我们提出，当事人逾期提供证据是否属于新的证据，在判断时应当考虑当事人主观上是否存在故意或者重大过失。在《举证时限规定通知》第十条关于新的证据的认定问题上，也提出应当结合"当事人未在举证期限或者司法解释规定的其他期限内提供证据，是否存在故意或者重大过失的情形"认定。

第二，当事人因故意或者重大过失逾期提供证据的，原则上发生证据失权后果，但该证据涉及基本事实的证明的，不失权但要予以训诫、罚款。当事人因故意或者重大过失逾期提供证据是否导致证据失权，在司法解释起草过程中争论很激烈，主张故意逾期提供证据绝对失权、因重大过失逾期提供证据的除涉及基本事实证明的原则上失权的观点，与凡涉及对基本事实认定有重要意义的均不能失权的观点，针锋相对。就《民事诉讼法解释》第一百零二条的规定来看，实际上是各种观点的折中。其一，民事诉讼中当事人提供的证据可能涉及案件事实的方方面面，但只有证明要件事实的证据，才是核心和关键的证据，才能最终在待证事实真伪不明时发挥结果意义的举证责任的作用。《民事诉讼法解释》第一百零二条所指的基本事实，与要件事实的含义相同，由于立法上并未使用要件事实的概念，其实质上是对要件事实的替代表述。其二，"该证据与案件基本事实有关"，是指逾期提供的证据对于案件的基本事实有证明价值。人民法院对此应当进行审查，而不能仅依当事人的主张来确定。其三，当事人因故意或者重大过失逾期提供的证据与基本事实有关，尽管不发生失权后果，但人民法院应当对当事人予以训诫和罚款。失权后果是属于证据法上的责任，当事人因故意或者重大过失逾期提供的证据与基本事实有关的，不产生证据法上的不利后果，但其拖延诉讼的行为实质上对民事诉讼造成妨害，因此产生诉讼法上的不利后果。

第三，对于非因故意或者重大过失逾期提供证据的，均不发生证据失权后果，人民法院均应采纳但应当对当事人予以训诫。

第四，无论当事人逾期提供证据是基于什么程度的主观过错，均不能免除对方当事人要求其赔偿相应损失的责任。对方当事人要求其赔偿因逾期提供证据致使其增加的交通、住宿、就餐、误工、证人出庭作证等必要费用的，人民法院可予支持。这种赔偿损失的责任，并非诉讼法上的责任，其实质上属于私法上的责任。

审判实践中应当注意的问题：

第一，当事人因故意或者重大过失逾期提供的证据与案件基本事实有关的，人民法院在审查时应当审查该证据与案件的要件事实的关联性，即审查该证据对于要件事实的证明是否有价值，是否使要件事实的存在更有可能或者没有可能，而不能仅仅根据当事人的主张确定。

第二，人民法院对于逾期提供证据的当事人处以罚款的，应当在《民事诉讼法》第一百一十八条规定的限额内。根据2019年《民事诉讼证据规定》第五十九条的规定，可以结合当事人逾期提供证据的主观过错程度、导致诉讼迟延的情况、诉讼标的金额等因素，综合确定罚款数额。

——最高人民法院民法典贯彻实施工作领导小组编著：《最高人民法院新民事诉讼法司法解释理解与适用》，人民法院出版社2022年版，第279~280页。

18.禁反言规则

随着人民法院民事审判方式改革，以庭审为中心的民事诉讼制度正在完善，其中开庭审理前准备过程的实体法意义和程序法意义愈发引起重视。《民事诉讼法》第一百三十六条针对开庭前准备阶段不同案件处理作出不同规定，包括转入督促程序、调解、确定简易程序或普通程序、交换证据明确争议焦点等。就审判实践而言，绝大多数一审民事案件以普通程序审理为主，对此类案件，开庭审理前准备过程主要包括庭前证据交换、庭前会议等。庭前证据交换，是指人民法院在案件开庭审理前，组织当事人及其诉讼代理人在指定的时间和地点交换已经持有的、证明各自诉讼主张的各种证据的活动。庭前会议是为实现法庭审理集中化需要在开庭前进行的包括明确诉讼请求及答辩意见、收集整理证据、保全、委托鉴定、勘验等综合必要准备工作的会议。

开庭审理前的准备工作，需要当事人及其诉讼代理人的参与，而当事人及其诉讼代理人在此阶段做出的诉讼行为，特别是对于事实和证据的认可应该予以规范和限制，即无论是大陆法系抑或英美法系普遍认可的禁反言原则当有所体现,《民事诉讼法解释》第二百二十九条规定意即在此。当事人对其在审理前的准备阶段认可的事实和证据,在庭审中提出相反的意见和观点,应当说明理由。

1. 禁反言是民事诉讼诚信原则的要求

《民事诉讼法》第十三条规定,民事诉讼应当遵循诚信原则。诚信原则最早起源于罗马法中的诚信契约和诚信诉讼,被称为现代民法的"帝王原则",是当事人和其他诉讼参与人应当遵守的基本原则,贯穿民事诉讼活动全过程。就其具体内容而言,包括:(1)禁止滥用诉讼权利,当事人及其他诉讼参与人依法善意地行使法律赋予的诉讼权利,不得滥用起诉权、管辖异议权、回避申请权、提出证据等权利,或者不按照规定的程序行使权利,意图拖延诉讼、阻挠诉讼的进行;(2)当事人一方怠于行使诉讼权利,长期没有行使的意思表示和实施相应的行为,致使对方当事人误认为不会行使后,再行使该权利并导致对方利益受损的行为,法院不能支持;(3)当事人及其他诉讼参与人负有真实陈述事实和主张的义务,当事人不得在诉讼中提供虚假证据、不得在诉讼中作虚假陈述,证人不得提供虚假证言等;(4)禁反言,一方当事人有义务从事对方所预期的一定行为,实际上实施的却是完全违背对方预期的行为时,这种行为就被认为是背信行为而应当受到禁止。禁反言主要是为了防止一方当事人以及其他诉讼参与人出现前后相互矛盾的诉讼行为,从而损害对方当事人的利益,破坏民事诉讼的整体进展。构成禁反言,应当具备当事人及其他诉讼参与人实施了前后矛盾的诉讼行为损害了对方当事人的利益的条件。

2. 禁反言是现代民事诉讼制度改革发展的趋势

从国际上有关民事诉讼制度改革的最新发展来看,为追求诉讼机制的效率与公正,当前世界各国日益重视对审前程序的改革与完善,尤其是采取法院职权主义诉讼模式的大陆法系国家,开始借鉴以当事人主义主导的英美法系诉讼模式审前程序体现出的效率价值,从原来偏重开庭审理转向庭前准备与开庭审理并重。比如,德国曾实行证据随时提出主义,后进行庭审程序改革,将"一步到庭"改为审前准备和审理程序两个阶段,设立口头辩论或交换书证两种准备方式供法官选择,并将证据随时提出主义改为适时提出主义,加强证据失权效力。

在强化庭前审理程序同时，禁反言原则得以进一步被重视。禁反言本是来自英美法系的原则。英美法系国家一直适用宣誓制度，并逐步发展出禁反言原则。当事人在民事诉讼进行当中，其实施的诉讼行为必须前后一致，如果该当事人变更其诉讼行为会给对方当事人造成不公平的结果时，对前后矛盾的行为应予禁止。《元照英美法词典》将禁反言的内涵划分为三个层次：（1）不容否认，指禁止当事人提出与其以前的言行相反的主张，即对于当事人先前的行为、主张或者否认，禁止其在此后的法律程序中反悔，否则，将会对他人造成损害；（2）再诉禁止，既判事项不容否认，即禁止对同一当事人或相同争点再次诉讼；（3）主张因对他人的误导性陈述存在善意信赖而受有损害的答辩。① 在大陆法系国家，禁反言原则被视为诉讼法中诚信原则的一种具体表现形态。以上两种论述的基本内容具有一致性。

3. 禁反言是庭前准备阶段程序及实体的价值体现

《民事诉讼法》并未明确规定禁反言原则，更未规定庭前准备过程中当事人对其认可的事实与证据庭审中予以否认的处理，但参照《海事诉讼特别程序法》第八十五条的规定，"当事人不能推翻其在《海事事故调查表》中的陈述和已经完成的举证，但有新的证据，并有充分理由说明该证据不能在举证期间内提交的除外"，结合《民事诉讼法》诚信原则的确立，应认可当事人在审理前准备阶段无异议的事实和证据的证明力，在此后庭审中，当事人对此予以否认的，应负有说明理由义务，并由法院进行必要的审查。

审判实践中应当注意的问题：

第一，《民事诉讼法》第一百三十六条第四项规定通过要求当事人交换证据等方式，明确争议焦点。这从立法层面明确了庭前证据交换程序，是建设以庭审为中心的现代民事诉讼程序结构的重要基础。在证据交换过程中，审判人员对当事人无争议的事实、证据应当记录在卷；对有异议的证据，按照需要证明的事实分类记录在卷，并记载异议的理由，通过证据交换，确定双方当事人争议的主要问题。

第二，禁反言原则主要是从衡平法发展来的，除了考虑对方当事人利益损害外，还应该考虑对诉讼程序完整性的影响程度，考虑和平衡当事人之间

---

① 参见薛波主编：《元照英美法词典》，法律出版社2003年版，第495页。

的利益状态。当事人在庭审中对于此前庭前准备阶段认可的事实和证据予以否认的，人民法院应当责令其说明理由，必要时责令其提供支持其理由的证据。

第三，从我国目前实际情况看，司法实践中律师代理诉讼尚不普遍充分，有的当事人对自身程序利益认识还比较模糊，一些相关的配套制度，包括法官阐明义务制度还不完善，当事人诉讼能力有待提高，对于当事人庭审中对于此前准备过程中认可的证据和事实的否认，不宜"一刀切"地机械适用禁反言原则予以否定，应当结合当事人诉讼能力、相应的证据和案件具体情况对当事人的理由进行审查，理由成立的，可以列入争议焦点进行审理。

——最高人民法院民法典贯彻实施工作领导小组编著：《最高人民法院新民事诉讼法司法解释理解与适用》，人民法院出版社2022年版，第489~492页。

19.非法证据的判断标准

《民事诉讼法解释》第一百零六条（以下简称本条）延续了2001年《民事诉讼证据规定》以来最高人民法院判断和排除非法证据的一贯立场，并以此作为修改2001年《民事诉讼证据规定》第六十八条的指导思想。在本条中，我们首先坚持非法证据应当排除的原则。在判断非法证据的标准上，本条包括如下内容：（1）违反法律的禁止性规定仍然作为判断标准。违反法律的禁止性规定是指违反实体法上的规定，这里的实体法不限于民事法律，一切实体法规范均包括在内。（2）2001年《民事诉讼证据规定》中"侵害他人合法权益"的标准，在本条中被表述为"严重侵害他人合法权益"，即对侵害他人合法权益提出了程度上的条件即要达到严重的程度，一定程度上体现了利益衡量的因素。这意味着对他人合法权益造成一般性侵害的，不会导致证据被排除，因此，非法证据的判断标准有所放宽。（3）增加了"严重违背公序良俗"的情形。由于在审判实践中一直以侵权行为的构成作为判断取证方法是否构成"侵害他人合法权益"的标准，违反公序良俗损害他人合法权益的情形因构成侵权行为，事实上已经被"严重侵害他人合法权益"的标准所涵盖。故"严重违背公序良俗"，是指证据在形成或者获取过程中并无对他人合法权益的明显损害，但其形成或者取得本身违背公序良俗的情形。此外，与2001年《民事诉讼证据规定》相比，本条对于非法证据的界定并不限于获取证据方法的违法，证据形成本身违法亦构成非法证据。

审判实践中应当注意的问题：

第一，相较于2001年《民事诉讼证据规定》第六十八条，本条对于非法证据的判断一方面增加了"严重违背公序良俗"的情形，另一方面对侵害他人合法权益的情形要求达到严重的程度。

第二，依本条规定，不仅在获取证据的方法上，证据本身以"严重侵害他人合法权益、违反法律禁止性规定或者严重违背公序良俗的方法"形成的，也构成非法证据。

——最高人民法院民法典贯彻实施工作领导小组办公室编著：《最高人民法院新民事诉讼法司法解释理解与适用》，人民法院出版社2022年版，第288页。

20.勘验是法院比较特殊的职权行为，可以根据当事人的申请或者依职权决定启动勘验

审判实践中应当注意的是，勘验是法院比较特殊的职权行为，既可以被理解为调查收集证据的方式，也可以被理解为核实证据的手段。因此，在勘验的启动上，法院拥有较大的职权，在其认为有必要时，即可以根据当事人的申请或者依职权决定启动勘验。

——最高人民法院民法典贯彻实施工作领导小组办公室编著：《最高人民法院新民事诉讼法司法解释理解与适用》，人民法院出版社2022年版，第327页。

四、期间、送达

21.期间不包括在途时间

期间不包括在途时间。诉讼文书在期满前交邮的，不算过期。所谓的在途时间，是指人民法院邮寄诉讼文书，或者当事人邮寄诉讼文书在旅途中所用去的时间。正因为期间不包括在途时间，所以诉讼文书在期满前交邮的不算过期。如上诉状只要在法定期间届满前交邮，即使人民法院收到时已逾上诉期限，也不能认为逾期上诉。确定诉讼文书是否于期间届满前交邮，不是以诉讼文书到达地邮局邮戳上的时间为标准，而是以诉讼文书邮寄地邮局邮戳上的时间为标准，并且以时为标准。

——最高人民法院民法典贯彻实施工作领导小组办公室编著：《最高人民法院新民事诉讼法司法解释理解与适用》，人民法院出版社2022年版，第328页。

22.民事诉讼实践中应严格按照优先次序选择送达方式

严格按照直接送达、留置送达、邮寄送达、委托送达、转交送达、公告送达的优先性选择次序送达诉讼文书。1991年《民事诉讼法》中规定了直接送达、留置送达、邮寄送达、委托送达、转交送达、公告送达六种送达方式，此六种送达方式的顺序安排隐含立法者对送达方式优先性选择的倾向性意见。送达应以直接送达为最主要、最一般的形式，直接送达时当事人拒绝在送达回证上签字，送达人员可以通过见证人证明或视听资料证明的形式，使直接送达转化为留置送达。一般情况下，只有在直接送达与留置送达均无法实现时，才可以使用邮寄送达。公告送达因其时间长，当事人很少真正注意到公告内容，严重影响送达效率等原因，应严格限制其使用。但在目前的司法实践中，邮寄送达逐渐成为首先采用的送达方式。很多法院只有在邮寄送达无法完成的情况下，才会采用直接送达或留置送达的方式。2005年，最高人民法院出台《最高人民法院关于人民法院专递方式邮寄送达民事诉讼文书的若干规定》(以下简称《法院专递邮寄送达文书规定》),确立了"法院专递"的送达方式。这种方式可视为人民法院委托邮寄送达诉讼文书,与人民法院送达具有同等的法律效力。目前各级法院已经普遍采用"法院专递"和人民法院送达平台方式进行送达。

我们认为,民事诉讼实践中应严格按照优先次序选择送达方式。针对实践中"送达难"的问题,扩大受送达人员范围,是解决送达难的重要举措。我国民事诉讼体现为职权主义诉讼构造,送达为人民法院的职权之一,当事人及律师等不能成为送达主体,但人民法院审判和司法辅助工作任务较重,每个案件都有多份法律文书需要送达,人民法院在送达工作中也面临很大压力。完全由书记员等进行直接或留置送达并不现实。法院专递送达虽然可以很大程度上减轻人民法院送达工作的压力,但由于人员流动频繁等原因,并不一定能够保证法律文书都能送达到当事人处。对此,人民法院应当创新机制、开拓思路,探索提高送达效率,同时又保证当事人诉讼权利的新途径、新办法。有些地方的法院已经进行了有效的探索。例如江苏省高级人民法院,在送达工作中,从法院退休人员或退休邮局工作人员等社会各界人士中,招录送达人员,委托其代为向当事人送达,这些招录来的工作人员通过耐心细致的工作,往往能够说服当事人签收法律文书,为人民法院减轻了很大工作压力,同时也提高了送达的效率,保证了当事人诉讼权利的实现。《民事诉讼法》第八十九条规定:"受送达人或者他的同住成年家属拒绝接收诉讼文书的,送达人可以邀请有关基层组织或者所在单位的代表到场,说明情况,在送达回证上记明拒收事由和日期,由送达人、见证人签名或者盖章,把诉讼文书留在受送达人的住所;也可以把诉讼文书留在受送达人的住所,并采用拍照、录像等方式记录送达过程,即视为送达。"审判实践中,对基层组织范围和所在单位代表的界定争论较大,不利于送达的实行。有必要将基层组织和所在单位代表明确为受送达人住所地的居民委员会、村民委员会的工作人员以及受送达人所在单位的工作人员,以提高送达的有效性。

——最高人民法院民法典贯彻实施工作领导小组办公室编著:《最高人民法院新民事诉讼法司法解释理解与适用》,人民法院出版社2022年版,第335~336页。

23.准确认定电子送达的送达日期

传统送达过程中，都需要取得相应的送达证明，以表示送达已经完成，并记载送达日期，决定送达效力开始的时间。但《民事诉讼法》对电子送达并未规定应采取何种证明方式，因此关于送达日期只能以诉讼文书到达受送达人特定系统的日期来加以确定，而如前文所述，信息数据传输受硬件设备、服务器系统的运行状态影响，可能会出现故障情形，导致数据电文不能正确及时地传输到达对方系统，因此需要探索如何证明诉讼文书已经传输到对方信息系统中，也即电子送达的送达证明问题。司法实践中应保存好诉讼文书已经发出并及到达对方系统的相关证据，以备在当事人对送达提出异议时进行回应。如果当事人有证据证明到达其特定系统的日期与人民法院对应系统显示发送成功的日期不一致的，以受送达人证明到达其特定系统的日期为准。

《最高人民法院关于进一步加强民事送达工作的若干意见》(以下简称《民事送达意见》)第十一条规定："采用传真、电子邮件方式送达的，送达人员应记录传真发送和接收号码、电子邮件发送和接收邮箱、发送时间、送达诉讼文书名称，并打印传真发送确认单、电子邮件发送成功网页，存卷备查。"第十二条规定："采用短信、微信等方式送达的，送达人员应记录收发手机号码、发送时间、送达诉讼文书名称，并将短信、微信等送达内容拍摄照片，存卷备查。"《人民法院在线诉讼规则》第三十条规定："人民法院可以通过电话确认、诉讼平台在线确认、线下发送电子送达确认书等方式，确认受送达人是否同意电子送达，以及受送达人接收电子送达的具体方式和地址，并告知电子送达的适用范围、效力、送达地址变更方式以及其他需告知的送达事项。"第三十一条规定："人民法院向受送达人主动提供或者确认的电子地址送达的，送达信息到达电子地址所在系统时，即为送达。受送达人未提供或者未确认有效电子送达地址，人民法院向能够确认为受送达人本人的电子地址送达的，根据下列情形确定送达是否生效：(一)受送达人回复已收悉，或者根据送达内容已作出相应诉讼行为的，即为完成有效送达；(二)受送达人的电子地址所在系统反馈受送达人已阅知，或者有其他证据可以证明受送达人已经收悉的，推定完成有效送达，但受送达人能够证明存在系统错误、送达地址非本人使用或者非本人阅知等未收悉送达内容的情形除外。人民法院开展电子送达，应当在系统中全程留痕，并制作电子送达凭证。电子送达凭证具有送达回证效力。对同一内容的送达材料采取多种电子方式发送受送达人的，以最先完成的有效送达时间作为送达生效时间。"第三十二条规定："人民法院适用电子送达，可以同步通过短信、即时通讯工具、诉讼平台提示等方式，通知受送达人查阅、接收、下载相关送达材料。"第三十三条规定："适用在线诉讼的案件，各方诉讼主体可以通过在线确认、电子签章等方式，确认和签收调解协议、笔录、电子送达凭证及其他诉讼材料。"

——最高人民法院民法典贯彻实施工作领导小组办公室编著：《最高人民法院新民事诉讼法司法解释理解与适用》，人民法院出版社2022年版，第342~343页。

24.同一当事人在同一时期不同案件中的送达地址确认书不能在其他案件中使用，只能作为直接送达或留置送达地址的参考

关于当事人在一案件中提供的送达地址确认书可否适用于同一时期的其他案件，《简易程序规定》和《法院专递邮寄送达文书规定》均未对此作出规定，导致审判实践中对此有不同意见。实践中遇到的情况是，当事人在同一时期的甲案是原告，在乙案是被告，但在乙案中却避而不见；另外还有的当事人在同一时期，在不同级别或相同级别的法院参与了多起诉讼，在对其有利的案件审理中积极提供了送达地址确认书，而在同一时期审理的对其不利的其他案件中却不予应诉或者拒绝提供有效的送达地址，以规避法律或者拒绝履行相应义务，达到拖延诉讼的目的。有观点认为，送达地址确认书是当事人向人民法院作出的一种承诺，即承诺该地址为有效的送达地址。具有契约性的特点，基于这种契约性，在特定的相同时期，在不同的案件中应当均为有效。我们认为，基于法律的规范性要求，同一当事人在同一时期不同案件提供的送达地址确认书不能在其他案件中使用，只能作为人民法院明确当事人直接送达或留置送达地址的参考。

《最高人民法院关于进一步推进案件繁简分流优化司法资源配置的若干意见》第三条规定："当事人在纠纷发生之前约定送达地址的，人民法院可以将

该地址作为送达诉讼文书的确认地址。当事人起诉或者答辩时应当依照规定填写送达地址确认书。积极运用电子方式送达；当事人同意电子送达的，应当提供并确认传真号、电子信箱、微信号等电子送达地址。"《民事送达意见》第八条规定："当事人拒绝确认送达地址或以拒绝应诉、拒接电话、避而不见送达人员、搬离原住所等躲避、规避送达，人民法院不能或无法要求其确认送达地址的，可以分别以下列情形处理：（一）当事人在诉讼所涉及的合同、往来函件中对送达地址有明确约定的，以约定的地址为送达地址；（二）没有约定的，以当事人在诉讼中提交的书面材料中载明的自己的地址为送达地址；（三）没有约定、当事人也未提交书面材料或者书面材料中未载明地址的，以一年内进行其他诉讼、仲裁案件中提供的地址为送达地址；（四）无以上情形的，以当事人一年内进行民事活动时经常使用的地址为送达地址。人民法院按照上述地址进行送达的，可以同时以电话、微信等方式通知受送达人。"第九条规定："依第八条规定仍不能确认送达地址的，自然人以其户籍登记的住所或者在经常居住地登记的住址为送达地址，法人或者其他组织以其工商登记或其他依法登记、备案的住所地为送达地址。"上述规定，为人民法院确认送达地址，提供了更多的依据。

——最高人民法院民法典贯彻实施工作领导小组办公室编著：《最高人民法院新民事诉讼法司法解释理解与适用》，人民法院出版社2022年版，第346~347页。

25.如何确认当事人同意电子送达的意思表示

《人民法院在线诉讼规则》第二十九条第二款规定："具备下列情形之一的，人民法院可以确定受送达人同意电子送达：（一）受送达人明确表示同意的；（二）受送达人在诉讼前对适用电子送达已作出约定或者承诺的；（三）受送达人在提交的起诉状、上诉状、申请书、答辩状中主动提供用于接收送达的电子地址的；（四）受送达人通过回复收悉、参加诉讼等方式接受已经完成的电子送达，并且未明确表示不同意电子送达的。"对当事人同意电子送达的意见，应当按照上述规则确定。司法实践中，要注意避免分散和多头送达，同一内容材料原则上只应采取一种送达方式，以便确定送达生效时间，便于当事人行使后续诉讼权利。①

——最高人民法院民法典贯彻实施工作领导小组办公室编著:《最高人民法院新民事诉讼法司法解释理解与适用》,人民法院出版社2022年版,第344页。

电子送达以受送达人同意为前提条件,符合以下情形的,人民法院可以确认受送达人同意:第一,明确表示同意,即主动提出适用电子送达或者填写送达地址确认书。第二,作出事前约定,即纠纷发生前已对在诉讼中适用电子送达作出约定,但此时需考察送达条款是否属于格式条款,若提供制式合同一方未尽到提示说明义务的,对方当事人可以要求确认该条款无效。第三,作出事中行为表示,即在起诉状、答辩状中提供了相关电子地址,但未明确是否用于接受电子送达。此时一般应向当事人作进一步确认,明确该地址用途和功能是用于联系还是接受送达。当事人仅登录使用电子诉讼平台,不宜直接认定为同意电子送达。第四,作出事后的认可,即受送达人通过回复收悉、参加诉讼等方式接受已经完成的电子送达。受送达人接受送达后,又表示不同意电子送达的,应当认定已完成的送达有效,但此后不宜再适用电子送达。

——《最高人民法院关于印发〈民事诉讼程序繁简分流改革试点问答口径(一)〉的通知》(2020年4月15日,法〔2020〕105号)。

五、调解程序

26.如何把握可以径行调解案件的尺度

第一,正确把握对径行调解的前提"事实清楚"的认定。调解的核心是尊重当事人的处分权,只要调解协议合法,不违反自愿原则,就应当支持。

---

① 参见刘峥、何帆、李承运:《〈人民法院在线诉讼规则〉的理解与适用》,载《人民司法》2021年第19期。

径行调解要求事实清楚的主要目的是防止当事人恶意串通,损害国家利益、社会公共利益和案外人合法权益。在此基础上,应当允许当事人处分自己的权利,所以径行调解的前提不要求全部事实完全清楚。

第二,对可以径行调解案件尺度的具体把握。在司法实践中,要科学把握适用径行调解方式处理案件的基础和条件,根据各类案件的不同性质、具体情况、当事人的利益诉求,科学灵活地把握适用径行调解的条件。绝不能为调而调,对于有径行调解可能的,要认真调解;对于根本没有径行调解可能的,要及时转入其他方式处理。

第三,适用径行调解不完全等同先行调解。《简易程序规定》第十四条规定:"下列民事案件,人民法院在开庭审理时应当先行调解:(一)婚姻家庭纠纷和继承纠纷;(二)劳务合同纠纷;(三)交通事故和工伤事故引起的权利义务关系较为明确的损害赔偿纠纷;(四)宅基地和相邻关系纠纷;(五)合伙合同纠纷;(六)诉讼标的额较小的纠纷。但是根据案件的性质和当事人的实际情况不能调解或者显然没有调解必要的除外。"也就是说,这些案件类型中,并不是所有案件都可以适用径行调解,只有法律关系明确和事实清楚的,并且在征得当事人同意的条件下,才可以径行调解。

第四,对复杂案件不适用径行调解,但并非不能进行调解。我们认为,对于事关民生和群体利益、需要政府和相关部门配合的案件,可能影响社会和谐稳定的群体性案件、集团诉讼案件、当事人之间情绪严重对立的案件,相关法律法规没有规定或者规定不明确、适用法律有一定困难的案件等相对复杂的案件,也可以在符合法定条件的情形下,适用调解程序,不放弃任何调解机会和调解成功的可能,以有效缓和当事人之间的对立情绪,排查不稳定因素,促进当事人之间矛盾化解,维护社会和谐稳定。

第五,法律关系不明确、事实难以查清的案件不适用径行调解,但并不妨碍其他形式调解的适用。因为此类案件的审理往往很困难,调解解决则更有利于彻底解决纠纷。我们认为,人民法院对当事人自愿调解的民事案件,应当调解,特别是以下案件都可以在征求当事人的意愿后进行调解:涉及群体利益,需要政府和相关部门配合的案件;人数众多的共同诉讼、集团诉讼案件;案情复杂,当事人之间情绪严重对立,且双方都难以形成证据优势的案件;相关法律法规没有规定或者规定不明确,在适用法律方面有一定困难的案件；敏感性强、社会关注程度大的案件；申诉复查案件和再审案件。

第六，适用径行调解中应当保障当事人的权利，不能为了片面追求径行调解而强迫调解。对于不能径行调解的案件，一味地适用调解未必是最佳解决途径，强化调解反而会引发当事人对法院和法官的不满与质疑。当然，具体到某个案件，是径行调解还是以其他方式处理，应当从案件的实际情况出发，结合审判实践来处理。径行调解中，法官要着重保障当事人尤其是债权人的诉讼权利和实体权益，避免强迫或变相强迫当事人接受调解。特别是对法律关系明确、事实清楚的案件，一味强化调解会向义务人传递出无须充分履行义务的有利预期。长此以往，势必挫伤权利人的维权意识，消解义务人充分履行义务的规则意识，不利于在社会秩序中形成规则之治。所以要根据案件的涉及面、影响面，案情是否查清，当事人是否接受调解、是否为社会转型中新类型案件和政策界限不明或具有较强政策性等情形来确定。

——最高人民法院民法典贯彻实施工作领导小组办公室编著：《最高人民法院新民事诉讼法司法解释理解与适用》，人民法院出版社2022年版，第352~353页。

27.如何把握不得调解的案件

第一，婚姻关系等身份关系确认案件不得调解，但非婚姻、身份确认外的其他类型案件除法律另有明确规定外，可以进行调解。比如，根据《民事诉讼法》第一百零一条的规定，人民法院可以调解维持收养关系；根据第二百零九条[①]的规定，解除婚姻关系也是可以调解的。

第二，对"其他根据案件性质，不能进行"调解的把握。这里包括不能进行调解和不宜进行调解的情形。不能进行调解的是一种客观情形，主要是指其他法律的明确规定。比如婚姻效力等依案件性质不能进行调解的民事案件和当事人的实际情况不能调解的案件。不宜调解的是一种主观情形。当前，民事纠纷呈现出主体多元、诉求多样的特征，相应地也要求解决纠纷的渠道和形式的多元。不宜进行调解的情形包括：（1）当事人均坚决反对调解，没有调解意愿和诚意，或者双方意见差别很大；（2）调解之后效果不好，比如

---

① 现为《民事诉讼法》（2023年修正）第二百一十三条。

一方当事人假调解之名行转移、变卖和隐匿财产之实,企图侵害对方当事人实体权益或借故拖延诉讼,侵害当事人程序利益的;(3)社会关注需要发挥司法的评价、教育、预测等功能,需要为社会公众确立行为规则和行为导向的案件,特别是在有利于形成新的市场交易规则、规范商事行为、倡导诚信经营的商事案件中,调解就消解了司法本应发挥的示范性功效。诸如此类情况,当事人又不同意调解或者没有调解意愿的,就应坚决采取判决等其他解纷方式。

——最高人民法院民法典贯彻实施工作领导小组办公室编著:《最高人民法院新民事诉讼法司法解释理解与适用》,人民法院出版社2022年版,第354~355页。

28.如何认定调解书的签收日与生效日

第一,调解书的签收日与生效日。调解书的签收日既可以是调解书的生效日期,也可以不是调解书的生效日期。人民法院可以当庭告知当事人到人民法院领取民事调解书的具体日期,在领取日签收调解书为调解书生效日期。依照《民事诉讼法》第一百零一条第一款第四项的规定,在当事人达成调解协议的次日起十日内将民事调解书发送给当事人,[1] 达成调解协议的日期为调解书的生效日期,而发送调解书的日期或者收到调解书的日期并不是其生效日期。如果当事人以民事调解书与调解协议的原意不一致为由提出异议,人民法院审查后认为异议成立的,应当根据调解协议裁定补正民事调解书的相关内容。[2] 调解协议达成日期为调解书生效日期,而作出补正民事调解书的裁定日期或送达该补正裁定的日期不是生效日期。

第二,未经当场协商,而采取书面传阅形式达成的调解协议制作调解书的生效日期的认定。当事人通常情形下是通过当场协商达成一致的调解意见,但也存在部分当事人因特定情形未到场协商,[3] 而事后予以追认的。如果符合《民事诉讼法》第一百零一条第一款第四项的规定,参照《民事诉讼法解释》

---

[1] 参见《简易程序规定》第十六条。
[2] 参见《简易程序规定》第十七条。
[3] 当事人因路途遥远、在国外、有其他更重要的事项办理等而未到场协商。

解释规定，应当以最后一位当事人签收日期为调解协议的生效日期。当事人申请制作调解书的，调解书的送交日不是生效日期。如果需要送达调解书的，应当以最后一位承担权利义务的当事人签收调解书的日期为调解书生效日期。

——最高人民法院民法典贯彻实施工作领导小组办公室编著：《最高人民法院新民事诉讼法司法解释理解与适用》，人民法院出版社2022年版，第369页。

六、保全与先予执行

29.保全申请不能由当事人直接交由法院，而应由仲裁机构提交

第一，保全申请应由仲裁机构提交人民法院，不能由当事人直接交由人民法院。《仲裁法》第六十八条规定："涉外仲裁的当事人申请证据保全的，涉外仲裁委员会应当将当事人的申请提交证据所在地的中级人民法院。"与此不同的是，根据《最高人民法院关于内地与澳门特别行政区就仲裁程序相互协助保全的安排》《最高人民法院关于内地与香港特别行政区法院就仲裁程序相互协助保全的安排》规定，香港、澳门特别行政区仲裁程序的当事人，在仲裁裁决作出前，可以参照《民事诉讼法》《仲裁法》以及相关司法解释的规定，直接向被申请人住所地、财产所在地或者证据所在地的内地中级人民法院申请保全。

第二，与普通诉讼的保全程序不同，涉外仲裁程序中，人民法院采取保全措施，只能基于当事人的申请，不能主动依职权进行；人民法院裁定进行财产或行为保全的，申请人应当提供担保，此亦不同于普通诉讼的保全。

第三，因当事人申请原因发生保全错误，应当由申请人赔偿被申请人的损失。《民事诉讼法》第一百零八条规定："申请有错误的，申请人应当赔偿被申请人因保全所遭受的损失。"保全是紧急情况下采取的措施，当事人应当对保全申请负责，人民法院对申请错误造成的损失不负有赔偿责任。

第四，涉外仲裁程序中财产保全措施的解除等相关问题，亦当适用《财

产保全规定》。

——最高人民法院民法典贯彻实施工作领导小组办公室编著:《最高人民法院新民事诉讼法司法解释理解与适用》,人民法院出版社2022年版,第1183~1184页。

七、第一审普通程序

30.对"有明确的被告"的理解

根据《民事诉讼法》第一百二十二条第二项的规定,"有明确的被告"是原告起诉的条件之一。实践中对于如何判断原告的起诉"有明确的被告",是多年以来困扰人民法院民事案件立案阶段的一个重要问题;特别在我国当前经济形势下,人口流动频繁,经常发生被告不明确,无法送达,进而影响人民法院查明案件事实等审判问题。《民事诉讼法解释》第二百零九条的规定就是对该问题的处理。

1.对"有明确的被告"的理解

如果从民事案件实体处理的角度而言,"明确的被告"应包括两个层面的内容:一是形式上有"明确"的可识别的被告,即既要有具体的告诉相对方,即明确相对方是谁,又要有具体相对方确切的所在,即明确相对方的地址、住所,通过身份和空间处所两个要素把相对方固定成为"明确"的被告。二是实质上有合适的"被告",即不仅要明确告诉相对方形式上的身份(姓名、性别、年龄等),还要明确相对方与原告之间法律关系、法律事实及相关证据。

第一,立案阶段"明确的被告"的形式标准。对于起诉要有具体的告诉相对方,明确相对方的姓名、年龄、性别等形式要素这一点毋庸置疑。而对于是否要有明确的被告所在,也即是否要明确被告具体、真实的空间处所,实践中存在不同的处理意见。一种意见认为,原告只要提供了"明确的"被告所在即可,至于这个"明确的"所在是否客观真实,均不影响原告的起诉。

另一种意见认为,明确具体且客观的被告所在是"明确的被告"的基本要素,不可或缺。

对此,《民事诉讼法解释》第二百零九条认为,从《民事诉讼法》的立法本意而言,确定原告的起诉是否符合条件中的"有明确的被告"主要在于确定被告的身份能够被识别,从而避免被告同他人的身份相混淆。故只要能够通过姓名、性别、住所等内容将被告独立识别出来,则原告的起诉就是符合条件的,而没有必要要求在识别出被告之外,原告还必须提供准确无误的住所,从而能够找到被告,向被告直接送达起诉状。因此,明确被告确切无误的住所并不是《民事诉讼法》所规定的"明确的被告"之精神。对此,2004年12月2日起施行的《最高人民法院关于依据原告起诉时提供的被告住址无法送达应如何处理问题的批复》中,关于人民法院依据原告起诉时所提供的被告住址无法直接送达或者留置送达的进一步处理意见体现的就是上述处理思路,即在依据原告所提供的住址无法达的情况下,人民法院应当要求原告补充材料以供人民法院进一步向被告送达起诉状,而对于原告因客观原因不能补充或者依据原告补充的材料仍不能确定被告住址的,人民法院不能裁定驳回起诉或者裁定终结诉讼,而应当依法向被告公告送达诉讼文书。

第二,起诉阶段"明确的被告"不等于"适格被告"。原告起诉是因为其权利受到侵犯或其权利需要确认,为程序意义上的权利主体;被告被诉则是因为被指控使原告的权利受到了威胁或损害。人民法院在审查立案时只要明确谁是被告就可以了,至于这个被告是不是符合条件及是否为应承担责任的合适被告,在起诉时无须确定,因为被告是否符合条件,一般只有经过实体审理才能确定。也就是说,法律要求"有明确的被告",该条件的重点在"有"字;至于该被告是否必须是恰当的被告,需要人民法院经民事实体审理后才能作出判断。人民法院不能在立案阶段在未经审理的情况下即裁定对于案件不予受理。在原告起诉符合起诉条件的情况下,人民法院如果发现原告的起诉与被告并没有法律关系的,即被告与原告起诉不具有实质上的法律关系,或者原告的诉讼请求不成立的,则已经属于诉讼成立的要件,应通过判决驳回的形式驳回原告的诉讼请求,而不能通过裁定驳回原告的起诉。

综合上述两个方面的分析,在立案阶段,对"有明确的被告"的判断主要考察被告是否符合可识别的标准。从《民事诉讼法》第一百二十二条和第一百二十四条及《民事诉讼法解释》第二百零九条的规定来看，人民法院在确定是否受理原告起诉的问题上，主要应从被告的身份、住所地两方面去审查。原告是否有证据证明其与被告存在某种法律关系，不是立案阶段审查的问题，而是审理阶段实体裁判的内容。至于明确的被告，其审查标准在于能否将被告同其他单位或者自然人区别开来。故《民事诉讼法解释》第二百零九条第一款规定了原告在起诉时，必须提交能够证明被告身份的相关材料，如被告的姓名或者名称、住所、联系方式、身份证件号码或组织机构代码等，这既便于送达诉讼文书，也便于在执行阶段建立诚信系统。《民事诉讼法解释》第二百零九条第二款规定了若原告不能提供被告的详细信息，从而无法识别被告身份的，可视同被告不明确，人民法院应当通知当事人限期补正，当事人在合理期限内未补正的，可以被告不明确为由裁定不予受理。当然，原告因客观因素限制无法准确提供被告的身份、住所信息的，人民法院可以依职权进行核查。

2.可识别性标准在实践中的作用

从《民事诉讼法解释》第二百零九条规定来看，原告只要能够通过提供被告的姓名或者名称、住所等信息，使被告与他人相区别，则被告就是能够被识别的，即可以认定为有明确的被告。而对于起诉状列写的被告信息不足以认定明确的被告的，人民法院可以告知其补正。比如，原告起诉张三偿还借款，为此提供了张三系某村人的信息，但是经人民法院审查，该村有三个张三，而原告并不能明确是哪一个张三向其借款，在此情况下，人民法院应告知原告予以补正。如果原告能够提供该张三的身份证件号码，则原告的补正是符合被告可区别于他人的可识别标准。如果原告补正后仍不能确定明确的被告的，人民法院则应裁定不予受理。

审判实践中应当注意的问题：

根据《民事诉讼法解释》第二百零九条的要求，只要原告能够提供可以识别被告的信息，即使其不能提供被告的住所，或者提供的被告的住所并非客观、准确的住所，人民法院也应予以受理。在被告的住所并不明确，且法院查证不能的情况下，人民法院应向当事人释明通过公告方式向被告送达。

另外，在人民法院实施立案登记制的情况下，对于案件的实体审理属于立案之后的处理，因此，在立案阶段，无论原告与被告是否实质上具有某种法律关系，即被告是否是与原告具有法律关系的合适的应当承担责任的被告，均不影响人民法院受理该案。至于人民法院在立案后，经过实体审理，认定原告所起诉的被告并不合适，被告与原告并无相应的法律关系，则应判决驳回原告的诉讼请求，在此情况下则属于人民法院实体审理之后的处理问题。

——最高人民法院民法典贯彻实施工作领导小组办公室编著：《最高人民法院新民事诉讼法司法解释理解与适用》，人民法院出版社2022年版，第458~460页。

31.一事不再理原则及重复起诉的判断标准

《民事诉讼法解释》第二百四十七条借鉴大陆法系国家的理论，对一事不再理原则的适用标准作出规定。大陆法系国家遵循从主观和客观两个方面来判断一事不再理原则的构成。主观方面，即考察当事人的同一性；客观方面，即考察审理对象（诉讼对象）是否相同。这也是《民事诉讼法解释》第二百四十七条的基本思路。

1.一事不再理原则的主观方面：当事人相同。一般而言，形式当事人和正当当事人（实质当事人、适格当事人）的区分对于一事不再理原则下确定同一当事人的范围没有意义。无论当事人在诉讼中仅为形式当事人，还是正当当事人，都要承受作为诉讼结果的判决的既判力约束，不能就相同的诉讼标的或审理对象再次提起诉讼。具有同一性的当事人包括以下六种。

一是通常当事人。通常当事人是判决效力所及的最直接的主体，因此，其受一事不再理原则的约束，自不待言。

二是诉讼担当人。诉讼担当人，是指就他人的诉讼标的的权利义务有当事人的诉讼实施权，从而为他人担当诉讼的人。[①] 以诉讼实施权行使的依据为标准，诉讼担当可分为法定诉讼担当和任意诉讼担当两种情形。前者是指有法律特别明文规定的诉讼担当，后者是指在法律规定的范围内，通过约定的方式产生的诉讼担当。《中华人民共和国企业破产法》规定的破产管理人、《民法典》合同编中的代位权人即属于法定诉讼担当人，《民事诉讼法》第五十六条、第五十七条规定的代表人诉讼中的诉讼代表人属于任意诉讼担当人。

---

① 参见骆永家：《既判力之研究》，我国台湾地区三民书局1999年版，第138页。

诉讼担当人的诉讼结果对被担当人具有约束力，在判断一事不再理的构成时，诉讼担当人与被担当人具有同一性。

三是诉讼参加人。一个诉讼提起后，原、被告双方之外的第三人参与到诉讼之中的情形，称为诉讼参加。该参加到他人诉讼中的人为诉讼参加人。我国《民事诉讼法》中规定的有独立请求权第三人相当于大陆法系国家的主参加人，因其以独立诉讼的方式参加到他人的诉讼之中，在诉讼中具有当事人的地位，当然受一事不再理原则的约束。我国的无独立请求权第三人在实践中则存在辅助当事人诉讼和独立诉讼两种情况。前者相当于大陆法系的从参加人，在诉讼中仅仅处于辅助地位，故不受一事不再理原则的约束；后者因其独立参加诉讼，实质上具有当事人的地位，应当受一事不再理原则的约束。

四是当事人的继受人。当事人的继受人，是指通过继受而承受诉讼标的权利义务关系，从而承受当事人地位的人。包括因自然人当事人死亡或者法人、设有代表人或管理人的非法人组织当事人合并，而发生的继受情形；也包括因法律行为或者法律规定或法院拍卖等国家公法行为而受让诉讼标的的权利义务的人。

五是为当事人或者其继受人占有请求的标的物的人。其是指在诉讼标的为以给付特定物为目的的请求权时，如该特定物被诉讼外的他人为当事人或其继受人占有而非为自己占有的情形。

六是既判力效力所及的一般第三人。其主要指在有关身份关系的人事诉讼和公司关系的诉讼中所作出的具有形成效力的判决，具有对世效力，在原告胜诉时任何人均不得再次起诉。

2. 一事不再理原则的客观方面：诉讼对象的同一性。一事不再理原则的客观方面，即所谓一事不再理中"一事"的问题，是一事不再理原则的核心问题。它是一事不再理原则中最为核心和本质的内容。诉讼对象又称诉讼标的或诉讼物，是指法院在民事诉讼中审理和判断的对象。关于诉讼标的，存在多种理论上的学说，概括起来大致有实体法诉讼标的理论（旧实体法说）、新诉讼标的理论（诉讼法说，包括二分肢说、一分肢说等）、新实体法说、诉讼标的相对论等观点。不同的诉讼标的理论决定着对诉讼内容不同的理解，也决定着一事不再理原则的作用范围。我们认为，依实体法诉讼标的理论来理解，比较符合我国民事诉讼的实际状况。实体法诉讼标的理论（旧实体法说）从实体法上的请求权出发来界定诉讼标的，认为诉讼标的乃是原告在诉讼上所为一定具体实体法之权利主张。原告起诉时，在诉状中必须具体表明其所主张之实体权利或法律关系。这与我国民事诉讼实践中长期以来对审判对象的理解是一致的。将诉讼标的理解为当事人在实体法上的权利义务或者法律关系，简便易行，法院审理范围十分明确，诉讼程序秩序稳定，当事人攻击防御目标集中。至于旧实体法说中遭到批判的请求权竞合情况下出现复数诉讼标的的问题，可以结合实体法的规定，通过诉讼法上的特别处理加以解决。至于当事人一次纠纷不能一次性解决的问题，则可以通过扩展法官释明义务，在一定程度上予以缓解。旧实体法说所具有的这种优势及其与我国民事诉讼实践需求的契合度，是其他诉讼标的理论所无法比拟的。

诉讼请求是建立在诉讼标的基础上的具体声明，在采旧实体法说理解诉讼标的的前提下，具体的请求内容对于诉讼中识别诉讼标的及厘清其范围具有实际意义。因此，《民事诉讼法解释》第二百四十七条将诉讼请求的同一性也作为一事不再理原则适用的判断标准。该条第一款第三项中的"后诉的诉讼请求实质上否定前诉裁判结果"主要是指后诉提起相反请求的情况。

审判实践中应当注意：

第一，当事人相同，不受当事人在前诉与后诉中的诉讼地位的影响，即使前后诉原告和被告地位完全相反，仍然应当认定当事人为同一。例如，甲起诉乙要求确认房屋所有权，乙又起诉甲同样要求就房屋使用权进行确认，两诉之间的当事人是相同的。

第二，在前诉与后诉当事人相同、诉讼标的同一的情形下，后诉提起与前诉相反的诉讼请求的，如甲起诉乙请求确认法律关系有效，乙又起诉甲请求确认法律关系无效的，构成一事不再理。

第三，一般而言，给付之诉中隐含确认之诉的内容，如果甲起诉乙请求依法律关系进行给付，乙又起诉甲请求确认法律关系无效的，属于后诉的请求实质上否定前诉裁判结果的情形。

——最高人民法院民法典贯彻实施工作领导小组办公室编著：《最高人民法院新民事诉讼法司法解释理解与适用》，人民法院出版社2022年版，第519~521页。

32.当事人相同，不受当事人在前诉与后诉中诉讼地位的影响，仍应当认定当事人为同一

第一，当事人相同，不受当事人在前诉与后诉中的诉讼地位的影响，即使前后诉原告和被告地位完全相反，仍然应当认定当事人为同一。例如，甲起诉乙要求确认房屋所有权，乙又起诉甲同样要求就房屋使用权进行确认，两诉之间的当事人是相同的。

第二，在前诉与后诉当事人相同、诉讼标的同一的情形下，后诉提起与前诉相反的诉讼请求的，如甲起诉乙请求确认法律关系有效，乙又起诉甲请求确认法律关系无效的，构成一事不再理。

第三，一般而言，给付之诉中隐含确认之诉的内容，如果甲起诉乙请求依法律关系进行给付，乙又起诉甲请求确认法律关系无效的，属于后诉的请求实质上否定前诉裁判结果的情形。

——最高人民法院民法典贯彻实施工作领导小组办公室编著：《最高人民法院新民事诉讼法司法解释理解与适用》，人民法院出版社2022年版，第521页。

33.不适用一事不再理原则及不构成重复起诉的情形

《民事诉讼法解释》第二百四十八条是关于不适用一事不再理原则的情况的规定。当事人再次提起诉讼的条件为发生新的事实。从《民事诉讼法》理论上看，判决生效后，当事人不得就已经判决的同一案件再行起诉，即判决具有既判力。而从既判力的效力范围看，既判力具有主观范围、客观范围和时间范围。既判力的时间范围，即既判力的基准时或标准时，是法院确定终局判决所判断的当事人之间诉争事实状态或权利状态存在的特定时间点。既判力基准时所针对的是确定判决对所判断事项产生既判力的时间点问题。从大陆法系的理论主张看，通说认为，"发生既判力的判决只确认特定时刻的权利状态，而不是确认所有未来的权利状态……涉及实质既判力的时刻与双方当事人在诉讼进行中能提起新的事实主张的截止时刻相同"①。也就是说，既判力的基准时为"事实审言词辩论终结时"。因确定判决是对特定时点上当事人之间的实体法律关系状态的判断，故确定判决仅对基准时之前发生的事项具有既判力，对基准时之后的事项没有既判力。基准时后发生新的事实，不受既判力的拘束，当事人可再次提起诉讼。

从我国《民事诉讼法》的规定看，在"有错必纠"司法观念的影响下，既判力制度在《民事诉讼法》上未有明确规定。因既判力决定着一事不再理原则作用的范围，在既判力制度缺位的情况下，一事不再理原则的效力范围较难以明确，亦导致审判实践中对一事不再理原则适用的不一致。在此情况下，结合司法实践，并借鉴域外既判力基准时的相关理论，《民事诉讼法解释》第二百四十八条对不适用一事不再理原则的情况进行了规定，明确了裁判发生法律效力后，发生新的事实，当事人再次提起诉讼的，不适用一事不再理原则，人民法院应当依法受理。因确定判决仅对基准时之前发生的事项具有既判力，对基准时之后的事项没有既判力。裁判发生法律效力后发生新的事实，为既判力基准时之后发生，并未被生效判决所确认，不在诉讼系属中，亦不应受既判力的拘束。因发生了新的事实，从而使确定判决所认定的权利发生变动，当事人基于该事实再次提起的诉讼，不适用一事不再理原则，法院对此应予以受理。

需注意的是，新的事实为生效裁判发生法律效力后发生的事实，而不是原生效裁判未查明或涉及的事实，亦不是当事人在原审中未提出的事实。应当指出的是，原审结束前就已经存在的事实，当事人应当主张而未主张的事实，也不属于新的事实。

审判实践中应当注意：

实务中，在裁判发生法律效力后，当事人以发生新的事实为由，再次向法院提起诉讼的，人民法院对原告的起诉应当依法受理。但当事人的起诉应符合《民事诉讼法》规定的起诉和受理的条件，人民法院对此也应当依法进行审查。人民法院的审查仅是一种形式审查，仅审查"新的事实"是否有证据，至于该"新的事实"是否属实，在起诉的受理阶段无须审查，而有待受

---

① ［德］奥特马·尧厄尼希：《民事诉讼法》，周翠译，法律出版社 2003 年版，第 332 页。

理后进行审查处理。当事人主张的新的事实不成立的，人民法院应裁定驳回起诉。

——最高人民法院民法典贯彻实施工作领导小组办公室编著：《最高人民法院新民事诉讼法司法解释理解与适用》，人民法院出版社2022年版，第522~5213页。

34.同一法院受理的基于同一事实发生的不同的诉讼可以合并审理

司法实践中，基于同一事实发生的纠纷，当事人分别起诉的情况时有发生。例如，甲乙双方因加工承揽关系发生纠纷，甲方起诉要求乙方支付加工款，乙方起诉要求甲方赔偿加工物质量不合格给乙方造成的损失，两个案件基于同一事实，但是诉讼请求相互排斥。具有共同事实基础的不同的诉由不同的审判组织审理，容易出现相互矛盾的事实认定和判决结果，损害司法统一性。现行法律规范对反诉与本诉的合并以及第三人之诉与本诉的合并有明确的规定，但是对同一法院受理的基于同一事实发生的不同的诉讼是否可以合并审理未予规定，使该类案件的合并缺乏程序保障。《民事诉讼法解释》第二百二十一条规定使诉的合并制度更为完善。

对于《民事诉讼法解释》第二百二十一条的理解应把握以下几点。

1.诉的合并的标准

法律事实是法律规范所规定的能够引起法律关系产生、变更或消灭的现象，可以合并的诉讼应"基于同一事实"发生，各单纯之诉所依据的事实关系或者法律关系应有牵连，具有一致性或者重叠性。如果各单纯之诉所依据的事实关系或者法律关系并不具有一致性，或者重叠性较小以至于不足以产生相互矛盾的裁判，则认为各单纯之诉并不符合合并的要件。

从司法实践看，存在下述情形时可以认为诉的牵连性较为紧密：（1）各个诉的当事人诉求指向同一法律关系，如基于同一个合同关系，合同甲方请求继续履行合同，而合同乙方起诉请求确认合同无效或者申请撤销合同；或者合同甲方请求支付价款，合同乙方主张履行不符合约定，甲方应赔偿损失。（2）各个诉的当事人诉求基于同一事实而产生，但是存在多个法律关系，例如基于同一交通事故，有多个受害人和责任人，成立多个人身损害赔偿法律关系，有可能发生多起诉讼，但是各案在事实认定及对当事人在侵权事件中的责任比例划分应具有一致性，故宜合并审理。又如，在离婚诉讼中，因离婚行为产生三个法律关系——离婚关系，子女抚养关系以及财产分割关系，通常应在一个案件中合并审理。除非财产分割纠纷过于复杂，为避免拖延婚姻关系的处理，则可以分别处理。(3)各个诉之间涉及的法律关系存在主从关系。如在借款纠纷中，借款人与出借人、担保人分别签订借款合同和担保合同，出借人分别起诉借款人和担保人。担保合同纠纷中担保人的责任与借款合同中出借人的责任具有一致性，应合并审理。(4)各个诉之间的当事人存在不真正连带债务。产生不真正连带债务是因存在不同的法律关系，基于同一损害事实，数个债务人对债权人负有同一给付义务。例如，劳动者在工作时间、工作地点因工作原因遭受第三人的人身侵害，劳动者可以基于侵权行为向第三人主张赔偿，同时，劳动者可以基于劳动合同关系，向用人单位主张赔偿，用人单位赔偿后可以向第三人追偿。如果劳动者同时提起两个诉讼，则可以合并审理，有助于确定终局责任承担者。

2.诉的合并的启动和决定

诉讼的启动权在当事人，当事人对程序问题亦有处分权，例如申请撤诉，但是为了保证诉讼的公正及效率，法院对诉讼程序有控制权，对程序事项有裁决权。当事人可以向法院申请合并诉讼，由法院根据案件的牵连程度等考量因素作出决定；在当事人未申请合并情况下，法院认为有必要合并的，也可以自行决定合并审理。根据《民事诉讼法解释》第二百三十二条的规定，当事人提出反诉，第三人提出与本案有关的诉讼请求的时间为法庭辩论结束前，参照该规定，当事人应在法庭辩论结束前提出诉的合并申请。

审判实践中应当注意：

在案件的审理过程中，应注意如下问题：(1)做好释明工作，发现存在相互关联的案件，应及时向当事人释明是否申请合并案件。(2)注意审查需要合并的案件是否属于同一诉讼程序。如果发现当事人申请合并的诉讼不能适用同一诉讼程序，法院应分别审理。例如，股东请求解散公司诉讼属于诉讼案件中的变更之诉，适用普通程序；公司清算属于非诉案件。公司解散案件和公司清算案件不能合并审理。(3)合并审理的方式。对于合并审理的内涵，学理上有不同的认识，一般包括共同开庭，适用同一诉讼程序，由同一审判组织审理，共同调解、宣判等。我们认为，诉的合并可以是两个诉合并为一个案件，如本诉、反诉的合并；也可以由同一审判组织审理，而仍为两个独立的案件。合并审理的本质应为由同一审判组织审理，一般应共同开庭，共同调解和判决。在两个诉合并为一个案件时，可以作出合一的判决。如果一个案件对另一个案件有先决效力，可以对有先决效力的案件先行宣判。(4)法院在决定是否合并多个诉讼时应从立法目的出发，审查合并诉讼是否有利于查清案件事实、厘定当事人具体责任，防止相互矛盾的事实认定和裁判结果。如果诉的合并无法实现上述程序功能和价值，则应避免将缺乏牵连性的诉讼合并，导致不必要的诉讼拖延。

——最高人民法院民法典贯彻实施工作领导小组办公室编著：《最高人民法院新民事诉讼法司法解释理解与适用》，人民法院出版社2022年版，第470~472页。

35.反诉与本诉是否可以合并审理，由人民法院根据案情决定

理解《民事诉讼法解释》第二百三十三条应当注意把握以下四个方面。

1. 反诉的主体要求

反诉的主体要求即反诉中的原、被告主体资格，主要包括两方面：一是提起反诉的主体，即谁有资格提起反诉；二是提起反诉的对象，即向谁提起。关于反诉的主体，各国的规定有所不同。大陆法系传统理论认为，反诉只能由本诉的被告向本诉的原告提起，不允许向本诉原告之外的第三人提起。因为反诉与本诉合并审理，从而达到一次性解决纠纷实现诉讼效益、防止矛盾判决产生的功能会随着引入第三人而减弱，增加案件的复杂性的同时给法院的审理带来困难，错案出现的概率加大。而英美法系对于反诉的被告作了适当扩张，规定除了可以向本诉原告提起反诉外，还可以同时向案外第三人提起反诉，将反诉的当事人向第三人扩张。

从我国《民事诉讼法》的相关规定来看，立法并未具体涉及反诉制度的当事人问题。我国理论界通说认为，反诉的当事人应当限定于本诉的当事人。反诉、本诉的当事人必须相同，反诉的原告只能是本诉的被告，反诉的被告只能是本诉的原告，反诉的当事人和本诉的当事人不增加也不减少，只是诉

讼地位互换。也就是说，反诉只能由本诉的被告向本诉的原告提起，反诉实际上是变更原诉当事人的相互地位，原告变为被告，被告变为原告。反诉与本诉并存于同一诉讼程序之中，使双方当事人都同时居于原告与被告的双重诉讼地位。反诉的当事人包含了反诉的原告与被告两方面，无论是提起反诉的主体，抑或是反诉的对象，如果超越了本诉当事人的范围，则均不构成反诉，需要另行起诉。由于我国民事诉讼中的第三人制度可为当事人之外的第三人参与诉讼提供一定的路径，所以理论上禁止第三人提起反诉。

2.反诉的客观构成要件

（1）构成反诉的实质要件。反诉的实质要件是指反诉与本诉之间必须具有牵连关系，它是构成反诉的核心要件。所谓反诉与本诉有牵连关系，是指反诉标的及请求与本诉标的及请求有牵连，这种牵连包括法律上的牵连和事实上的牵连，即反诉与本诉的诉讼请求必须在事实或法律上有牵连关系。只有具备了这种牵连性，反诉才能成立，因而反诉实质要件就是决定被告提出的反请求是否属于反诉范畴的条件。主流观点认为，反诉与本诉的牵连关系包括反诉的诉讼请求与本诉的诉讼请求基于同一法律事实或者属于同一法律关系，由于这种牵连，反诉与本诉就可以相互排斥、抵消、吞并。具体来讲，本诉与反诉的牵连关系主要表现为：一是诉讼请求基于相同法律关系。例如，在买卖合同纠纷中，一方以对方短少货款为由请求给付货款并支付利息，对方以货物质量不符合约定为由请求修理、更换、重作并赔偿损失。二是诉讼请求之间具有因果关系。通常表现为诉讼请求相互冲突或抵消，如原告起诉离婚，被告反诉确认婚姻无效。三是本诉与反诉的诉讼请求建立在相同事实基础上。例如，两人互殴，一方诉请损害赔偿，对方反诉损害赔偿。这也是判断构成反诉的主要标准。

（2）构成反诉的程序性要件。除了上述实质要件外，构成反诉的程序性要件也必不可少，具体包括以下四个方面。

第一，反诉起诉条件的要求。反诉同本诉一样，首先必须符合《民事诉讼法》第一百二十二条规定的起诉条件：原告是与本案有直接利害关系的公民、法人和其他组织；有明确的被告；有具体的诉讼请求和事实、理由；属于人民法院受理民事诉讼的范围和受诉人民法院管辖。

第二，反诉管辖法院的要求。管辖权是法院对特定诉讼行使审判权的前提,故受诉法院须对反诉具有管辖权。反诉只能向受理本诉的同一人民法院提起,且不能违反法律对专属管辖的规定。反诉是在本诉进行中提起的,并且要利用本诉的诉讼程序一并进行审理,因此反诉只能向受理本诉的法院提起。审理本诉的法院对反诉的管辖权,可以基于牵连管辖而获得,但如果反诉属于另一法院专属管辖,受理本诉的法院则无权管辖,本诉的被告只能向有专属管辖权的法院另行起诉。专属管辖多因涉及公共利益而具有强制性,不允许随意变更,具有不可改变性、排他性,由某一法院专属管辖的案件,其他任何法院都无权管辖。这是法律强制性规定,不得违反。

第三,反诉程序上的要求。反诉与本诉应当适用同种诉讼程序,以便于合并审理。这里的同一程序是指普通程序和简易程序,不包括非诉讼程序,因为在非诉讼程序中被告不能提起反诉。只有反诉和本诉适用同一程序,才能将反诉与本诉合并审理,以达到简化诉讼程序之目的。

第四,提起反诉的时间要求。反诉的提起是以本诉的存在为前提的,当然应当在本诉的进行中提起,但最迟什么时间提起才有效,《民事诉讼法》对此并没有明确的规定。根据《民事诉讼法解释》第二百三十二条的规定,在案件受理后,法庭辩论结束前,被告提出反诉,可以合并审理的,人民法院应当合并审理。即反诉应当在法庭辩论结束之前提起,这样法庭可以将本诉与反诉合并审理,集中进行法庭调查,在查明案件事实、分清是非的基础上进行裁判,这样较之于将两诉分别审理可以省去许多重复程序,既能提高诉讼效率又能准确有效地解决民事纠纷。需要注意的是,这里的"法庭辩论结束前"既包括一审程序中的法庭辩论结束前,也包括二审程序中的法庭辩论结束前。换言之,本诉被告在本诉的一审程序、二审程序和再审程序中均可提起反诉。根据《民事诉讼法解释》第三百二十六条的规定,在第二审程序中,原审被告提出反诉的,第二审人民法院可以根据当事人自愿的原则就反诉进行调解,调解不成的,告知当事人另行起诉。

3. 本诉与反诉应当合并审理

合并审理,就是把两个或两个以上的诉合并在一个程序中进行审理。合并审理既能贯彻"两便"原则,减轻当事人和人民法院不必要的讼累,从而节约司法资源;又能防止法院在处理有关联的问题中作出相互矛盾的裁判,从而保证法院裁判的正确性和统一性。关于反诉的审理,我国《民事诉讼法》

的规定是可以合并审理。《民事诉讼法》第一百四十三条规定："原告增加诉讼请求，被告提出反诉，第三人提出与本案有关的诉讼请求，可以合并审理。"从立法字面含义理解，反诉与本诉可以合并审理，也可以不合并审理。可见合并审理并非反诉的目的，只是一种解决纠纷的方式，分开审理也不应影响反诉的成立。我国立法没有对本诉与反诉的合并审理程序加以明确和细化。《民事诉讼法解释》第二百三十二条明确规定，本诉与反诉可以合并审理的，应当合并审理。《民事诉讼法解释》第二百二十三条则特别强调，当反诉与本诉的请求基于相同法律关系、具有因果关系或基于相同事实时，应当合并审理。因为这类反诉与本诉联系紧密，在事实认定和责任的归属等方面容易处于交叉重叠状态，合并审理有利于事实的认定、纠纷的解决和裁判矛盾的剔除。

4. 不构成反诉的处理

由于构成反诉必须具有上述主客观要件，对于被告提出的诉讼请求应由其他法院专属管辖，或者与本诉的诉讼标的及诉讼请求所依据的事实、理由无关联的，则不能构成反诉，被告主张的，人民法院不予受理，告知其另行起诉。

审判实践中应当注意：

如前所述，人民法院受理反诉后，应当在同一程序中合并审理本诉和反诉。当然，在审理过程中，人民法院根据案件具体情况可以合并辩论，也可以分开辩论。对于本诉和反诉，人民法院应当分别作出裁判，各裁判可以同时作出也可以分别作出。

——最高人民法院民法典贯彻实施工作领导小组办公室编著：《最高人民法院新民事诉讼法司法解释理解与适用》，人民法院出版社2022年版，第499~502页。

36.依职权决定回避情形的期限问题

为防止诉讼拖延，影响案件审理效率，此决定程序的期限不宜过长，而宜参考《民事诉讼法》第五十条规定的"人民法院对当事人提出的回避申请，应当在申请提出的三日内，以口头或者书面形式作出决定"，即以三日为限。

——最高人民法院民法典贯彻实施工作领导小组办公室编著：《最高人民法院新民事诉讼法司法解释理解与适用》，人民法院出版社2022年版，第160~161页。

37.审判人员任职回避以及发回重审案件审判人员是否需要回避的规定

对于《民事诉讼法解释》第四十五条的适用，需要注意的是《民事诉讼法解释》第四十五条第一款中"审判程序"的界定问题。为维护程序公正，发挥《民事诉讼法解释》第四十五条第一款规定之应有作用，对此审判程序不宜作从宽解释，审理前的程序，比如先行调解程序、立案调解程序等，都不应理解为案件的审判程序，审判人员参与这些程序也不属于参与审判工作。同时，此审判程序必须是"同一案件"的不同审判程序，对于调解协议的司法确认案件，被人民法院依法裁定驳回后，当事人又重新起诉的，由于两个案件的诉讼标的根本不同，因此不属于同一案件，故也不能适用《民事诉讼法解释》第四十五条规定。此外，此"审判程序"目前也不宜包括对于某些疑难案件，审判委员会讨论案件的程序，因为这一程序不是一个独立的案件审理程序，且审判委员会成员较多，有其自身的案件讨论程序，有关审判委员会委员回避的问题将适时出台相应的司法解释予以规范。

——最高人民法院民法典贯彻实施工作领导小组办公室编著：《最高人民法院新民事诉讼法司法解释理解与适用》，人民法院出版社2022年版，第159页。

38.被告经传票传唤无正当理由未到庭，法院不能当然地完全按照原告的主张来判决

审判实践中，应尽量避免在缺席判决的判决书中有"被告经传票传唤无正当理由未到庭，放弃质证的权利，应视为对原告起诉的认可""因被告未到庭，放弃质证权利，法院对原告提供的证据应予以认定"等类似内容的表述。这种表述是不正确的。被告经传票传唤无正当理由未到庭，可以视为其放弃了当庭陈述、举证和质证的权利，但并不能视为其对原告的诉讼请求或主张的事实的承认，也不能视为对自己实体权利的处分，法院不能当然地据此对

原告提供的证据予以认定，完全按照原告的主张来判决，仍要结合到庭当事人和双方已经提交的证据及其他诉讼材料进行审理。

——最高人民法院民法典贯彻实施工作领导小组办公室编著：《最高人民法院新民事诉讼法司法解释理解与适用》，人民法院出版社2022年版，第514页。

八、简易程序和小额诉讼程序

39.当事人就案件适用简易程序提出异议如何处理的规定

第一，人民法院应严格审查当事人异议是否成立。司法实践中，部分当事人为了拖延诉讼可能会通过增加或变更诉讼请求、申请追加当事人、提出反诉等方式营造案件复杂、争议较大的假象以期达到转化程序拖延诉讼的目的。因此，如果当事人一方实施上述行为后又以该行为作为案情复杂、争议较大的理由，人民法院在具体审查异议是否成立时，应结合案件已查明其他事实综合进行判断，而不应拘泥于当事人的陈述。

第二，案件转为普通程序前，双方当事人已确认的事实不再举证、质证的例外情况。《民事诉讼法解释》第二百六十九条对案件转为普通程序前，双方当事人已确认的事实，规定的是"可以"不再进行举证、质证。也即，不排除在特别情形下，案件转为普通程序审理后，双方当事人确定的事实还有举证、质证的必要。例如，《民事诉讼证据规定》第三条规定："在诉讼过程中，一方当事人陈述的于己不利的事实，或者对于己不利的事实明确表示承认的，另一方当事人无需举证证明。在证据交换、询问、调查过程中，或者在起诉状、答辩状、代理词等书面材料中，当事人明确承认于己不利的事实的，适用前款规定。"但《民事诉讼证据规定》第九条规定了当事人可以撤销自认，该条规定："有下列情形之一，当事人在法庭辩论终结前撤销自认的，人民法院应当准许：（一）经对方当事人同意的；（二）自认是在受胁迫或者重大误解情况下作出的。人民法院准许当事人撤销自认的，应当作出口头或者书面裁定。"因此，当事人撤销自认并且人民法院准许的，不能免除对方的举证责任，对相关事实，还应当进行举证、质证。

——最高人民法院民法典贯彻实施工作领导小组办公室编著：《最高人民法院新民事诉讼法司法解释理解与适用》，人民法院出版社2022年版。

40.人民法院适用简易程序审理民事案件采取简便方式传唤当事人、通知证人和送达诉讼文书及其效力的规定

1.简便方式传唤与"未经传票传唤，缺席判决的"这一法定再审事由的关系

1991年《民事诉讼法》中并未将"未经传票传唤，缺席判决的"作为法定再审事由。因此，2003年《简易程序规定》第十八条只强调了以简便方式发送的开庭通知，未经当事人确认或者没有其他证据足以证明当事人已经收到的，人民法院不得将其作为按撤诉处理和缺席判决的根据。该条文另一种表述可为，只要经当事人确认或者其他证据足以证明当事人已经收到的，人民法院可以作出缺席判决。司法实践中，确实有部分缺席判决就是依据该条作出。显然，这类缺席判决事先并没有经过传票传唤这一程序。2007年《民事诉讼法》在第一百七十九条[①]将"未经传票传唤，缺席判决的"增加规定为法定再审事由。2012年《民事诉讼法》、2017年《民事诉讼法》和2021年《民事诉讼法》均保留了该再审法定事由。由此，实务中有观点认为，如果人民法院以不采用传票的简便方式送达开庭通知后，在当事人未到庭的情形下作出缺席判决，则败诉一方当事人有权以上述法定再审事由申请再审。我们认为，无论是通过书面的传票方式，还是通过捎口信等其他简便方式，目的都是传唤当事人，让其得知开庭相关事项。因此，这些简便方式只要得到当事人的确认，或者有证据证明当事人已经收到或知悉开庭相关事项的，就具有与用传票传唤当事人一样的效果。而且，从《民事诉讼法》条文设置上来看，2021年《民事诉讼法》关于传票传唤法律效果的条文分别为第一百四十六条和第一百四十七条，位于第十二章第一审普通程序第三节开庭审理部分，而关于简便方式传唤的条文位于第十三章简易程序部分，可见，传票传唤一

---

① 现为《民事诉讼法》（2023年修正）第二百一十一条。

般用于普通程序，简易程序中的传唤则无传票形式的强制要求。由于简易程序是与普通程序并列的程序，故适用于普通程序的传票传唤对于简易程序而言不是必然要求。相应地，2021年《民事诉讼法》第二百零七条中"未经传票传唤，缺席判决的"，一般也应解释为，该法定再审事由应限定在适用普通程序审理的案件范围内，而不包括适用简易程序审理的案件。

2. 关于利用QQ、微信、微博等即时通信工具传唤、通知、送达是否属于本条简便方式范畴的问题

在2015年起草《民事诉讼法解释》的过程中，曾有意见建议将QQ、微信等传唤、通知、送达纳入简便方式范畴，在当时，我们认为，这些方式多为特定公司自行研发的产品，并不具备全社会的普适性，故在《民事诉讼法解释》中并未特别列明，但《民事诉讼法解释》并不排斥上述方式的采用。但是，根据2021年《民事诉讼法》第九十条规定，只要受送达人同意，人民法院就可以采用能够确认受送达人收悉的电子方式送达诉讼文书。

3. 要注意本条第二款与《人民法院在线诉讼规则》第三十一条之间的衔接

《民事诉讼法解释》第二百六十一条第二款规定："以简便方式送达的开庭通知，未经当事人确认或者没有其他证据证明当事人已经收到的，人民法院不得缺席判决。"《人民法院在线诉讼规则》第三十一条第一款、第二款规定："人民法院向受送达人主动提供或者确认的电子地址送达的，送达信息到达电子地址所在系统时，即为送达。受送达人未提供或者未确认有效电子送达地址，人民法院向能够确认为受送达人本人的电子地址送达的，根据下列情形确定送达是否生效：（一）受送达人回复已收悉，或者根据送达内容已作出相应诉讼行为的，即为完成有效送达；（二）受送达人的电子地址所在系统反馈受送达人已阅知，或者有其他证据可以证明受送达人已经收悉的，推定完成有效送达，但受送达人能够证明存在系统错误、送达地址非本人使用或者非本人阅知等未收悉送达内容的情形除外。"实践中所采用的简便方式为电子方式，且符合《人民法院在线诉讼规则》第三十一条第一款、第二款所规定情形的，应当认定为有效送达，不属于"未经当事人确认或者没有其他证据证明当事人已经收到"的情形。

——最高人民法院民法典贯彻实施工作领导小组办公室编著：《最高人民法院新民事诉讼法司法解释理解与适用》，人民法院出版社2022年版。

41.人民法院不宜主动将已适用普通程序的案件转为简易程序

第一，人民法院不宜主动将已适用普通程序审理的案件裁定转为简易程序审理。《民事诉讼法解释》是以《民事诉讼法》第一百六十条第二款规定的当事人约定选择简易程序的规定为依据的。也即人民法院裁定程序转化一般应以当事人双方有约定为前提。人民法院在审理民事案件时，应当特别尊重当事人的程序选择权，尊重当事人的意愿，不得通过自行决定方式强迫当事人适用简易程序。而且基于程序不可逆性原则，人民法院在当事人双方对此没有约定的前提下，也不宜主动进行程序转化。对此，《简易程序规定》第二条第二款"人民法院不得违反当事人自愿原则，将普通程序转为简易程序"即为例证。

第二，人民法院进行程序转化必须以口头或书面裁定形式作出，而不能以决定、通知等形式告知当事人。这是因为程序转化涉及当事人重大程序利益，如果以决定、通知等形式告知程序转化，一是过于随意，不够严谨，二是可能会变相剥夺当事人寻求救济的权利。

第三，人民法院应对当事人转化程序的选择进行审查。只有符合法律和司法解释规定可以适用简易程序的案件才能裁定转化为简易程序。对发回重审的案件、第三人撤销之诉案件等本司法解释规定不能适用简易程序的案件均不能裁定转为简易程序。

——最高人民法院民法典贯彻实施工作领导小组办公室编著：《最高人民法院新民事诉讼法司法解释理解与适用》，人民法院出版社2022年版，第557页。

42.简易程序审理期限及程序转换后审理期限的规定

第一，根据《民事诉讼法》第一百七十条及《民事诉讼法解释》第二百六十九条的规定，人民法院将案件由适用简易程序审理转为适用普通程序审理的，必须作出裁定。裁定可以是书面的或者口头的，口头裁定的，应当记入笔录。

第二，人民法院转换审理程序时应向当事人书面告知相关事项。这些事项包括：《民事诉讼证据规定》第五十条、第五十一条中要求向当事人告知的举证责任的分配原则与要求、可以向人民法院申请调查取证的情形、人民法院根据案件情况指定的举证期限以及逾期提供证据的法律后果。①通知必须以书面形式进行。这是因为案件转换为普通程序审理，对当事人而言，意味着案件审理期限将会延长，诉讼成本将会增加，涉及当事人的程序利益。因此，有必要以书面形式通知以显示其正式性，而且客观上能使当事人的诉讼权利和义务得到更好保障。

——最高人民法院民法典贯彻实施工作领导小组办公室编著：《最高人民法院新民事诉讼法司法解释理解与适用》，人民法院出版社2022年版，第551页。

43.审判实践中，注意正确适用驳回起诉裁定的形式

审判实践中，应注意正确适用驳回起诉裁定的形式。《民事诉讼法解释》起草过程中，对驳回起诉裁定，究竟应采用何种形式，有两种意见。一种意见认为，小额诉讼案件强调审理效率，追求快审快结，故审理中各个环节能简则简。既然包括小额诉讼案件在内的简易程序案件的裁判文书都可以简化且应当简化，那么驳回起诉的裁定也应作同样处理。换言之，驳回起诉裁定就没有必要一律采用书面形式，应该规定以口头裁定为主，书面裁定为辅。另一种意见则认为，在小额诉讼案件审理中，驳回起诉裁定意味着审理进程的终结，与当事人程序利益休戚相关，理应通过书面形式彰显其权威性。我们倾向于第二种观点。理由在于，虽然《民事诉讼法解释》规定驳回起诉的裁定，一经作出即生效，但并未限制当事人就该裁定申请再审。本司法解释已经规定，当事人认为发生法律效力的驳回起诉的裁定错误的，可以申请再审。申请再审自然需要有原审裁定书作为依据，且本司法解释在再审部分已有条文对此作出明确要求。显然，如果允许人民法院通过口头裁定形式驳回起诉，那么当事人申请再审时就只能提交记载口头裁定的笔录复印件，这显

---

① 参见最高人民法院民事审判第一庭编著：《最高人民法院关于简易程序司法解释的理解与适用》，法律出版社2003年版，第138页。

然是不妥当的,也是不严肃的。

——最高人民法院民法典贯彻实施工作领导小组办公室编著:《最高人民法院新民事诉讼法司法解释理解与适用》,人民法院出版社2022年版,第601~602页。

九、民事公益诉讼、生态环境损害赔偿诉讼

44.公益诉讼和私益诉讼并行时程序的处理

对于就同一侵权行为,法律规定的机关和有关组织提起公益诉讼,受害人提起私益诉讼,两个程序之间必须进行协调,不能分别进行,否则可能会出现就同一事实作出不同判决的矛盾。对此有两种观点:一种观点认为,私益诉讼应当优先。理由是:第一,公益诉讼是在私益诉讼无法实现对权利的救济时才可以适用的一种诉讼程序,如果能够通过私益诉讼进行救济,则应当优先适用私益诉讼程序;第二,私人权益受到损害时,应当优先保护私人权益,这是私益保护优先于公益保护原则的要求;第三,公益诉讼往往费时耗力,如果公益诉讼优先,对私益保护往往不够及时。另一种观点认为,公益诉讼应当优先。理由是:第一,公益诉讼的主体为有关机关和社会组织,它们往往都有专业人员和专业能力,能更好地完成诉讼;第二,公益诉讼保护的是社会公共利益,而私益诉讼保护的私人权益,公益诉讼实现了社会公共利益的保护时,同时也就救济了私人权益;第三,涉及社会公共利益的案件,受害人人数往往众多,有时诉讼标的额很小,整个私益诉讼完成周期过长,而且诉讼成本过高。一旦公益诉讼完成后,对受害人救济将非常简单和迅捷。《民事诉讼法解释》草案中曾经有两个方案,但最终我们认为,两者如何协调,不能简单地"一刀切",目前实践经验不够,司法解释先不作规定。

实践中,可以考虑依当事人的申请而对两个案件先后处理。私益诉讼的原告以公益诉讼已经提起为由申请中止审理的,人民法院可以准许。《消费民事公益诉讼解释》第十条对此作了明确规定:"消费民事公益诉讼案件受理

后，因同一侵权行为受到损害的消费者请求对其根据《民事诉讼法》第一百一十九条规定提起的诉讼予以中止，人民法院可以准许。"公益诉讼的原告以私益诉讼已经提起为由申请中止诉讼，人民法院可以先待私益诉讼审理完再恢复审理。另一个可以考虑的因素是在先受理的案件的审理阶段，如果先诉已经开完庭，即将作出裁判的，原则上人民法院不宜再中止诉讼。

——最高人民法院民法典贯彻实施工作领导小组办公室编著：《最高人民法院新民事诉讼法司法解释理解与适用》，人民法院出版社2022年版，第625页。

十、第三人撤销之诉

45.第三人撤销之诉中，人民法院对调解书的撤销与改变

关于调解书的撤销与改变问题。《民事诉讼法》将调解书作为第三人撤销之诉的对象，主要考虑到调解书内容具有安排当事人之间民事权利义务的内容，一旦错误，也可能损害第三人的合法权益，特别是考虑到近年来当事人恶意串通损害第三人合法权益的案件数量有上升趋势，为保护第三人的实体权利，适用第三人撤销之诉是合理的。当然，这与我国台湾地区"民事诉讼法"规定第三人仅可以对判决提起撤销之诉不同。但调解书与判决是两种完全不同性质的法律文书，判决是法院以国家或地区名义作出的决定，是对案件事实和当事人主张审理后依法作出的判断；调解书是当事人自行处分民事权利义务的结果，其基础是当事人之间的调解协议。调解书因损害第三人合法权益而被撤销具有合理性，但因损害第三人合法权益即在第三人撤销之诉中判决改变调解书的内容显然不妥：一则调解书内容是当事人之间的协议内容，判决则是法院决定内容，以法院决定代替当事人之间的协议内容，有违调解之当事人处分和自愿原则；二则调解协议往往是当事人之间对整体民事权利义务的一种安排，从保护第三人利益角度而言予以撤销足矣，再对原诉当事人之间的民事权利义务重新安排，不利于原诉当事人之间纠纷的解决。

因此，对于调解书提起的第三人撤销之诉，原则上以撤销调解书为合理做法。

第三人撤销之诉请求成立时，撤销整个调解书自无疑问，但第三人仅请求撤销调解书部分内容的，人民法院能否判决撤销调解书的部分内容，则应当根据具体情况来处理。如果调解书的内容各部分不可分的，则不能只撤销调解书的部分内容，应当全部撤销调解书。如果调解书的内容可分，撤销部分后不影响其他部分继续有效的，人民法院可以撤销调解书的部分内容。

——最高人民法院民法典贯彻实施工作领导小组办公室编著：《最高人民法院新民事诉讼法司法解释理解与适用》，人民法院出版社2022年版，第659~660页。

46.第三人因"不能归责于本人的事由"未参加诉讼的审查判断

《民事诉讼法解释》第二百九十三条根据审判实践中最为常见的第三人因不能归责于本人的事由未参加诉讼情形，列举了四项：（1）不知道诉讼而未参加的；（2）申请参加未获准许的；（3）知道诉讼，但因客观原因无法参加的；（4）因其他不能归责于本人的事由未参加诉讼的。

第三人因不知道原诉讼而未参加诉讼和第三人申请参加诉讼未获人民法院准许是最为常见的第三人未参加诉讼不能归责于本人的两种情形。这两种情形下，第三人没有过错，当然可以提起第三人撤销之诉。

第三人知道诉讼但因客观原因无法参加诉讼，也应当认定第三人未参加原诉讼没有过错，其有权提起第三人撤销之诉。但客观原因如何把握，是实践中比较难掌握的。就《民事诉讼法》第二百九十三条规定来看，客观原因即指非因第三人本身的原因未参加原诉讼的情形，如不可抗力。对于第三人丧失行为能力等原因导致其未参加诉讼的，也应当认为属于客观原因导致无法参加诉讼的情形。

其他不能归责于本人的事由未参加诉讼情形，是一项兜底条款。但该兜底条款与前三项情形之间并非完全的并列关系，该兜底条款实质包括了其他第三人有一般过失的情形下未参加诉讼的情形。判断第三人的过错程度，历来就是民事法律中非常复杂的事项，而对于是否属于明显过错，在判断上可能更加困难，需要具体案件具体分析。一般而言，明显过错首先是程度较重的过错形态，按民法理论应当是一般过失以上的过错，以故意、重大过失为主；其次，明显过错的认定，应当考虑第三人的基本情况，包括法律知识、诉讼能力以及相关的经验等；最后，明显过错更强调其主观上的过错状态，原则上应当排除过错推定以及客观过错的形态。如通常在判断有无过错的"知道或者应当知道"而言，"应当知道"即属于客观过错的范畴，一般不宜认定为有明显过错。

审判实践中应当注意：

1. 有独立请求权第三人和无独立请求权第三人在过错认定上的区别问题

《民事诉讼法》第五十九条对有独立请求权的第三人和无独立请求权的第三人参加诉讼的方式作了不同的规定。有独立请求权的第三人参加诉讼的方式只有一种，即"提起诉讼"，其可以向原审法院起诉提出对诉讼标的的请求，成为案件的当事人。无独立请求权的第三人参加诉讼有两种方式：一是第三人申请参加诉讼；二是由人民法院通知其参加诉讼。由人民法院通知第三人参加诉讼，主要是当事人申请人民法院通知第三人参加诉讼，也有少数是人民法院依职权通知第三人参加诉讼。正是因为参加诉讼的方式不同，在有独立请求权的第三人和无独立请求权的第三人未参加诉讼是否有明显过错的认定上，有明显的区别。

有独立请求权的第三人只能通过提起诉讼参与到诉讼中，人民法院不能依职权通知其参加诉讼，其他当事人也无权申请其参加诉讼，其是否参加诉讼，完全取决于自己的意愿。同时，有独立请求权的第三人参加诉讼，是其对系争的诉讼标的有全部或者部分的独立请求权，在判断其自身权利是否会因为诉讼而受到损害时，一般情况下在诉讼提起后就很容易判断。因此，有独立请求权的第三人知道诉讼的存在，且能够了解到诉讼标的的基本情况，就应当参加诉讼，如未参加诉讼，又无妨碍提起诉讼之客观事由的，通常可以认定其有明显的过错。例如，夫妻双方离婚并分割财产，诉讼中丈夫的父母作为案件的证人出庭作证，对分割财产情况也很清楚，判决生效后认为其中分割给女方的房屋是其出资购买的，侵害了其民事权益，提起了第三人撤销之诉。人民法院则认定第三人未参加诉讼，属于归责于其本人的原因，因此没有支持其请求。

无独立请求权的第三人对诉讼标的没有独立的请求权，案件的处理结果与其有法律上的利害关系，因此在诉讼进行过程中，处理结果出来之前，通常难以判断。无独立请求权的第三人即使知道诉讼已经存在，人民法院未通知其参加诉讼，当事人也未申请该第三人参加诉讼，则其未申请参加诉讼的，一般不能认定其有明显的过错。

2. 人民法院未通知第三人参加诉讼是否构成不能归责于第三人本人的事由问题

在2021年《民事诉讼法解释》起草过程中，曾经有意见认为，在人民法院未通知第三人参加诉讼的情形中，应当认定第三人未参加诉讼没有明显过错。经研究，《民事诉讼法解释》没有采纳这种意见。从实践情况来看，人民法院未通知第三人参加诉讼，是最为常见的第三人提出其未参加诉讼没有过错的事由。但由人民法院通知第三人参加诉讼，只适用于无独立请求权的第三人，而不适用于有独立请求权的第三人参加诉讼情形，有独立请求权的第三人以此证明其无过错，不能成立。无独立请求权的第三人参加诉讼，可以由人民法院通知其参加诉讼，也可以申请参加诉讼，仅以人民法院未通知其参加诉讼为由即认定其无过错也不妥当。通常情况下，无独立请求权的第三人在人民法院未通知其参加诉讼时，可以作为其无过错的初步标准，同时，还要看无独立请求权的第三人对诉讼的了解情况以及其参加诉讼的必要性。如果能够证明无独立请求权的第三人对诉讼非常清楚，对诉讼结果与其利害关系能够作出判断，其未参加诉讼的，应当视为其有明显过错。

——最高人民法院民法典贯彻实施工作领导小组办公室编著：《最高人民法院新民事诉讼法司法解释理解与适用》，人民法院出版社2022年版，第646~648页。

47.第三人撤销之诉既然是向原审人民法院提起的诉讼，组成合议庭时，原审的审判人员可否参加

第三人撤销之诉既然是向原审人民法院提起的诉讼，组成合议庭时，原审的审判人员是否可以参加？在《民事诉讼法解释》起草过程中，曾经对此进行过研究。一种意见认为，应当参照再审案件的审理，另行组成合议庭，原审的审判人员不得参与合议庭。其主要理由在于：第三人撤销之诉是纠错

程序，是一种事后的救济程序，为了确保审理结果的公正，应当排除原审的审判人员。另一种意见认为，审理第三人撤销之诉时，不应当排除原审的审判人员参加合议庭。其主要理由在于：第三人撤销之诉是基于第三人提出的新事实和新理由进行的诉讼，而且是对新的实体内容的审理，这与再审对原审审理的内容进行再次审理并予以纠正不同，原审的审判人员参加合议庭审理，有利于更好地查明案件的全部事实，更准确和更高效地作出裁判。很显然，即使撤销了原生效裁判，也并不意味着原审裁判是一个错案，而且也不能作为错案追究审判人员的责任，所以原审审判人员参与第三人撤销之诉的审理并不会影响裁判结果的公正。

综上，《民事诉讼法解释》并没有明确要求另行组成合议庭进行审理，其意在：人民法院根据具体情况，既可以另行组成合议庭审理，也可以允许原审的审判人员参加合议庭审理。对此，《民事诉讼法》和《民事诉讼法解释》关于回避的规定中也没有明确规定。《民事诉讼法解释》第四十五条规定："在一个审判程序中参与过本案审判工作的审判人员，不得再参与该案其他程序的审判。发回重审的案件，在一审法院作出裁判后又进入第二审程序的，原第二审程序中审判人员不受前款规定的限制。"该条规定实际上对于重新审理的案件，在不影响审理公正的前提下，可以允许原审的审判人员继续对案件进行审理。

——最高人民法院民法典贯彻实施工作领导小组办公室编著：《最高人民法院新民事诉讼法司法解释理解与适用》，人民法院出版社2022年版，第644~645页。

48.如何理解第三人撤销之诉中可撤销的判决主文内容

并非判决主文的所有内容都可以成为第三人撤销之诉撤销的对象。根据《民事诉讼法》第一百五十五条第一款第三项的规定，判决主文包括两部分内容：一是判决结果内容；二是诉讼费用负担内容。前者作为判决确定当事人民事权利义务的内容，具有实体法上的确定性，可以成为第三人撤销之诉的对象并无疑问。而后者，虽然属于当事人应当承担之民事义务内容，但诉讼费用仅为程序上发生之事项，仅在当事人之间有法律效力，不会对案外人的利益产生影响,因此,不宜作为第三人撤销之诉的撤销对象。

——最高人民法院民法典贯彻实施工作领导小组办公室编著:《最高人民法院新民事诉讼法司法解释理解与适用》,人民法院出版社2022年版,第650页。

十一、特别程序

49.调解协议申请司法确认的具体情形

实践中,当事人之间的纠纷经由人民调解组织、行政调解组织、商事调解组织、行业调解组织及其他调解组织处理后达成的调解协议,当事人申请法院进行司法确认的情形,大致可以分为以下四种情形。

第一种情形,当事人的纠纷在诉讼外接受各种调解组织调解并达成协议后,到法院申请确认。对于这一类案件,法院应当通知双方当事人同时到场并当面进行询问。

第二种情形,立案前人民法院委派有关调解组织进行调解达成协议的,当事人申请法院确认。这主要是当前法院主导推动的"委派调解",也称为"诉前调解"。通常是当事人到法院起诉时,人民法院在收到起诉状或者口头起诉之后、正式立案之前,可以依职权或者经当事人申请,委派行政机关、人民调解组织、商事调解组织、行业调解组织或者其他具有调解职能的组织进行调解,达成协议后,当事人可以向法院申请司法确认。这类案件由于法院前期指导得比较到位,审查程序可以相应简化。实践中,有的法院建立了"诉调对接中心"等组织机构,由法院特邀调解组织或者特邀调解员进驻法院,专门处理法院分流出来的适宜调解的民事案件。《诉讼与非诉讼衔接机制意见》及《诉讼与非诉讼衔接机制试点方案》也对此作出了明确规定。

第三种情形,立案后人民法院再把案件委托给特邀调解组织或者特邀调解员进行调解达成协议的。这种情形称为"委托调解"。针对这类案件,当事人达成调解协议后,有两种处理方式:一是当事人达成调解后申请撤诉;二是当事人达成调解协议，申请法院审查后制作调解书。需要注意的是，立案前已经委派给相关调解组织调解的案件，立案后不宜再委托调解，以免使当事人误认为法院在拖延诉讼，但当事人同意委托调解的除外。

无论是立案前的委派调解，还是立案后的委托调解，尊重当事人的意愿和选择至关重要。对于立案前，当事人不同意调解或者在商定、指定时间内不能达成调解协议的，人民法院应当依法及时立案。立案后委托调解结束后，有关机关或者组织应当将调解结果告知法院，调解不成的，法院应当及时审判，不得拖延诉讼。

第四种情形，立案后由审判组织指派法院专职调解员对当事人的纠纷主持调解。法院专职调解员可以是法官，也可以是有调解经验的司法辅助人员。法院专职调解员就当事人之间的纠纷调解达成协议后，可以由担任专职调解员的法官制作民事调解书。许多法院在诉调对接改革中通过这种新机制，分流大量民事纠纷，减少了进入审判程序的案件数量。

——最高人民法院民法典贯彻实施工作领导小组办公室编著：《最高人民法院新民事诉讼法司法解释理解与适用》，人民法院出版社2022年版，第776~777页。

50.申请实现担保物权程序是否能调解

2004年《最高人民法院关于人民法院民事调解工作若干问题的规定》第二条规定："对于有可能通过调解解决的民事案件，人民法院应当调解。但适用特别程序、督促程序、公示催告程序、破产还债程序的案件，婚姻关系、身份确认案件以及其他依案件性质不能进行调解的民事案件，人民法院不予调解。"该条后被2015年《民事诉讼法解释》第一百四十三条所吸收，该条规定："适用特别程序、督促程序、公示催告程序的案件，婚姻等身份关系确认案件以及其他根据案件性质不能进行调解的案件，不得调解。"依照此条规定，特别程序不适用调解程序。因此，实现担保物权案件不应进行调解，如果申请人与被申请人之间能够达成调解，则证明双方之间对于实现担保物权不存争议，其完全可以自行履行，无须通过人民法院的公权力实现其权益。

——最高人民法院民法典贯彻实施工作领导小组办公室编著：《最高人

民法院新民事诉讼法司法解释理解与适用》，人民法院出版社2022年版，第817页。

十二、审判监督程序

51.申请再审期间为不变期间，不存在中止、中断的情况

申请再审期间为不变期间，不存在中止、中断的情况。六个月的期限是从判决、裁定发生法律效力开始起算。但在以下四种情况下，当事人在判决、裁定发生法律效力后，期间及其起算点是不同的：（1）判决、裁定发生法律效力后，发现有新的证据，足以推翻原判决裁定的，当事人自知道或者应当知道之日起六个月内申请再审。（2）判决、裁定发生法律效力后，发现原判决裁定认定事实的主要证据是伪造的，当事人自知道或者应当知道之日起六个月内申请再审。（3）判决、裁定发生法律效力后，据以作出原判决、裁定的法律文书被撤销或者变更的，当事人自知道或者应当知道之日起六个月内申请再审。（4）判决、裁定发生法律效力后，发现审判人员审理该案件时有贪污受贿、徇私舞弊、枉法裁判行为的，当事人自知道或者应当知道之日起六个月内申请再审。《民事诉讼法解释》中规定的期间，均有从知道或者应当知道起算的表述，应当严格把握。

——最高人民法院民法典贯彻实施工作领导小组办公室编著：《最高人民法院新民事诉讼法司法解释理解与适用》，人民法院出版社2022年版，第331页。

52.未上诉的当事人是否有权申请再审

关于未上诉的当事人是否有权申请再审的问题，实践中存在不同观点。一种观点认为，无正当理由未上诉的当事人一般不应享有申请再审权利。再审程序是针对生效判决可能出现的重要错误而赋予当事人的特别救济程序。如在穷尽了常规救济途径之后，当事人仍然认为生效裁判有错误的，其可以向人民法院申请再审。对于无正当理由未提起上诉且二审判决未改变一审判决对其权利义务判定的当事人，一般不应再为其提供特殊的救济机制，否则将变相鼓励或放纵不守诚信的当事人滥用再审程序，从而使得特殊程序异化为普通程序。这不仅是对诉讼权利的滥用和对司法资源的浪费，也有违两审终审制的基本原则[①]。另一种观点认为，可以申请再审的裁判包括一审未上诉生效的裁判，《民事诉讼法》并未否定未上诉当事人申请再审的权利，以当事人无正当理由未上诉为由直接否定当事人申请再审的权利缺乏充分法律依据。对此问题，在2012年《民事诉讼法》修改过程中，我们曾就再审程序提交立法修改建议稿，其中一个建议即为参考大陆法系民事诉讼再审程序立法，确立再审的补充性原则，促使当事人充分运用一审、二审程序中的诉讼权利寻求救济。

具体建议为，增加规定"当事人可以通过异议、复议或者上诉的方式提出不服原裁判的理由而未提出，在申请再审时再提出该理由的，不予支持"。主要理由如下：（1）防止当事人滥用诉讼权利、拖延诉讼，节约司法资源，减少当事人讼累，防止大量法律关系处于不稳定之中，也体现了商品经济环境下人民群众对诉讼效率和安定的法律秩序的更高需求；（2）处分原则是民事诉讼的基石之一，当事人有权决定是否主张权利、如何主张权利。当事人明知存在申请再审事由，却不上诉或在上诉中不主张，表明其认可并接受一审判决、裁定对该部分的分析认定或判决、裁定结果。即使一审判决、裁定确有错误，在不损害公共利益的前提下，也应尊重当事人的选择。这是民事权利私权性质的基本要求，也是意思自治原则的基本要求。当事人明知存在申请再审事由，不上诉或在上诉中不主张，却在申请再审时主张，有违诉讼诚信原则和禁止反言原则，实际上是滥用诉讼权利。民事诉讼法在保护当事人诉讼权利时也应防止当事人不讲诚信、滥用权利、任意反复的行为。但上述意见经综合考虑后未予采纳。因此，在现行民事诉讼法再审程序未明确规定再审程序的补充性原则情况下，单纯以当事人未上诉为由驳回其再审申请尚欠缺充分的法律依据，需要结合全案情况特别是当事人诉讼行为是否违反诉讼诚信原则、二审裁判结果等予以综合考量。对于该问题可以在司法实践

---

① 参见最高人民法院（2016）民申字第2505号民事裁定书。

中继续探索积累经验。

——最高人民法院民法典贯彻实施工作领导小组办公室编著：《最高人民法院新民事诉讼法司法解释理解与适用》，人民法院出版社2022年版，第828~829页。

53.原则上不予受理当事人再次提出的再审申请

第一，对于当事人再次提出的再审申请，原则上不予受理。实践中经常出现当事人以证据不够充分，需要继续调查收集证据或者双方当事人正在协商达成和解协议等理由申请撤回再审申请，却在人民法院作出准许撤回再审申请的裁定后不久再次申请再审的情况。对于当事人再次提出的再审申请，此前的做法大多是予以受理，但法律效果和社会效果并不好。《民事诉讼法解释》第三百九十九条确定原则上不再受理再审申请人重新提出的再审申请，主要考虑：一是当事人继续调查收集证据或者协商达成和解协议等，并不影响再审审查程序的正常进行，没有必要以撤回再审申请为前提；二是当事人反复提出再审申请会浪费有限的司法资源；三是反复提出再审申请使对方当事人疲于应对，造成讼累；四是在六个月的申请再审期限内，当事人在撤回再审申请至重新提出再审申请期间，找到比一审、二审程序中更充分的证据的可能性并不大。

第二，四种特殊情形下允许当事人再次申请再审。《民事诉讼法解释》第三百九十九条但书条款来源于《民事诉讼法》第二百一十二条。该条规定："当事人申请再审，应当在判决、裁定发生法律效力后六个月内提出；有本法第二百条第一项、第三项、第十二项、第十三项规定情形的，自知道或者应当知道之日起六个月内提出。"对申请再审期间作出例外的规定，主要是考虑到司法实践中存在六个月的申请再审期间届满后才发现某些再审事由的情形，这些情形主要包括：有新的证据，足以推翻原判决、裁定的；原判决、裁定认定事实的主要证据是伪造的；据以作出原判决、裁定的法律文书被撤销或者变更的；审判人员审理该案件时有贪污受贿、徇私舞弊、枉法裁判行为的，如果一律按照裁判生效后"六个月内提出"的规定限制当事人申请再审，不利于保护当事人的合法权利。上述例外情形，在当事人撤回再审申请或者按撤回再审申请处理的情况下同样存在。比如，当事人在撤回再审申请后，发现了足以推翻原判决、裁定的新证据，如果不准许其再次提出再审申请，显然有违公平正义，无法令当事人息诉服判。但是对于何谓"足以推翻原判决、裁定的新证据"应当从严把握，不能任意扩大解释，否则当事人可能利用该条来规避撤回再审申请后不得再次申请再审的规定。又如，据以作出原判决、裁定的法律文书被撤销或者变更的，原判决、裁定就丧失了裁判的基础，此时也应受理当事人重新提出的再审申请。

——最高人民法院民法典贯彻实施工作领导小组办公室编著：《最高人民法院新民事诉讼法司法解释理解与适用》，人民法院出版社2022年版，第888~889页。

54.再审中如何对新证据实质性要件进行适当审查

第一，对再审新证据实质性要件的判断，和对再审申请人未在原审提供证据所作理由的判断，孰先孰后？《民事诉讼法》第六十八条所确立的证据失权制度并非一概否定逾期提交的证据，而是根据逾期提交理由的正当性区分处理。因此，对于当事人在申请再审阶段才提供的证据，也应以未在原审提供的理由是否正当作为是否采纳的重要标准，而不应轻易以其未在原审提供为由否定其证据资格。但由于再审新证据事由的实质要件为足以推翻原判决、裁定，只有符合这一实质要件，才有进一步判断当事人未在原审提供理由正当性的必要，因此，对于当事人申请再审阶段提交的证据，应当先判断其是否足以推翻原判决、裁定，然后对于足以推翻原判决、裁定的证据，再判断再审申请人未在原审提供证据的理由是否成立。

第二，再审申请人以新证据事由申请再审的，在案件受理时要注意适度审查。《民事诉讼法》第二百一十二条规定："当事人申请再审，应当在判决、裁定发生法律效力后六个月内提出；有本法第二百零七条第一项、第三项、第十二项、第十三项规定情形的，自知道或者应当知道之日起六个月内提出。"根据该规定，以新证据等四种事由申请再审的，申请再审的期限从知道或者应当知道之日起算，而以其他九项事由申请再审的，申请再审期限从判决、裁定发生法律效力开始计算。实务中，一些当事人明知申请再审期限已过，却在众多事由中加上新证据事由，以规避申请再审期限。因此，在当事人以新证据事由申请再审，特别是在判决、裁定发生法律效力六个月后提出再审申请的，在受理案件时就应对新证据作适度审查。一般应要求再审申请人书面说明知道或者应当知道该新证据的时间，并书面说明该证据为新证据的理由。在案件受理阶段，不宜对新证据审查得过严，否则会损害当事人申请再审的权利；但也不能不审查，否则会使法律关于申请再审期限的规定成为一纸空文。

——最高人民法院民法典贯彻实施工作领导小组办公室编著：《最高人民法院新民事诉讼法司法解释理解与适用》，人民法院出版社2022年版，第855~856页。

十三、督促程序

55.能否以保证人为被申请人发出支付令

关于能否以保证人为被申请人发出支付令的问题，《民事诉讼法》没有明确规定，《最高人民法院关于适用督促程序若干问题的规定》（已废止）第四条规定："对设有担保的债务案件主债务人发出的支付令，对担保人没有拘束力。债权人就担保关系单独提起诉讼的，支付令自行失效。"对于保证人能否作为支付令申请的被申请人以及将其列为被申请人后，程序应该如何具体运作，存在三种理解：一是认为保证人可以列为被申请人；二是认为保证人不能列为被申请人；三是认为是否对保证人适用督促程序要针对一般保证人和连带保证人这两种不同的保证类型区别对待。从《民事诉讼法解释》的规定原意来看，保证人不能列为督促程序中的被申请人，原因就在于该保证人作为"被申请人"，与《民事诉讼法》第二百二十一条[1]所规定"债权人请求债务人给付金钱、有价证券，符合下列条件的，可以向有管辖权的基层人民法院申请支付令：（一）债权人与债务人没有其他债务纠纷的；（二）支付令能

---

[1] 现为《民事诉讼法》（2023年修正）第二百二十五条。

够送达债务人的。申请书应当写明请求给付金钱或者有价证券的数量和所根据的事实、证据"的条件不符,因此,债权人如果对设有担保的债务申请适用支付令,只能对主债务人适用,不得对担保人适用支付令;当然,这不妨碍债权人通过诉讼程序将债务人与担保人作为被告主张诉讼权利。

——最高人民法院民法典贯彻实施工作领导小组办公室编著:《最高人民法院新民事诉讼法司法解释理解与适用》,人民法院出版社2022年版,第978~979页。

第三部分　最高人民法院指导性案例

一、综　合

指导案例 68 号

上海欧宝生物科技有限公司诉辽宁特莱维置业发展有限公司企业借贷纠纷案

（最高人民法院审判委员会讨论通过　2016 年 9 月 19 日发布）

关键词

民事诉讼　企业借贷　虚假诉讼

裁判要点

人民法院审理民事案件中发现存在虚假诉讼可能时，应当依职权调取相关证据，详细询问当事人，全面严格审查诉讼请求与相关证据之间是否存在矛盾，以及当事人诉讼中言行是否违背常理。经综合审查判断，当事人存在虚构事实、恶意串通、规避法律或国家政策以谋取非法利益，进行虚假民事诉讼情形的，应当依法予以制裁。

相关法条

《民事诉讼法》第一百一十二条[①]

基本案情

上海欧宝生物科技有限公司（以下简称欧宝公司）诉称：欧宝公司借款

[①] 现为《民事诉讼法》（2023 年修正）第一百一十五条。

给辽宁特莱维置业发展有限公司（以下简称特莱维公司）8650万元，用于开发辽宁省东港市特莱维国际花园房地产项目。借期届满时，特莱维公司拒不偿还。故请求法院判令特莱维公司返还借款本金8650万元及利息。

特莱维公司辩称：对欧宝公司起诉的事实予以认可，借款全部投入到特莱维国际花园房地产项目，房屋滞销，暂时无力偿还借款本息。

一审申诉人谢涛述称：特莱维公司与欧宝公司，通过虚构债务的方式，恶意侵害其合法权益，请求法院查明事实，依法制裁。

法院经审理查明：2007年7月至2009年3月，欧宝公司与特莱维公司先后签订9份《借款合同》，约定特莱维公司向欧宝公司共借款8650万元，约定利息为同年贷款利率的4倍。约定借款用途为：只限用于特莱维国际花园房地产项目。借款合同签订后，欧宝公司先后共汇款10笔，计8650万元，而特莱维公司却在收到汇款的当日或数日后立即将其中的6笔转出，共计转出7050万余元。其中5笔转往上海翰皇实业发展有限公司（以下简称翰皇公司），共计6400万余元。此外，欧宝公司在提起一审诉讼要求特莱维公司还款期间，仍向特莱维公司转款3笔，计360万元。

欧宝公司法定代表人为宗惠光，该公司股东曲叶丽持有73.75%的股权，姜雯琪持有2%的股权，宗惠光持有2%的股权。特莱维公司原法定代表人为王作新，翰皇公司持有该公司90%股权，王阳持有10%的股权，2010年8月16日法定代表人变更为姜雯琪。工商档案记载，该公司在变更登记时，领取执照人签字处由刘静君签字，而刘静君又是本案原一审诉讼期间欧宝公司的委托代理人，身份系欧宝公司的员工。翰皇公司2002年3月26日成立，法定代表人为王作新，前身为上海特莱维化妆品有限公司，王作新持有该公司67%的股权，曲叶丽持有33%的股权，同年10月28日，曲叶丽将其持有的股权转让给王阳。2004年10月10日该公司更名为翰皇公司，公司登记等手续委托宗惠光办理，2011年7月5日该公司注销。王作新与曲叶丽系夫妻关系。

本案原一审诉讼期间，欧宝公司于2010年6月22日向辽宁省高级人民法院（以下简称辽宁高院）提出财产保全申请，要求查封、扣押、冻结特莱维公司5850万元的财产，王阳以其所有的位于辽宁省沈阳市和平区澳门路、建筑面积均为236.4平方米的两处房产为欧宝公司担保。王作鹏以其所有的位于沈阳市皇姑区宁山中路的建筑面积为671.76平方米的房产为欧宝公司担保，沈阳沙琪化妆品有限公司（以下简称沙琪公司，股东为王振义和修桂芳）以其所有的位于沈阳市东陵区白塔镇小羊安村建筑面积分别为212平方米、946平方米的两处厂房及使用面积为4000平方米的一块土地为欧宝公司担保。

欧宝公司与特莱维公司的《开立单位银行结算账户申请书》记载地址均为东港市新兴路1号，委托经办人均为崔秀芳。再审期间谢涛向辽宁高院提供上海市第一中级人民法院（2008）沪一中民三（商）终字第426号民事判决书一份，该案系张娥珍、贾世克诉翰皇公司、欧宝公司特许经营合同纠纷案，判决所列翰皇公司的法定代表人为王作新，欧宝公司和翰皇公司的委托代理人均系翰皇公司员工宗惠光。

二审审理中另查明：

（一）关于欧宝公司和特莱维公司之间关系的事实

工商档案表明，沈阳特莱维化妆品连锁有限责任公司（以下简称沈阳特莱维）成立于2000年3月15日，该公司由欧宝公司控股（持股96.67%），设立时的经办人为宗惠光。公司登记的处所系向沈阳丹菲专业护肤中心承租而来，该中心负责人为王振义。2005年12月23日，特莱维公司原法定代表人王作新代表欧宝公司与案外人张娥珍签订连锁加盟（特许）合同。2007年2月28日，霍静代表特莱维公司与世安建设集团有限公司（以下简称世安公司）签订关于特莱维国际花园项目施工的《补充协议》。2010年5月，魏亚丽经特莱维公司授权办理银行账户的开户，2011年9月又代表欧宝公司办理银行账户开户。两账户所留联系人均为魏亚丽，联系电话均为同一号码，与欧宝公司2010年6月10日提交辽宁高院的民事起诉状中所留特莱维公司联系电话相同。

2010年9月3日，欧宝公司向辽宁高院出具《回复函》称：同意提供位于上海市青浦区苏虹公路332号的面积12026.91平方米、价值2亿元的房产作为保全担保。欧宝公司庭审中承认，前述房产属于上海特莱维护肤品股份有限公司（以下简称上海特莱维）所有。上海特莱维成立于2002年12月9日，法定代表人为王作新，股东有王作新、翰皇公司的股东王阳、邹艳，欧宝公司的股东宗惠光、姜雯琪、王奇等人。王阳同时任上海特莱维董事，宗惠光任副董事长兼副总经理，王奇任副总经理，霍静任董事。

2011年4月20日，欧宝公司向辽宁高院申请执行（2010）辽民二初字第15号民事判决，该院当日立案执行。同年7月12日，欧宝公司向辽宁高院提交书面申请称："为尽快回笼资金，减少我公司损失，经与被执行人商定，我公司允许被执行人销售该项目的剩余房产，但必须由我公司指派财务人员收款，所销售的房款须存入我公司指定账户。"2011年9月6日，辽宁高院向东港市房地产管理处发出《协助执行通知书》，以相关查封房产已经给付申请执行人抵债为由，要求该处将前述房产直接过户登记到案外买受人名下。

欧宝公司申请执行后，除谢涛外，特莱维公司的其他债权人世安公司、江西临川建筑安装工程总公司、东港市前阳建筑安装工程总公司也先后以提交执行异议等形式，向辽宁高院反映欧宝公司与特莱维公司虚构债权进行虚假诉讼。

翰皇公司的清算组成员由王作新、王阳、姜雯琪担任，王作新为负责人；清算组在成立之日起10日内通知了所有债权人，并于2011年5月14日在《上海商报》上刊登了注销公告。2012年6月25日，王作新将翰皇公司所持特莱维公司股权中的1600万元转让于王阳，200万元转让于邹艳，并于2012年7月9日办理了工商变更登记。

沙琪公司的股东王振义和修桂芳分别是王作新的父亲和母亲；欧宝公司的股东王阁系王作新的哥哥王作鹏之女；王作新与王阳系兄妹关系。

（二）关于欧宝公司与案涉公司之间资金往来的事实

欧宝公司尾号为8115的账户（以下简称欧宝公司8115账户），2006年1月4日至2011年9月29日的交易明细显示，自2006年3月8日起，欧宝公司开始与特莱维公司互有资金往来。其中，2006年3月8日欧宝公司该账户汇给特莱维公司尾号为4891账户（以下简称特莱维公司4891账户）300万元，备注用途为借款，2006年6月12日转给特莱维公司801万元。2007年8月16日至23日从特莱维公司账户转入欧宝公司8115账户近70笔款项，备注用途多为货款。该账户自2006年1月4日至2011年9月29日与沙琪公司、沈阳特莱维、翰皇公司、上海特莱维均有大笔资金往来，用途多为货款或借款。

欧宝公司在中国建设银行东港支行开立的账户（尾号0357）2010年8月31日至2011年11月9日的交易明细显示：该账户2010年9月15日、9月

17日由欧宝公司以现金形式分别存入168万元、100万元；2010年9月30日支付东港市安邦房地产开发有限公司工程款100万元；2010年9月30日自特莱维公司账户（尾号0549）转入100万元，2011年8月22日、8月30日、9月9日自特莱维公司账户分别转入欧宝公司该账户71.6985万元、51.4841万元、62.3495万元，2011年11月4日特莱维公司尾号为5555账户（以下简称特莱维公司5555账户）以法院扣款的名义转入该账户84.556787万元；2011年9月27日以"往来款"名义转入欧宝公司8115账户193.5万元，2011年11月9日转入欧宝公司尾号4548账户（以下简称欧宝公司4548账户）157.995万元。

欧宝公司设立在中国工商银行上海青浦支行的账户（尾号5617）显示，2012年7月12日该账户以"借款"名义转入特莱维公司50万元。

欧宝公司在中国建设银行沈阳马路湾支行的4548账户2013年10月7日至2015年2月7日期间的交易明细显示，自2014年1月20日起，特莱维公司以"还款"名义转入该账户的资金，大部分又以"还款"名义转入王作鹏个人账户和上海特莱维的账户。

翰皇公司建设银行上海分行尾号为4917账户（以下简称翰皇公司4917账户）2006年1月5日至2009年1月14日的交易明细显示，特莱维公司4891账户2008年7月7日转入翰皇公司该账户605万元，同日翰皇公司又从该账户将同等数额的款项转入特莱维公司5555账户，但自翰皇公司打入特莱维公司账户的该笔款项计入了特莱维公司的借款数额，自特莱维公司打入翰皇公司的款项未计入该公司的还款数额。该账户同时间段还分别和欧宝公司、沙琪公司以"借款""往来款"的名义进行资金转入和转出。

特莱维公司5555账户2006年6月7日至2015年9月21日的交易明细显示，2009年7月2日自该账户以"转账支取"的名义汇入欧宝公司的账户（尾号0801）600万元；自2011年11月4日起至2014年12月31日止，该账户转入欧宝公司资金达30多笔，最多的为2012年12月20日汇入欧宝公司4548账户的一笔达1800万元。此外，该账户还有多笔大额资金在2009年11月13日至2010年7月19日期间以"借款"的名义转入沙琪公司账户。

沙琪公司在中国光大银行沈阳和平支行的账户（尾号6312）2009年11月13日至2011年6月27日的交易明细显示，特莱维公司转入沙琪公司的资金，有的以"往来款"或者"借款"的名义转回特莱维公司的其他账户。例如，2009年11月13日自特莱维公司5555账户以"借款"的名义转入沙琪公司3800万元，2009年12月4日又以"往来款"的名义转回特莱维公司另外设立的尾号为8361账户（以下简称特莱维公司8361账户）3800万元；2010年2月3日自特莱维公司8361账户以"往来款"的名义转入沙琪公司账户的4827万元，同月10日又以"借款"的名义转入特莱维公司5555账户500万元，以"汇兑"名义转入特莱维公司4891账户1930万元，2010年3月31日沙琪公司又以"往来款"的名义转入特莱维公司8361账户1000万元，同年4月12日以系统内划款的名义转回特莱维公司8361账户1806万元。特莱维公司转入沙琪公司账户的资金有部分流入了沈阳特莱维的账户。例如，2010年5月6日以"借款"的名义转入沈阳特莱维1000万元，同年7月29日以"转款"的名义转入沈阳特莱维2272万元。此外，欧宝公司也以"往来款"的名义转入该账户部分资金。

欧宝公司和特莱维公司均承认，欧宝公司4548账户和在中国建设银行东港支行的账户（尾号0357）由王作新控制。

裁判结果

辽宁高院2011年3月21日作出（2010）辽民二初字第15号民事判决：特莱维公司于判决生效后10日内偿还欧宝公司借款本金8650万元及借款实际发生之日起至判决确定给付之日止的中国人民银行同期贷款利息。该判决发生法律效力后，因案外人谢涛提出申诉，辽宁高院于2012年1月4日作出（2012）辽立二民监字第8号民事裁定再审本案。辽宁高院经再审于2015年5月20日作出（2012）辽审二民再字第13号民事判决，驳回欧宝公司的诉讼请求。欧宝公司提起上诉，最高人民法院第二巡回法庭经审理于2015年10月27日作出（2015）民二终字第324号民事判决，认定本案属于虚假民事诉讼，驳回上诉，维持原判。同时作出罚款决定，对参与虚假诉讼的欧宝公司和特莱维公司各罚款50万元。

裁判理由

法院生效裁判认为：人民法院保护合法的借贷关系，同时对于恶意串通进行虚假诉讼意图损害他人合法权益的行为，应当依法制裁。本案争议的焦点问题有两个，一是欧宝公司与特莱维公司之间是否存在关联关系；二是欧宝公司和特莱维公司就争议的8650万元是否存在真实的借款关系。

一、欧宝公司与特莱维公司是否存在关联关系的问题

《中华人民共和国公司法》(以下简称《公司法》)第二百一十七条[①]规定，关联关系，是指公司控股股东、实际控制人、董事、监事、高级管理人员与其直接或间接控制的企业之间的关系，以及可能导致公司利益转移的其他关系。可见，《公司法》所称的关联公司，既包括公司股东的相互交叉，也包括公司共同由第三人直接或者间接控制，或者股东之间、公司的实际控制人之间存在直系血亲、姻亲、共同投资等可能导致利益转移的其他关系。

本案中，曲叶丽为欧宝公司的控股股东，王作新是特莱维公司的原法定代表人，也是案涉合同签订时特莱维公司的控股股东翰皇公司的控股股东和法定代表人，王作新与曲叶丽系夫妻关系，说明欧宝公司与特莱维公司由夫妻二人控制。欧宝公司称两人已经离婚，却未提供民政部门的离婚登记或者人民法院的生效法律文书。虽然辽宁高院受理本案诉讼后，特莱维公司的法定代表人由王作新变更为姜雯琪，但王作新仍是特莱维公司的实际控制人。同时，欧宝公司股东兼法定代表人宗惠光、王奇等人，与特莱维公司的实际控制人王作新、法定代表人姜雯琪、目前的控股股东王阳共同投资设立了上海特莱维，说明欧宝公司的股东与特莱维公司的控股股东、实际控制人存在其他的共同利益关系。另外，沈阳特莱维是欧宝公司控股的公司，沙琪公司的股东是王作新的父亲和母亲。可见，欧宝公司与特莱维公司之间、前述两公司与沙琪公司、上海特莱维、沈阳特莱维之间均存在关联关系。

欧宝公司与特莱维公司及其他关联公司之间还存在人员混同的问题。首先，高管人员之间存在混同。姜雯琪既是欧宝公司的股东和董事，又是特莱维公司的法定代表人，同时还参与翰皇公司的清算。宗惠光既是欧宝公司的法定代表人，又是翰皇公司的工作人员，虽然欧宝公司称宗惠光自2008年5月即从翰皇公司辞职，但从上海市第一中级人民法院（2008）沪一中民三（商）终字第426号民事判决载明的事实看，该案2008年8月至12月审理期间，宗惠光仍以翰皇公司工作人员的身份参与诉讼。王奇既是欧宝公司的监事，又是上海特莱维的董事，还以该公司工作人员的身份代理相关行政诉讼。

---

① 现为《公司法》(2023年修订)第二百六十五条。

王阳既是特莱维公司的监事,又是上海特莱维的董事。王作新是特莱维公司原法定代表人、实际控制人,还曾先后代表欧宝公司、翰皇公司与案外第三人签订连锁加盟(特许)合同。其次,普通员工也存在混同。霍静是欧宝公司的工作人员,在本案中作为欧宝公司原一审诉讼的代理人,2007年2月23日代表特莱维公司与世安公司签订建设施工合同,又同时兼任上海特莱维的董事。崔秀芳是特莱维公司的会计,2010年1月7日代特莱维公司开立银行账户,2010年8月20日本案诉讼之后又代欧宝公司开立银行账户。欧宝公司当庭自述魏亚丽系特莱维公司的工作人员,2010年5月魏亚丽经特莱维公司授权办理银行账户开户,2011年9月诉讼之后又经欧宝公司授权办理该公司在中国建设银行沈阳马路湾支行的开户,且该银行账户的联系人为魏亚丽。刘静君是欧宝公司的工作人员,在本案原一审和执行程序中作为欧宝公司的代理人,2009年3月17日又代特莱维公司办理企业登记等相关事项。刘洋以特莱维公司员工名义代理本案诉讼,又受王作新的指派代理上海特莱维的相关诉讼。

上述事实充分说明,欧宝公司、特莱维公司以及其他关联公司的人员之间并未严格区分,上述人员实际上服从王作新一人的指挥,根据不同的工作任务,随时转换为不同关联公司的工作人员。欧宝公司在上诉状中称,在2007年借款之初就派相关人员进驻特莱维公司,监督该公司对投资款的使用并协助工作,但早在欧宝公司所称的向特莱维公司转入首笔借款之前5个月,霍静即参与该公司的合同签订业务。而且从这些所谓的"派驻人员"在特莱维公司所起的作用看,上述人员参与了该公司的合同签订、财务管理到诉讼代理的全面工作,而不仅是监督工作,欧宝公司的辩解,不足为信。辽宁高院关于欧宝公司和特莱维公司系由王作新、曲叶丽夫妇控制之关联公司的认定,依据充分。

二、欧宝公司和特莱维公司就争议的8650万元是否存在真实借款关系的问题

根据《民事诉讼法解释》第九十条规定,当事人对自己提出的诉讼请求所依据的事实或者反驳对方诉讼请求所依据的事实,应当提供证据加以证明;当事人未能提供证据或者证据不足以证明其事实主张的,由负有举证证明责任的当事人承担不利的后果。第一百零八条规定:"对负有举证证明责任的当

事人提供的证据，人民法院经审查并结合相关事实，确信待证事实的存在具有高度可能性的，应当认定该事实存在。对一方当事人为反驳负有举证责任的当事人所主张的事实而提供的证据，人民法院经审查并结合相关事实，认为待证事实真伪不明的，应当认定该事实不存在。"在当事人之间存在关联关系的情况下，为防止恶意串通提起虚假诉讼，损害他人合法权益，人民法院对其是否存在真实的借款法律关系，必须严格审查。

欧宝公司提起诉讼，要求特莱维公司偿还借款8650万元及利息，虽然提供了借款合同及转款凭证，但其自述及提交的证据和其他在案证据之间存在无法消除的矛盾，当事人在诉讼前后的诸多言行违背常理，主要表现为以下七个方面：

第一，从借款合意形成过程来看，借款合同存在虚假的可能。欧宝公司和特莱维公司对借款法律关系的要约与承诺的细节事实陈述不清，尤其是作为债权人欧宝公司的法定代表人、自称是合同经办人的宗惠光，对所有借款合同的签订时间、地点、每一合同的己方及对方经办人等细节，语焉不详。案涉借款每一笔均为大额借款，当事人对所有合同的签订细节甚至大致情形均陈述不清，于理不合。

第二，从借款的时间上看，当事人提交的证据前后矛盾。欧宝公司的自述及其提交的借款合同表明，欧宝公司自2007年7月开始与特莱维公司发生借款关系。向本院提起上诉后，其提交的自行委托形成的审计报告又载明，自2006年12月份开始向特莱维公司借款，但从特莱维公司和欧宝公司的银行账户交易明细看，在2006年12月之前，仅欧宝公司8115账户就发生过两笔高达1100万元的转款，其中，2006年3月8日以"借款"名义转入特莱维公司账户300万元，同年6月12日转入801万元。

第三，从借款的数额上看，当事人的主张前后矛盾。欧宝公司起诉后，先主张自2007年7月起累计借款金额为5850万元，后在诉讼中又变更为8650万元，上诉时又称借款总额1.085亿元，主张的借款数额多次变化，但只能提供8650万元的借款合同。而谢涛当庭提交的银行转账凭证证明，在欧宝公司所称的1.085亿元借款之外，另有4400多万元的款项以"借款"名义打入特莱维公司账户。对此，欧宝公司自认，这些多出的款项是受王作新的请求帮忙转款，并非真实借款。该自认说明，欧宝公司在相关银行凭证上填写的款项用途极其随意。从本院调取的银行账户交易明细所载金额看，欧宝公司以借款名义转入特莱维公司账户的金额远远超出欧宝公司先后主张的上述金额。此外，还有其他多笔以"借款"名义转入特莱维公司账户的巨额资金，没有列入欧宝公司所主张的借款数额范围。

第四，从资金往来情况看，欧宝公司存在单向统计账户流出资金而不统计流入资金的问题。无论是案涉借款合同载明的借款期间，还是在此之前，甚至诉讼开始以后，欧宝公司和特莱维公司账户之间的资金往来，既有欧宝公司转入特莱维公司账户款项的情况，又有特莱维公司转入欧宝公司账户款项的情况，但欧宝公司只计算己方账户转出的借方金额，而对特莱维公司转入的贷方金额只字不提。

第五，从所有关联公司之间的转款情况看，存在双方或多方账户循环转款问题。如上所述，将欧宝公司、特莱维公司、翰皇公司、沙琪公司等公司之间的账户对照检查，存在特莱维公司将己方款项转入翰皇公司账户过桥欧宝公司账户后，又转回特莱维公司账户，造成虚增借款的现象。特莱维公司与其他关联公司之间的资金往来也存在此种情况。

第六，从借款的用途看，与合同约定相悖。借款合同第二条约定，借款限用于特莱维国际花园房地产项目，但是案涉款项转入特莱维公司账户后，该公司随即将大部分款项以"借款""还款"等名义分别转给翰皇公司和沙琪公司，最终又流向欧宝公司和欧宝公司控股的沈阳特莱维。至于欧宝公司辩称，特莱维公司将款项打入翰皇公司是偿还对翰皇公司借款的辩解，由于其提供的翰皇公司和特莱维公司之间的借款数额与两公司银行账户交易的实际数额互相矛盾，且从流向上看大部分又流回了欧宝公司或者其控股的公司，其辩解不足为凭。

第七，从欧宝公司和特莱维公司及其关联公司在诉讼和执行中的行为来看，与日常经验相悖。欧宝公司提起诉讼后，仍与特莱维公司互相转款；特莱维公司不断向欧宝公司账户转入巨额款项，但在诉讼和执行程序中却未就还款金额对欧宝公司的请求提出任何抗辩；欧宝公司向辽宁高院申请财产保全，特莱维公司的股东王阳却以其所有的房产为本应是利益对立方的欧宝公司提供担保；欧宝公司在原一审诉讼中另外提供担保的上海市青浦区房产的所有权，竟然属于王作新任法定代表人的上海特莱维；欧宝公司和特莱维公司当庭自认,欧宝公司开立在中国建设银行东港支行、中国建设银行沈阳马路湾支行的银行账户都由王作新控制。

对上述矛盾和违反常理之处,欧宝公司与特莱维公司均未作出合理解释。由此可见,欧宝公司没有提供足够的证据证明其就案涉争议款项与特莱维公司之间存在真实的借贷关系。且从调取的欧宝公司、特莱维公司及其关联公司账户的交易明细发现,欧宝公司、特莱维公司以及其他关联公司之间、同一公司的不同账户之间随意转款,款项用途随意填写。结合在案其他证据,法院确信,欧宝公司诉请之债权系截取其与特莱维公司之间的往来款项虚构而成,其以虚构债权为基础请求特莱维公司返还8650万元借款及利息的请求不应支持。据此,辽宁高院再审判决驳回其诉讼请求并无不当。

至于欧宝公司与特莱维公司提起本案诉讼是否存在恶意串通损害他人合法权益的问题。首先,无论欧宝公司,还是特莱维公司,对特莱维公司与一审申诉人谢涛及其他债权人的债权债务关系是明知的。从案涉判决执行的过程看,欧宝公司申请执行之后,对查封的房产不同意法院拍卖,而是继续允许该公司销售,特莱维公司每销售一套,欧宝公司即申请法院解封一套。在接受法院当庭询问时,欧宝公司对特莱维公司销售了多少查封房产,偿还了多少债务陈述不清,表明其提起本案诉讼并非为实现债权,而是通过司法程序进行保护性查封以阻止其他债权人对特莱维公司财产的受偿。虚构债权,恶意串通,损害他人合法权益的目的明显。其次,从欧宝公司与特莱维公司人员混同、银行账户同为王作新控制的事实可知,两公司同属一人,均已失去公司法人所具有的独立人格。《民事诉讼法》第一百一十二条规定:"当事人之间恶意串通,企图通过诉讼、调解等方式侵害他人合法权益的,人民法院应当驳回其请求,并根据情节轻重予以罚款、拘留;构成犯罪的,依法追究刑事责任。"一审申诉人谢涛认为欧宝公司与特莱维公司之间恶意串通提起虚假诉讼损害其合法权益的意见,以及对有关当事人和相关责任人进行制裁的请求,于法有据,应予支持。

二、管　辖

指导案例 56 号

韩凤彬诉内蒙古九郡药业有限责任公司等产品责任纠纷管辖权异议案

（最高人民法院审判委员会讨论通过　2015 年 11 月 19 日发布）

关键词

民事诉讼　管辖异议　再审期间

裁判要点

当事人在一审提交答辩状期间未提出管辖异议，在二审或者再审发回重审时提出管辖异议的，人民法院不予审查。

相关法条

《民事诉讼法》第一百二十七条[①]

基本案情

原告韩凤彬诉被告内蒙古九郡药业有限责任公司（以下简称九郡药业）、上海云洲商厦有限公司（以下简称云洲商厦）、上海广播电视台（以下简称上海电视台）、大连鸿雁大药房有限公司（以下简称鸿雁大药房）产品质量损害赔偿纠纷一案，辽宁省大连市中级人民法院于 2008 年 9 月 3 日作出（2007）大民权初字第 4 号民事判决。九郡药业、云洲商厦、上海电视台不服，向辽宁省高级人民法院提起上诉。该院于 2010 年 5 月 24 日作出（2008）辽民一终字第 400 号民事判决。该判决发生法律效力后，再审申请人九郡药业、云洲商厦向最高人民法院申请再审。

---

① 现为《民事诉讼法》（2023 年修正）第一百三十条。

最高人民法院于同年12月22日作出（2010）民申字第1019号民事裁定，提审本案，并于2011年8月3日作出（2011）民提字第117号民事裁定，撤销一、二审民事判决，发回辽宁省大连市中级人民法院重审。在重审中，九郡药业和云洲商厦提出管辖异议。

裁判结果

辽宁省大连市中级人民法院于2012年2月29日作出（2011）大审民再初字第7号民事裁定，认为该院重审此案系接受最高人民法院指令，被告之一鸿雁大药房住所地在辽宁省大连市中山区，遂裁定驳回九郡药业和云洲商厦对管辖权提出的异议。九郡药业、云洲商厦提起上诉，辽宁省高级人民法院于2012年5月7日作出（2012）辽立一民再终字第1号民事裁定，认为原告韩凤彬在向大连市中级人民法院提起诉讼时，即将住所地在大连市的鸿雁大药房列为被告之一，且在原审过程中提交了在鸿雁大药房购药的相关证据并经庭审质证，鸿雁大药房属适格被告，大连市中级人民法院对该案有管辖权，遂裁定驳回上诉，维持原裁定。九郡药业、云洲商厦后分别向最高人民法院申请再审。最高人民法院于2013年3月27日作出（2013）民再申字第27号民事裁定，驳回九郡药业和云洲商厦的再审申请。

裁判理由

法院生效裁判认为：对于当事人提出管辖权异议的期间，《民事诉讼法》第一百二十七条明确规定：当事人对管辖权有异议的，应当在提交答辩状期间提出。当事人未提出管辖异议，并应诉答辩的，视为受诉人民法院有管辖权。由此可知，当事人在一审提交答辩状期间未提出管辖异议，在案件二审或者再审时才提出管辖权异议的，根据管辖恒定原则，案件管辖权已经确定，人民法院对此不予审查。本案中，九郡药业和云洲商厦是案件被通过审判监督程序裁定发回一审法院重审，在一审法院的重审中才就管辖权提出异议的。最初一审时原告韩凤彬的起诉状送达给九郡药业和云洲商厦，九郡药业和云洲商厦在答辩期内并没有对管辖权提出异议，说明其已接受了一审法院的管辖，管辖权已确定。而且案件经过一审、二审和再审，所经过的程序仍具有程序上的效力，不可逆转。本案是经审判监督程序发回一审法院重审的案件，虽然按照第一审程序审理，但是发回重审的案件并非一个初审案件，案件管辖权早已确定。就管辖而言，因民事诉讼程序的启动始于当事人的起诉，确定案件的管辖权,应以起诉时为标准,起诉时对案件有管辖权的法院,不因确定管辖的事实在诉讼过程中发生变化而影响其管辖权。当案件诉至人民法院,经人民法院立案受理,诉状送达给被告,被告在答辩期内未提出管辖异议,表明案件已确定了管辖法院,此后不因当事人住所地、经常居住地的变更或行政区域的变更而改变案件的管辖法院。在管辖权已确定的前提下,当事人无权再就管辖权提出异议。如果在重审中当事人仍可就管辖权提出异议,无疑会使已稳定的诉讼程序处于不确定的状态,破坏了诉讼程序的安定、有序,拖延诉讼,不仅降低诉讼效率,浪费司法资源,而且不利于纠纷的解决。因此,基于管辖恒定原则、诉讼程序的确定性以及公正和效率的要求,不能支持重审案件当事人再就管辖权提出的异议。据此,九郡药业和云洲商厦就本案管辖权提出异议,没有法律依据,原审裁定驳回其管辖异议并无不当。

综上,九郡药业和云洲商厦的再审申请不符合《民事诉讼法》第二百条[①]第六项规定的应当再审情形,故依照该法第二百零四条[②]第一款的规定,裁定驳回九郡药业和云洲商厦的再审申请。

[①] 现为《民事诉讼法》(2023年修正)第二百一十一条。
[②] 现为《民事诉讼法》(2023年修正)第二百一十五条。

三、公益诉讼

指导案例 75 号

中国生物多样性保护与绿色发展基金会诉宁夏瑞泰科技股份有限公司环境污染公益诉讼案

（最高人民法院审判委员会讨论通过　2016 年 12 月 28 日发布）

关键词

民事　环境污染公益诉讼　专门从事环境保护公益活动的社会组织

裁判要点

1. 社会组织的章程虽未载明维护环境公共利益，但工作内容属于保护环境要素及生态系统的，应认定符合《环境民事公益诉讼解释》第四条关于"社会组织章程确定的宗旨和主要业务范围是维护社会公共利益"的规定。

2. 《环境民事公益诉讼解释》第四条规定的"环境保护公益活动"，既包括直接改善生态环境的行为，也包括与环境保护相关的有利于完善环境治理体系、提高环境治理能力、促进全社会形成环境保护广泛共识的活动。

3. 社会组织起诉的事项与其宗旨和业务范围具有对应关系，或者与其所保护的环境要素及生态系统具有一定联系的，应认定符合《环境民事公益诉讼解释》第四条关于"与其宗旨和业务范围具有关联性"的规定。

相关法条

《环境保护法》第五十八条

基本案情

2015 年 8 月 13 日，中国生物多样性保护与绿色发展基金会（以下简称绿发会）向宁夏回族自治区中卫市中级人民法院提起诉讼称：宁夏瑞泰科技股份有限公司（以下简称瑞泰公司）在生产过程中违规将超标废水直接排入蒸发池，造成腾格里沙漠严重污染，截至起诉时仍然没有整改完毕。请求判令瑞泰公司：（一）停止非法污染环境行为；（二）对造成环境污染的危险予以消除；（三）恢复生态环境或者成立沙漠环境修复专项基金并委托具有资质的第三方进行修复；（四）针对第二项和第三项诉讼请求，由法院组织原告、技术专家、法律专家、人大代表、政协委员共同验收；（五）赔偿环境修复前生态功能损失；（六）在全国性媒体上公开赔礼道歉等。

绿发会向法院提交了基金会法人登记证书，显示绿发会是在中华人民共和国民政部登记的基金会法人。绿发会提交的2010至2014年度检查证明材料，显示其在提起本案公益诉讼前五年年检合格。绿发会亦提交了五年内未因从事业务活动违反法律、法规的规定而受到行政、刑事处罚的无违法记录声明。此外，绿发会章程规定，其宗旨为"广泛动员全社会关心和支持生物多样性保护和绿色发展事业，保护国家战略资源，促进生态文明建设和人与自然和谐，构建人类美好家园"。在案件的一审、二审及再审期间，绿发会向法院提交了其自1985年成立至今，一直实际从事包括举办环境保护研讨会、组织生态考察、开展环境保护宣传教育、提起环境民事公益诉讼等活动的相关证据材料。

裁判结果

宁夏回族自治区中卫市中级人民法院于2015年8月19日作出（2015）卫民公立字第6号民事裁定，以绿发会不能认定为《环境保护法》第五十八条规定的"专门从事环境保护公益活动"的社会组织为由，裁定对绿发会的起诉不予受理。绿发会不服，向宁夏回族自治区高级人民法院提起上诉。该院于2015年11月6日作出（2015）宁民公立终字第6号民事裁定，驳回上诉，维持原裁定。绿发会又向最高人民法院申请再审。最高人民法院于2016年1月22日作出（2015）民申字第3377号民事裁定，裁定提审本案；并于2016年1月28日作出（2016）最高法民再47号民事裁定，裁定本案由宁夏回族自治区中卫市中级人民法院立案受理。

裁判理由

法院生效裁判认为：本案系社会组织提起的环境污染公益诉讼。本案的争议焦点是绿发会应否认定为专门从事环境保护公益活动的社会组织。

《民事诉讼法》第五十五条①规定了环境民事公益诉讼制度,明确法律规定的机关和有关组织可以提起环境公益诉讼。《环境保护法》第五十八条规定:"对污染环境、破坏生态,损害社会公共利益的行为,符合下列条件的社会组织可以向人民法院提起诉讼:(一)依法在设区的市级以上人民政府民政部门登记;(二)专门从事环境保护公益活动连续五年以上且无违法记录。符合前款规定的社会组织向人民法院提起诉讼,人民法院应当依法受理。"环境民事公益诉讼《环境民事公益诉讼解释》第四条进一步明确了对于社会组织"专门从事环境保护公益活动"的判断标准,即"社会组织章程确定的宗旨和主要业务范围是维护社会公共利益,且从事环境保护公益活动的,可以认定为《环境保护法》第五十八条规定的'专门从事环境保护公益活动'。社会组织提起的诉讼所涉及的社会公共利益,应与其宗旨和业务范围具有关联性"。有关本案绿发会是否可以作为"专门从事环境保护公益活动"的社会组织提起本案诉讼,应重点从其宗旨和业务范围是否包含维护环境公共利益,是否实际从事环境保护公益活动,以及所维护的环境公共利益是否与其宗旨和业务范围具有关联性等三个方面进行审查。

一、关于绿发会章程规定的宗旨和业务范围是否包含维护环境公共利益的问题。社会公众所享有的在健康、舒适、优美环境中生存和发展的共同利益,表现形式多样。对于社会组织宗旨和业务范围是否包含维护环境公共利益,应根据其内涵而非简单依据文字表述作出判断。社会组织章程即使未写明维护环境公共利益,但若其工作内容属于保护各种影响人类生存和发展的天然的和经过人工改造的自然因素的范畴,包括对大气、水、海洋、土地、矿藏、森林、草原、湿地、野生生物、自然遗迹、人文遗迹、自然保护区、风景名胜区、城市和乡村等环境要素及其生态系统的保护,均可以认定为宗旨和业务范围包含维护环境公共利益。

我国 1992 年签署的联合国《生物多样性公约》指出,生物多样性是指陆地、海洋和其他水生生态系统及其所构成的生态综合体,包括物种内部、物种之间和生态系统的多样性。《环境保护法》第三十条规定,"开发利用自然资源,应当合理开发,保护生物多样性,保障生态安全,依法制定有关生态

---

① 现为《民事诉讼法》(2023 年修正)第五十八条。

保护和恢复治理方案并予以实施。引进外来物种以及研究、开发和利用生物技术，应当采取措施，防止对生物多样性的破坏"。可见，生物多样性保护是环境保护的重要内容，亦属维护环境公共利益的重要组成部分。

绿发会章程中明确规定，其宗旨为"广泛动员全社会关心和支持生物多样性保护和绿色发展事业，保护国家战略资源，促进生态文明建设和人与自然和谐，构建人类美好家园"，符合联合国《生物多样性公约》和《环境保护法》保护生物多样性的要求。同时，"促进生态文明建设""人与自然和谐""构建人类美好家园"等内容契合绿色发展理念，亦与环境保护密切相关，属于维护环境公共利益的范畴。故应认定绿发会的宗旨和业务范围包含维护环境公共利益内容。

二、关于绿发会是否实际从事环境保护公益活动的问题。环境保护公益活动，不仅包括植树造林、濒危物种保护、节能减排、环境修复等直接改善生态环境的行为，还包括与环境保护有关的宣传教育、研究培训、学术交流、法律援助、公益诉讼等有利于完善环境治理体系，提高环境治理能力，促进全社会形成环境保护广泛共识的活动。绿发会在本案一审、二审及再审期间提交的历史沿革、公益活动照片、环境公益诉讼立案受理通知书等相关证据材料，虽未经质证，但在立案审查阶段，足以显示绿发会自1985年成立以来长期实际从事包括举办环境保护研讨会、组织生态考察、开展环境保护宣传教育、提起环境民事公益诉讼等环境保护活动，符合《环境保护法》和《环境民事公益诉讼解释》的规定。同时，上述证据亦证明绿发会从事环境保护公益活动的时间已满五年，符合《环境保护法》第五十八条关于社会组织从事环境保护公益活动应五年以上的规定。

三、关于本案所涉及的社会公共利益与绿发会宗旨和业务范围是否具有关联性的问题。依据《环境民事公益诉讼解释》第四条的规定，社会组织提起的公益诉讼涉及的环境公共利益，应与社会组织的宗旨和业务范围具有一定关联。此项规定旨在促使社会组织所起诉的环境公共利益保护事项与其宗旨和业务范围具有对应或者关联关系，以保证社会组织具有相应的诉讼能力。因此，即使社会组织起诉事项与其宗旨和业务范围不具有对应关系，但若与其所保护的环境要素或者生态系统具有一定的联系，亦应基于关联性标准确认其主体资格。本案环境公益诉讼系针对腾格里沙漠污染提起。沙漠生物群落及其环境相互作用所形成的复杂而脆弱的沙漠生态系统，更加需要人类的珍惜利用和悉心呵护。绿发会起诉认为瑞泰公司将超标废水排入蒸发池，严重破坏了腾格里沙漠本已脆弱的生态系统，所涉及的环境公共利益之维护属于绿发会宗旨和业务范围。

此外，绿发会提交的基金会法人登记证书显示，绿发会是在中华人民共和国民政部登记的基金会法人。绿发会提交的 2010 至 2014 年度检查证明材料，显示其在提起本案公益诉讼前五年年检合格。绿发会还按照《环境民事公益诉讼解释》第五条的规定提交了其五年内未因从事业务活动违反法律、法规的规定而受到行政、刑事处罚的无违法记录声明。据此，绿发会亦符合《环境保护法》第五十八条，《环境民事公益诉讼解释》第二条、第三条、第五条对提起环境公益诉讼社会组织的其他要求，具备提起环境民事公益诉讼的主体资格。

指导案例 130 号

重庆市人民政府、重庆两江志愿服务发展中心诉重庆藏金阁物业管理有限公司、重庆首旭环保科技有限公司生态环境损害赔偿、环境民事公益诉讼案

（最高人民法院审判委员会讨论通过 2019 年 12 月 26 日发布）

关键词

民事 生态环境损害赔偿诉讼 环境民事公益诉讼 委托排污 共同侵权 生态环境修复费用 虚拟治理成本法

裁判要点

1. 取得排污许可证的企业，负有确保其排污处理设备正常运行且排放物达到国家和地方排放标准的法定义务，委托其他单位处理的，应当对受托单位履行监管义务；明知受托单位违法排污不予制止甚或提供便利的，应当对环境污染损害承担连带责任。

2. 污染者向水域排污造成生态环境损害，生态环境修复费用难以计算

的，可以根据环境保护部门关于生态环境损害鉴定评估有关规定，采用虚拟治理成本法对损害后果进行量化，根据违法排污的污染物种类、排污量及污染源排他性等因素计算生态环境损害量化数额。

相关法条

《侵权责任法》第八条[①]

基本案情

重庆藏金阁电镀工业园（又称藏金阁电镀工业中心）位于重庆市江北区港城工业园区内，是该工业园区内唯一的电镀工业园，园区内有若干电镀企业入驻。重庆藏金阁物业管理有限公司（以下简称藏金阁公司）为园区入驻企业提供物业管理服务，并负责处理企业产生的废水。藏金阁公司领取了排放污染物许可证，并拥有废水处理的设施设备。2013年12月5日，藏金阁公司与重庆首旭环保科技有限公司（以下简称首旭公司）签订为期四年的《电镀废水处理委托运行承包管理运行协议》（以下简称《委托运行协议》），首旭公司承接藏金阁电镀工业中心废水处理项目，该电镀工业中心的废水由藏金阁公司交给首旭公司使用藏金阁公司所有的废水处理设备进行处理。2016年4月21日，重庆市环境监察总队执法人员在对藏金阁公司的废水处理站进行现场检查时，发现废水处理站中两个总铬反应器和一个综合反应器设施均未运行，生产废水未经处理便排入外环境。2016年4月22日至26日期间，经执法人员采样监测分析发现外排废水重金属超标，违法排放废水总铬浓度为55.5mg/L，总锌浓度为2.85×10^2mg/L，总铜浓度为27.2mg/L，总镍浓度为41mg/L，分别超过《电镀污染物排放标准》（GB21900—2008）的规定标准54.5倍、189倍、53.4倍、81倍，对生态环境造成严重影响和损害。2016年5月4日，执法人员再次进行现场检查，发现藏金阁废水处理站1号综合废水调节池的含重金属废水通过池壁上的120mm口径管网未经正常处理直接排放至外环境并流入港城园区市政管网再进入长江。经监测，1号池内渗漏的废水中六价铬浓度为6.10mg/L，总铬浓度为10.9mg/L，分别超过国家标准29.5倍、9.9倍。从2014年9月1日至2016年5月5日违法排放废水量共计145624吨。还查明，2014年8月，藏金阁公司将原废酸收集池改造为1号综合废水

---

① 现为《民法典》第一千一百六十八条。

调节池，传送废水也由地下管网改为高空管网作业。该池池壁上原有110mm和120mm口径管网各一根，改造时只封闭了110mm口径管网，而未封闭120mm口径管网，该未封闭管网系埋于地下的暗管。首旭公司自2014年9月起，在明知池中有一根120mm管网可以连通外环境的情况下，仍然一直利用该管网将未经处理的含重金属废水直接排放至外环境。

受重庆市人民政府委托，重庆市环境科学研究院对藏金阁公司和首旭公司违法排放超标废水造成生态环境损害进行鉴定评估，并于2017年4月出具《鉴定评估报告书》。该评估报告载明：本事件污染行为明确，污染物迁移路径合理，污染源与违法排放至外环境的废水中污染物具有同源性，且污染源具有排他性。污染行为发生持续时间为2014年9月1日至2016年5月5日，违法排放废水共计145624吨，其主要污染因子为六价铬、总铬、总锌、总镍等，对长江水体造成严重损害。《鉴定评估报告书》采用《生态环境损害鉴定评估技术指南总纲》《环境损害鉴定评估推荐方法（第Ⅱ版）》推荐的虚拟治理成本法对生态环境损害进行量化，按22元/吨的实际治理费用作为单位虚拟治理成本，再乘以违法排放废水数量，计算出虚拟治理成本为320.3728万元。违法排放废水点为长江干流主城区段水域，适用功能类别属Ⅲ类水体，根据虚拟治理成本法的"污染修复费用的确定原则"Ⅲ类水体的倍数范围为虚拟治理成本的4.5倍至6倍，本次评估选取最低倍数4.5倍，最终评估出二被告违法排放废水造成的生态环境污染损害量化数额为1441.6776万元（即320.3728万元×4.5＝1441.6776万元）。重庆市环境科学研究院是环境保护部《关于印发〈环境损害鉴定评估推荐机构名录（第一批）〉的通知》中确认的鉴定评估机构。

2016年6月30日，重庆市环境监察总队以藏金阁公司从2014年9月1日至2016年5月5日通过1号综合调节池内的120mm口径管网将含重金属废水未经废水处理站总排口便直接排入港城园区市政废水管网进入长江为由，作出行政处罚决定，对藏金阁公司罚款580.72万元。藏金阁公司不服申请行政复议，重庆市环境保护局作出维持行政处罚决定的复议决定。后藏金阁公司诉至重庆市渝北区人民法院，要求撤销行政处罚决定和行政复议决定。重庆市渝北区人民法院于2017年2月28日作出（2016）渝0112行初324号行政判决，驳回藏金阁公司的诉讼请求。判决后，藏金阁公司未提起上诉，该判决发生法律效力。

2016年11月28日,重庆市渝北区人民检察院向重庆市渝北区人民法院提起公诉,指控首旭公司、程龙(首旭公司法定代表人)等构成污染环境罪,应依法追究刑事责任。重庆市渝北区人民法院于2016年12月29日作出(2016)渝0112刑初1615号刑事判决,判决首旭公司、程龙等人构成污染环境罪。判决后,未提起抗诉和上诉,该判决发生法律效力。

裁判结果

重庆市第一中级人民法院于2017年12月22日作出(2017)渝01民初773号民事判决:一、被告重庆藏金阁物业管理有限公司和被告重庆首旭环保科技有限公司连带赔偿生态环境修复费用1441.6776万元,于本判决生效后十日内交付至重庆市财政局专用账户,由原告重庆市人民政府及其指定的部门和原告重庆两江志愿服务发展中心结合本区域生态环境损害情况用于开展替代修复;二、被告重庆藏金阁物业管理有限公司和被告重庆首旭环保科技有限公司于本判决生效后十日内,在省级或以上媒体向社会公开赔礼道歉;三、被告重庆藏金阁物业管理有限公司和被告重庆首旭环保科技有限公司在本判决生效后十日内给付原告重庆市人民政府鉴定费5万元,律师费19.8万元;四、被告重庆藏金阁物业管理有限公司和被告重庆首旭环保科技有限公司在本判决生效后十日内给付原告重庆两江志愿服务发展中心律师费8万元;五、驳回原告重庆市人民政府和原告重庆两江志愿服务发展中心其他诉讼请求。判决后,各方当事人在法定期限内均未提出上诉,判决发生法律效力。

裁判理由

法院生效裁判认为,重庆市人民政府依据《生态环境损害赔偿制度改革试点方案》规定,有权提起生态环境损害赔偿诉讼,重庆两江志愿服务发展中心具备合法的环境公益诉讼主体资格,二原告基于不同的规定而享有各自的诉权,均应依法予以保护。鉴于两案原告基于同一污染事实与相同被告提起诉讼,诉讼请求基本相同,故将两案合并审理。

本案的争议焦点为:

一、关于《鉴定评估报告书》认定的污染物种类、污染源排他性、违法排放废水计量以及损害量化数额是否准确

首先,关于《鉴定评估报告书》认定的污染物种类、污染源排他性和违

法排放废水计量是否准确的问题。污染物种类、污染源排他性及违法排放废水计量均已被（2016）渝0112行初324号行政判决直接或者间接确认，本案中二被告并未提供相反证据来推翻原判决，故对《鉴定评估报告书》依据的上述环境污染事实予以确认。具体而言，一是关于污染物种类的问题。除了生效刑事判决所认定的总铬和六价铬之外，二被告违法排放的废水中还含有重金属物质如总锌、总镍等，该事实得到了江北区环境监测站、重庆市环境监测中心出具的环境监测报告以及（2016）渝0112行初324号生效行政判决的确认，也得到了首旭公司法定代表人程龙在调查询问中的确认。二是关于污染源排他性的问题。二被告辩称，江北区环境监测站出具的江环（监）字〔2016〕第JD009号分析报告单确定的取样点W4、W6位置高于藏金阁废水处理站，因而该两处检出污染物超标不可能由二被告的行为所致。由于被污染水域具有流动性的特征和自净功能，水质得到一定程度的恢复，鉴定机构在鉴定时客观上已无法再在废水处理站周围提取到违法排放废水行为持续时所流出的废水样本，故只能依据环境行政执法部门在查处二被告违法行为时通过取样所固定的违法排放废水样本进行鉴定。在对藏金阁废水处理情况进行环保执法的过程中，先后在多个取样点进行过数次监测取样，除江环（监）字〔2016〕第JD009号分析报告单以外，江北区环境监测站与重庆市环境监测中心还出具了数份监测报告，重庆市环境监察总队的行政处罚决定和重庆市环境保护局的复议决定是在对上述监测报告进行综合评定的基础上作出的，并非单独依据其中一份分析报告书或者监测报告作出。环保部门在整个行政执法包括取样等前期执法过程中，其行为的合法性和合理性已经得到了生效行政判决的确认。同时，上述监测分析结果显示废水中的污染物系电镀行业排放的重金属废水，在案证据证实涉案区域唯有藏金阁一家电镀工业园，而且环境监测结果与藏金阁废水处理站违法排放废水种类一致，以上事实证明上述取水点排出的废水来源仅可能来自于藏金阁废水处理站，故可以认定污染物来源具有排他性。三是关于违法排污计量的问题。根据生效刑事判决和行政判决的确认，并结合行政执法过程中的调查询问笔录，可以认定铬调节池的废水进入1号综合废水调节池，利用1号池安装的120mm口径管网将含重金属的废水直接排入外环境并进入市政管网这一基本事实。经庭审查明，《鉴定评估报告书》综合证据，采用用水总量减去消耗量、污泥含水量、在线排水量、节假日排水量的方式计算出违法排放废水量，其所依据的证据和事实或者已得到被告方认可或生效判决确认，或者相关行政行为已通过行政诉讼程序的合法性审查，其所采用的计量方法具有科学性和合理性。综上，藏金阁公司和首旭公司提出的污染物种类、违法排放废水量和污染源排他性认定有误的异议不能成立。

其次，关于《鉴定评估报告书》认定的损害量化数额是否准确的问题。原告方委托重庆市环境科学研究院就本案的生态环境损害进行鉴定评估并出具了《鉴定评估报告书》，该报告确定二被告违法排污造成的生态环境损害量化数额为1441.6776万元。经查，重庆市环境科学研究院是《环境保护部关于印发〈环境损害鉴定评估推荐机构名录（第一批）〉的通知》中确立的鉴定评估机构，委托其进行本案的生态环境损害鉴定评估符合司法解释之规定，其具备相应鉴定资格。根据环境保护部组织制定的《生态环境损害鉴定评估技术指南总纲》《环境损害鉴定评估推荐方法（第Ⅱ版）》，鉴定评估可以采用虚拟治理成本法对事件造成的生态环境损害进行量化，量化结果可以作为生态环境损害赔偿的依据。鉴于本案违法排污行为持续时间长、违法排放数量大，且长江水体处于流动状态，难以直接计算生态环境修复费用，故《鉴定评估报告书》采用虚拟治理成本法对损害结果进行量化并无不当。《鉴定评估报告书》将22元/吨确定为单位实际治理费用，系根据重庆市环境监察总队现场核查藏金阁公司财务凭证，并结合对藏金阁公司法定代表人孙启良的调查询问笔录而确定。《鉴定评估报告书》根据《环境损害鉴定评估推荐方法（第Ⅱ版）》，Ⅲ类地表水污染修复费用的确定原则为虚拟治理成本的4.5倍至6倍，结合本案污染事实，取最小倍数即4.5倍计算得出损害量化数额为320.3728万元×4.5＝1441.6776万元，亦无不当。

综上所述，《鉴定评估报告书》的鉴定机构和鉴定评估人资质合格，鉴定评估委托程序合法，鉴定评估项目负责人亦应法庭要求出庭接受质询，鉴定评估所依据的事实有生效法律文书支撑，采用的计算方法和结论科学有据，故对《鉴定评估报告书》及所依据的相关证据予以采信。

二、关于藏金阁公司与首旭公司是否构成共同侵权

首旭公司是明知1号废水调节池池壁上存在120mm口径管网并故意利用其违法排污的直接实施主体，其理应对损害后果承担赔偿责任，对此应无疑

义。本争议焦点的核心问题在于如何评价藏金阁公司的行为，其与首旭公司是否构成共同侵权。法院认为，藏金阁公司与首旭公司构成共同侵权，应当承担连带责任。

第一，我国实行排污许可制，该制度是国家对排污者进行有效管理的手段，取得排污许可证的企业即是排污单位，负有依法排污的义务，否则将承担相应法律责任。藏金阁公司持有排污许可证，必须确保按照许可证的规定和要求排放。藏金阁公司以委托运行协议的形式将废水处理交由专门从事环境治理业务（含工业废水运营）的首旭公司作业，该行为并不为法律所禁止。但是，无论是自行排放还是委托他人排放，藏金阁公司都必须确保其废水处理站正常运行，并确保排放物达到国家和地方排放标准，这是取得排污许可证企业的法定责任，该责任不能通过民事约定来解除。申言之，藏金阁公司作为排污主体，具有监督首旭公司合法排污的法定责任，依照《委托运行协议》其也具有监督首旭公司日常排污情况的义务，本案违法排污行为持续了一年八个月的时间，藏金阁公司显然未尽监管义务。

第二，无论是作为排污设备产权人和排污主体的法定责任，还是按照双方协议约定，藏金阁公司均应确保废水处理设施设备正常、完好。2014年8月藏金阁公司将废酸池改造为1号废水调节池并将地下管网改为高空管网作业时，未按照正常处理方式对池中的120mm口径暗管进行封闭，藏金阁公司亦未举证证明不封闭暗管的合理合法性，而首旭公司正是通过该暗管实施违法排放，也就是说，藏金阁公司明知为首旭公司提供的废水处理设备留有可以实施违法排放的管网，据此可以认定其具有违法故意，且客观上为违法排放行为的完成提供了条件。

第三，待处理的废水是由藏金阁公司提供给首旭公司的，那么藏金阁公司知道需处理的废水数量，同时藏金阁公司作为排污主体，负责向环保部门缴纳排污费，其也知道合法排放的废水数量，加之作为物业管理部门，其对于园区企业产生的实际用水量亦是清楚的，而这几个数据结合起来，即可确知违法排放行为的存在，因此可以认定藏金阁公司知道首旭公司在实施违法排污行为，但其却放任首旭公司违法排放废水，同时还继续将废水交由首旭公司处理，可以视为其与首旭公司形成了默契，具有共同侵权的故意，并共同造成了污染后果。

第四，环境侵权案件具有侵害方式的复合性、侵害过程的复杂性、侵害后果的隐蔽性和长期性，其证明难度尤其是对于排污企业违法排污主观故意的证明难度较高，且本案又涉及对环境公益的侵害，故应充分考虑到此类案件的特殊性，通过准确把握举证证明责任和归责原则来避免责任逃避和公益受损。综上，根据本案事实和证据，藏金阁公司与首旭公司构成环境污染共同侵权的证据已达到高度盖然性的民事证明标准，应当认定藏金阁公司和首旭公司对于违法排污存在主观上的共同故意和客观上的共同行为，二被告构成共同侵权，应承担连带责任。

（生效裁判审判人员：裘晓音、贾科、张力）

指导案例 131 号

中华环保联合会诉德州晶华集团振华有限公司大气污染责任民事公益诉讼案

（最高人民法院审判委员会讨论通过　2019 年 12 月 26 日发布）

关键词

民事　环境民事公益诉讼　大气污染责任　损害社会公共利益　重大风险

裁判要点

企业事业单位和其他生产经营者多次超过污染物排放标准或者重点污染物排放总量控制指标排放污染物，环境保护行政管理部门作出行政处罚后仍未改正，原告依据《环境民事公益诉讼解释》第一条规定的"具有损害社会公共利益重大风险的污染环境、破坏生态的行为"对其提起环境民事公益诉讼的，人民法院应予受理。

相关法条

1.《民事诉讼法》第五十五条 ①

2.《环境保护法》第五十八条

---

① 现为《民事诉讼法》（2023 年修正）第五十八条。

基本案情

被告德州晶华集团振华有限公司(以下简称振华公司)成立于2000年,经营范围包括电力生产、平板玻璃、玻璃空心砖、玻璃深加工、玻璃制品制造等。2002年12月,该公司600T/D优质超厚玻璃项目通过环境影响评价的审批,2003年11月,通过"三同时"验收。2007年11月,该公司高档优质汽车原片项目通过环境影响评价的审批,2009年2月,通过"三同时"验收。

根据德州市环境保护监测中心站的监测,2012年3月、5月、8月、12月,2013年1月、5月、8月,振华公司废气排放均能达标。2013年11月、2014年1月、5月、6月、11月,2015年2月排放二氧化硫、氮氧化物及烟粉尘存在超标排放情况。德州市环境保护局分别于2013年12月、2014年9月、2014年11月、2015年2月对振华公司进行行政处罚,处罚数额均为10万元。2014年12月,山东省环境保护厅对其进行行政处罚,处罚数额10万元。2015年3月23日,德州市环境保护局责令振华公司立即停产整治,2015年4月1日之前全部停产,停止超标排放废气污染物。原告中华环保联合会起诉之后,2015年3月27日,振华公司生产线全部放水停产,并于德城区天衢工业园以北养马村新选厂址,原厂区准备搬迁。

本案审理阶段,为证明被告振华公司超标排放造成的损失,2015年12月,原告中华环保联合会与环境保护部环境规划院订立技术咨询合同,委托其对振华公司排放大气污染物致使公私财产遭受损失的数额,包括污染行为直接造成的财产损坏、减少的实际价值以及为防止污染扩大、消除污染而采取必要合理措施所产生的费用进行鉴定。2016年5月,环境保护部环境规划院环境风险与损害鉴定评估研究中心根据已经双方质证的人民法院调取的证据作出评估意见,鉴定结果为:振华公司位于德州市德城区市区内,周围多为居民小区,原有浮法玻璃生产线三条,1#浮法玻璃生产线已于2011年10月全面停产,2#生产线600t/d优质超厚玻璃生产线和3#生产线400t/d高档优质汽车玻璃原片生产线仍在生产。1.污染物性质,主要为烟粉尘、二氧化硫和氮氧化物。根据《德州晶华集团振华有限公司关于落实整改工作的情况汇报》有关资料显示:截至2015年3月17日,振华公司浮法二线未安装或未运行脱硫和脱硝治理设施;浮法三线除尘、脱硫设施已于2014年9月投入运行。2.污染物超标排放时段的确认,二氧化硫超标排放时段为2014年6月

10日至2014年8月17日，共计68天，氮氧化物超标排放时段为2013年11月5日至2014年6月23日、2014年10月22日至2015年1月27日，共计327天，烟粉尘超标排放时段为2013年11月5日至2014年6月23日，共计230天。3.污染物排放量，在鉴定时段内，由于企业未安装脱硫设施造成二氧化硫全部直接排放进入大气的超标排放量为255吨，由于企业未安装脱硝设施造成氮氧化物全部直接排放进入大气的排放量为589吨，由于企业未安装除尘设施或除尘设施处理能力不够造成烟粉尘部分直接排放进入大气的排放量为19吨。4.单位污染物处理成本，根据数据库资料，二氧化硫单位治理成本为0.56万元/吨，氮氧化物单位治理成本为0.68万元/吨，烟粉尘单位治理成本为0.33万元/吨。5.虚拟治理成本，根据《环境空气质量标准》《环境损害鉴定评估推荐方法（第II版）》《突发环境事件应急处置阶段环境损害评估技术规范》，本案项目处环境功能二类区，生态环境损害数额为虚拟治理成本的3倍至5倍，本报告取参数5，二氧化硫虚拟治理成本共计713万元，氮氧化物虚拟治理成本2002万元，烟粉尘虚拟治理成本31万元。鉴定结论：被告企业在鉴定期间超标向空气排放二氧化硫共计255吨、氮氧化物共计589吨、烟粉尘共计19吨，单位治理成本分别按0.56万元/吨、0.68万元/吨、0.33万元/吨计算，虚拟治理成本分别为713万元、2002万元、31万元，共计2746万元。

裁判结果

德州市中级人民法院于2016年7月20日作出（2015）德中环公民初字第1号民事判决：一、被告德州晶华集团振华有限公司于本判决生效之日起三十日内赔偿因超标排放污染物造成的损失2198.36万元，支付至德州市专项基金账户，用于德州市大气环境质量修复；二、被告德州晶华集团振华有限公司在省级以上媒体向社会公开赔礼道歉；三、被告德州晶华集团振华有限公司于本判决生效之日起十日内支付原告中华环保联合会所支出的评估费10万元；四、驳回原告中华环保联合会其他诉讼请求。

裁判理由

法院生效裁判认为，根据《环境民事公益诉讼解释》第一条规定，法律规定的机关和有关组织依据《民事诉讼法》第五十五条、《环境保护法》第五十八条等法律的规定，对已经损害社会公共利益或者具有损害社会公共利益重大风险的污染环境、破坏生态的行为提起诉讼,符合《民事诉讼法》第一百一十九条①第二项、第三项、第四项规定的,人民法院应予受理;第十八条规定,对污染环境、破坏生态,已经损害社会公共利益或者具有损害社会公共利益重大风险的行为,原告可以请求被告承担停止侵害、排除妨碍、消除危险、恢复原状、赔偿损失、赔礼道歉等民事责任。法院认为,企业事业单位和其他生产经营者超过污染物排放标准或者重点污染物排放总量控制指标排放污染物的行为可以视为是具有损害社会公共利益重大风险的行为。被告振华公司超量排放的二氧化硫、氮氧化物、烟粉尘会影响大气的服务价值功能。其中,二氧化硫、氮氧化物是酸雨的前导物,超量排放可致酸雨从而造成财产及人身损害,烟粉尘的超量排放将影响大气能见度及清洁度,亦会造成财产及人身损害。被告振华公司自2013年11月起,多次超标向大气排放二氧化硫、氮氧化物、烟粉尘等污染物,经环境保护行政管理部门多次行政处罚仍未改正,其行为属于司法解释规定的"具有损害社会公共利益重大风险的行为",故被告振华公司是本案的适格被告。

(生效裁判审判人员:刘立兵、张小雪、高晓敏)

指导案例 132 号

中国生物多样性保护与绿色发展基金会诉秦皇岛方圆包装玻璃有限公司大气污染责任民事公益诉讼案

(最高人民法院审判委员会讨论通过 2019年12月26日发布)

关键词

民事 环境民事公益诉讼 大气污染责任 降低环境风险 减轻赔偿责任

裁判要点

在环境民事公益诉讼期间,污染者主动改进环保设施,有效降低环境风险的,人民法院可以综合考虑超标排污行为的违法性、过错程度、治理污染

---

① 现为《民事诉讼法》(2023年修正)第一百二十二条。

设施的运行成本以及防污采取的有效措施等因素，适当减轻污染者的赔偿责任。

相关法条

《环境保护法》第一条、第四条、第五条

基本案情

被告秦皇岛方圆包装玻璃有限公司（以下简称方圆公司）系主要从事各种玻璃包装瓶生产加工的企业，现拥有玻璃窑炉四座。在生产过程中，因超标排污被秦皇岛市海港区环境保护局（以下简称海港区环保局）多次作出行政处罚。2015年2月12日，方圆公司与无锡格润环保科技有限公司签订《玻璃窑炉脱硝脱硫除尘总承包合同》，对方圆公司的四座窑炉进行脱硝脱硫除尘改造，合同总金额3617万元。

2016年中国生物多样性保护与绿色发展基金会（以下简称中国绿发会）对方圆公司提起环境公益诉讼后，方圆公司加快了脱硝脱硫除尘改造提升进程。2016年6月15日，方圆公司通过了海港区环保局的环保验收。2016年7月22日，中国绿发会组织相关专家对方圆公司脱硝脱硫除尘设备运行状况进行了考查，并提出相关建议。2016年6月17日、2017年6月17日，环保部门为方圆公司颁发《河北省排放污染物许可证》。2016年12月2日，方圆公司再次投入1965万元，为四座窑炉增设脱硝脱硫除尘备用设备一套。

方圆公司于2015年3月18日缴纳行政罚款8万元。中国绿发会2016年提起公益诉讼后，方圆公司自2016年4月13日起至2016年11月23日止，分24次缴纳行政罚款共计1281万元。

2017年7月25日，中国绿发会向法院提交《关于诉讼请求及证据说明》，确认方圆公司非法排放大气污染物而对环境造成的损害期间从行政处罚认定发生损害时起至环保部门验收合格为止。法院委托环境保护部环境规划院环境风险与损害鉴定评估研究中心对方圆公司因排放大气污染物对环境造成的损害数额及采取替代修复措施修复被污染的大气环境所需费用进行鉴定，起止日期为2015年10月28日（行政处罚认定损害发生日）至2016年6月15日（环保达标日）。

2017年11月，鉴定机构作出《方圆公司大气污染物超标排放环境损害鉴定意见》，按照虚拟成本法计算方圆公司在鉴定时间段内向大气超标排放颗粒物总量约为2.06t，二氧化硫超标排放总量约为33.45t，氮氧化物超标排放总量约为75.33t，方圆公司所在秦皇岛地区为空气功能区Ⅱ类。按照规定，环境空气Ⅱ类区生态损害数额为虚拟治理成本的3倍至5倍，鉴定报告中取3倍计算对大气环境造成损害数额分别约为0.74万元、27.10万元和127.12万元，共计154.96万元。

另查明，2015年3月，河北广播网、燕赵都市网的网页显示，因被上诉人方圆公司未安装除尘脱硝脱硫设施超标排放大气污染物被按日连续处罚200多万。对于该网页显示内容的真实性，被上诉人方圆公司予以认可，故对其在2015年10月28日之前存在超标排污的事实予以确认。

裁判结果

河北省秦皇岛市中级人民法院于2018年4月10日作出（2016）冀03民初40号民事判决：一、秦皇岛方圆包装玻璃有限公司赔偿因超标排放大气污染物造成的损失154.96万元，上述费用分3期支付至秦皇岛市专项资金账户（每期51.65万元，第一期于判决生效之日起七日内支付，第二、三期分别于判决生效后第二、第三年的12月31日前支付），用于秦皇岛地区的环境修复。二、秦皇岛方圆包装玻璃有限公司于判决生效后30日内在全国性媒体上刊登因污染大气环境行为的致歉声明（内容须经一审法院审核后发布）。如秦皇岛方圆包装玻璃有限公司未履行上述义务，河北省秦皇岛市中级人民法院将本判决书内容在全国性的媒体公布，相关费用由秦皇岛方圆包装玻璃有限公司承担。三、秦皇岛方圆包装玻璃有限公司于判决生效后十五日内支付中国生物多样性保护与绿色发展基金会因本案支出的合理费用3万元。四、驳回中国生物多样性保护与绿色发展基金会的其他诉讼请求。案件受理费80元，由秦皇岛方圆包装玻璃有限公司负担，鉴定费用15万元由秦皇岛方圆包装玻璃有限公司负担（已支付）。宣判后，中国生物多样性保护与绿色发展基金会提出上诉。河北省高级人民法院于2018年11月5日作出（2018）冀民终758号民事判决：驳回上诉，维持原判。

裁判理由

法院生效判决认为，《环境民事公益诉讼的解释》第二十三条规定，生态环境修复费用难以确定的，人民法院可以结合污染环境、破坏生态的范围和程度、防止污染设备的运行成本、污染企业因侵权行为所得的利益以及过错程度等因素予以合理确定。本案中，方圆公司于 2015 年 2 月与无锡市格瑞环保科技有限公司签订《玻璃窑炉脱硝脱硫除尘总承包合同》，对其四座窑炉配备的环保设施进行升级改造，合同总金额 3617 万元，体现了企业防污整改的守法意识。方圆公司在环保设施升级改造过程中出现超标排污行为，虽然行为具有违法性，但在超标排污受到行政处罚后，方圆公司积极缴纳行政罚款共计 1280 余万元，其超标排污行为受到行政制裁。在提起本案公益诉讼后，方圆公司加快了环保设施的升级改造，并在环保设施验收合格后，再次投资 1965 万元建造一套备用排污设备，是秦皇岛地区首家实现大气污染治理环保设备开二备一的企业。

《环境保护法》第一条、第四条规定了保护环境、防止污染，促进经济可持续发展的立法目的，体现了保护与发展并重原则。环境公益诉讼在强调环境损害救济的同时，亦应兼顾预防原则。本案诉讼过程中，方圆公司加快环保设施的整改进度，积极承担行政责任，并在其安装的环保设施验收合格后，出资近 2000 万元再行配备一套环保设施，以确保生产过程中环保设施的稳定运行，大大降低了再次造成环境污染的风险与可能性。方圆公司自愿投入巨资进行污染防治，是在中国绿发会一审提出"环境损害赔偿与环境修复费用"的诉讼请求之外实施的维护公益行为，实现了《环境保护法》第五条规定的"保护优先，预防为主"的立法意图以及环境民事公益诉讼风险预防功能，具有良好的社会导向作用。人民法院综合考虑方圆公司在企业生产过程中超标排污行为的违法性、过错程度、治理污染的运行成本以及防污采取的积极措施等因素，对于方圆公司在一审鉴定环境损害时间段之前的超标排污造成的损害予以折抵，维持一审法院依据鉴定意见判决环境损害赔偿及修复费用的数额。

（生效裁判审判人员：窦淑霞、李学境、邢会丽）

指导案例 133 号

山东省烟台市人民检察院诉王振殿、马群凯环境民事公益诉讼案

（最高人民法院审判委员会讨论通过　2019 年 12 月 26 日发布）

关键词

民事　环境民事公益诉讼　水污染　生态环境修复责任　自净功能

裁判要点

污染者违反国家规定向水域排污造成生态环境损害，以被污染水域有自净功能、水质得到恢复为由主张免除或者减轻生态环境修复责任的，人民法院不予支持。

相关法条

1.《侵权责任法》第四条第一款、第八条、第六十五条、第六十六条[①]

2.《环境保护法》第六十四条

基本案情

2014 年 2 月至 4 月期间，王振殿、马群凯在未办理任何注册、安检、环评等手续的情况下，在莱州市柞村镇消水庄村沙场大院北侧车间从事盐酸清洗长石颗粒项目，王振殿提供场地、人员和部分资金，马群凯出资建设反应池、传授技术、提供设备、购进原料、出售成品。在作业过程中产生约 60 吨的废酸液，该废酸液被王振殿先储存于厂院北墙外的废水池内。废酸液储存于废水池期间存在明显的渗漏迹象，渗漏的废酸液对废水池周边土壤和地下水造成污染。废酸液又被通过厂院东墙和西墙外的排水沟排入村北的消水河，对消水河内水体造成污染。2014 年 4 月底，王振殿、马群凯盐酸清洗长石颗粒作业被莱州市公安局查获关停后，盐酸清洗长石颗粒剩余的 20 余吨废酸液被王振殿填埋在反应池内。该废酸液经莱州市环境监测站监测和莱州市环境保护局认定，监测 pH 小于 2，根据国家危险废物名录及危险废物鉴定标准和鉴别方法，属于废物类别为"HW34 废酸中代码为 900－300－34"的危险

---

① 现为《民法典》第一千一百八十七条至第一千二百三十条。

废物。2016年6月1日,被告人马群凯因犯污染环境罪,被判处有期徒刑一年六个月,缓刑二年,并处罚金人民币2万元(所判罚金已缴纳);被告人王振殿犯污染环境罪,被判处有期徒刑一年二个月,缓刑二年,并处罚金人民币2万元(所判罚金已缴纳)。

莱州市公安局办理王振殿污染环境刑事一案中,莱州市公安局食药环侦大队《现场勘验检查工作记录》中记载"中心现场位于消水沙场院内北侧一废弃车间内。车间内西侧南北方向排列有两个长20m、宽6m、平均深1.5m的反应池,反应池底部为斜坡。车间北侧见一夹道,夹道内见三个长15m、宽2.6m、深2m的水泥池"。现车间内西侧的北池废酸液被沙土填埋,受污染沙土总重为223吨。

2015年11月27日,莱州市公安局食品药品与环境犯罪侦查大队委托山东省环境保护科学研究设计院环境风险与污染损害鉴定评估中心对莱州市王振殿、马群凯污染环境案造成的环境损害程度及数额进行鉴定评估。该机构于2016年2月作出莱州市王振殿、马群凯污染环境案环境损害检验报告,认定:本次评估可量化的环境损害为应急处置费用和生态环境损害费用,应急处置费用为酸洗池内受污染沙土的处置费用5.6万元,生态环境损害费用为偷排酸洗废水造成的生态损害修复费用72万元,合计为77.6万元。

2016年4月6日,莱州市人民检察院向莱州市环境保护局发出莱检民(行)行政违监〔2016〕37068300001号检察建议,"建议对消水河流域的其他企业、小车间等的排污情况进行全面摸排,看是否还存在向消水河流域排放污染物的行为"。莱州市环境保护局于同年5月3日回复称,"我局在收到莱州市人民检察院检察建议书后,立即组织执法人员对消水河流域的企业、小车间的排污情况进行全面排查,经严格执法,未发现有向消水河流域排放废酸等危险废物的环境违法行为"。

2017年2月8日,山东省烟台市中级人民法院会同公益诉讼人及王振殿、马群凯、烟台市环保局、莱州市环保局、消水庄村委对王振殿、马群凯实施侵权行为造成的污染区域包括酸洗池内的沙土和周边居民区的部分居民家中水井地下水进行了现场勘验并取样监测,取证现场拍摄照片22张。环保部门向人民法院提交了2017年2月13日水质监测达标报告(8个监测点位水质监测结果均为达标)及其委托山东恒诚检测科技有限公司出具的2017年2月14

日酸洗池固体废物检测报告（酸洗反应南池 -40cmpH=9.02，-70cm pH=9.18，北池 -40cm pH=2.85，-70cm pH=2.52）。公益诉讼人向人民法院提交的2017年3月3日由莱州市环境保护局委托山东恒诚检测科技有限公司对王振殿酸洗池废池的检测报告，载明：反应池南池 -1.2m pH=9.7，北池 -1.2m pH＜2。公益诉讼人认为，《危险废物鉴别标准浸出毒性鉴别 GB5085.3—2007》和《土壤环境监测技术规范》（HJ/t166—2004）规定，pH ≥ 12.5或者 ≤ 2.0时为具有腐蚀性的危险废物。国家危险废物名录（2016版）HW34废酸一项900—300—34类为"使用酸进行清洗产生的废酸液"；HW49其他废物一项900—041—49类为"含有或沾染毒性、感染性危险废物的废弃包装物、容器、过滤吸附介质"。涉案酸洗池内受污染沙土属于危险废物，酸洗池内的受污染沙土总量都应该按照危险废物进行处置。

公益诉讼人提交的山东省地质环境监测总站水工环高级工程师刘炜金就地下水污染演变过程所做的咨询报告专家意见，载明：一、地下水环境的污染发展过程。1.污染因子通过地表入渗进入饱和带（潜水含水层地下水水位以上至地表的地层），通过渗漏达到地下水水位进入含水层。2.进入含水层，初始在水头压力作用下向四周扩散形成一个沿地下水流向展布的似圆状污染区。3.当污染物持续入渗，在地下水水动力的作用下，污染因子随着地下水径流，向下游扩散，一般沿地下水流向以初始形成的污染区为起点呈扇形或椭圆形向下流拓展扩大。4.随着地下水径流形成的污染区不断拓展，污染面积不断扩大，污染因子的浓度不断增大，造成对地下水环境的污染，在污染源没有切断的情况下，污染区将沿着地下水径流方向不断拓展。二、污染区域的演变过程、地下水污染的演变过程，主要受污染的持续性，包气带的渗漏性，含水层的渗透性，土壤及含水层岩土的吸附性，地下水径流条件等因素密切相关。1.长期污染演变过程。在污染因子进入地表通过饱和带向下渗漏的过程中，部分被饱和带岩土吸附，污染包气带的岩土层；初始进入含水层的污染因子浓度较低，当经过一段时间渗漏途经吸附达到饱和后，进入含水层的污染因子浓度将逐渐接近或达到污水的浓度。进入含水层向下游拓展过程中，通过地下水的稀释和含水层的吸附，开始逐渐降低。达到饱和后，随着污染因子的不断注入，达到一定浓度的污染区将不断向下游拓展，污染区域面积将不断扩大。2.短期污染演变过程。短期污染是指污水进入地下水环境经过一定时期,消除污染源,已进入地下水环境的污染因子和污染区域的变化过程。①污染因子的演变过程。在消除污染源阻断污染因子进入地下水环境的情况下,随着上游地下水径流和污染区地下水径流扩大区域的地下水的稀释,及含水层岩土的吸附作用,污染水域的地下水浓度将逐渐降低,水质逐渐好转。②污染区域的变化。在消除污染源,污水阻止进入含水层后,地下水污染区域将随着时间的推移,在地下水径流水动力的作用下,整个污染区将逐渐向下游移动扩大,随着污染区扩大、岩土吸附作用的加强,含水层中地下水水质将逐渐好转,在经过一定时间后,污染因子将吸附于岩土层和稀释于地下水中,改善污染区地下水环境,最终使原污染区达到有关水质要求标准。

裁判结果

山东省烟台市中级人民法院于2017年5月31日作出(2017)鲁06民初8号民事判决:一、被告王振殿、马群凯在本判决生效之日起三十日内在烟台市环境保护局的监督下按照危险废物的处置要求将酸洗池内受污染沙土223吨进行处置,消除危险;如不能自行处置,则由环境保护主管部门委托第三方进行处置,被告王振殿、马群凯赔偿酸洗危险废物处置费用5.6万元,支付至烟台市环境公益诉讼基金账户。二、被告王振殿、马群凯在本判决生效之日起九十日内对莱州市柞村镇消水庄村沙场大院北侧车间周边地下水、土壤和消水河内水体的污染治理制定修复方案并进行修复,逾期不履行修复义务或者修复未达到保护生态环境社会公共利益标准的,赔偿因其偷排酸洗废水造成的生态损害修复费用72万元,支付至烟台市环境公益诉讼基金账户。该案宣判后,双方均未提出上诉,判决已发生法律效力。

裁判理由

法院生效裁判认为:

一、关于王振殿、马群凯侵权行为认定问题

(一)关于涉案危险废物数量及处置费用的认定问题

审理中,山东恒诚检测科技有限公司出具的检测报告指出涉案酸洗反应南池 $-40cm$、$-70cm$ 及 $-1.2m$ 深度的pH均在正常值范围内;北池 $-1.2m$ pH<2属于危险废物。涉案酸洗池的北池内原为王振殿、马群凯使用盐酸进行长石颗粒清洗产生的废酸液,后其用沙土进行了填埋,根据国家危险废物

名录（2016版）HW34废酸900—300—34和HW49其他废物一项900—041—49类规定，现整个池中填埋的沙土吸附池中的废酸液，成为含有或沾染腐蚀性毒性的危险废物。山东省环境保护科学研究设计院环境风险与污染损害鉴定评估中心出具的环境损害检验报告中将酸洗池北池内受污染沙土总量223吨作为危险废物量，参照《环境污染损害数额计算推荐方法》中给出的"土地资源参照单位修复治理成本"清洗法的单位治理成本250元/吨—800元/吨，本案取值250元/吨予以计算处置费用5.6万元，具有事实和法律依据，并无不当，予以采信。（具体计算方法为：20m×6m×平均深度1.3m×密度$1.3t/m^3$=203t沙土+20t废酸=223t×250元/t=5.6万元）

（二）关于涉案土壤、地表水及地下水污染生态损害修复费用的认定问题

莱州市环境监测站监测报告显示，废水池内残留废水的pH<2，属于强酸性废水。王振殿、马群凯通过废水池、排水沟排放的酸洗废水系危险废物亦为有毒物质污染环境，致部分居民家中水井颜色变黄，味道呛人，无法饮用。监测发现部分居民家中井水的pH低于背景值，氯化物、总硬度远高于背景值，且明显超标。储存于废水池期间渗漏的废水渗透至周边土壤和地下水，排入沟内的废水流入消水河。涉案污染区域周边没有其他类似污染源，可以确定受污染地下水系黄色、具有刺鼻气味，且氯化物浓度较高的污染物，即王振殿、马群凯实施的环境污染行为造成。

2017年2月13日水质监测报告显示，在原水质监测范围内的部分监测点位，水质监测结果达标。根据地质环境监测专家出具的意见，可知在消除污染源阻断污染因子进入地下水环境的情况下，随着上游地下水径流和污染区地下水径流扩大区域的地下水稀释及含水层岩土的吸附作用，污染水域的地下水浓度将逐渐降低，水质逐渐好转。地下水污染区域将随着时间的推移，在地下水径流水动力的作用下，整个污染区将逐渐向下游移动扩大。经过一定时间，原污染区可能达到有关水质要求标准，但这并不意味着地区生态环境好转或已修复。王振殿、马群凯仍应当承担其污染区域的环境生态损害修复责任。在被告不能自行修复的情况下，根据《环境污染损害数额计算推荐方法》和《突发环境事件应急处置阶段环境损害评估推荐方法》的规定，采用虚拟治理成本法估算王振殿、马群凯偷排废水造成的生态损害修复费用。虚拟治理成本是指工业企业或污水处理厂治理等量的排放到环境中的污染物

应该花费的成本,即污染物排放量与单位污染物虚拟治理成本的乘积。单位污染物虚拟治理成本是指突发环境事件发生地的工业企业或污水处理厂单位污染物治理平均成本。在量化生态环境损害时,可以根据受污染影响区域的环境功能敏感程度分别乘以 1.5~10 的倍数作为环境损害数额的上下限值。本案受污染区域的土壤、Ⅲ类地下水及消水河Ⅴ类地表水生态损害修复费用,山东省环境保护科学研究设计院环境风险与污染损害鉴定评估中心出具的环境损害检验报告中取虚拟治理成本的 6 倍,按照已生效的莱州市人民法院(2016)鲁 0683 刑初 136 号刑事判决书认定的偷排酸洗废水 60 吨的数额计算,造成的生态损害修复费用为 72 万元,即单位虚拟治理成本 2000 元 /t × 60t × 6 倍 =72 万元具有事实和法律依据,并无不当。

二、关于侵权责任问题

《侵权责任法》第六十五条规定,"因污染环境造成损害的,污染者应当承担侵权责任"。第六十六条规定,"因污染环境发生纠纷,污染者应当就法律规定的不承担责任或者减轻责任的情形及其行为与损害之间不存在因果关系承担举证责任"。山东省莱州市人民法院作出的(2016)鲁 0683 刑初 136 号刑事判决书认定王振殿、马群凯实施的环境污染行为与所造成的环境污染损害后果之间存在因果关系,王振殿、马群凯对此没有异议,并且已经发生法律效力。根据《环境保护法》第六十四条、《侵权责任法》第八条、第六十五条、第六十六条、《最高人民法院关于审理环境侵权责任纠纷案件适用法律若干问题的解释》第十四条之规定,王振殿、马群凯应当对其污染环境造成社会公共利益受到损害的行为承担侵权责任。

(生效裁判审判人员:曲振涛、鲁晓辉、孙波)

指导案例 134 号

重庆市绿色志愿者联合会诉恩施自治州建始磺厂坪矿业有限责任公司水污染责任民事公益诉讼案

（最高人民法院审判委员会讨论通过　2019 年 12 月 26 日发布）

关键词

民事　环境民事公益诉讼　停止侵害　恢复生产　附条件　环境影响评价

裁判要点

环境民事公益诉讼中，人民法院判令污染者停止侵害的，可以责令其重新进行环境影响评价，在环境影响评价文件经审查批准及配套建设的环境保护设施经验收合格之前，污染者不得恢复生产。

相关法条

1.《中华人民共和国环境影响评价法》第二十四条第一款

2.《中华人民共和国水污染防治法》第十七条第三款

基本案情

原告重庆市绿色志愿者联合会（以下简称重庆绿联会）对被告恩施自治州建始磺厂坪矿业有限责任公司（以下简称建始磺厂坪矿业公司）提起环境民事公益诉讼，诉请判令被告停止侵害，承担生态环境修复责任。重庆市人民检察院第二分院支持起诉。

法院经审理查明，千丈岩水库位于重庆市巫山县、奉节县和湖北省建始县交界地带。水库设计库容 405 万立方米，2008 年开始建设，2013 年 12 月 6 日被重庆市人民政府确认为集中式饮用水源保护区，供应周边 5 万余人的生活饮用和生产用水。湖北省建始县毗邻重庆市巫山县，被告建始磺厂坪矿业公司选矿厂位于建始县业州镇郭家淌国有高岩子林场，距离巫山县千丈岩水库直线距离约 2.6 公里，该地区属喀斯特地貌的山区，地下裂缝纵横，暗河较多。建始磺厂坪矿业公司硫铁矿选矿项目于 2009 年编制可行性研究报告，2010 年 4 月 23 日取得恩施土家族苗族自治州发展和改革委员会批复。2010

年7月开展环境影响评价工作，2011年5月16日取得恩施土家族苗族自治州环境保护局环境影响评价批复。2012年开工建设，2014年6月基本完成，但水污染防治设施等未建成。建始磺厂坪矿业公司选矿厂硫铁矿生产中因有废水和尾矿排放，属于排放污染物的建设项目。其项目建设可行性报告中明确指出尾矿库库区为自然成库的岩溶洼地，库区岩溶表现为岩溶裂隙和溶洞。同时，尾矿库工程安全预评价报告载明："建议评价报告做下列修改和补充：1.对库区渗漏分单元进行评价，提出对策措施；2.对尾矿库运行后可能存在的排洪排水问题进行补充评价。"但建始磺厂坪矿业公司实际并未履行修改和补充措施。

2014年8月10日，建始磺厂坪矿业公司选矿厂使用硫铁矿原矿约500吨、乙基钠黄药、2号油进行违法生产，产生的废水、尾矿未经处理就排入临近有溶洞漏斗发育的自然洼地。2014年8月12日，巫山县红椿乡村民反映千丈岩水库饮用水源取水口水质出现异常，巫山县启动重大突发环境事件应急预案。应急监测结果表明，被污染水体无重金属毒性，但具有有机物毒性；COD（化学需氧量）、Fe（铁）分别超标0.25倍、30.3倍，悬浮物高达260mg/L。重庆市相关部门将污染水体封存在水库内，对受污染水体实施药物净化等应急措施。

千丈岩水库水污染事件发生后，环境保护部明确该起事件已构成重大突发环境事件。环境保护部环境规划院环境风险与损害鉴定评估研究中心作出《重庆市巫山县红椿乡千丈岩水库突发环境事件环境损害评估报告》。该报告对本次环境污染的污染物质、突发环境事件造成的直接经济损失、本次污染对水库生态环境影响的评价等进行评估。并判断该次事件对水库的水生生态环境没有造成长期的不良影响，无需后续的生态环境修复，无需进行进一步的中长期损害评估。湖北省环保厅于2014年9月4日作出行政处罚决定，认定磺厂坪矿业公司硫铁矿选矿项目水污染防治设施未建成，擅自投入生产，非法将生产产生的废水和尾矿排放、倾倒至厂房下方的洼地内，造成废水和废渣经洼地底部裂隙渗漏，导致千丈岩水库水体污染。责令停止生产直至验收合格，限期采取治理措施消除污染，并处罚款100万元。行政处罚决定作出后，建始磺厂坪矿业公司仅缴纳了罚款100万元，但并未采取有效消除污染的治理措施。

2015年4月26日，法院依原告申请，委托北京师范大学对千丈岩环境污染事件的生态修复及其费用予以鉴定，北京师范大学鉴定认为：1.建始磺厂坪矿业公司系此次千丈岩水库生态环境损害的唯一污染源，责任主体清楚，环境损害因果关系清晰。2.对《重庆市巫山县红椿乡千丈岩水库突发环境事件环境损害评估报告》评价的对水库生态环境没有造成长期的不良影响，无需后续生态环境修复，无需进行中长期损害评估的结论予以认可。3.本次污染土壤的生态环境损害评估认定：经过9个月后，事发区域土壤中的乙基钠黄药已得到降解，不会对当地生态环境再次带来损害，但洼地土壤中的Fe污染物未发生自然降解，超出当地生态基线，短期内不能自然恢复，将对千丈岩水库及周边生态环境带来潜在污染风险，需采取人工干预方式进行生态修复。根据《突发环境事件应急处置阶段环境损害评估推荐方法》〔环办（2014）118号〕，采用虚拟治理成本法计算洼地土壤生态修复费用约需991000元。4.建议后续进一步制定详细的生态修复方案，开展事故区域生态环境损害的修复，并做好后期监管工作，确保千丈岩水库的饮水安全和周边生态环境安全。在案件审理过程中，重庆绿联会申请通知鉴定人出庭，就生态修复接受质询并提出意见。鉴定人王金生教授认为，土壤元素本身不是控制性指标，就饮用水安全而言，洼地土壤中的Fe高于饮用水安全标准；被告建始磺厂坪矿业公司选矿厂所处位置地下暗河众多，地区降水量大，污染饮用水的风险较高。

裁判结果

重庆市万州区人民法院于2016年1月14日作出（2014）万法环公初字第00001号民事判决：一、恩施自治州建始磺厂坪矿业有限责任公司立即停止对巫山县千丈岩水库饮用水源的侵害，重新进行环境影响评价，未经批复和环境保护设施未经验收，不得生产；二、恩施自治州建始磺厂坪矿业有限责任公司在判决生效后180日内，对位于恩施自治州建始县业州镇郭家淌国有高岩子林场选矿厂洼地土壤制定修复方案进行生态修复，逾期不履行修复义务或修复不合格，由恩施自治州建始磺厂坪矿业有限责任公司承担修复费用991000元支付至指定的账号；三、恩施自治州建始磺厂坪矿业有限责任公司对其污染生态环境，损害公共利益的行为在国家级媒体上赔礼道歉；四、恩施自治州建始磺厂坪矿业有限责任公司支付重庆市绿色志愿者联合会为本案诉讼而产生的合理费用及律师费共计15万元；五、驳回重庆市绿色志愿者联合会的其他诉讼请求。一审宣判后，恩施自治州建始磺厂坪矿业有限责任公司不服，提起上诉。重庆市第二中级人民法院于 2016 年 9 月 13 日作出（2016）渝 02 民终 77 号民事判决：驳回上诉，维持原判。

裁判理由

法院生效裁判认为，本案的焦点问题之一为是否需判令停止侵害并重新作出环境影响评价。

环境侵权行为对环境的污染、生态资源的破坏往往具有不可逆性，被污染的环境、被破坏的生态资源很多时候难以恢复，单纯事后的经济赔偿不足以弥补对生态环境所造成的损失，故对于环境侵权行为应注重防患于未然，才能真正实现环境保护的目的。本案建始磺厂坪矿业公司只是暂时停止了生产行为，其"三同时"工作严重滞后、环保设施未建成等违法情形并未实际消除，随时可能恢复违法生产。由于建始磺厂坪矿业公司先前的污染行为，导致相关区域土壤中部分生态指标超过生态基线，因当地降水量大，又地处喀斯特地貌山区，裂隙和溶洞较多，暗河纵横，而其中的暗河水源正是千丈岩水库的聚水来源，污染风险明显存在。考虑到建始磺厂坪矿业公司的违法情形尚未消除、项目所处区域地质地理条件复杂特殊，在不能确保恢复生产不会再次造成环境污染的前提下，应当禁止其恢复生产，才能有效避免当地生态环境再次遭受污染破坏，亦可避免在今后发现建始磺厂坪矿业公司重新恢复违法生产后需另行诉讼的风险，减轻当事人诉累、节约司法资源。故建始磺厂坪矿业公司虽在起诉之前已停止生产，仍应判令其对千丈岩水库饮用水源停止侵害。

此外，千丈岩水库开始建设于 2008 年，而建始磺厂坪矿业公司项目的环境影响评价工作开展于 2010 年 7 月，并于 2011 年 5 月 16 日才取得当地环境行政主管部门的批复。《中华人民共和国环境影响评价法》第二十三条规定："建设项目可能造成跨行政区域的不良环境影响，有关环境保护行政主管部门对该项目的环境影响评价结论有争议的，其环境影响评价文件由共同的上一级环境保护行政主管部门审批。"考虑到该项目的性质、与水库之间的相对位置及当地特殊的地质地理条件，本应在当时项目的环境影响评价中着重考虑对千丈岩水库的影响，但由于两者分处不同省级行政区域，导致当时的环境影响评价并未涉及千丈岩水库，可见该次环境影响评价是不全面且有着明显不足的。由于新增加了千丈岩水库这一需要重点考量的环境保护目标，导致原有的环境影响评价依据发生变化，在已发生重大突发环境事件的现实情况下，涉案项目在防治污染、防止生态破坏的措施方面显然也需要作出重大变动。根据《中华人民共和国环境影响评价法》第二十四条第一款"建设项目的环境影响评价文件经批准后，建设项目的性质、规模、地点、采用的生产工艺或者防治污染、防止生态破坏的措施发生重大变动的，建设单位应当重新报批建设项目的环境影响评价文件"及《中华人民共和国水污染防治法》第十七条第三款[①]"建设项目的水污染防治设施，应当与主体工程同时设计、同时施工、同时投入使用。水污染防治设施应当经过环境保护主管部门验收，验收不合格的，该建设项目不得投入生产或者使用"的规定，鉴于千丈岩水库的重要性、作为一级饮用水水源保护区的环境敏感性及涉案项目对水库潜在的巨大污染风险，在应当作为重点环境保护目标纳入建设项目环境影响评价而未能纳入且客观上已经造成重大突发环境事件的情况下，考虑到原有的环境影响评价依据已经发生变化，出于对重点环境保护目标的保护及公共利益的维护，建始磺厂坪矿业公司应在考虑对千丈岩水库环境影响的基础上重新对项目进行环境影响评价并履行法定审批手续，未经批复和环境保护设施未经验收，不得生产。

（生效裁判审判人员：王剑波、杨超、沈平）

---

① 现为《中华人民共和国水污染防治法》（2017年修正）第十九条第三款（有改动）。

指导案例 135 号

江苏省徐州市人民检察院诉苏州其安工艺品有限公司等环境民事公益诉讼案

（最高人民法院审判委员会讨论通过　2019 年 12 月 26 日发布）

关键词

民事　环境民事公益诉讼　环境信息　不利推定

裁判要点

在环境民事公益诉讼中，原告有证据证明被告产生危险废物并实施了污染物处置行为，被告拒不提供其处置污染物情况等环境信息，导致无法查明污染物去向的，人民法院可以推定原告主张的环境污染事实成立。

相关法条

《中华人民共和国固体废物污染环境防治法》（以下简称《固体废物法》）第五十五条、第五十七条、第五十九条①

基本案情

2015 年 5、6 月份，苏州其安工艺品有限公司（以下简称其安公司）将其工业生产活动中产生的 83 桶硫酸废液，以每桶 1300~3600 元不等的价格，交由黄克峰处置。黄克峰将上述硫酸废液运至苏州市区其租用的场院内，后以每桶 2000 元的价格委托何传义处置，何传义又以每桶 1000 元的价格委托王克义处置。王克义到物流园马路边等处随机联系外地牌号货车车主或司机，分多次将上述 83 桶硫酸废液直接从黄克峰存放处运出，要求他们带出苏州后随意处置，共支出运费 43000 元。其中，魏以东将 15 桶硫酸废液从苏州运至沛县经济开发区后，在农地里倾倒 3 桶，余下 12 桶被丢弃在某工地上。除以上 15 桶之外，其余 68 桶硫酸废液王克义无法说明去向。2015 年 12 月，沛县环保部门巡查时发现 12 桶硫酸废液。经鉴定，确定该硫酸废液是危险废物。2016 年 10 月，其安公司将 12 桶硫酸废液合法处置，支付费用 116740.08 元。

2017 年 8 月 2 日，江苏省沛县人民检察院对其安公司、江晓鸣、黄克峰、

---

① 现为《固体废物法》（2020 年修订）第七十八条至第八十二条。

何传义、王克义、魏以东等向徐州铁路运输法院提起公诉，该案经江苏省徐州市中级人民法院二审后，终审判决认定其安公司、江晓鸣、黄克峰、何传义、王克义、魏以东等构成污染环境罪。

江苏省徐州市人民检察院在履行职责中发现以上破坏生态环境的行为后，依法公告了准备提起本案诉讼的相关情况，公告期内未有法律规定的机关和有关组织提起诉讼。2018年5月，江苏省徐州市人民检察院向江苏省徐州市中级人民法院提起本案诉讼，请求判令其安公司、黄克峰、何传义、王克义、魏以东连带赔偿倾倒3桶硫酸废液和非法处置68桶硫酸废液造成的生态环境修复费用，并支付其为本案支付的专家辅助人咨询费、公告费，要求五被告共同在省级媒体上公开赔礼道歉。

裁判结果

江苏省徐州市中级人民法院于2018年9月28日作出（2018）苏03民初256号民事判决：一、苏州其安工艺品有限公司、黄克峰、何传义、王克义、魏以东于判决生效后三十日内，连带赔偿因倾倒3桶硫酸废液所产生的生态环境修复费用204415元，支付至徐州市环境保护公益金专项资金账户；二、苏州其安工艺品有限公司、黄克峰、何传义、王克义于判决生效后三十日内，连带赔偿因非法处置68桶硫酸废液所产生的生态环境修复费用4630852元，支付至徐州市环境保护公益金专项资金账户；三、苏州其安工艺品有限公司、黄克峰、何传义、王克义、魏以东于判决生效后三十日内连带支付江苏省徐州市人民检察院为本案支付的合理费用3800元；四、苏州其安工艺品有限公司、黄克峰、何传义、王克义、魏以东于判决生效后三十日内共同在省级媒体上就非法处置硫酸废液行为公开赔礼道歉。一审宣判后，各当事人均未上诉，判决已发生法律效力。

裁判理由

法院生效裁判认为：

一、关于在沛县经济开发区倾倒3桶硫酸废液造成的生态环境损害，五被告应否承担连带赔偿责任及赔偿数额如何确定问题

《固体废物法》第五十五条①规定："产生危险废物的单位，必须按照国家

---

① 现为《固体废物法》（2020年修订）第七十九条。

有关规定处置危险废物，不得擅自倾倒、堆放。"第五十七条[①]规定："从事收集、贮存、处置危险废物经营活动的单位，必须向县级以上人民政府环境保护行政主管部门申请领取经营许可证……禁止无经营许可证或者不按照经营许可证规定从事危险废物收集、贮存、利用、处置的经营活动。"本案中，其安公司明知黄克峰无危险废物经营许可证，仍将危险废物硫酸废液交由其处置；黄克峰、何传义、王克义、魏以东明知自己无危险废物经营许可证，仍接收其安公司的硫酸废液并非法处置。其安公司与黄克峰、何传义、王克义、魏以东分别实施违法行为，层层获取非法利益，最终导致危险废物被非法处置，对此造成的生态环境损害，应当承担赔偿责任。五被告的行为均系生态环境遭受损害的必要条件，构成共同侵权，应当在各自参与非法处置危险废物的数量范围内承担连带责任。

本案中，倾倒3桶硫酸废液污染土壤的事实客观存在，但污染发生至今长达三年有余，且倾倒地已进行工业建设，目前已无法将受损的土壤完全恢复。根据《环境损害鉴定评估推荐方法（第Ⅱ版）》和原环境保护部《关于虚拟治理成本法适用情形与计算方法的说明》（以下简称《虚拟治理成本法说明》），对倾倒3桶硫酸废液所产生的生态环境修复费用，可以适用"虚拟治理成本法"予以确定，其计算公式为：污染物排放量×污染物单位治理成本×受损害环境敏感系数。公益诉讼起诉人委托的技术专家提出的倾倒3桶硫酸废液所致生态环境修复费用为204415元（$4.28 \times 6822.92 \times 7$）的意见，理据充分，应予采纳。该项生态环境损害系其安公司、黄克峰、何传义、王克义、魏以东五被告的共同违法行为所致，五被告应连带承担204415元的赔偿责任。

二、关于五被告应否就其余68桶硫酸废液承担生态环境损害赔偿责任，赔偿数额如何确定问题

根据《固体废物法》等法律法规，我国实行危险废物转移联单制度，申报登记危险废物的流向、处置情况等，是危险废物产生单位的法定义务；如实记载危险废物的来源、去向、处置情况等，是危险废物经营单位的法定义务；产生、收集、贮存、运输、利用、处置危险废物的单位和个人，均应设置危险废物识别标志，均有采取措施防止危险废物污染环境的法定义务。本

[①] 现为《固体废物法》（2020年修订）第八十条。

案中,其安公司对硫酸废液未履行申报登记义务,未依法申请领取危险废物转移联单,黄克峰、何传义、王克义三被告非法从事危险废物经营活动,没有记录硫酸废液的流向及处置情况等,其安公司、黄克峰、何传义、王克义四被告逃避国家监管,非法转移危险废物,不能说明68桶硫酸废液的处置情况,没有采取措施防止硫酸废液污染环境,且68桶硫酸废液均没有设置危险废物识别标志,而容器上又留有出水口,即使运出苏州后被整体丢弃,也存在液体流出污染环境甚至危害人身财产安全的极大风险。因此,根据《环境民事公益诉讼解释》第十三条"原告请求被告提供其排放的主要污染物名称、排放方式、排放浓度和总量、超标排放情况以及防治污染设施的建设和运行情况等环境信息,法律、法规、规章规定被告应当持有或者有证据证明被告持有而拒不提供,如果原告主张相关事实不利于被告的,人民法院可以推定该主张成立"之规定,本案应当推定其余68桶硫酸废液被非法处置并污染了环境的事实成立。

关于该项损害的赔偿数额。根据《虚拟治理成本法说明》,该项损害的具体情况不明确,其产生的生态环境修复费用,也可以适用"虚拟治理成本法"予以确定。如前所述,68桶硫酸废液的重量仍应以每桶1.426吨计算,共计96.96吨;单位治理成本仍应确定为6822.92元。关于受损害环境敏感系数。本案非法处置68桶硫酸废液实际损害的环境介质及环境功能区类别不明,可能损害的环境介质包括土壤、地表水或地下水中的一种或多种。而不同的环境介质、不同的环境功能区类别,其所对应的环境功能区敏感系数不同,存在2~11种可能。公益诉讼起诉人主张适用的系数7,处于环境敏感系数的中位,对应Ⅱ类地表水、Ⅱ类土壤、Ⅲ类地下水,而且本案中已经查明的3桶硫酸废液实际污染的环境介质即为Ⅱ类土壤。同时,四被告也未能举证证明68桶硫酸废液实际污染了敏感系数更低的环境介质。因此,公益诉讼起诉人的主张具有合理性,同时体现了对逃避国家监管、非法转移处置危险废物违法行为的适度惩罚,应予采纳。综上,公益诉讼起诉人主张非法处置68桶硫酸废液产生的生态环境修复费用为4630852元(96.96吨×6822.92元/吨×7),应予支持。同时,如果今后查明68桶硫酸废液实际污染了敏感系数更高的环境介质,以上修复费用尚不足以弥补生态环境损害的,法律规定的机关和有关组织仍可以就新发现的事实向被告另行主张。该项生态环境损害系其安公司、黄克峰、何传义、王克义四被告的共同违法行为所致，四被告应连带承担4630852元的赔偿责任。

综上所述，生态文明建设是关系中华民族永续发展的根本大计，生态环境没有替代品，保护生态环境人人有责。产生、收集、贮存、运输、利用、处置危险废物的单位和个人，必须严格履行法律义务，切实采取措施防止危险废物对环境的污染。被告其安公司、黄克峰、何传义、王克义、魏以东没有履行法律义务，逃避国家监管，非法转移处置危险废物，任由危险废物污染环境，对此造成的生态环境损害，应当依法承担侵权责任。

（生效裁判审判人员：马荣、李娟、张演亮、陈虎、费艳、韩正娟、吴德恩）

指导案例136号

吉林省白山市人民检察院诉白山市江源区卫生和计划生育局、白山市江源区中医院环境公益诉讼案

（最高人民法院审判委员会讨论通过　2019年12月26日发布）

关键词

行政　环境行政公益诉讼　环境民事公益诉讼　分别立案　一并审理

裁判要点

人民法院在审理人民检察院提起的环境行政公益诉讼案件时，对人民检察院就同一污染环境行为提起的环境民事公益诉讼，可以参照《行政诉讼法》及其司法解释规定，采取分别立案、一并审理、分别判决的方式处理。

相关法条

《行政诉讼法》第六十一条

基本案情

白山市江源区中医院新建综合楼时，未建设符合环保要求的污水处理设施即投入使用。吉林省白山市人民检察院发现该线索后，进行了调查。调查

发现白山市江源区中医院通过渗井、渗坑排放医疗污水。经对其排放的医疗污水及渗井周边土壤取样检验，化学需氧量、五日生化需氧量、悬浮物、总余氯等均超过国家标准。还发现白山市江源区卫生和计划生育局在白山市江源区中医院未提交环评合格报告的情况下，对其《医疗机构职业许可证》校验为合格，且对其违法排放医疗污水的行为未及时制止，存在违法行为。检察机关在履行了提起公益诉讼的前置程序后，诉至法院，请求：1.确认被告白山市江源区卫生和计划生育局于2015年5月18日为第三人白山市江源区中医院校验《医疗机构执业许可证》的行为违法；2.判令白山市江源区卫生和计划生育局履行法定监管职责，责令白山市江源区卫生和计划生育局限期对白山市江源区中医院的医疗污水净化处理设施进行整改；3.判令白山市江源区中医院立即停止违法排放医疗污水。

裁判结果

白山市中级人民法院于2016年7月15日以（2016）吉06行初4号行政判决，确认被告白山市江源区卫生和计划生育局于2015年5月18日对第三人白山市江源区中医院《医疗机构执业许可证》校验合格的行政行为违法；责令被告白山市江源区卫生和计划生育局履行监管职责，监督第三人白山市江源区中医院在三个月内完成医疗污水处理设施的整改。同日，白山市中级人民法院作出（2016）吉06民初19号民事判决，判令被告白山市江源区中医院立即停止违法排放医疗污水。一审宣判后，各方均未上诉，判决已经发生法律效力。

裁判理由

法院生效裁判认为，根据国务院《医疗机构管理条例》第五条及第四十条的规定，白山市江源区卫生和计划生育局对辖区内医疗机构具有监督管理的法定职责。《吉林省医疗机构审批管理办法（试行）》第四十四条规定，医疗机构申请校验时应提交校验申请、执业登记项目变更情况、接受整改情况、环评合格报告等材料。白山市江源区卫生和计划生育局在白山市江源区中医院未提交环评合格报告的情况下，对其《医疗机构职业许可证》校验为合格，违反上述规定，该校验行为违法。白山市江源区中医院违法排放医疗污水，导致周边地下水及土壤存在重大污染风险。白山市江源区卫生和计划生育局作为卫生行政主管部门，未及时制止，其怠于履行监管职责的行为违法。白山市江源区中医院通过渗井、渗坑违法排放医疗污水,且污水处理设施建设完工及环评验收需要一定的时间,故白山市江源区卫生和计划生育局应当继续履行监管职责,督促白山市江源区中医院污水处理工程及时完工,达到环评要求并投入使用,符合《吉林省医疗机构审批管理办法(试行)》第四十四条规定的校验医疗机构执业许可证的条件。

《侵权责任法》第六十五条、第六十六条规定,因污染环境造成损害的,污染者应当承担侵权责任。因污染环境发生纠纷,污染者应当就法律规定的不承担责任或者减轻责任的情形及其行为与损害之间不存在因果关系承担举证责任。本案中,根据公益诉讼人的举证和查明的相关事实,可以确定白山市江源区中医院未安装符合环保要求的污水处理设备,通过渗井、渗坑实施了排放医疗污水的行为。从检测机构的检测结果及检测意见可知,其排放的医疗污水,对附近地下水及周边土壤存在重大环境污染风险。白山市江源区中医院虽辩称其未建设符合环保要求的排污设备系因政府对公办医院投入建设资金不足所致,但该理由不能否定其客观上实施了排污行为,产生了周边地下水及土壤存在重大环境污染风险的损害结果以及排污行为与损害结果存在因果关系的基本事实。且环境污染具有不可逆的特点,故作出立即停止违法排放医疗污水的判决。

(生效裁判审判人员:张文宽、王辉、历彦飞)

指导案例 173 号

北京市朝阳区自然之友环境研究所诉中国水电顾问集团新平开发有限公司、中国电建集团昆明勘测设计研究院有限公司生态环境保护民事公益诉讼案

（最高人民法院审判委员会讨论通过　2021 年 12 月 1 日发布）

关键词

民事　生态环境保护民事公益诉讼　损害社会公共利益　重大风险　濒危野生动植物

裁判要点

人民法院审理环境民事公益诉讼案件，应当贯彻保护优先、预防为主原则。原告提供证据证明项目建设将对濒危野生动植物栖息地及生态系统造成毁灭性、不可逆转的损害后果，人民法院应当从被保护对象的独有价值、损害结果发生的可能性、损害后果的严重性及不可逆性等方面，综合判断被告的行为是否具有《环境民事公益诉讼解释》第一条规定的"损害社会公共利益重大风险"。

相关法条

《环境保护法》（2014 年 4 月 24 日修订）第五条

基本案情

戛洒江一级水电站工程由中国水电顾问集团新平开发有限公司（以下简称新平公司）开发建设，中国电建集团昆明勘测设计研究院有限公司（以下简称昆明设计院）是该工程总承包方及受托编制《云南省红河（元江）干流戛洒江一级水电站环境影响报告书》（以下简称《环境影响报告书》）的技术单位。戛洒江一级水电站坝址位于云南省新平县境内，下游距新平县水塘镇约 6.5 千米，电站采用堤坝式开发，坝型为混凝土面板堆石坝，最大坝高 175.5 米，水库正常蓄水位 675 米，淹没区域涉及红河上游的戛洒江、石羊江及支流绿汁江、小江河。水库淹没影响和建设征地涉及新平县和双柏县 8 个乡（镇）。戛洒江一级水电站项目建设自 2011 年至 2014 年分别取得了国家发

展改革委、原国土资源部、生态环境部等多个相关主管部门关于用地、环评、建设等批复和同意。2017年7月21日，生态环境部办公厅向新平公司发出《关于责成开展云南省红河（元江）干流戛洒江一级水电站环境影响后评价的函》（以下简称《责成后评价函》），责成新平公司就该项目建设开展环境影响后评价，采取改进措施，并报生态环境部备案。后评价工作完成前，不得蓄水发电。2017年8月至今，新平公司主动停止对戛洒江一级水电站建设项目的施工。按工程进度，戛洒江一级水电站建设项目现已完成"三通一平"工程并修建了导流洞。

绿孔雀为典型热带、亚热带林栖鸟类，主要在河谷地带的常绿阔叶林、落叶阔叶林及针阔混合林中活动，杂食类，为稀有种类，属国家一级保护动物，在中国濒危动物红皮书中列为"濒危"物种。就绿孔雀相关问题，昆明市中级人民法院发函云南省林业和草原局，2019年4月4日云南省林业和草原局进行了函复。此后，昆明市中级人民法院又向该局调取了其编制的《元江中上游绿孔雀种群现状调查报告》，该报告载明戛洒江一级水电站建成后，蓄水水库将淹没海拔680米以下河谷地区，将对绿孔雀目前利用的沙浴地、河滩求偶场等适宜栖息地产生较大影响。同时，由于戛洒江一级水电站的建设，淹没区公路将改造重修，也会破坏绿孔雀等野生动物适宜栖息地。对暂停建设的戛洒江一级水电站，应评估停建影响，保护和恢复绿孔雀栖息地措施等。2018年6月29日，云南省人民政府下发《云南省人民政府关于发布云南省生态保护红线的通知》，对外发布《云南省生态保护红线》。根据《云南省生态保护红线》附件1《云南省生态保护红线分布图》所示，戛洒江一级水电站淹没区大部分被划入红河（元江）干热河谷及山原水土保持生态保护红线范围，在该区域内，绿孔雀为其中一种重点保护物种。

陈氏苏铁为国家一级保护植物。2015年后被列入《云南省生物物种红色名录（2017版）》，为极危物种。原告北京市朝阳区自然之友环境研究所（以下简称自然之友研究所）提交了其在绿汁江、石羊江河谷等戛洒江一级水电站淹没区拍摄到的陈氏苏铁照片。证人刘某（中国科学院助理研究员）出庭作证，陈氏苏铁仅在我国红河流域分布。按照世界自然保护联盟的评价标准，陈氏苏铁应为濒危物种。

自然之友研究所向昆明市中级人民法院起诉，请求人民法院判令新平公司及昆明设计院共同消除戛洒江一级水电站建设对绿孔雀、陈氏苏铁等珍稀濒危野生动植物以及热带季雨林和热带雨林侵害危险,立即停止水电站建设,不得截留蓄水,不得对该水电站淹没区内植被进行砍伐。

裁判结果

云南省昆明市中级人民法院于 2020 年 3 月 16 日作出(2017)云 01 民初 2299 号民事判决:一、新平公司立即停止基于现有环境影响评价下的戛洒江一级水电站建设项目,不得截流蓄水,不得对该水电站淹没区内植被进行砍伐。对戛洒江一级水电站的后续处理,待新平公司按生态环境部要求完成环境影响后评价,采取改进措施并报生态环境部备案后,由相关行政主管部门视具体情况依法作出决定。二、由新平公司于本判决生效后三十日内向自然之友研究所支付因诉讼发生的合理费用 8 万元。三、驳回自然之友研究所的其他诉讼请求。宣判后,自然之友研究所以戛洒江一级水电站应当永久性停建为由,新平公司以水电站已经停建且划入生态红线、应当驳回自然之友研究所诉讼请求为由,分别提起上诉。云南省高级人民法院于 2020 年 12 月 22 日作出(2020)云民终 824 号民事判决:驳回上诉,维持原判。

裁判理由

法院生效裁判认为:本案符合《环境民事公益诉讼解释》第一条"对已经损害社会公共利益或者具有损害社会公共利益重大风险的污染环境、破坏生态的行为提起诉讼"规定中"具有损害社会公共利益重大风险"的法定情形,属于预防性环境公益诉讼。预防性环境公益诉讼突破了"无损害即无救济"的诉讼救济理念,是《环境保护法》"保护优先,预防为主"原则在环境司法中的具体落实与体现。预防性环境公益诉讼的核心要素是具有重大风险,重大风险是指对"环境"可能造成重大损害危险的一系列行为。本案中,自然之友研究所已举证证明戛洒江一级水电站如果继续建设,则案涉工程淹没区势必导致国家一级保护动物绿孔雀的栖息地及国家一级保护植物陈氏苏铁的生境被淹没,生物生境面临重大风险的可能性毋庸置疑。此外,从损害后果的严重性来看,戛洒江一级水电站下游淹没区动植物种类丰富,生物多样性价值及遗传资源价值可观,该区域不仅是绿孔雀及陈氏苏铁等珍稀物种赖以生存的栖息地,也是各类生物与大面积原始雨林、热带雨林片段共同构成的一个完整生态系统,若水电站继续建设所产生的损害将是可以直观估计预测且不可逆转的。而针对该现实上的重大风险，新平公司并未就其不存在的主张加以有效证实，而仅以《环境影响报告书》加以反驳，缺乏足够证明力。因此，结合生态环境部责成新平公司对项目开展后评价工作的情况及戛洒江一级水电站未对绿孔雀采取任何保护措施等事实，可以认定戛洒江一级水电站继续建设将对绿孔雀栖息地、陈氏苏铁生境以及整个生态系统生物多样性和生物安全构成重大风险。

根据《环境影响评价法》第二十七条"在项目建设、运行过程中产生不符合经审批的环境影响评价文件的情形的，建设单位应当组织环境影响的后评价，采取改进措施，并报原环境影响评价文件审批部门和建设项目审批部门备案；原环境影响评价文件审批部门也可以责成建设单位进行环境影响的后评价，采取改进措施"的规定，2017年7月21日，生态环境部办公厅针对本案建设项目，向新平公司发出《责成后评价函》，责成新平公司就该项目建设开展环境影响后评价，采取改进措施，并报生态环境部备案，后评价完成前不得蓄水发电符合上述法律规定。目前，案涉电站已经处于停建状态，新平公司业已向其上级主管单位申请停建案涉项目并获批复同意，绿孔雀生态栖息地存在的重大风险已经得到了有效的控制。在新平公司对案涉项目申请停建但未向相关行政部门备案并通过审批的情况下，鉴于生态环境部已经责成新平公司开展环境影响后评价，且对于尚不明确的事实状态的重大风险程度，案涉水电站是否继续建设等一系列问题，也需经环境主管部门审批备案决定后，才能确定案涉项目今后能否继续建设或是永久性停建，因此，案涉项目应在新平公司作出环境影响后评价后由行政主管机关视具体情况依法作出决定。

（生效裁判审判人员：向凯、苏静巍、田奇慧）

指导案例 174 号

中国生物多样性保护与绿色发展基金会诉雅砻江流域水电开发有限公司生态环境保护民事公益诉讼案

（最高人民法院审判委员会讨论通过　2021 年 12 月 1 日发布）

关键词

民事　生态环境保护民事公益诉讼　潜在风险　预防性措施　濒危野生植物

裁判要点

人民法院审理环境民事公益诉讼案件，应当贯彻绿色发展理念和风险预防原则，根据现有证据和科学技术认为项目建成后可能对案涉地濒危野生植物生存环境造成破坏，存在影响其生存的潜在风险，从而损害生态环境公共利益的，可以判决被告采取预防性措施，将对濒危野生植物生存的影响纳入建设项目的环境影响评价，促进环境保护和经济发展的协调。

相关法条

《环境保护法》（2014 年 4 月 24 日修订）第 5 条

基本案情

雅砻江上的牙根梯级水电站由雅砻江流域水电开发有限公司（以下简称雅砻江公司）负责建设和管理，现处于项目预可研阶段，水电站及其辅助工程（公路等）尚未开工建设。

2013 年 9 月 2 日发布的中国生物多样性红色名录中五小叶槭被评定为"极危"物种。2016 年 2 月 9 日，五小叶槭被列入《四川省重点保护植物名录》。2018 年 8 月 10 日，世界自然保护联盟在其红色名录中将五小叶槭评估为"极度濒危"物种。当时我国《国家重点保护野生植物名录》中无五小叶槭。2016 年 9 月 26 日，四川省质量技术监督局发布《五小叶槭播种育苗技术规程》。案涉五小叶槭种群位于四川省雅江县麻郎措乡沃洛希村，当地林业部门已在就近的通乡公路堡坎上设立保护牌。

2006 年 6 月，中国水电顾问集团成都勘测设计研究院（以下简称成勘院)完成《四川省雅砻江中游(两河口至卡拉河段)水电规划报告》,报告中将牙根梯级水电站列入规划,该规划报告于2006年8月通过了水电水利规划设计总院会同四川省发展改革委组织的审查。2008年12月,四川省人民政府以川府函〔2008〕368号文批复同意该规划。2010年3月,成勘院根据牙根梯级水库淹没区最新情况将原规划的牙根梯级调整为牙根一级(正常蓄水位2602m)、牙根二级(正常蓄水位2560m)两级开发,形成《四川省雅砻江两河口至牙根河段水电开发方案研究报告》,该报告于2010年8月经水电水利规划设计总院会同四川省发展改革委审查通过。

2013年1月6日、4月13日国家发展改革委办公厅批复:同意牙根二级水电站、牙根一级水电站开展前期工作。由雅砻江公司负责建设和管理,按照项目核准的有关规定,组织开展水电站的各项前期工作。待有关前期工作落实、具备核准条件后,再分别将牙根梯级水电站项目申请报告上报我委。对项目建设的意见,以我委对项目申请报告的核准意见为准。未经核准不得开工建设。

中国生物多样性保护与绿色发展基金会(以下简称绿发会)认为,雅江县麻郎措乡沃洛希村附近的五小叶槭种群是当今世界上残存最大的五小叶槭种群,是唯一还有自然繁衍能力的种群。牙根梯级水电站即将修建,根据五小叶槭雅江种群的分布区海拔高度和水电站水位高度对比数值,牙根梯级水电站以及配套的公路建设将直接威胁到五小叶槭的生存,对社会公共利益构成直接威胁,绿发会遂提起本案预防性公益诉讼。

裁判结果

四川省甘孜藏族自治州中级人民法院于2020年12月17日作出(2015)甘民初字第45号民事判决:一、被告雅砻江公司应当将五小叶槭的生存作为牙根梯级水电站项目可研阶段环境评价工作的重要内容,环境影响报告书经环境保护行政主管部门审批通过后,才能继续开展下一步的工作;二、原告绿发会为本案诉讼产生的必要费用4万元、合理的律师费1万元,合计5万元,上述款项在本院其他环境民事公益诉讼案件中判决被告承担的生态环境修复费用、生态环境受到损害至恢复原状期间服务功能损失费用等费用(环境公益诉讼资金)中支付(待本院有其他环境公益诉讼资金后执行);三、驳回原告绿发会的其他诉讼请求。一审宣判后当事人未上诉,判决已发生法律效力。

裁判理由

法院生效裁判认为：我国是联合国《生物多样性公约》缔约国，应该遵守其约定。《生物多样性公约》中规定，我们在注意到生物多样性遭受严重减少或损失的威胁时，不应以缺乏充分的科学定论为理由，而推迟采取旨在避免或尽量减轻此种威胁的措施；各国有责任保护它自己的生物多样性并以可持久的方式使用它自己的生物资源；每一缔约国应尽可能并酌情采取适当程序，要求就其可能对生物多样性产生严重不利影响的拟议项目进行环境影响评估，以期避免或尽量减轻这种影响。因此，我国有保护生物多样性的义务。同时，《生物多样性公约》规定，认识到经济和社会发展以及根除贫困是发展中国家第一和压倒一切的优先事务。按照《中华人民共和国节约能源法》第四条"节约资源是我国的基本国策。国家实施节约与开发并举、把节约放在首位的能源发展战略"的规定和《中华人民共和国可再生能源法》第二条第一款"本法所称可再生能源，是指风能、太阳能、水能、生物质能、地热能、海洋能等非化石能源"的规定，可再生能源是我国重要的能源资源，在满足能源要求，改善能源结构，减少环境污染，促进经济发展等方面具有重要作用。而水能资源是最具规模开发效益、技术最成熟的可再生能源。因此，开发建设水电站，将水能资源优势转化为经济优势，在国家有关部门的监管下，利用丰富的水能资源，合理开发水电符合我国国情。但是，我国水能资源蕴藏丰富的地区，往往也是自然环境良好、生态功能重要、生物物种丰富和地质条件脆弱的地区。根据《环境保护法》《环境民事公益诉讼解释》的相关规定，环境保护是我国的基本国策，并且环境保护应当坚持"保护优先、预防为主"的原则。预防原则要求在环境资源利用行为实施之前和实施之中，采取政治、法律、经济和行政等手段，防止环境利用行为导致环境污染或者生态破坏现象发生。它包括两层含义：一是运用已有的知识和经验，对开发和利用环境行为带来的可能的环境危害采取措施以避免危害的发生；二是在科学技术水平不确定的条件下，基于现实的科学知识评价风险，即对开发和利用环境的行为可能带来的尚未明确或者无法具体确定的环境危害进行事前预测、分析和评价，以促使开发决策避免可能造成的环境危害及其风险出现。因此，环境保护与经济发展的关系并不是完全对立的，而是相辅相成的，正确处理好保护与发展的关系，将生态优先的原则贯穿到水电规划开发的全过程，二者可以相互促进，达到经济和环境的协调发展。利用环境资源的行为如果造成环境污染、生态资源破坏，往往具有不可逆性，被污染的环境、被破坏的生态资源很多时候难以恢复，单纯事后的经济补偿不足以弥补对生态环境造成的损失，故对环境污染、生态破坏行为应注重防患于未然，才能真正实现环境保护的目的。

具体到本案中，鉴于五小叶槭在生物多样性红色名录中的等级及案涉牙根梯级水电站建成后可能存在对案涉地五小叶槭原生存环境造成破坏、影响其生存的潜在风险，可能损害社会公共利益。根据我国水电项目核准流程的规定，水电项目分为项目规划、项目预可研、项目可研、项目核准四个阶段，考虑到案涉牙根梯级水电站现处在项目预可研阶段，因此，责令被告在项目可研阶段，加强对案涉五小叶槭的环境影响评价并履行法定审批手续后才能进行下一步的工作，尽可能避免出现危及野生五小叶槭生存的风险是必要和合理的。故绿发会作为符合条件的社会组织在牙根梯级水电站建设可能存在损害环境公共利益重大风险的情况下，提出"依法判令被告立即采取适当措施，确保不因雅砻江水电梯级开发计划的实施而破坏珍贵濒危野生植物五小叶槭的生存"的诉讼请求，于法有据，人民法院予以支持。

鉴于案涉水电站尚未开工建设，故绿发会提出"依法判令被告在采取的措施不足以消除对五小叶槭的生存威胁之前，暂停牙根梯级水电站及其辅助设施（含配套道路）的一切建设工程"的诉讼请求，无事实基础，人民法院不予支持。

（生效裁判审判人员：张犁、王彤、吴杰、姜莉、魏康清、薛斌、龚先彬）

四、第三人撤销之诉

指导案例 148 号

高光诉三亚天通国际酒店有限公司、海南博超房地产开发有限公司等第三人撤销之诉案

（最高人民法院审判委员会讨论通过　2021 年 2 月 19 日发布）

关键词

民事　第三人撤销之诉　公司法人　股东　原告主体资格

裁判要点

公司股东对公司法人与他人之间的民事诉讼生效裁判不具有直接的利益关系，不符合《民事诉讼法》第五十六条①规定的第三人条件，其以股东身份提起第三人撤销之诉的，人民法院不予受理。

相关法条

《民事诉讼法》第五十六条

基本案情

2005 年 11 月 3 日，高光和邹某某作为公司股东（发起人）发起成立海南博超房地产开发有限公司（以下简称博超公司），高光、邹某某出资比例各占 50%，邹某某任该公司执行董事、法定代表人。

2011 年 6 月 16 日，博超公司、三亚南海岸旅游服务有限公司（以下简称南海岸公司）、三亚天通国际酒店有限公司（以下简称天通公司）、北京天时房地产开发有限公司（以下简称天时公司）四方共同签署了《协议书》，对位于海南省三亚市三亚湾海坡开发区的碧海华云酒店（现为天通国际酒店）的现状、投资额及酒店产权确认、酒店产权过户手续的办理、工程结算及结算

---

① 现为《民事诉讼法》（2023 年修正）第五十九条。

资料的移交、违约责任等方面均作明确约定。2012年8月1日，天通公司以博超公司和南海岸公司为被告、天时公司为第三人向海南省高级人民法院提起合资、合作开发房地产合同纠纷之诉，提出碧海华云酒店（现为天通国际酒店）房屋所有权（含房屋占用范围内的土地使用权）归天通公司所有以及博超公司向天通公司支付违约金720万元等诉讼请求。海南省高级人民法院作出（2012）琼民一初字第3号民事判决，支持了天通公司的诉讼请求，判决作出后，各方当事人均未提出上诉。

2012年8月28日，高光以博超公司经营管理发生严重困难，继续存续将会使股东利益遭受重大损失为由起诉请求解散公司。2013年9月12日，海南省海口市中级人民法院作出（2013）海中法民二初字第5号民事判决，判决解散博超公司。博超公司不服该判决，提出上诉。2013年12月19日，海南省高级人民法院就该案作出（2013）琼民二终字第35号民事判决，判决驳回上诉，维持原判。2014年9月18日，海口市中级人民法院指定海南天皓律师事务所担任博超公司管理人，负责博超公司的清算。

2015年4月20日，博超公司管理人以天通公司、天时公司、南海岸公司为被告，向海南省高级人民法院起诉：请求确认博超公司于2011年6月16日签订的《协议书》无效，将位于海南省三亚市三亚湾路海坡度假区15370.84平方米的土地使用权及29851.55平方米的地上建筑物返还过户登记至博超公司管理人名下。海南省高级人民法院裁定驳回了博超公司管理人的起诉。诉讼过程中，天时公司、天通公司收到该案诉讼文书后与博超公司管理人联系并向其提供了（2012）琼民一初字第3号民事判决的复印件。高光遂据此向海南省高级人民法院就（2012）琼民一初字第3号民事判决提起本案第三人撤销之诉。

裁判结果

海南省高级人民法院于2016年8月23日作出（2015）琼民一初字第43号民事裁定书，驳回原告高光的起诉。高光不服，提起上诉。最高人民法院于2017年6月22日作出（2017）最高法民终63号民事裁定书，驳回上诉，维持原裁定。

裁判理由

最高人民法院认为：本案系高光针对已生效的海南省高级人民法院

（2012）琼民一初字第 3 号民事判决而提起的第三人撤销之诉。第三人撤销之诉制度的设置功能，主要是为了保护受错误生效裁判损害的未参加原诉的第三人的合法权益。由于第三人本人以外的原因未能参加原诉，导致人民法院作出了错误裁判，在这种情形下，法律赋予本应参加原诉的第三人有权通过另诉的方式撤销原生效裁判。因此，提起第三人撤销之诉的主体必须符合本应作为第三人参加原诉的身份条件。本案中，高光不符合以第三人身份参加该案诉讼的条件。

1. 高光对（2012）琼民一初字第 3 号民事判决案件的诉讼标的没有独立请求权，不属于该案有独立请求权的第三人。有独立请求权的第三人，是指对当事人之间争议的诉讼标的，有权以独立的实体权利人的资格提出诉讼请求的主体。在（2012）琼民一初字第 3 号民事判决案件中，天通公司基于其与博超公司订立的《协议书》提出各项诉讼请求，海南省高级人民法院基于《协议书》的约定进行审理并作出判决。高光只是博超公司的股东之一，并不是《协议书》的合同当事人一方，其无权基于该协议约定提出诉讼请求。

2. 高光不属于（2012）琼民一初字第 3 号民事判决案件无独立请求权的第三人。无独立请求权的第三人，是指虽然对当事人双方的诉讼标的没有独立请求权，但案件处理结果同他有法律上的利害关系的主体。第三人同案件处理结果存在的法律上的利害关系，可能是直接的，也可能是间接的。本案中，（2012）琼民一初字第 3 号民事判决只确认了博超公司应承担的法律义务，未判决高光承担民事责任，故高光与（2012）琼民一初字第 3 号民事判决的处理结果并不存在直接的利害关系。关于是否存在间接利害关系的问题。通常来说，股东和公司之间系天然的利益共同体。公司股东对公司财产享有资产收益权，公司的对外交易活动、民事诉讼的胜败结果一般都会影响到公司的资产情况，从而间接影响到股东的收益权利。从这个角度看，股东与公司进行的民事诉讼的处理结果具有法律上的间接利害关系。但是，由于公司利益和股东利益具有一致性，公司对外活动应推定为股东整体意志的体现，公司在诉讼活动中的主张也应认定为代表股东的整体利益。因此，虽然公司诉讼的处理结果会间接影响到股东的利益，但股东的利益和意见已经在诉讼过程中由公司所代表和表达，则不应再追加股东作为第三人参加诉讼。本案中，虽然高光是博超公司的股东，但博超公司与南海岸公司、天时公司、天通公司的诉讼活动中，股东的意见已为博超公司所代表，则作为股东的高光不应再以无独立请求权的第三人身份参加该案诉讼。至于不同股东之间的分歧所导致的利益冲突，应由股东与股东之间、股东与公司之间依法另行处理。

（生效裁判审判人员：王毓莹、曹刚、钱小红）

指导案例 149 号

长沙广大建筑装饰有限公司诉中国工商银行股份有限公司广州粤秀支行、林传武、长沙广大建筑装饰有限公司广州分公司等第三人撤销之诉案

（最高人民法院审判委员会讨论通过　2021 年 2 月 19 日发布）

关键词

民事　第三人撤销之诉　公司法人　分支机构　原告主体资格

裁判要点

公司法人的分支机构以自己的名义从事民事活动，并独立参加民事诉讼，人民法院判决分支机构对外承担民事责任，公司法人对该生效裁判提起第三人撤销之诉的，其不符合《民事诉讼法》第五十六条①规定的第三人条件，人民法院不予受理。

相关法条

《民事诉讼法》第五十六条

《中华人民共和国民法总则》（以下简称《民法总则》）第七十四条②第二款

基本案情

2011 年 7 月 12 日，林传武与中国工商银行股份有限公司广州粤秀支行（以下简称工商银行粤秀支行）签订《个人借款/担保合同》。长沙广大建筑装饰有限公司广州分公司（以下简称长沙广大广州分公司）出具《担保函》，

---

① 现为《民事诉讼法》（2023 年修正）第五十九条。
② 现为《民法典》第七十四条。

为林传武在工商银行粤秀支行的贷款提供连带责任保证。后因林传武欠付款项，工商银行粤秀支行向法院起诉林传武、长沙广大广州分公司等，请求林传武偿还欠款本息，长沙广大广州分公司承担连带清偿责任。此案经广东省广州市天河区人民法院一审、广州市中级人民法院二审，判令林传武清偿欠付本金及利息等，其中一项为判令长沙广大广州分公司对林传武的债务承担连带清偿责任。

2017年，长沙广大建筑装饰有限公司（以下简称长沙广大公司）向广州市中级人民法院提起第三人撤销之诉，以生效判决没有将长沙广大公司列为共同被告参与诉讼，并错误认定《担保函》性质，导致长沙广大公司无法主张权利，请求撤销广州市中级人民法院作出的（2016）粤01民终第15617号民事判决。

裁判结果

广州市中级人民法院于2017年12月4日作出（2017）粤01民撤10号民事裁定：驳回原告长沙广大建筑装饰有限公司的起诉。宣判后，长沙广大建筑装饰有限公司提起上诉。广东省高级人民法院于2018年6月22日作出（2018）粤民终1151号民事裁定：驳回上诉，维持原裁定。

裁判理由

法院生效裁判认为：《民事诉讼法》第五十六条规定："对当事人双方的诉讼标的，第三人认为有独立请求权的，有权提起诉讼。对当事人双方的诉讼标的，第三人虽然没有独立请求权，但案件处理结果同他有法律上的利害关系的，可以申请参加诉讼，或者由人民法院通知他参加诉讼。人民法院判决承担民事责任的第三人，有当事人的诉讼权利义务。前两款规定的第三人，因不能归责于本人的事由未参加诉讼，但有证据证明发生法律效力的判决、裁定、调解书的部分或者全部内容错误，损害其民事权益的，可以自知道或者应当知道其民事权益受到损害之日起六个月内，向作出该判决、裁定、调解书的人民法院提起诉讼……"依据上述法律规定，提起第三人撤销之诉的"第三人"是指有独立请求权的第三人，或者案件处理结果同其有法律上的利害关系的无独立请求权第三人，但不包括当事人双方。在已经生效的（2016）粤01民终15617号案件中，被告长沙广大广州分公司系长沙广大公司的分支机构，不是法人，但其依法设立并领取工商营业执照，具有一定的运营资金和在核准的经营范围内经营业务的行为能力。根据《民法总则》第七十四条第二款"分支机构以自己的名义从事民事活动，产生的民事责任由法人承担；也可以先以该分支机构管理的财产承担，不足以承担的，由法人承担"的规定，长沙广大公司在（2016）粤01民终15617号案件中，属于承担民事责任的当事人，其诉讼地位不是《民事诉讼法》第五十六条规定的第三人。因此，长沙广大公司以第三人的主体身份提出本案诉讼不符合第三人撤销之诉的法定适用条件。

（生效裁判审判人员：江萍、苏大清、王晓琴）

指导案例 150 号

中国民生银行股份有限公司温州分行诉浙江山口建筑工程有限公司、青田依利高鞋业有限公司第三人撤销之诉案

（最高人民法院审判委员会讨论通过　2021年2月19日发布）

关键词

民事　第三人撤销之诉　建设工程价款优先受偿权　抵押权　原告主体资格

裁判要点

建设工程价款优先受偿权与抵押权指向同一标的物，抵押权的实现因建设工程价款优先受偿权的有无以及范围大小受到影响的，应当认定抵押权的实现同建设工程价款优先受偿权案件的处理结果有法律上的利害关系，抵押权人对确认建设工程价款优先受偿权的生效裁判具有提起第三人撤销之诉的原告主体资格。

相关法条

《民事诉讼法》第五十六条[①]

[①]　现为《民事诉讼法》（2023年修正）第五十九条。

基本案情

中国民生银行股份有限公司温州分行(以下简称温州民生银行)因与青田依利高鞋业有限公司(以下简称青田依利高鞋业公司)、浙江依利高鞋业有限公司等金融借款合同纠纷一案诉至浙江省温州市中级人民法院(以下简称温州中院),温州中院判令:一、浙江依利高鞋业有限公司于判决生效之日起十日内偿还温州民生银行借款本金5690万元及期内利息、期内利息复利、逾期利息;二、如浙江依利高鞋业有限公司未在上述第一项确定的期限内履行还款义务,温州民生银行有权以拍卖、变卖被告青田依利高鞋业公司提供抵押的坐落于青田县船寮镇赤岩工业区房产及工业用地的所得价款优先受偿……上述判决生效后,因该案各被告未在判决确定的期限内履行义务,温州民生银行向温州中院申请强制执行。

在执行过程中,温州民生银行于2017年2月28日获悉,浙江省青田县人民法院向温州中院发出编号为(2016)浙1121执2877号的《参与执行分配函》,以(2016)浙1121民初1800号民事判决为依据,要求温州中院将该判决确认的浙江山口建筑工程有限公司(以下简称山口建筑公司)对青田依利高鞋业公司享有的559.3万元建设工程款债权优先于抵押权和其他债权受偿,对坐落于青田县船寮镇赤岩工业区建设工程项目折价或拍卖所得价款优先受偿。

温州民生银行认为案涉建设工程于2011年10月21日竣工验收合格,但山口建筑公司直至2016年4月20日才向法院主张优先受偿权,显然已超过了六个月的期限,故请求撤销(2016)浙1121民初1800号民事判决,并确认山口建筑公司就案涉建设工程项目折价、拍卖或变卖所得价款不享有优先受偿权。

裁判结果

浙江省云和县人民法院于2017年12月25日作出(2017)浙1125民撤1号民事判决:一、撤销浙江省青田县人民法院(2016)浙1121民初1800号民事判决书第一项;二、驳回原告中国民生银行股份有限公司温州分行的其他诉讼请求。一审宣判后,浙江山口建筑工程有限公司不服,向浙江省丽水市中级人民法院提起上诉。丽水市中级人民法院于2018年4月25日作出(2018)浙11民终446号民事判决书,判决驳回上诉,维持原判。浙江山口建筑工程有限公司不服，向浙江省高级人民法院申请再审。浙江省高级人民法院于 2018 年 12 月 14 日作出（2018）浙民申 3524 号民事裁定书，驳回浙江山口建筑工程有限公司的再审申请。

裁判理由

法院生效裁判认为：第三人撤销之诉的审理对象是原案生效裁判，为保障生效裁判的权威性和稳定性，第三人撤销之诉的立案审查相比一般民事案件更加严格。正如山口建筑公司所称，《民事诉讼法解释》第二百九十二条[①]规定，第三人提起撤销之诉的，应当提供存在发生法律效力的判决、裁定、调解书的全部或者部分内容错误情形的证据材料，即在受理阶段需对原生效裁判内容是否存在错误从证据材料角度进行一定限度的实质审查。但前述司法解释规定本质上仍是对第三人撤销之诉起诉条件的规定，起诉条件与最终实体判决的证据要求存在区别，前述司法解释规定并不意味着第三人在起诉时就要完成全部的举证义务，第三人在提起撤销之诉时应对原案判决可能存在错误并损害其民事权益的情形提供初步证据材料加以证明。温州民生银行提起撤销之诉时已经提供证据材料证明自己是同一标的物上的抵押权人，山口建筑公司依据原案生效判决第一项要求参与抵押物折价或者拍卖所得价款的分配将直接影响温州民生银行债权的优先受偿，而且山口建筑公司自案涉工程竣工验收至提起原案诉讼远远超过六个月期限，山口建筑公司主张在六个月内行使建设工程价款优先权时并未采取起诉、仲裁等具备公示效果的方式。因此，从起诉条件审查角度看，温州民生银行已经提供初步证据证明原案生效判决第一项内容可能存在错误并将损害其抵押权的实现。其提起诉讼要求撤销原案生效判决主文第一项符合法律规定的起诉条件。

（生效裁判审判人员：刘国华、谢静华、沈伟）

---

① 现为《民事诉讼法解释》（2022 年修正）第二百九十条。

指导案例 151 号

台州德力奥汽车部件制造有限公司诉浙江建环机械有限公司管理人浙江安天律师事务所、中国光大银行股份有限公司台州温岭支行第三人撤销之诉案

（最高人民法院审判委员会讨论通过　2021 年 2 月 19 日发布）

关键词

民事　第三人撤销之诉　破产程序　个别清偿行为　原告主体资格

裁判要点

在银行承兑汇票的出票人进入破产程序后，对付款银行于法院受理破产申请前六个月内从出票人还款账户划扣票款的行为，破产管理人提起请求撤销个别清偿行为之诉，法院判决予以支持的，汇票的保证人与该生效判决具有法律上的利害关系，具有提起第三人撤销之诉的原告主体资格。

相关法条

《民事诉讼法》第五十六条 ①

基本案情

2014 年 3 月 21 日，中国光大银行股份有限公司台州温岭支行（以下简称光大银行温岭支行）分别与浙江建环机械有限公司（以下简称建环公司）、台州德力奥汽车部件制造有限公司（以下简称德力奥公司）等签订《综合授信协议》《最高额保证合同》，约定光大银行温岭支行在 2014 年 4 月 1 日至 2015 年 3 月 31 日期间向建环公司提供最高额 520 万元的授信额度，德力奥公司等为该授信协议项下最高本金余额 520 万元提供连带责任保证。2014 年 4 月 2 日，光大银行温岭支行与建环公司签订《银行承兑协议》，建环公司提供 50% 保证金（260 万元），光大银行温岭支行向建环公司出具承兑汇票 520 万元，汇票到期日为 2014 年 10 月 2 日。2014 年 10 月 2 日，陈某 1 将 260 万元汇至陈某 2 兴业银行的账户，然后陈某 2 将 260 万元汇至其在光大银行温岭支

---

① 现为《民事诉讼法》（2023 年修正）第五十九条。

行的账户，再由陈某2将260万元汇至建环公司在光大银行温岭支行的还款账户。2014年10月8日，光大银行温岭支行在建环公司的上述账户内扣划2563430.83元，并陆续支付持票人承兑汇票票款共37笔，合计520万元。

2015年1月4日，浙江省玉环县人民法院受理建环公司的破产重整申请，并指定浙江安天律师事务所担任管理人（以下简称建环公司管理人）。因重整不成，浙江省玉环县人民法院裁定终结建环公司的重整程序并宣告其破产清算。2016年10月13日，建环公司管理人提起请求撤销个别清偿行为之诉，浙江省玉环县人民法院于2017年1月10日作出（2016）浙1021民初7201号民事判决，判令光大银行温岭支行返还建环公司管理人2563430.83元及利息损失。光大银行温岭支行不服提起上诉，浙江省台州市中级人民法院于2017年7月10日作出（2016）浙10民终360号二审判决：驳回上诉，维持原判。

2018年1月，光大银行温岭支行因保证合同纠纷一案将德力奥公司等诉至温岭市人民法院。原、被告均不服一审判决，上诉至台州市中级人民法院，二审判决德力奥公司等连带偿还光大银行温岭支行垫付款本金及利息等。

德力奥公司遂向台州市中级人民法院起诉撤销浙江省玉环县人民法院（2016）浙1021民初7201号民事判决第一项及台州市中级人民法院（2016）浙10民终360号民事判决。

裁判结果

台州市中级人民法院于2019年3月15日作出（2018）浙10民撤2号民事判决：驳回原告台州德力奥汽车部件制造有限公司的诉讼请求。台州德力奥汽车部件制造有限公司不服，上诉至浙江省高级人民法院。浙江省高级人民法院于2019年7月15日作出（2019）浙民终330号民事判决：一、撤销台州市中级人民法院（2018）浙10民撤2号民事判决；二、撤销台州市中级人民法院（2016）浙10民终360号民事判决和浙江省玉环县人民法院（2016）浙1021民初7201号民事判决第一项"限被告中国光大银行股份有限公司台州温岭支行于判决生效后一个月内返还原告浙江建环机械有限公司管理人浙江安天律师事务所人民币2563430.83元，并从2016年10月13日起按中国人民银行规定的同期同类贷款基准利率赔偿利息损失"；三、改判浙江省玉环县人民法院（2016）浙1021民初7201号民事判决第二项"驳回原告浙江建环机械有限公司管理人浙江安天律师事务所的其余诉讼请求"为"驳回原告浙江建环机械有限公司管理人浙江安天律师事务所的全部诉讼请求";四、驳回台州德力奥汽车部件制造有限公司的其他诉讼请求。浙江建环机械有限公司管理人浙江安天律师事务所不服,向最高人民法院申请再审。最高人民法院于2020年5月27日作出(2020)最高法民申2033号民事裁定:驳回浙江建环机械有限公司管理人浙江安天律师事务所的再审申请。

裁判理由

最高人民法院认为:关于德力奥公司是否有权提起第三人撤销之诉的问题。若案涉汇票到期前建环公司未能依约将票款足额存入其在光大银行温岭支行的账户,基于票据无因性以及光大银行温岭支行作为银行承兑汇票的第一责任人,光大银行温岭支行须先行向持票人兑付票据金额,然后再向出票人(本案即建环公司)追偿,德力奥公司依约亦需承担连带偿付责任。由于案涉汇票到期前,建环公司依约将票款足额存入了其在光大银行温岭支行的账户,光大银行温岭支行向持票人兑付了票款,故不存在建环公司欠付光大银行温岭支行票款的问题,德力奥公司亦就无须承担连带偿付责任。但是,由于建环公司破产管理人针对建环公司在汇票到期前向其在光大银行温岭支行账户的汇款行为提起请求撤销个别清偿行为之诉,若建环公司破产管理人的诉求得到支持,德力奥公司作为建环公司申请光大银行温岭支行开具银行承兑汇票的保证人即要承担连带还款责任,故原案的处理结果与德力奥公司有法律上的利害关系,应当认定德力奥公司属于《民事诉讼法》第五十六条规定的无独立请求权第三人。

(生效裁判审判人员:贾清林、杨春、王成慧)

指导案例 152 号

鞍山市中小企业信用担保中心诉汪薇、鲁金英第三人撤销之诉案

（最高人民法院审判委员会讨论通过　2021 年 2 月 19 日发布）

关键词

民事　第三人撤销之诉　撤销权　原告主体资格

裁判要点

债权人申请强制执行后，被执行人与他人在另外的民事诉讼中达成调解协议，放弃其取回财产的权利，并大量减少债权，严重影响债权人债权实现，符合《合同法》第七十四条[①]规定的债权人行使撤销权条件的，债权人对民事调解书具有提起第三人撤销之诉的原告主体资格。

相关法条

《民事诉讼法》第五十六条[②]

《合同法》第七十四条

基本案情

2008 年 12 月，鞍山市中小企业信用担保中心（以下简称担保中心）与台安县农村信用合作社黄沙坨信用社（以下简称黄沙坨信用社）签订保证合同，为汪薇经营的鞍山金桥生猪良种繁育养殖厂（以下简称养殖厂）在该信用社的贷款提供连带责任担保。汪薇向担保中心出具一份个人连带责任保证书，为借款人的债务提供反担保。后因养殖厂及汪薇没有偿还贷款，担保中心于 2010 年 4 月向黄沙坨信用社支付代偿款 2973197.54 元。2012 年担保中心以养殖厂、汪薇等为被告起诉至鞍山市铁东区人民法院，要求养殖厂及汪薇等偿还代偿款。鞍山市铁东区人民法院于 2013 年 6 月作出判决：（一）汪薇于该判决书生效之日起十五日内给付担保中心代偿银行欠款 2973197.54 元及银行利息；（二）张某某以其已办理的抵押房产对前款判项中的本金及利息

[①]　《合同法》已失效。现为《民法典》第五百三十九条。
[②]　现为《民事诉讼法》（2023 年修正）第五十九条。

承担抵押担保责任;(三)驳回担保中心的其他诉讼请求。该判决已经发生法律效力。

2010年12月汪薇将养殖厂转让给鲁金英,转让费450万元,约定合同签订后立即给付163万余元,余款于2011年12月1日全部给付。如鲁金英不能到期付款,养殖厂的所有资产仍归汪薇,首付款作违约金归汪薇所有。合同签订后,鲁金英支付了约定的首付款。汪薇将养殖厂交付鲁金英,但鲁金英未按约定支付剩余转让款。2014年1月,铁东区人民法院基于担保中心的申请,从鲁金英处执行其欠汪薇资产转让款30万元,将该款交给了担保中心。

汪薇于2013年11月起诉鲁金英,请求判令养殖厂的全部资产归其所有;鲁金英承担违约责任。辽宁省鞍山市中级人民法院经审理认为,汪薇与鲁金英签订的《资产转让合同书》合法有效,鲁金英未按合同约定期限支付余款构成违约。据此作出(2013)鞍民三初字第66号民事判决:1.鲁金英将养殖厂的资产归还汪薇所有;2.鲁金英赔偿汪薇实际损失及违约金1632573元。其中应扣除鲁金英代汪薇偿还的30万元,实际履行中由汪薇给付鲁金英30万元。鲁金英向辽宁省高级人民法院提起上诉。该案二审期间,汪薇和鲁金英自愿达成调解协议。辽宁省高级人民法院于2014年8月作出(2014)辽民二终字第00183号民事调解书予以确认。调解协议主要内容为养殖厂归鲁金英所有,双方同意将原转让款450万元变更为3132573元,鲁金英已给付汪薇1632573元,再给付150万元,不包括鲁金英已给付担保中心的30万元等。

鲁金英依据调解书向担保中心、执行法院申请回转已被执行的30万元,担保中心知悉汪薇和鲁金英买卖合同纠纷诉讼及调解书内容,随即提起本案第三人撤销之诉。

裁判结果

辽宁省高级人民法院于2017年5月23日作出(2016)辽民撤8号民事判决:一、撤销辽宁省高级人民法院(2014)辽民二终字第00183号民事调解书和鞍山市中级人民法院(2013)鞍民三初字第66号民事判决书;二、被告鲁金英于判决生效之日起十日内,将金桥生猪良种繁育养殖厂的资产归还被告汪薇所有;三、被告鲁金英已给付被告汪薇的首付款1632573元作为实际损失及违约金赔偿汪薇,但应从中扣除代替汪薇偿还担保中心的30万元,即实际履行中由汪薇给付鲁金英30万元。鲁金英不服,提起上诉。最高人民法院于2018年5月30日作出(2017)最高法民终626号民事判决:一、维持辽宁省高级人民法院(2016)辽民撤8号民事判决第一项;二、撤销辽宁省高级人民法院(2016)辽民撤8号民事判决第二项、第三项;三、驳回鞍山市中小企业信用担保中心的其他诉讼请求。

裁判理由

最高人民法院判决认为,本案中,虽然担保中心与汪薇之间基于贷款代偿形成的债权债务关系,与汪薇和鲁金英之间因转让养殖厂形成的买卖合同关系属两个不同法律关系,但是,汪薇系为创办养殖厂与担保中心形成案涉债权债务关系,与黄沙坨信用社签订借款合同的主体亦为养殖厂,故汪薇和鲁金英转让的养殖厂与担保中心对汪薇债权的形成存在关联关系。在汪薇与鲁金英因养殖厂转让发生纠纷提起诉讼时,担保中心对汪薇的债权已经生效民事判决确认并已进入执行程序。在该案诉讼及判决执行过程中,铁东区人民法院已裁定冻结了汪薇对养殖厂(投资人鲁金英)的到期债权。鲁金英亦已向铁东区人民法院确认其欠付汪薇转让款及数额,同意通过法院向担保中心履行,并已实际给付了30万元。铁东区人民法院也对养殖厂的相关财产予以查封冻结,并向养殖厂送达了协助执行通知书。故汪薇与鲁金英因养殖厂资产转让合同权利义务的变化与上述对汪薇财产的执行存在直接牵连关系,并可能影响担保中心的利益。《合同法》第七十四条规定:"债务人以明显不合理的低价转让财产,对债权人造成损害,并且受让人知道该情形的,债权人也可以请求人民法院撤销债务人的行为。"因本案汪薇和鲁金英系在诉讼中达成以3132573元交易价转让养殖厂的协议,该协议经人民法院作出(2014)辽民二终字第00183号民事调解书予以确认并已发生法律效力。在此情形下,担保中心认为汪薇与鲁金英该资产转让行为符合《合同法》第七十四条规定的情形,却无法依据《合同法》第七十四条规定另行提起诉讼行使撤销权。故本案担保中心与汪薇之间虽然属于债权债务关系,但基于担保中心对汪薇债权形成与汪薇转让的养殖厂之间的关联关系,法院对汪薇因养殖厂转让形成的到期债权在诉讼和执行程序中采取的保全和执行措施使得汪薇与鲁金英买卖合同纠纷案件处理结果对担保中心利益产生的影响,以及担保中心主张受损害的民事权益因(2014)辽民二终字第00183号民事调解书而存在根据

《合同法》第七十四条提起撤销权诉讼障碍等本案基本事实,可以认定汪薇和鲁金英买卖合同纠纷案件处理结果与担保中心具有法律上的利害关系,担保中心有权提起本案第三人撤销之诉。

(生效裁判审判人员:董华、万挺、武建华)

指导案例 153 号

永安市燕诚房地产开发有限公司诉郑耀南、远东(厦门)房地产发展有限公司等第三人撤销之诉案

(最高人民法院审判委员会讨论通过 2021 年 2 月 19 日发布)

关键词

民事 第三人撤销之诉 财产处分行为

裁判要点

债权人对确认债务人处分财产行为的生效裁判提起第三人撤销之诉的,在出现债务人进入破产程序、无财产可供执行等影响债权人债权实现的情形时,应当认定债权人知道或者应当知道该生效裁判损害其民事权益,提起诉讼的六个月期间开始起算。

相关法条

《民事诉讼法》第五十六条[①]

基本案情

2003 年 5 月,福建省高级人民法院受理郑耀南诉远东(厦门)房地产发展有限公司(以下简称远东厦门公司)借款纠纷一案。2003 年 6 月 2 日,该院作出(2003)闽民初字第 2 号民事调解书,确认远东厦门公司共结欠郑耀南借款本息共计人民币 123129527.72 元,之后的利息郑耀南自愿放弃;如果远东厦门公司未按还款计划返还任何一期欠款,郑耀南有权要求提前清偿所有未返还欠款。远东厦门公司由在香港注册的远东房地产发展有限公司(以

---

① 现为《民事诉讼法》(2023 年修正)第五十九条。

下简称香港远东公司）独资设立，法定代表人为张琼月。雷远思为永安市燕诚房地产开发有限公司（以下简称燕诚公司）法定代表人。张琼月与雷远思同为香港远东公司股东、董事，各持香港远东公司50%股份。雷远思曾向福建省人民检察院申诉，该院于2003年8月19日向福建省高级人民法院发出《检察建议书》，建议对（2003）闽民初字第2号案件依法再审。福建省高级人民法院向福建省公安厅出具《犯罪线索移送函》，认为郑耀南与张琼月涉嫌恶意串通侵占远东厦门公司资产，进而损害香港远东公司的合法权益。

2015年4月8日，郑耀南与高某珍签订《债权转让协议书》并进行了公证，约定把（2003）闽民初字第2号民事调解书项下的全部债权转让给高某珍；截至协议签订之日，债权转让的对价已支付完毕；协议签署后，高某珍可以自己名义直接向远东厦门公司主张上述全部债权权益，享有合法的债权人权益。2015年4月10日，远东厦门公司声明知悉债权转让事宜。

2015年12月21日，福建省厦门市中级人民法院裁定受理案外人对远东厦门公司的破产清算申请，并指定福建英合律师事务所为破产管理人。破产管理人于2016年3月15日向燕诚公司发出《远东厦门公司破产一案告知函》，告知远东厦门公司债权人查阅债权申报材料事宜，其中破产管理人目前接受的债权申报信息统计如下：1.……5.燕诚公司申报14158920元；6.高某珍申报312294743.65元；合计725856487.91元。如债权人在查阅债权申报材料后，对他人申报的债权有异议，请于3月18日前向破产管理人书面提出。

燕诚公司以（2003）闽民初字第2号案件是当事人恶意串通转移资产的虚假诉讼、影响其作为破产债权人的利益为由，向福建省高级人民法院提交诉状请求撤销（2003）闽民初字第2号民事调解书。

裁判结果

福建省高级人民法院于2017年7月31日作出（2016）闽民撤6号民事裁定书，驳回永安市燕诚房地产开发有限公司的起诉。永安市燕诚房地产开发有限公司不服一审裁定，向最高人民法院提起上诉。最高人民法院于2018年9月21日作出（2017）最高法民终885号民事裁定：一、撤销福建省高级人民法院（2016）闽民撤6号民事裁定；二、指令福建省高级人民法院审理。

裁判理由

最高人民法院认为：根据《民事诉讼法》第五十六条第三款的规定，第三人可以自知道或者应当知道其民事权益受到损害之日起六个月内，向人民法院提起诉讼。该六个月起诉期间的起算点，为当事人知道或者应当知道其民事权益受到损害之日。本案中，在远东厦门公司有足够资产清偿所有债务的前提下，（2003）闽民初字第2号民事调解书对燕诚公司债权的实现没有影响；在远东厦门公司正常生产经营的情况下，亦难以确定（2003）闽民初字第2号民事调解书会对燕城公司的债权造成损害。但是，在远东厦门公司因不能足额清偿所欠全部债务而进入破产程序，燕诚公司、郑耀南债权的受让人高某珍均系其破产债权人，且高某珍依据（2003）闽民初字第2号民事调解书申报债权的情况下，燕诚公司破产债权的实现程度会因高某珍破产债权所依据的（2003）闽民初字第2号民事调解书而受到损害，故应认定燕诚公司在获知远东厦门公司进入破产程序的信息后才会知道或者应当知道其民事权益受到损害。燕诚公司于2016年3月15日签收破产管理人制作的有关债权人申报材料，其于2016年9月12日向福建省高级人民法院提交诉状请求撤销（2003）闽民初字第2号民事调解书，未超过六个月的起诉期间。虽然燕诚公司时任总经理雷远思于2003年7月就（2003）闽民初字第2号案件提出过申诉，但其系以香港远东公司股东、董事以及远东厦门公司董事、总经理的身份为保护远东厦门公司的利益而非燕诚公司的债权提出的申诉，且此时燕诚公司是否因（2003）闽民初字第2号民事调解书而遭受损害并不确定，也就不存在其是否知道或者应当知道，进而依照《民事诉讼法》第五十六条第三款的规定起算六个月起诉期间的问题。

（生效裁判审判人员：王旭光、周伦军、马东旭）

五、执行异议之诉

指导案例 154 号

王四光诉中天建设集团有限公司、白山和丰置业有限公司案外人执行异议之诉案

（最高人民法院审判委员会讨论通过　2021 年 2 月 19 日发布）

关键词

民事　案外人执行异议之诉　与原判决、裁定无关　建设工程价款优先受偿权

裁判要点

在建设工程价款强制执行过程中，房屋买受人对强制执行的房屋提起案外人执行异议之诉，请求确认其对案涉房屋享有可以排除强制执行的民事权益，但不否定原生效判决确认的债权人所享有的建设工程价款优先受偿权的，属于《民事诉讼法》第二百二十七条①规定的"与原判决、裁定无关"的情形，人民法院应予依法受理。

相关法条

《民事诉讼法》第二百二十七条

基本案情

2016 年 10 月 29 日，吉林省高级人民法院就中天建设集团公司（以下简称中天公司）起诉白山和丰置业有限公司（以下简称和丰公司）建设工程施工合同纠纷一案作出（2016）吉民初 19 号民事判决：和丰公司支付中天公司工程款 42746020 元及利息，设备转让款 23 万元，中天公司可就春江花园 B1、B2、B3、B4 栋及 B 区 16、17、24 栋折价、拍卖款优先受偿。判决生效

---

①　现为《民事诉讼法》（2023 年修正）第二百三十八条。

后，中天公司向吉林省高级人民法院申请执行上述判决，该院裁定由吉林省白山市中级人民法院执行。2017年11月10日，吉林省白山市中级人民法院依中天公司申请作出（2017）吉06执82号（之五）执行裁定，查封春江花园B1、B2、B3、B4栋的11××—××号商铺。

王四光向吉林省白山市中级人民法院提出执行异议，吉林省白山市中级人民法院于2017年11月24日作出（2017）吉06执异87号执行裁定，驳回王四光的异议请求。此后，王四光以其在查封上述房屋之前已经签订书面买卖合同并占有使用该房屋为由，向吉林省白山市中级人民法院提起案外人执行异议之诉，请求法院判令：依法解除查封，停止执行王四光购买的白山市浑江区春江花园B1、B2、B3、B4栋的11××—××号商铺。

2013年11月26日，和丰公司（出卖人）与王四光（买受人）签订《商品房买卖合同》，约定：出卖人以出让方式取得位于吉林省白山市星泰桥北的土地使用权，出卖人经批准在上述地块上建设商品房春江花园；买受人购买的商品房为预售商品房……买受人按其他方式按期付款，其他方式为买受人已付清总房款的50%以上，剩余房款十日内通过办理银行按揭贷款的方式付清；出卖人应当在2014年12月31日前按合同约定将商品房交付买受人；商品房预售的，自该合同生效之日起三十天内，由出卖人向产权处申请登记备案。

2014年2月17日，贷款人（抵押权人）招商银行股份有限公司、借款人王四光、抵押人王四光、保证人和丰公司共同签订《个人购房借款及担保合同》，合同约定抵押人愿意以其从售房人处购买的该合同约定的房产的全部权益抵押给贷款人，作为偿还该合同项下贷款本息及其他一切相关费用的担保。2013年11月26日，和丰公司向王四光出具购房收据。白山市不动产登记中心出具的不动产档案查询证明显示：抵押人王四光以不动产权证号为白山房权证白BQ字第××××××号，建筑面积5339.04平方米的房产为招商银行股份有限公司通化分行设立预购商品房抵押权预告。2013年8月23日，涉案商铺在产权部门取得商品房预售许可证，并办理了商品房预售许可登记。2018年12月26日，吉林省电力有限公司白山供电公司出具历月电费明细，显示春江花园B1—4号门市2017年1月至2018年2月用电情况。

白山市房屋产权管理中心出具的《查询证明》载明："经查询，白山和丰置业有限公司B—1、2、3、4#楼在2013年8月23日已办理商品房预售许可登记。没有办理房屋产权初始登记，因开发单位未到房屋产权管理中心申请办理。"

裁判结果

吉林省白山市中级人民法院于2018年4月18日作出（2018）吉06民初12号民事判决：一、不得执行白山市浑江区春江花园B1、B2、B3、B4栋11××—××号商铺；二、驳回王四光其他诉讼请求。中天建设集团公司不服一审判决向吉林省高级人民法院提起上诉。吉林省高级人民法院于2018年9月4日作出（2018）吉民终420号民事裁定：一、撤销吉林省白山市中级人民法院（2018）吉06民初12号民事判决；二、驳回王四光的起诉。王四光对裁定不服，向最高人民法院申请再审。最高人民法院于2019年3月28日作出（2019）最高法民再39号民事裁定：一、撤销吉林省高级人民法院（2018）吉民终420号民事裁定；二、指令吉林省高级人民法院对本案进行审理。

裁判理由

最高人民法院认为，根据王四光在再审中的主张，本案再审审理的重点是王四光提起的执行异议之诉是否属于《民事诉讼法》第二百二十七条规定的案外人的执行异议"与原判决、裁定无关"的情形。

根据《民事诉讼法》第二百二十七条规定的文义，该条法律规定的案外人的执行异议"与原判决、裁定无关"是指案外人提出的执行异议不含有其认为原判决、裁定错误的主张。案外人主张排除建设工程价款优先受偿权的执行与否定建设工程价款优先受偿权权利本身并非同一概念。前者是案外人在承认或至少不否认对方权利的前提下，对两种权利的执行顺位进行比较，主张其根据有关法律和司法解释的规定享有的民事权益可以排除他人建设工程价款优先受偿权的执行；后者是从根本上否定建设工程价款优先受偿权权利本身，主张诉争建设工程价款优先受偿权不存在。简而言之，当事人主张其权益在特定标的的执行上优于对方的权益，不能等同于否定对方权益的存在；当事人主张其权益会影响生效裁判的执行，也不能等同于其认为生效裁判错误。根据王四光提起案外人执行异议之诉的请求和具体理由，并没有否定原生效判决确认的中天公司所享有的建设工程价款优先受偿权，王四光提起案外执行异议之诉意在请求法院确认其对案涉房屋享有可以排除强制执行的民事权益；如果一审、二审法院支持王四光关于执行异议的主张也并不动摇生效判决关于中天公司享有建设工程价款优先受偿权的认定，仅可能影响该生效判决的具体执行。王四光的执行异议并不包含其认为已生效的（2016）吉民初19号民事判决存在错误的主张，属于《民事诉讼法》第二百二十七条规定的案外人的执行异议"与原判决、裁定无关"的情形。二审法院认定王四光作为案外人对执行标的物主张排除执行的异议实质上是对上述生效判决的异议，应当依照审判监督程序办理，据此裁定驳回王四光的起诉，属于适用法律错误，再审法院予以纠正。鉴于二审法院并未作出实体判决，根据具体案情，再审法院裁定撤销二审裁定，指令二审法院继续审理本案。

（生效裁判审判人员：余晓汉、张岱恩、仲伟珩）

指导案例 155 号

中国建设银行股份有限公司怀化市分行诉中国华融资产管理股份有限公司湖南省分公司等案外人执行异议之诉案

（最高人民法院审判委员会讨论通过　2021年2月19日发布）

关键词

民事　案外人执行异议之诉　与原判决、裁定无关　抵押权

裁判要点

在抵押权强制执行中，案外人以其在抵押登记之前购买了抵押房产，享有优先于抵押权的权利为由提起执行异议之诉，主张依据《最高人民法院关于人民法院办理执行异议和复议案件若干问题的规定》排除强制执行，但不否认抵押权人对抵押房产的优先受偿权的，属于《民事诉讼法》第二百二十七条[①]规定的"与原判决、裁定无关"的情形，人民法院应予依法受理。

---

① 现为《民事诉讼法》（2023年修正）第二百三十八条。

相关法条

《民事诉讼法》第二百二十七条

基本案情

中国华融资产管理股份有限公司湖南省分公司（以下简称华融湖南分公司）与怀化英泰建设投资有限公司（以下简称英泰公司）、东星建设工程集团有限公司（以下简称东星公司）、湖南辰溪华中水泥有限公司（以下简称华中水泥公司）、谢某某、陈某某合同纠纷一案，湖南省高级人民法院（以下简称湖南高院）于 2014 年 12 月 12 日作出（2014）湘高法民二初字第 32 号民事判决（以下简称第 32 号判决），判决解除华融湖南分公司与英泰公司签订的《债务重组协议》，由英泰公司向华融湖南分公司偿还债务 9800 万元及重组收益、违约金和律师代理费，东星公司、华中水泥公司、谢某某、陈某某承担连带清偿责任。未按期履行清偿义务的，华融湖南分公司有权以英泰公司已办理抵押登记的房产 3194.52 平方米、2709.09 平方米及相应土地使用权作为抵押物折价或者以拍卖、变卖该抵押物所得价款优先受偿。双方均未上诉，该判决生效。英泰公司未按期履行第 32 号判决所确定的清偿义务，华融湖南分公司向湖南高院申请强制执行。湖南高院执行立案后，作出拍卖公告拟拍卖第 32 号判决所确定华融湖南分公司享有优先受偿权的案涉房产。

中国建设银行股份有限公司怀化市分行（以下简称建行怀化分行）以其已签订房屋买卖合同且支付购房款为由向湖南高院提出执行异议。该院于 2017 年 12 月 12 日作出（2017）湘执异 75 号执行裁定书，驳回建行怀化分行的异议请求。建行怀化分行遂提起案外人执行异议之诉，请求不得执行案涉房产，确认华融湖南分公司对案涉房产的优先受偿权不得对抗建行怀化分行。

裁判结果

湖南省高级人民法院于 2018 年 9 月 10 日作出（2018）湘民初 10 号民事裁定：驳回中国建设银行股份有限公司怀化市分行的起诉。中国建设银行股份有限公司怀化市分行不服上述裁定，向最高人民法院提起上诉。最高人民法院于 2019 年 9 月 23 日作出（2019）最高法民终 603 号裁定：一、撤销湖南省高级人民法院（2018）湘民初 10 号民事裁定；二、本案指令湖南省高级人民法院审理。

裁判理由

最高人民法院认为,《民事诉讼法》第二百二十七条规定:"执行过程中,案外人对执行标的提出书面异议的,人民法院应当自收到书面异议之日起十五日内审查,理由成立的,裁定中止对该标的的执行;理由不成立的,裁定驳回。案外人、当事人对裁定不服,认为原判决、裁定错误的,依照审判监督程序办理;与原判决、裁定无关的,可以自裁定送达之日起十五日内向人民法院提起诉讼。《民事诉讼法解释》第三百零五条①进一步规定:"案外人提起执行异议之诉,除符合《民事诉讼法》第一百一十九条②规定外,还应当具备下列条件:(一)案外人的执行异议申请已经被人民法院裁定驳回;(二)有明确的排除对执行标的的执行的诉讼请求,且诉讼请求与原判决、裁定无关;(三)自执行异议裁定送达之日起十五日内提起。人民法院应当在收到起诉状之日起十五日内决定是否立案。"可见,《民事诉讼法解释》第三百零五条明确,案外人提起执行异议之诉,应当符合"诉讼请求与原判决、裁定无关"这一条件。因此,《民事诉讼法》第二百二十七条规定的"与原判决、裁定无关"应为"诉讼请求"与原判决、裁定无关。

华融湖南分公司申请强制执行所依据的原判决即第32号判决的主文内容是判决英泰公司向华融湖南分公司偿还债务9800万元及重组收益、违约金和律师代理费,华融湖南分公司有权以案涉房产作为抵押物折价或者以拍卖、变卖该抵押物所得价款优先受偿。本案中,建行怀化分行一审诉讼请求是排除对案涉房产的强制执行,确认华融湖南分公司对案涉房产的优先受偿权不得对抗建行怀化分行,起诉理由是其签订购房合同、支付购房款及占有案涉房产在办理抵押之前,进而主张排除对案涉房产的强制执行。建行怀化分行在本案中并未否定华融湖南分公司对案涉房产享有的抵押权,也未请求纠正第32号判决,实际上其诉请解决的是基于房屋买卖对案涉房产享有的权益与华融湖南分公司对案涉房产所享有的抵押权之间的权利顺位问题,这属于"与原判决、裁定无关"的情形,是执行异议之诉案件审理的内容,应予立案审理。

(生效裁判审判人员:高燕竹、奚向阳、杨 蕾)

---

① 现为《民事诉讼法解释》(2022年修正)第三百零三条。
② 现为《民事诉讼法》(2023年修正)第一百二十二条。

指导案例 156 号

王岩岩诉徐意君、北京市金陛房地产发展有限责任公司案外人执行异议之诉案

（最高人民法院审判委员会讨论通过　2021年2月19日发布）

关键词

民事　案外人执行异议之诉　排除强制执行　选择适用

裁判要点

《最高人民法院关于人民法院办理执行异议和复议案件若干问题的规定》（以下简称《异议复议规定》）第二十八条规定了不动产买受人排除金钱债权执行的权利，第二十九条规定了消费者购房人排除金钱债权执行的权利。案外人对登记在被执行的房地产开发企业名下的商品房请求排除强制执行的，可以选择适用第二十八条或者第二十九条规定；案外人主张适用第二十八条规定的，人民法院应予审查。

相关法条

《异议复议规定》第二十八条、第二十九条

基本案情

2007年，徐意君因商品房委托代理销售合同纠纷一案将北京市金陛房地产发展有限责任公司（以下简称金陛公司）诉至北京市第二中级人民法院（以下简称北京二中院）。北京二中院经审理判决解除徐意君与金陛公司所签《协议书》，金陛公司返还徐意君预付款、资金占用费、违约金、利息等。判决后双方未提起上诉，该判决已生效。后因金陛公司未主动履行判决，徐意君于2009年向北京二中院申请执行。北京二中院裁定查封了涉案房屋。

涉案房屋被查封后，王岩岩以与金陛公司签订合法有效《商品房买卖合同》，支付了全部购房款，已合法占有房屋且非因自己原因未办理过户手续等理由向北京二中院提出执行异议，请求依法中止对该房屋的执行。北京二中院驳回了王岩岩的异议请求。王岩岩不服该裁定，向北京二中院提起案外人执行异议之诉。王岩岩再审请求称，仅需符合《异议复议规定》第二十八条

或第二十九条中任一条款的规定，法院即应支持其执行异议。二审判决错误适用了第二十九条进行裁判，而没有适用第二十八条，存在法律适用错误。

裁判结果

北京市第二中级人民法院于 2015 年 6 月 19 日作出（2015）二中民初字第 00461 号判决：停止对北京市朝阳区儒林苑 × 楼 × 单元 × 房屋的执行程序。徐意君不服一审判决，向北京市高级人民法院提起上诉。北京市高级人民法院于 2015 年 12 月 30 日作出（2015）高民终字第 3762 号民事判决：一、撤销北京市第二中级人民法院（2015）二中民初字第 00461 号民事判决；二、驳回王岩岩之诉讼请求。王岩岩不服二审判决，向最高人民法院申请再审。最高人民法院于 2016 年 4 月 29 日作出（2016）最高法民申 254 号裁定：指令北京市高级人民法院再审本案。

裁判理由

最高人民法院认为，《异议复议规定》第二十八条适用于金钱债权执行中，买受人对登记在被执行人名下的不动产提出异议的情形。而第二十九条则适用于金钱债权执行中，买受人对登记在被执行的房地产开发企业名下的商品房提出异议的情形。上述两条文虽然适用于不同的情形，但是如果被执行人为房地产开发企业，且被执行的不动产为登记于其名下的商品房，同时符合了"登记在被执行人名下的不动产"与"登记在被执行的房地产开发企业名下的商品房"两种情形，则《异议复议规定》第二十八条与第二十九条适用上产生竞合。案外人对登记在被执行的房地产开发企业名下的商品房请求排除强制执行的，可以选择适用第二十八条或者第二十九条规定；案外人主张适用第二十八条规定的，人民法院应予审查。本案一审判决经审理认为王岩岩符合《异议复议规定》第二十八条规定的情形，具有能够排除执行的权利，而二审判决则认为现有证据难以确定王岩岩符合《异议复议规定》第二十九条的规定，没有审查其是否符合《异议复议规定》第二十八条规定的情形，就直接驳回了王岩岩的诉讼请求，适用法律确有错误。

关于王岩岩是否支付了购房款的问题。王岩岩主张其已经支付了全部购房款，并提交了金陛公司开具的付款收据、《商品房买卖合同》、证人证言及部分取款记录等予以佐证，金陛公司对王岩岩付款之事予以认可。上述证据是否足以证明王岩岩已经支付了购房款，应当在再审审理过程中，根据审理情况查明相关事实后予以认定。

（生效裁判审判人员：毛宜全、潘勇锋、葛洪涛）

六、审判监督程序

指导案例 7 号

牡丹江市宏阁建筑安装有限责任公司诉牡丹江市华隆房地产开发有限责任公司、张继增建设工程施工合同纠纷案

（最高人民法院审判委员会讨论通过　2012 年 4 月 9 日发布）

关键词

民事诉讼　抗诉　申请撤诉　终结审查

裁判要点

人民法院接到民事抗诉书后，经审查发现案件纠纷已经解决，当事人申请撤诉，且不损害国家利益、社会公共利益或第三人利益的，应当依法作出对抗诉案终结审查的裁定；如果已裁定再审，应当依法作出终结再审诉讼的裁定。

相关法条

《民事诉讼法》第一百四十条[①]第一款第十一项

基本案情

2009 年 6 月 15 日，黑龙江省牡丹江市华隆房地产开发有限责任公司（简称华隆公司）因与牡丹江市宏阁建筑安装有限责任公司（简称宏阁公司）、张继增建设工程施工合同纠纷一案，不服黑龙江省高级人民法院同年 2 月 11 日

---

① 现为《民事诉讼法》（2023 年修正）第一百五十七条。

作出的（2008）黑民一终字第173号民事判决，向最高人民法院申请再审。最高人民法院于同年12月8日作出（2009）民申字第1164号民事裁定，按照审判监督程序提审本案。在最高人民法院民事审判第一庭提审期间，华隆公司鉴于当事人之间已达成和解且已履行完毕，提交了撤回再审申请书。最高人民法院经审查，于2010年12月15日以（2010）民提字第63号民事裁定准许其撤回再审申请。

申诉人华隆公司在向法院申请再审的同时，也向检察院申请抗诉。2010年11月12日，最高人民检察院受理后决定对本案按照审判监督程序提出抗诉。2011年3月9日，最高人民法院立案一庭收到最高人民检察院高检民抗（2010）58号民事抗诉书后进行立案登记，同月11日移送审判监督庭审理。最高人民法院审判监督庭经审查发现，华隆公司曾向本院申请再审，其纠纷已解决，且申请检察院抗诉的理由与申请再审的理由基本相同，遂与最高人民检察院沟通并建议其撤回抗诉，最高人民检察院不同意撤回抗诉。再与华隆公司联系，华隆公司称当事人之间已就抗诉案达成和解且已履行完毕，纠纷已经解决，并于同年4月13日再次向最高人民法院提交了撤诉申请书。

裁判结果

最高人民法院于2011年7月6日以（2011）民抗字第29号民事裁定书，裁定本案终结审查。

裁判理由

最高人民法院认为：对于人民检察院抗诉再审的案件，或者人民法院依据当事人申请或依据职权裁定再审的案件，如果再审期间当事人达成和解并履行完毕，或者撤回申诉，且不损害国家利益、社会公共利益的，为了尊重和保障当事人在法定范围内对本人合法权利的自由处分权，实现诉讼法律效果与社会效果的统一，促进社会和谐，人民法院应当根据《最高人民法院关于适用〈中华人民共和国民事诉讼法〉审判监督程序若干问题的解释》第三十四条①的规定，裁定终结再审诉讼。

本案中，申诉人华隆公司不服原审法院民事判决，在向最高人民法院申

---

① 《最高人民法院关于适用〈中华人民共和国民事诉讼法〉审判监督程序若干问题的解释》（2020年修正）第二十三条。

请再审的同时，也向检察机关申请抗诉。在本院提审期间，当事人达成和解，华隆公司向本院申请撤诉。由于当事人有权在法律规定的范围内自由处分自己的民事权益和诉讼权利，其撤诉申请意思表示真实，已裁定准许其撤回再审申请，本案当事人之间的纠纷已得到解决，且本案并不涉及国家利益、社会公共利益或第三人利益，故检察机关抗诉的基础已不存在，本案已无按抗诉程序裁定进入再审的必要，应当依法裁定本案终结审查。

第四部分 人民法院案例库参考案例

一、任务、适用范围和基本原则

申某某诉重庆某建设公司、盘州某房产公司等建设工程施工合同纠纷案
——当事人因另案结果于己不利而自我否定已获法院支持的本案主张，有违诉讼诚信原则

裁判要旨

当事人仅对一审法院未获支持的诉讼请求具有上诉利益，有权对该部分诉讼请求提出上诉。在一审法院审理中，如果当事人所作陈述不存在重大误解或受欺诈、胁迫等情形的，应当认定为其真实意思表示。当事人因另案结果于己不利而自我否定已获一审法院支持的本案主张，有违诉讼诚信，人民法院不予支持。

二、管 辖

陈某沫诉张某亮变更抚养关系纠纷案
——对正在被监禁的人提起的诉讼由原告住所地人民法院管辖

裁判要旨

"原告就被告"是民事诉讼的一般原则。在此前提下,《民事诉讼法》第二十三条规定了几种例外情况。根据该条第一款第三项、第四项的规定,在被告一方当事人被监禁或者被采取强制性教育措施的情况下,由原告住所地人民法院管辖。这里的被监禁的人,包括已决犯和未决犯,其人身自由已经受到限制,被集中在特定地方,离开了其原来的住所地或者经常居住地。另,在原、被告双方当事人均被监禁或者被采取强制性教育措施的情况下,根据《民事诉讼法解释》第八条的规定,由被告原住所地人民法院管辖;如被告被监禁或者被采取强制性教育措施一年以上的,则由被告被监禁地或者被采取强制性教育措施地人民法院管辖。

余某德诉肖某买卖合同纠纷案
——买方关于"退还货款"的诉请不能认定为争议标的为
"给付货币"并以此确定管辖地

裁判要旨

1.《民事诉讼法解释》第十八条第二款按照"争议标的"种类分别确定合同履行地,人民法院在认定"争议标的"时,不能把"争议标的"等同于诉讼请求。"争议标的"应依照争议的合同义务或者合同的特征义务来确定,也即诉讼请求所指向的合同义务。当事人因合同义务的履行而发生合同纠纷,以合同履行地确定管辖法院的,以当事人争议的合同义务的履行地作为确定管辖的合同履行地。

2.争议标的为给付货币,是指争议的合同义务是以给付货币为内容,并非诉讼请求中简单的货币金钱请求。实践中,绝大多数诉讼请求都能转化为金钱之债,人民法院不能因为当事人诉讼请求是主张金钱就认为"争议标的"是给付货币,否则将会导致法定管辖被架空。因此,争议发生后,当事人向人民法院提出"退还货款""支付违约金、赔偿损失"等诉请的,不能认定争议标的为"给付货币",应当认定为"其他标的"。

郑某诉庄某民间借贷纠纷案
——在案证据材料能够证明经常居住地与户籍所在地不一致的,由经常居住地人民法院管辖

裁判要旨

公民的经常居住地是指公民离开住所地至起诉时已连续居住一年以上的地方,但公民住院就医的地方除外。一般而言,通过户口簿或者公安机关人口信息查询系统即可准确获知户籍所在地,但经常居住地因缺乏固定的判断或者查询方法,容易在诉讼中成为管辖争议的焦点。在以当事人住所地为依据确定管辖时,一方主张户籍所在地与经常居住地不一致并提供有权机关出具的诸如流动人口居住登记信息查询表等居住登记信息证据材料,能够证明该地点系当事人离开住所地至起诉时已连续居住一年以上的,人民法院可以据此认定经常居住地。

时某飞诉大连金普新区某数码通讯经营部、北京某科技有限责任公司信息网络买卖合同案
——消费者基于网络消费合同纠纷一并起诉卖家和网络平台的，应当依据网络消费合同确定管辖

裁判要旨

1. 网络购物中，通常会形成三种合同关系，即网络平台和卖家、网络平台和消费者分别形成的服务合同关系及卖家和消费者形成买卖合同关系。实践中，消费者因网购产生纠纷，通常会将卖家与网络平台一并起诉。人民法院应当根据消费者的具体诉请，判断争议背后的基础法律关系。

2. 实践中，如果平台经营者仅是为网络交易双方提供虚拟交易场所，并未参与网络交易本身，则不属于合同相对方，应当按照合同相对性原则根据消费者与卖家之间的买卖合同确定案件管辖权。如果消费者和卖家之间达成了协议管辖约定，按照约定确定管辖，如果没有协议管辖约定，则按照《民事诉讼法解释》第二十条规定确定管辖，即通过信息网络交付标的的，以买受人住所地为合同履行地；通过其他方式交付标的的，收货地为合同履行地。合同对履行地有约定的从其约定。值得注意的是，如果消费者是因使用平台服务而产生争议，则应当根据消费者与电子商务平台经营者之间的服务合同确定相应的管辖法院。

黄某诉德阳某建筑工程有限公司、夏某租赁合同纠纷案
——租赁合同中租赁物使用地为合同履行地并以此确定案件管辖地

裁判要旨

审理财产租赁合同纠纷要查明租赁物的权利属性和使用情况，从便利诉讼、方便执行等方面考虑，由租赁物使用地法院管辖较为妥当。《民事诉讼法解释》第十九条规定，财产租赁合同、融资租赁合同以租赁物使用地为合同

履行地。需要注意的是，如果合同对履行地有明确约定的，应当从其约定。

上海某信息技术有限公司诉某建筑科技（深圳）有限公司劳务派遣合同纠纷案
——管辖争议中履行地点无约定或约定不明时合同履行地的认定

裁判要旨

1. 合同主要条款为派遣人员要求、派遣工作期间、人员级别评估、人员费用结算，且人员费用结算的主要依据为人员级别评估而非技术开发成果，合同亦未明确约定技术开发有关具体权利义务的，可以认定该合同属于劳务派遣合同而非技术开发合同。

2. 《民事诉讼法解释》第十八条第二款关于"合同对履行地点没有约定或者约定不明确，争议标的为给付货币的，接收货币一方所在地为合同履行地"之规定所称"争议标的"，是指当事人诉讼请求所指向的具体合同义务。诉讼请求为给付金钱的，不应简单地以诉讼请求指向金钱给付义务而认定争议标的即为给付货币，而应当根据合同具体内容明确其所指向的合同义务。

深圳市某太阳能技术有限公司诉上海某网络科技有限公司、江苏某低碳科技有限公司侵害实用新型专利权纠纷案
——作为管辖连结点的零部件使用行为的认定

裁判要旨

如果被诉侵权产品系另一产品的零部件，使用该另一产品的行为亦使作为零部件的被诉侵权产品实现了使用价值，则该使用行为亦构成对于被诉侵权零部件产品的使用，可以作为确定案件管辖的连结点。

某化学科技有限公司诉山西某化工有限公司破产管理人、运城某化学科技有限公司、陈某侵害技术秘密纠纷案

——诉讼程序出现新事实时管辖权恒定原则的适用

裁判要旨

在原审法院认定其对案件不具有管辖权的情况下，缺乏管辖权恒定原则适用的前提。此后出现可能使得原审法院具有管辖权的新事实的，应当根据该新事实确定管辖。

杭州某公司诉东营某公司、上海某公司发明专利临时保护期使用费及侵害发明专利权纠纷案

——发明专利临时保护期使用费纠纷管辖的确定，权利人就临时保护期使用费和侵犯专利权行为一并主张权利及权利人在被诉侵权产品的销售地就制造商的行为主张权利的处理

裁判要旨

发明专利临时保护期使用费纠纷虽然不属于一般意义上的侵犯专利权纠纷，但在本质上也是与专利有关的侵权纠纷，应当依据有关侵权诉讼的管辖确定原则确定管辖。对于被控侵权的实施行为跨越发明专利授权公告日前后的，其行为具有前后的连续性、一致性。从方便当事人诉讼出发，应当允许权利人一并就临时保护期使用费和侵犯专利权行为同时提出权利主张。

《最高人民法院关于审理专利纠纷案件适用法律问题的若干规定》关于"以制造者与销售者为共同被告起诉的，销售地人民法院有管辖权"的规定，本意在于权利人可以在被控侵权产品的销售地对该被控侵权产品制造者的全部制造以及销售被控侵权产品的行为主张权利，而并非在被控侵权产品的销

售地仅能对制造者制造并销售给该销售者的那部分被控侵权产品的行为主张权利。

厦门某卫浴科技有限公司诉汾阳市某美甲店侵害实用新型专利权纠纷案
——第三方发货网络销售行为侵权行为地的确定

裁判要旨

被诉侵权产品系通过网络销售,销售者待购买者提交订单后才从第三方购买相应货物,并指示该第三方直接将货物寄送给购买者的,该第三方的交付行为应当认定为销售者的交付行为,其发货地应当认定为销售者的发货地,该发货地可以构成以该销售者为被告的侵权案件管辖连结点。

中国某集团三家公司诉某电信集团的瑞典公司、美国公司、中国公司不正当竞争纠纷案
——涉域外不正当竞争行为的管辖

裁判要旨

当事人因境外不正当竞争行为在中国境内受到损失而提起诉讼的,该被诉境外不正当竞争行为对中国境内市场竞争秩序产生不利影响的结果地,可以作为案件管辖连结点。

中国某通讯公司等诉瑞典某通讯公司等
滥用市场支配地位纠纷
——涉境外垄断行为的垄断民事纠纷案件管辖

裁判要旨

当事人因境外垄断行为在中国境内受到损失而提起诉讼的,该被诉境外垄断行为对中国境内市场竞争产生排除、限制影响的结果地可以作为案件管辖连结点。

某贸公司诉某仓储公司仓储合同纠纷管辖异议案
——二审法院应对二审新提出的管辖异议理由进行审查

裁判要旨

管辖异议审查中,二审法院应对二审中新提出的管辖异议理由进行审查,并依法作出判断。管辖异议审查中应依法审查管辖协议的真伪,在没有证据证明管辖协议不存在或无效时,可据协议约定依法确定管辖法院。

荥阳某铝业公司诉苏州某宝纳丽金公司
专利权转让合同纠纷案
——包含专利权转让条款的股权转让协议纠纷的管辖

裁判要旨

基于包含专利权转让条款的股权转让合同产生的纠纷,原则上属于股权转让合同纠纷而非专利权转让合同纠纷,不宜作为专利案件确定管辖。

中铁某局诉四平市甲公司、四平市乙公司、中铁沈阳局某工程建设指挥部等建设工程施工合同纠纷案
——上跨铁路的公路立交桥建设工程施工合同纠纷
适用不动产专属管辖

裁判要旨

"铁路附属设施"指依附归属于铁路的设备、设施以及铁路专用的建筑物、构筑物等,其存在目的是为保护、养护铁路以及为铁路运输的安全、畅通服务。公路桥梁工程虽上跨于铁路之上,但与铁路及其附属设施并不存在依附归属关系,既不属于铁路财产,也不为铁路运输、铁路安全服务,并非铁路附属设施,由此发生的建设工程施工合同纠纷,不属于铁路运输法院专门管辖范围,应当按照《民事诉讼法》第三十四条的规定,由不动产所在地人民法院专属管辖。

广东富某建设有限公司诉广东金某集团有限公司、新兴县新某投资有限公司建设工程分包合同纠纷案
——因履行消防及空调安装工程合同引发的纠纷按照
不动产纠纷确定管辖

裁判要旨

《民事诉讼法解释》第二十八条第二款规定,农村土地承包经营合同纠纷、房屋租赁合同纠纷、建设工程施工合同纠纷、政策性房屋买卖合同纠纷,按照不动产纠纷确定管辖。实践中,消防及空调安装工程,不仅包括消防和空调设施设备安装,还涉及大量管网铺设等隐蔽工程,施工成果直接添附于总工程项目上,与项目工程本身的关联性高,属于建设工程范畴。因此,当事人因履行消防及空调安装工程合同发生的纠纷,不宜认定为承揽合同纠纷,

应当认定为建设工程分包合同纠纷，根据《民事诉讼法解释》第二十八条的规定，按照不动产纠纷确定管辖。

某食品公司诉某实业公司等股权转让纠纷案
——多份管辖协议不一致时的管辖确定规则

裁判要旨

1. 在当事人签订有多份涉及管辖约定的协议的情况下，如果能够认定多份协议间存在着主从合同关系，应当依据主合同关于管辖权的约定确定管辖法院。

2. 如果不能确定多份涉及管辖约定的协议存在主从合同关系的，人民法院在确定管辖法院时，首先审查多份管辖协议选择的连接点是否与争议有实际联系，其次审查多份管辖协议是否是在诉讼前通过书面形式形成，最后审查多份管辖协议之间的关系，根据签订时间先后、内容之间的关系，确定管辖法院。

某融资租赁公司诉浙江某消防器材公司等融资租赁合同纠纷管辖权异议案
——合同是否涉嫌刑事犯罪不属于管辖权异议审查范围

裁判要旨

在合同纠纷中，在合同有约定管辖法院的情形下，常有被告以案涉合同涉嫌经济犯罪为由对法院管辖权提出异议，认为法院应当将案件移送至公安机关处理。管辖权异议解决的问题为法院是否有管辖权，通常采取形式审查的标准，即根据双方合同约定的内容来确定法院有无管辖权。至于案涉合同是否涉嫌刑事犯罪，法院是否应当驳回起诉，向公安机关移送案卷，不在管辖权异议审查的范围之内。

三、诉讼参加人

包头某商务信息咨询中心等诉石河子某股权投资有限合伙企业、包头市某稀土电磁材料股份有限公司第三人撤销之诉案
——股东对公司法人参加诉讼的民事裁判不具备提起第三人撤销之诉的主体资格

裁判要旨

股东与公司之间系利益共同体。公司参加民事诉讼的裁判结果一般都会影响到公司的资产、利益,从而间接影响股东的利益。基于公司利益和股东利益具有一致性,公司对外活动应推定为股东整体意志体现,公司在诉讼活动中的主张也应认定为代表股东的整体利益。因此,虽然公司诉讼的处理结果会间接影响到股东的利益,但股东的利益和意见已经在诉讼过程中由公司所代表,公司股东不能再作为第三人参加公司对外进行的诉讼。对于公司对外诉讼的生效裁判,股东也不具有提起第三人撤销之诉的主体资格。

沈阳市铁西区某街道办事处村民委员会诉郭某、沈阳某石油有限公司民间借贷纠纷案
——案外人不服民事调解书,主张生效裁判损害其实体权利的可申请再审

裁判要旨

案外人申请再审程序与第三人撤销之诉不能同时适用,案涉民事调解书

是由最高人民法院经二审程序作出，案外人依据《民事诉讼法》第五十六条[①]规定提起撤销之诉会实质上丧失上诉权利，故案外人可选择申请再审程序。案外人主张生效裁判损害其实体权利的，应当进行实质性审查。

刘某鹏诉林某、贵州某能源投资有限公司第三人撤销之诉案
——第三人撤销之诉由作出原生效裁判的法院管辖

裁判要旨

1. 第三人撤销之诉的专属管辖，系基于第三人撤销之诉的特殊功能和制度属性所作的特殊规定。第三人撤销之诉虽在程序上是一个新诉，但在实体上并非针对新的法律关系，而是针对已生效裁判的纠错程序，其处理结果是对已生效裁判进行效力评价，且后续还可能涉及执行回转问题，应由作出原生效裁判的法院管辖。

2. 涉破产债务人的纠纷由受理破产申请的法院集中管辖，是基于有效推进破产程序、提升破产案件审理效率的考量。但已经发生法律效力的判决、裁定、调解书的当事人进入破产程序的，不影响第三人撤销之诉案件的管辖。

朱某某诉曾某某、陈某某民间借贷纠纷案
——原告主张的法律关系不成立，再审是否能以另外的法律关系进行判决

裁判要旨

案由的意义在于界定案件指向的法律关系，也决定了案件的审查范围。在查明原告主张的民间借贷法律关系不能成立的基础上，二审法院不能直接以另外的法律关系进行判决，否则会超出当事人诉请，侵害另一方当事人的

---

① 现为《民事诉讼法》（2023年修正）第五十九条。

程序利益。

某儿童文化发展有限公司诉某玩具批发行 著作权权属、侵权纠纷案
——无相反证据足以推翻的公证证明应当作为认定事实的根据

裁判要旨

涉案公证书记载的事实若无相反证据推翻公证书的真实性，法院应将涉案公证书记载的事实作为认定依据。

四、保全和先予执行

浙江唐某影视股份有限公司诉上海灿某文化传播 有限公司、世纪某某（北京）国际文化传媒 有限公司申请诉前行为保全纠纷案
——诉前行为保全的判断要件

裁判要旨

审查是否应当责令被申请人停止相关行为，主要考虑以下因素：申请人是否是权利人或利害关系人；申请人在本案中是否有胜诉可能性；是否具有紧迫性，以及不立即采取措施是否可能使申请人的合法权益受到难以弥补的损害；损害平衡性，即不责令被申请人停止相关行为对申请人造成的损害是否大于责令被申请人停止相关行为对被申请人造成的损害；责令被申请人停止相关行为是否损害社会公共利益；申请人是否提供了相应的担保。

五、对妨害民事诉讼的强制措施

石某诉余某某、陈某某房屋买卖合同纠纷案
——生效刑事判决认定构成虚假诉讼罪的，
其诉讼请求依法应当驳回

裁判要旨

《民事诉讼法》第一百一十五条规定，当事人之间恶意串通，企图通过诉讼、调解等方式侵害他人合法权益的，人民法院应当驳回其请求，并根据情节轻重予以罚款、拘留；构成犯罪的，依法追究刑事责任。本案中，生效的刑事判决认定石某某的行为构成虚假诉讼罪，石某与其父石某某串通，故意隐瞒案件事实，提起的本案诉讼，属于虚假诉讼，按照法律规定，其诉讼请求依法应当驳回。

六、第一审普通程序

凌某某诉江苏某建设有限公司、青岛某置业有限公司建设工程合同纠纷案
——建设工程承包人、实际施工人已经就工程价款结算达成协议，实际施工人提起请求支付工程价款及确认享有优先受偿权的诉讼，人民法院应予受理

裁判要旨

建设工程承包人、实际施工人已经就工程价款结算达成协议，实际施工人以承包人为被告提起诉讼，请求支付工程价款及确认在建设工程折价或拍卖价款在工程款范围内享有优先受偿权，符合《民事诉讼法》规定的起诉条件。至于实际施工人关于支付工程价款及优先受偿权的请求应否支持，需由人民法院实体审理认定并作出判决。被告对原告的诉讼请求是否存在实质异议，不影响原告依法提起诉讼的权利。

某某公司诉赵某等侵害外观设计专利权纠纷案
——管辖连结点的确定通常以形式关联性审查为限

裁判要旨

原告对多个被告合并起诉，通常对有无初步证据证明被告与涉案事实存在一定关联进行形式审查，即可确定管辖连结点，人民法院无需对被告是否构成侵权以及承担民事责任等实体内容进行审查。

某小区业主委员会诉某房地产开发公司、某建筑公司房屋买卖合同纠纷案
——业主委员会对于业主共有事项和物业共同管理事项可以自己名义提起诉讼

裁判要旨

业主委员会根据业主大会的授权对外代表业主进行民事活动,可以成为民事诉讼活动的主体。业主委员会符合"其他组织"条件,是业主大会决议的执行机构,根据业主大会的授权对外代表业主进行民事活动,对于业主共有事项和物业共同管理事项,可以自己名义提起诉讼。业主委员会诉讼请求涉及的配套设施未建设及退还前期物业费等问题,属于业主共有事项和物业共同管理事项,人民法院应予受理。业主委员会诉讼请求涉及的开发商履行商品房买卖合同约定的不动产权确权登记义务及承担逾期办证违约金等问题,属于业主专有事项,即使其具有业主大会的授权,人民法院亦不予受理。

商丘市某制药有限公司诉湖北某医药有限公司垄断协议纠纷案
——涉及同一合同的合同之诉与垄断协议之诉的重复诉讼认定

裁判要旨

涉及同一合同的合同之诉和垄断协议之诉,分别涉及合同法律关系和反垄断法律关系,诉讼标的不同,即便所涉当事人相同或者后诉的诉讼请求实质否定前诉裁判结果,其亦不构成重复诉讼,但原则上由一个法院合并审理为宜。

中某公司诉神某公司、建某公司追加被执行人异议之诉案
——中外合作经营企业不足以清偿生效法律文书确定的债务，申请执行人可以申请追加未缴纳增资义务即转让股权的股东为被执行人

裁判要旨

中外合作经营企业经核准增资后，合作一方未履行增资义务即转让股权，合作企业财产不足以清偿生效法律文书确定的债务，申请执行人申请追加未缴纳增资的合作一方为被执行人，在尚未缴纳增资的范围内依法承担责任的，人民法院应予支持。

曹妃甸某银行诉迁西某商贸公司等金融借款合同纠纷案
——单位工作人员涉嫌刑事犯罪不影响对方当事人依据合同对该单位提起民事诉讼

裁判要旨

民刑案件是否构成"同一事实"，是选择刑事程序吸收民事程序还是"刑民并行"程序的核心标准。如何认定刑事案件与民事案件交叉中涉及的事实是"同一事实"，总体上看，应该是民事案件与刑事案件的主体相同，且案件基本事实存在竞合或者基本竞合的，可以认定民事案件与刑事案件构成"同一事实"。如果民事案件当事人双方与刑事案件的主体不一致的，不能认定为"同一事实"。刑事案件定罪量刑的事实与民事案件的基本事实无关的，即使主体相同，也不构成"同一事实"。即如本案中行为人董某某，在正常订立贷款合同后采取欺诈手段拒不还贷，涉嫌职务侵占罪，伪造、变造、买卖国家机关公文、证件、印章罪的，因金融借款合同的逾期还款违约事实的

认定,不受合同履行过程中犯罪的影响,人民法院对金融借款纠纷可继续审理。

重庆市某房地产管理局诉李某租赁合同纠纷案
——涉直管公房租赁纠纷不属于民事案件受案范围

裁判要旨

承租人基于工作单位安排入住直管公房,虽然承租人与公房管理部门未签订租赁合同、承租人未交纳租金,但仍属于依照国家福利政策而租赁公有住房的范畴,不属于民事案件的受案范围。

刘某诉付某等股权转让纠纷案
——被告提起后诉实质系意图否定、变更前诉裁判结果的,
亦属违反"一事不再理"原则

裁判要旨

人民法院就合同继续履行及违约责任作出裁判后,该案被告又以合同无效为由诉至法院请求予以确认,性质为就前诉已实体处理完毕的事项重新提起诉讼,实质系意图否定、变更前诉裁判结果,违反"一事不再理"原则,依法应驳回起诉。

广东九某科技有限公司诉东莞得某有限公司合同纠纷案
——仲裁协议只写明某地仲裁机构但结合订约时实际情况能够推断
出相应仲裁机构的,该仲裁机构视为约定的仲裁机构

裁判要旨

当事人达成仲裁协议,表明当事人具有将争议提交仲裁而非通过诉讼方式解决的合意。当仲裁条款约定由某地的仲裁机构仲裁但该地仲裁机构并非

一个时，人民法院应当充分尊重当事人意思自治，结合订约时的实际情况，合理判断当事人是否明确选定了具体仲裁机构，不能机械认定仲裁条款无效。

谭某诉利川市某房地产公司房屋买卖合同纠纷案
——当事人未在答辩期内提出管辖权异议的处理

裁判要旨

当事人对管辖权有异议的，应当在提交答辩状期间提出。人民法院对当事人提出的异议，应当审查。除违反级别管辖和专属管辖规定之外，当事人未提出管辖异议，并应诉答辩的，视为受诉人民法院有管辖权。

肇庆某铝厂有限公司诉某银团、某集团有限公司、某控股有限公司、肇庆某管理有限公司、邝某某金融借款合同纠纷案
——审理过程中发生的事实，原则上应纳入审理范围并予以查明

裁判要旨

《民事诉讼法》对将起诉之后、审理过程中发生的事实纳入审理范围并不持排斥态度，仅对将新的事实纳入审理范围的时间进行了必要的限制。为避免当事人讼累，增加判决执行的确定性和可操作性，对于在庭审辩论终结前可以查明的相关事实，如果能进一步查清具体事实，不宜仅对相关事实作概括性描述而将细节事实留待执行程序中解决，而应在事实查明部分予以查明并在判决中明确载明。

七、特别程序

包头市某财税服务有限公司诉广西北海某房地产开发有限公司借款合同纠纷案
——案外人就生效调解书申请法律监督的处理

裁判要旨

生效调解书违反自愿原则、调解协议内容违法及损害第三人利益的事由，不属于检察机关提出抗诉的范围，相关当事人和案外人可以向人民法院申请再审寻求救济。检察机关仅对有损害国家利益、社会公共利益的民事调解书才能提出法律监督。人民法院对调解书裁定再审后，因人民检察院所主张的损害国家利益、社会公共利益的理由不能成立，应依法裁定终结再审程序。

八、审判监督程序

陕西某公司诉山东某医院建设工程施工合同纠纷案
——重复起诉中同一法律事实、同一诉讼请求的认定

裁判要旨

1. 法律事实是从司法裁判过程中抽象出来的，有别于客观事实。本案的基本法律事实是合同履行中一方当事人存在违约行为。当事人在两次起诉中分别提出的对方当事人继续履行合同与撤销合同，追究对方当事人违约责任，

并不能得出本案基本法律事实不同的结论。

2. 当事人的诉讼请求不同，应当是指诉讼请求相互不能替代或涵盖以及请求权的属性不同，两次诉讼的裁判结果也应当不会相互影响。如果当事人的诉讼请求只是主张支付款项数额增加或者减少，则不能视为诉讼请求不同。

九、仲 裁

无锡某印染有限公司、黄某某申请承认和执行外国法院民事判决、裁定纠纷案
——外国法院作出的"发生法律效力的判决"的认定

裁判要旨

根据《民事诉讼法》第二百八十一条规定，向人民法院申请承认和执行的外国法院作出的发生法律效力的判决，除依据判决作出国的法律已经生效并具有可执行性外，还必须具备终局性和确定性。有待上诉或者处于上诉过程中的判决不属于该条规定的"发生法律效力的判决"。人民法院应当以该外国法院判决不符合终局性条件为由，裁定驳回其承认和执行的申请，而非拒绝承认和执行。上诉程序终结后，该外国法院判决是终局性、确定性的，申请人可再次向人民法院申请承认和执行。

第五部分　法答网精选问答

1. 图书数据库著作权侵权案件中，同一作品在总库的传播行为已经由在先案件处理，之后原告就该作品在数据库镜像站的传播行为再次提起诉讼，是否属于重复诉讼？判赔标准如何确定？

答疑意见：《最高人民法院关于适用〈中华人民共和国民事诉讼法〉的解释》第二百四十七条规定："当事人就已经提起诉讼的事项在诉讼过程中或者裁判生效后再次起诉，同时符合下列条件的，构成重复起诉：（一）后诉与前诉的当事人相同；（二）后诉与前诉的诉讼标的相同；（三）后诉与前诉的诉讼请求相同，或者后诉的诉讼请求实质上否定前诉裁判结果。当事人重复起诉的，裁定不予受理；已经受理的，裁定驳回起诉，但法律、司法解释另有规定的除外。"依据上述规定，关于涉信息网络传播权的重复诉讼问题，司法实践中应区分具体情况，审查侵权人实施了几个侵权行为。如果侵权人未经许可将作品置于信息网络之中，只是同时开通了不同的端口，这时有必要在一个诉讼中对整体的损害赔偿统筹考虑；对于当事人针对不同的端口或数据库（如数据库总库、数据库镜像站）分别起诉的情形，人民法院应当加强释明工作，引导当事人通过一个诉讼解决，以减轻其诉累。如果侵权人最初只开通一个端口，人民法院判决停止侵害后，侵权人又开通一个新端口，那么前后两个行为属于不同的侵权行为，后提起的诉讼并不属于重复诉讼。

关于判赔标准问题。《最高人民法院关于依法加大知识产权侵权行为惩治力度的意见》第七条规定："人民法院应当充分运用举证妨碍、调查取证、证据保全、专业评估、经济分析等制度和方法，引导当事人积极、全面、正确、诚实举证，提高损害赔偿数额计算的科学性和合理性，充分弥补权利人损失。"司法实践中，人民法院应当准确适用《著作权法》第五十四条等规定，按照权利人的实际损失或者侵权人的违法所得计算，在实际损失或者违法所得难以计算的情形下，参照权利使用费等标准计算赔偿数额。在穷尽相关手段和办法后仍不能查明并计算的，才可以适用法定赔偿，考虑作品类型、侵权行为性质、损害后果等情节综合确定具体数额。遇到同一权利人提起系列案件的，要统筹权利救济与合理维权的关系，既要注意判赔的尺度大致保持平衡，也要注意不同案件之间的差异，并遵循"总量控制"原则，防止赔偿总额高于权利人因侵权遭受的实际损失。

咨询人：湖南省高级人民法院民三庭　刘雅静

答疑专家：最高人民法院民三庭　白雅丽

——《法答网精选答问》（第八批）

2.《民事诉讼法》中"其他组织"与《民法典》中"非法人组织"是否同一概念？"非法人组织"是否具备诉讼主体资格？

答疑意见：《民法典》中的"非法人组织"和《民事诉讼法》中的"其他组织"是基于不同规范目的而作出的规定。"非法人组织"所要解决的是民事主体资格问题，即某个组织能否以自己的名义从事民事活动、承担民事责任；而"其他组织"主要解决民事诉讼主体资格问题，即某个组织能否以自己名义参与到诉讼活动中。二者并非同一概念。根据《民法典》第一百零二条第一款关于"非法人组织是不具有法人资格，但是能够依法以自己的名义从事民事活动的组织"的规定，非法人组织能够以自己名义从事民事活动，如果因此与其他民事主体发生民事纠纷，可以自己名义参与到民事诉讼活动中，作为民事诉讼当事人，具备诉讼主体资格，由此就落入了"其他组织"的范围。

从范围上看，《民事诉讼法》中的"其他组织"是一个更广泛的概念，除"非法人组织"外，"其他组织"还可包括其他类型的主体，如法人分支机构、业主委员会等。以业主委员会为例，其不符合《民法典》第一百零二条至第一百零八条所规定的非法人组织的特征。但根据《民法典》第二百八十条第二款的规定，业主大会或者业主委员会作出的决定侵害业主合法权益的，受侵害的业主可以请求人民法院予以撤销。据此，在业主撤销权纠纷中，业主大会或者业主委员会可以作为民事诉讼当事人参与到诉讼活动中，具备诉讼主体资格。也就是说，业主委员会虽不是《民法典》所规定的"非法人组织"，但属于《民事诉讼法》上规定的"其他组织"。

需要注意的是，并非除"自然人、法人"之外的任何组织都可认定为"其他组织"。《最高人民法院关于适用〈中华人民共和国民事诉讼法〉的解释》第五十二条对于"其他组织"的定义和范围作了明确规定，并列举了相应情形。"其他组织"首先应当是依照法律规定的程序和条件成立，法律上予以认可的组织，同时应当具备一定的组织机构和财产。如果未经依法成立，则不具有"其他组织"的资格，不属于民事诉讼当事人。例如，没有依法领取营业执照的法人分支机构，不能认定为"其他组织"，在诉讼中，应以设立该分支机构的法人为当事人。

咨询人：山东省高级人民法院民二庭　颜　侦

答疑专家：最高人民法院研究室民事处　张　音

——《法答网精选答问》（第十批）

3. 人民法院受理民事诉讼案件后，被告以当事人之间有书面仲裁协议为由提出异议申请，人民法院审查认为异议理由不能成立，应以何种形式处理当事人的异议申请？是否需要书面通知当事人？

答疑意见：有效仲裁协议排除人民法院管辖是我国《民事诉讼法》和《仲裁法》确立的一项基本原则。依据《民事诉讼法》和《仲裁法》规定，当事人有权以双方存在仲裁协议为由向受诉人民法院提出异议。需要注意的是，此异议是关于纠纷由仲裁处理还是由法院受理而产生的争议，不同于《民事诉讼法》规定的管辖权异议。对此异议的处理，有两种结果：一是异议成立，即仲裁机构或者仲裁庭有管辖权，法院应当裁定驳回起诉。对此，《仲裁法》第二十六条和《最高人民法院关于适用〈中华人民共和国民事诉讼法〉的解释》第二百一十六条第二款均有明确规定。二是异议不成立，即仲裁机构或者仲裁庭无管辖权，该民事案件属于人民法院受理民事案件的范围。对此，人民法院应当以何种形式处理当事人的异议申请，是裁定驳回异议申请还是通知当事人，法律并未明确规定，实践中也存在争议。考虑到异议的处理是确定民事案件是否属于人民法院主管的先决问题，为充分保障当事人的诉权，在异议不成立的情形下，应当参照适用管辖权异议不成立的规定处理，即裁定驳回当事人的异议，而不能以通知方式进行处理。另需注意的是，就仲裁协议效力提出异议的期限为人民法院首次开庭前，而不是《民事诉讼法》第一百三十条规定的提交答辩状期间。

咨询人：广西壮族自治区梧州市中级人民法院立案庭　李　剑

答疑专家：最高人民法院民四庭　张　梅

——法答网精选答问（第十四批）

4. 人民法院以当事人超过申请撤销仲裁裁决的期限为由作出驳回申请的裁定，该类裁定能否上诉、能否申请再审？如允许上诉、申请再审，该类裁定同时包括撤裁事由审查内容的，应如何处理？

答疑意见：根据《仲裁法》第五十九条的规定，当事人申请撤销裁决的，应当自收到裁决书之日起六个月内提出。当事人超过六个月期限提出撤销仲裁裁决申请的，由于不符合人民法院受理申请撤销仲裁裁决案件的条件，应当裁定不予受理，已经受理的，应当裁定驳回申请。此类裁定属于程序性驳回的裁定，不同于进入仲裁司法审查程序后人民法院根据仲裁法规定的应予撤销仲裁裁决的法定事由进行审查作出的裁定。根据《最高人民法院关于审理仲裁司法审查案件若干问题的规定》第七条、第八条、第二十条的规定，对于不予受理的裁定、因不符合受理条件而驳回申请的裁定，申请人可以上诉，也可以申请再审。据此，对于因当事人超出申请撤裁期限而不予受理或者被驳回申请的裁定，当事人均可以上诉，也可以申请再审。

申请人申请撤销仲裁裁决，人民法院受理后认为已经超过六个月期限的，应当直接裁定驳回申请，无需对当事人提出的撤裁事由进行审查。如果人民法院同时进行了审查并裁定驳回申请的，人民法院在上诉、再审审查程序中仅限于审查原裁定对超出撤裁申请期限的认定是否正确，对申请撤销仲裁裁决理由是否成立等问题不需予以审查。

咨询人：广东省高级人民法院民四庭　张建清

答疑专家：最高人民法院民四庭　李光琴

——法答网精选答问（第十四批）

5. 申请承认和执行外国仲裁裁决的期间，是诉讼时效还是除斥期间？人民法院是否应当主动依职权审查？当事人仅申请承认而未同时申请执行，申请执行期间是否重新起算？

答疑意见：首先，申请承认和执行外国仲裁裁决的期间，适用诉讼时效的规定。根据《最高人民法院关于适用〈中华人民共和国民事诉讼法〉的解释》第五百四十五条第一款的规定，当事人申请承认和执行外国仲裁裁决的期间，适用《民事诉讼法》第二百五十条的规定，即申请执行的期间为二年。申请执行时效的中止、中断，适用法律有关诉讼时效中止、中断的规定。

其次，人民法院不应依职权主动审查当事人是否超过申请承认和执行的期间。《民法典》第一百九十三条规定，人民法院不得主动适用诉讼时效的规定。《最高人民法院关于审理民事案件适用诉讼时效制度若干问题的规定》第二条规定，当事人未提出诉讼时效抗辩，人民法院不应对诉讼时效问题进行释明。因此，被申请人未以超期为由提出抗辩的，人民法院不应主动审查申请承认和执行期间是否届满。

最后，关于申请人仅申请承认而未同时申请执行，申请执行期间是否重新起算的问题。根据《最高人民法院关于适用〈中华人民共和国民事诉讼法〉的解释》第五百四十五条第二款的规定，申请执行的期间自人民法院对承认申请作出的裁定生效之日起重新计算。因为承认和执行外国仲裁裁决，是一个既有联系又有区别的问题，承认是执行的前提，但是承认并不一定必然伴随执行，当事人可以仅申请承认而不申请执行。如当事人先申请承认，其后又申请执行的，就会产生两个期间：一是申请承认外国仲裁裁决的期间；二是裁定承认后申请执行的期间。这两个期间应该按照诉讼时效的规定分别计算。

咨询人：江苏省高级人民法院民四庭　陈　亮
答疑专家：最高人民法院民四庭　马东旭
——法答网精选答问（第十四批）

6. 当事人约定争议提交"某方所在地仲裁委员会"或者"当地仲裁委员会",其中"所在地"或"当地"的范围应如何理解?如果"所在地"或"当地"所在区(县)没有仲裁委员会,或者"所在地"或"当地"既有本地设立的仲裁委员会又有其他仲裁委员会设立的分会等分支机构,该仲裁协议是否有效?

答疑意见:关于"所在地""当地"的理解问题。依据《仲裁法》第十六条、第十八条的规定,仲裁协议应当约定明确的仲裁机构,没有约定仲裁机构或约定不明确,且达不成补充协议的,仲裁协议无效。实践中,经常遇到当事人在约定仲裁协议时对仲裁机构表述不准确、约定过于简单的瑕疵仲裁协议。对此,《全国法院涉外商事海事审判工作座谈会会议纪要》第93条规定:"根据仲裁法司法解释第三条的规定,人民法院在审查仲裁协议是否约定了明确的仲裁机构时,应当按照有利于仲裁协议有效的原则予以认定。"因此,在判断双方约定的"所在地""当地"仲裁委员会时,不应拘泥于所使用的文字,而应当按照有利于仲裁协议有效的原则进行解释。如结合当事人陈述以及合同的签订和履行情况等,足以明确"所在地""当地"所指向地点的,则可以据此认定当事人约定的仲裁机构为指向地点的仲裁委员会。例如,所涉合同纠纷为建设工程承包合同纠纷,一般可以认定约定的"当地"仲裁委员会为工程所在地仲裁委员会。又如,纠纷双方住所地在同一地的,一般可以认定约定的"所在地"仲裁委员会为双方共同住所地的仲裁委员会。

关于第二个问题。根据《仲裁法》的规定,仲裁机构不按行政区划层层设立。因此,实践中经常出现合同约定的"所在地"或"当地"没有设立仲裁委员会。在这种情况下,一方面,应当根据尽量有利于认定仲裁协议有效的原则予以解释,如果合同约定的区、县、未设区的市的上一级市设有仲裁委员会,则可以认定双方约定的仲裁机构为该上一级市设立的仲裁委员会;如果上一级市也未设立仲裁委员会,但所在省有且仅有一个仲裁委员会的,亦可以认定双方约定的仲裁机构为该省仲裁委员会,此有利于尊重并实现当事人的仲裁意愿。另一方面,如果当事人约定的"所在地"或"当地"指向的市有两家仲裁委员会,或者当事人"所在地"或"当地"所在区、县、市的上一级市没有设立仲裁委员会，而所在省设有多家仲裁委员会，且当事人不能就选择其中一家仲裁委员会补充达成一致意见，则应当根据《仲裁法》第十八条的规定认定案涉仲裁协议无效。

实践中，还存在"当地"登记设立有一家仲裁委员会，但另有其他仲裁委员会在该地设立分会等分支机构的情形。当事人以该"当地"存在两家仲裁机构为由主张案涉仲裁协议无效的，考虑到仲裁委员会分会等分支机构受理案件、开展仲裁程序以及出具裁决书系以其所归属的仲裁机构的名义进行，故仲裁委员会分支机构一般不应认定为"当地"的仲裁机构。在没有其他证据足以证明当事人合意约定将争议提交某仲裁委员会分会仲裁的情况下，应当认定当事人的真实意思表示是将争议提交当地的仲裁委员会仲裁，案涉仲裁协议有效。

咨询人：上海市高级人民法院海事及海商审判庭　黄　鑫
答疑专家：最高人民法院民四庭　马晓旭
——法答网精选答问（第十四批）

7. 人身保险合同团体险中，签订合同的双方（用人单位与保险公司）约定管辖能否约束被保险人（员工）？

答疑意见：依据《中国保监会关于促进团体保险健康发展有关问题的通知》（保监发〔2015〕14号）第一条的规定，团体保险是指投保人为特定团体成员投保，由保险公司以一份保险合同提供保险保障的人身保险。团体险的保险合同，属于利他合同，职工为被保险人，受益人一般为职工本人或其近亲属。职工作为被保险人虽然没有参与订立保险合同，但是其财产或人身受保险合同保障。既然被保险人依据合同约定享有相关权利，亦应依据合同约定承担相应义务，这种义务既有保险法规定的实体法上的义务，也包括程序法上的义务。所以，团体保险合同中的协议管辖条款，对被保险人亦具有约束力。

咨询人：广东省揭阳市中级人民法院立案庭　彭艳君
答疑专家：最高人民法院立案庭　曹　刚
——法答网精选答问（第十五批）

8.股东提起代表诉讼,公司与被告之间的仲裁协议有无约束力?

答疑意见:在其他责任主体对公司负有违约之债或者侵权之债时,如公司怠于或者拒绝提起诉讼,股东可以代表公司提起诉讼。股东代表诉讼案件的管辖问题,应当根据其基础法律关系属于合同纠纷或者侵权纠纷来具体判断。如果案件是侵权之诉,一般无事先达成仲裁协议的情况。但是在合同之诉中,如果公司与他人事先订有书面仲裁协议,股东就该仲裁协议约定仲裁的事项提起股东代表诉讼,人民法院依法不予受理,告知其依据仲裁协议申请仲裁。

咨询人:山西省忻州市中级人民法院立案庭　张　婷

答疑专家:最高人民法院立案庭　刘雪梅

——法答网精选答问(第十五批)

9.《最高人民法院关于适用〈中华人民共和国民事诉讼法〉的解释》第二十一条规定的"运输工具登记注册地"怎样理解?

答疑意见:根据《民法典》第二百二十五条的规定,船舶、航空器和机动车等运输工具属于特殊动产,其物权的设立、变更、转让和消灭,未经登记,不得对抗善意第三人。如船舶的所有权的取得、转让和消灭,应当依据《中华人民共和国船舶登记条例》第五条的规定,向船舶登记机关进行登记;机动车的相关权属登记应当按照《机动车登记规定》第二条第三款的规定,向县级公安机关交通管理部门车辆管理所等办理相关机动车登记业务。故《最高人民法院关于适用〈中华人民共和国民事诉讼法〉的解释》第二十一条规定的运输工具登记注册地,应是指相关运输工具的登记机关的所在地,而非相关运输工具权属人的所在地,如车辆,应当是登记车辆权属的车辆管理所的所在地。一般情况下,当事人的住所地与其所有车辆权属登记的管理所所在地是一致的。但是,如果因为迁移等原因导致当事人的住所地与其所有车辆权属登记的管理所所在地不一致时,应当以其车辆权属登记的管理所所在地作为"运输工具登记注册地"。

咨询人:陕西省咸阳市渭城区人民法院综合审判庭　陈琳楠

答疑专家：最高人民法院立案庭　钱晓晨

——法答网精选答问（第十五批）

10. 签订建设工程施工合同，缴纳保证金后未施工，现要求返还保证金，是否适用专属管辖？

答疑意见：《民事诉讼法》第三十四条第一项规定："因不动产纠纷提起的诉讼，由不动产所在地人民法院管辖。"《最高人民法院关于适用〈中华人民共和国民事诉讼法〉的解释》第二十八条第二款规定："农村土地承包经营合同纠纷、房屋租赁合同纠纷、建设工程施工合同纠纷、政策性房屋买卖合同纠纷，按照不动产纠纷确定管辖。"上述司法解释规定的建设工程施工合同纠纷，并未明确排除建设工程施工合同订立后没有实际履行而产生的解除合同、返还保证金纠纷的情形。在起诉与受理阶段，案由的确定应当依据当事人的诉讼请求。当事人依据建设工程施工合同诉请返还保证金，属于因履行建设工程施工合同引发的纠纷。案涉合同是否实际履行，在起诉与受理阶段不能查明，只有通过实体审理才能查明。故在法律、司法解释没有明确规定的情况下，不宜仅以建设工程施工合同未实际履行为由，排除《民事诉讼法》及其司法解释关于不动产纠纷专属管辖规定的适用。

咨询人：最高人民法院立案庭　高斌斌

答疑专家：最高人民法院立案庭　李盛烨

——法答网精选答问（第十五批）

第六部分　相关规定

中华人民共和国民事诉讼法

（1991年4月9日第七届全国人民代表大会第四次会议通过　根据2007年10月28日第十届全国人民代表大会常务委员会第三十次会议《关于修改〈中华人民共和国民事诉讼法〉的决定》第一次修正　根据2012年8月31日第十一届全国人民代表大会常务委员会第二十八次会议《关于修改〈中华人民共和国民事诉讼法〉的决定》第二次修正　根据2017年6月27日第十二届全国人民代表大会常务委员会第二十八次会议《关于修改〈中华人民共和国民事诉讼法〉和〈中华人民共和国行政诉讼法〉的决定》第三次修正　根据2021年12月24日第十三届全国人民代表大会常务委员会第三十二次会议《关于修改〈中华人民共和国民事诉讼法〉的决定》第四次修正　根据2023年9月1日第十四届全国人民代表大会常务委员会第五次会议《关于修改〈中华人民共和国民事诉讼法〉的决定》第五次修正）

目　录

第一编　总　则
　第一章　任务、适用范围和基本原则
　第二章　管　辖
　　第一节　级别管辖
　　第二节　地域管辖
　　第三节　移送管辖和指定管辖
　第三章　审判组织

第四章 回　避

第五章 诉讼参加人

　第一节 当事人

　第二节 诉讼代理人

第六章 证　据

第七章 期间、送达

　第一节 期　间

　第二节 送　达

第八章 调　解

第九章 保全和先予执行

第十章 对妨害民事诉讼的强制措施

第十一章 诉讼费用

第二编　审判程序

第十二章 第一审普通程序

　第一节 起诉和受理

　第二节 审理前的准备

　第三节 开庭审理

　第四节 诉讼中止和终结

　第五节 判决和裁定

第十三章 简易程序

第十四章 第二审程序

第十五章 特别程序

　第一节 一般规定

　第二节 选民资格案件

　第三节 宣告失踪、宣告死亡案件

　第四节 指定遗产管理人案件

　第五节 认定公民无民事行为能力、限制民事行为能力案件

　第六节 认定财产无主案件

　第七节 确认调解协议案件

　第八节 实现担保物权案件

第十六章　审判监督程序

第十七章　督促程序

第十八章　公示催告程序

第三编　执行程序

第十九章　一般规定

第二十章　执行的申请和移送

第二十一章　执行措施

第二十二章　执行中止和终结

第四编　涉外民事诉讼程序的特别规定

第二十三章　一般原则

第二十四章　管　辖

第二十五章　送达、调查取证、期间

第二十六章　仲　裁

第二十七章　司法协助

第一编　总　则

第一章　任务、适用范围和基本原则

第一条　中华人民共和国民事诉讼法以宪法为根据，结合我国民事审判工作的经验和实际情况制定。

第二条　中华人民共和国民事诉讼法的任务，是保护当事人行使诉讼权利，保证人民法院查明事实，分清是非，正确适用法律，及时审理民事案件，确认民事权利义务关系，制裁民事违法行为，保护当事人的合法权益，教育公民自觉遵守法律，维护社会秩序、经济秩序，保障社会主义建设事业顺利进行。

第三条　人民法院受理公民之间、法人之间、其他组织之间以及他们相互之间因财产关系和人身关系提起的民事诉讼，适用本法的规定。

第四条　凡在中华人民共和国领域内进行民事诉讼，必须遵守本法。

第五条　外国人、无国籍人、外国企业和组织在人民法院起诉、应诉，同中华人民共和国公民、法人和其他组织有同等的诉讼权利义务。

外国法院对中华人民共和国公民、法人和其他组织的民事诉讼权利加以限制的，中华人民共和国人民法院对该国公民、企业和组织的民事诉讼权利，实行对等原则。

第六条 民事案件的审判权由人民法院行使。

人民法院依照法律规定对民事案件独立进行审判，不受行政机关、社会团体和个人的干涉。

第七条 人民法院审理民事案件，必须以事实为根据，以法律为准绳。

第八条 民事诉讼当事人有平等的诉讼权利。人民法院审理民事案件，应当保障和便利当事人行使诉讼权利，对当事人在适用法律上一律平等。

第九条 人民法院审理民事案件，应当根据自愿和合法的原则进行调解；调解不成的，应当及时判决。

第十条 人民法院审理民事案件，依照法律规定实行合议、回避、公开审判和两审终审制度。

第十一条 各民族公民都有用本民族语言、文字进行民事诉讼的权利。

在少数民族聚居或者多民族共同居住的地区，人民法院应当用当地民族通用的语言、文字进行审理和发布法律文书。

人民法院应当对不通晓当地民族通用的语言、文字的诉讼参与人提供翻译。

第十二条 人民法院审理民事案件时，当事人有权进行辩论。

第十三条 民事诉讼应当遵循诚信原则。

当事人有权在法律规定的范围内处分自己的民事权利和诉讼权利。

第十四条 人民检察院有权对民事诉讼实行法律监督。

第十五条 机关、社会团体、企业事业单位对损害国家、集体或者个人民事权益的行为，可以支持受损害的单位或者个人向人民法院起诉。

第十六条 经当事人同意，民事诉讼活动可以通过信息网络平台在线进行。

民事诉讼活动通过信息网络平台在线进行的，与线下诉讼活动具有同等法律效力。

第十七条 民族自治地方的人民代表大会根据宪法和本法的原则，结合当地民族的具体情况，可以制定变通或者补充的规定。自治区的规定，报全国人民代表大会常务委员会批准。自治州、自治县的规定，报省或者自治区的人民代表大会常务委员会批准，并报全国人民代表大会常务委员会备案。

第二章　管　辖

第一节　级别管辖

第十八条　基层人民法院管辖第一审民事案件，但本法另有规定的除外。

第十九条　中级人民法院管辖下列第一审民事案件：

（一）重大涉外案件；

（二）在本辖区有重大影响的案件；

（三）最高人民法院确定由中级人民法院管辖的案件。

第二十条　高级人民法院管辖在本辖区有重大影响的第一审民事案件。

第二十一条　最高人民法院管辖下列第一审民事案件：

（一）在全国有重大影响的案件；

（二）认为应当由本院审理的案件。

第二节　地域管辖

第二十二条　对公民提起的民事诉讼，由被告住所地人民法院管辖；被告住所地与经常居住地不一致的，由经常居住地人民法院管辖。

对法人或者其他组织提起的民事诉讼，由被告住所地人民法院管辖。

同一诉讼的几个被告住所地、经常居住地在两个以上人民法院辖区的，各该人民法院都有管辖权。

第二十三条　下列民事诉讼，由原告住所地人民法院管辖；原告住所地与经常居住地不一致的，由原告经常居住地人民法院管辖：

（一）对不在中华人民共和国领域内居住的人提起的有关身份关系的诉讼；

（二）对下落不明或者宣告失踪的人提起的有关身份关系的诉讼；

（三）对被采取强制性教育措施的人提起的诉讼；

（四）对被监禁的人提起的诉讼。

第二十四条　因合同纠纷提起的诉讼，由被告住所地或者合同履行地人民法院管辖。

第二十五条　因保险合同纠纷提起的诉讼，由被告住所地或者保险标的物所在地人民法院管辖。

第二十六条　因票据纠纷提起的诉讼，由票据支付地或被告住所地人民法院管辖。

第二十七条　因公司设立、确认股东资格、分配利润、解散等纠纷提起的诉讼，由公司住所地人民法院管辖。

第二十八条　因铁路、公路、水上、航空运输和联合运输合同纠纷提起的诉讼，由运输始发地、目的地或者被告住所地人民法院管辖。

第二十九条　因侵权行为提起的诉讼，由侵权行为地或者被告住所地人民法院管辖。

第三十条　因铁路、公路、水上和航空事故请求损害赔偿提起的诉讼，由事故发生地或者车辆、船舶最先到达地、航空器最先降落地或者被告住所地人民法院管辖。

第三十一条　因船舶碰撞或者其他海事损害事故请求损害赔偿提起的诉讼，由碰撞发生地、碰撞船舶最先到达地、加害船舶被扣留地或者被告住所地人民法院管辖。

第三十二条　因海难救助费用提起的诉讼，由救助地或者被救助船舶最先到达地人民法院管辖。

第三十三条　因共同海损提起的诉讼，由船舶最先到达地、共同海损理算地或者航程终止地的人民法院管辖。

第三十四条　下列案件，由本条规定的人民法院专属管辖：

（一）因不动产纠纷提起的诉讼，由不动产所在地人民法院管辖；

（二）因港口作业中发生纠纷提起的诉讼，由港口所在地人民法院管辖；

（三）因继承遗产纠纷提起的诉讼，由被继承人死亡时住所地或者主要遗产所在地人民法院管辖。

第三十五条　合同或者其他财产权益纠纷的当事人可以书面协议选择被告住所地、合同履行地、合同签订地、原告住所地、标的物所在地等与争议有实际联系的地点的人民法院管辖，但不得违反本法对级别管辖和专属管辖的规定。

第三十六条 两个以上人民法院都有管辖权的诉讼，原告可以向其中一个人民法院起诉；原告向两个以上有管辖权的人民法院起诉的，由最先立案的人民法院管辖。

第三节 移送管辖和指定管辖

第三十七条 人民法院发现受理的案件不属于本院管辖的，应当移送有管辖权的人民法院，受移送的人民法院应当受理。受移送的人民法院认为受移送的案件依照规定不属于本院管辖的，应当报请上级人民法院指定管辖，不得再自行移送。

第三十八条 有管辖权的人民法院由于特殊原因，不能行使管辖权的，由上级人民法院指定管辖。

人民法院之间因管辖权发生争议，由争议双方协商解决；协商解决不了的，报请它们的共同上级人民法院指定管辖。

第三十九条 上级人民法院有权审理下级人民法院管辖的第一审民事案件；确有必要将本院管辖的第一审民事案件交下级人民法院审理的，应当报请其上级人民法院批准。

下级人民法院对它所管辖的第一审民事案件，认为需要由上级人民法院审理的，可以报请上级人民法院审理。

第三章 审判组织

第四十条 人民法院审理第一审民事案件，由审判员、人民陪审员共同组成合议庭或者由审判员组成合议庭。合议庭的成员人数，必须是单数。

适用简易程序审理的民事案件，由审判员一人独任审理。基层人民法院审理的基本事实清楚、权利义务关系明确的第一审民事案件，可以由审判员一人适用普通程序独任审理。

人民陪审员在参加审判活动时，除法律另有规定外，与审判员有同等的权利义务。

第四十一条 人民法院审理第二审民事案件，由审判员组成合议庭。合议庭的成员人数，必须是单数。

中级人民法院对第一审适用简易程序审结或者不服裁定提起上诉的第二审民事案件，事实清楚、权利义务关系明确的，经双方当事人同意，可以由审判员一人独任审理。

发回重审的案件，原审人民法院应当按照第一审程序另行组成合议庭。

审理再审案件，原来是第一审的，按照第一审程序另行组成合议庭；原来是第二审的或者是上级人民法院提审的，按照第二审程序另行组成合议庭。

第四十二条 人民法院审理下列民事案件，不得由审判员一人独任审理：

（一）涉及国家利益、社会公共利益的案件；

（二）涉及群体性纠纷，可能影响社会稳定的案件；

（三）人民群众广泛关注或者其他社会影响较大的案件；

（四）属于新类型或者疑难复杂的案件；

（五）法律规定应当组成合议庭审理的案件；

（六）其他不宜由审判员一人独任审理的案件。

第四十三条 人民法院在审理过程中，发现案件不宜由审判员一人独任审理的，应当裁定转由合议庭审理。

当事人认为案件由审判员一人独任审理违反法律规定的，可以向人民法院提出异议。人民法院对当事人提出的异议应当审查，异议成立的，裁定转由合议庭审理；异议不成立的，裁定驳回。

第四十四条 合议庭的审判长由院长或者庭长指定审判员一人担任；院长或者庭长参加审判的，由院长或者庭长担任。

第四十五条 合议庭评议案件，实行少数服从多数的原则。评议应当制作笔录，由合议庭成员签名。评议中的不同意见，必须如实记入笔录。

第四十六条 审判人员应当依法秉公办案。

审判人员不得接受当事人及其诉讼代理人请客送礼。

审判人员有贪污受贿，徇私舞弊，枉法裁判行为的，应当追究法律责任；构成犯罪的，依法追究刑事责任。

第四章　回　避

第四十七条 审判人员有下列情形之一的，应当自行回避，当事人有权用口头或者书面方式申请他们回避：

（一）是本案当事人或者当事人、诉讼代理人近亲属的；

（二）与本案有利害关系的；

（三）与本案当事人、诉讼代理人有其他关系，可能影响对案件公正审理的。

审判人员接受当事人、诉讼代理人请客送礼，或者违反规定会见当事人、诉讼代理人的，当事人有权要求他们回避。

审判人员有前款规定的行为的，应当依法追究法律责任。

前三款规定，适用于法官助理、书记员、司法技术人员、翻译人员、鉴定人、勘验人。

第四十八条 当事人提出回避申请，应当说明理由，在案件开始审理时提出；回避事由在案件开始审理后知道的，也可以在法庭辩论终结前提出。

被申请回避的人员在人民法院作出是否回避的决定前，应当暂停参与本案的工作，但案件需要采取紧急措施的除外。

第四十九条 院长担任审判长或者独任审判员时的回避，由审判委员会决定；审判人员的回避，由院长决定；其他人员的回避，由审判长或者独任审判员决定。

第五十条 人民法院对当事人提出的回避申请，应当在申请提出的三日内，以口头或者书面形式作出决定。申请人对决定不服的，可以在接到决定时申请复议一次。复议期间，被申请回避的人员，不停止参与本案的工作。人民法院对复议申请，应当在三日内作出复议决定，并通知复议申请人。

第五章 诉讼参加人

第一节 当事人

第五十一条 公民、法人和其他组织可以作为民事诉讼的当事人。

法人由其法定代表人进行诉讼。其他组织由其主要负责人进行诉讼。

第五十二条 当事人有权委托代理人，提出回避申请，收集、提供证据，进行辩论，请求调解，提起上诉，申请执行。

当事人可以查阅本案有关材料，并可以复制本案有关材料和法律文书。查阅、复制本案有关材料的范围和办法由最高人民法院规定。

当事人必须依法行使诉讼权利，遵守诉讼秩序，履行发生法律效力的判决书、裁定书和调解书。

第五十三条 双方当事人可以自行和解。

第五十四条 原告可以放弃或者变更诉讼请求。被告可以承认或者反驳诉讼请求，有权提起反诉。

第五十五条 当事人一方或者双方为二人以上，其诉讼标的是共同的，或者诉讼标的是同一种类、人民法院认为可以合并审理并经当事人同意的，为共同诉讼。

共同诉讼的一方当事人对诉讼标的有共同权利义务的，其中一人的诉讼行为经其他共同诉讼人承认，对其他共同诉讼人发生效力；对诉讼标的没有共同权利义务的，其中一人的诉讼行为对其他共同诉讼人不发生效力。

第五十六条 当事人一方人数众多的共同诉讼，可以由当事人推选代表人进行诉讼。代表人的诉讼行为对其所代表的当事人发生效力，但代表人变更、放弃诉讼请求或者承认对方当事人的诉讼请求，进行和解，必须经被代表的当事人同意。

第五十七条 诉讼标的是同一种类、当事人一方人数众多在起诉时人数尚未确定的，人民法院可以发出公告，说明案件情况和诉讼请求，通知权利人在一定期间向人民法院登记。

向人民法院登记的权利人可以推选代表人进行诉讼；推选不出代表人的，人民法院可以与参加登记的权利人商定代表人。

代表人的诉讼行为对其所代表的当事人发生效力，但代表人变更、放弃诉讼请求或者承认对方当事人的诉讼请求，进行和解，必须经被代表的当事人同意。

人民法院作出的判决、裁定，对参加登记的全体权利人发生效力。未参加登记的权利人在诉讼时效期间提起诉讼的，适用该判决、裁定。

第五十八条 对污染环境、侵害众多消费者合法权益等损害社会公共利益的行为，法律规定的机关和有关组织可以向人民法院提起诉讼。

人民检察院在履行职责中发现破坏生态环境和资源保护、食品药品安全领域侵害众多消费者合法权益等损害社会公共利益的行为，在没有前款规定的机关和组织或者前款规定的机关和组织不提起诉讼的情况下，可以向人民法院提起诉讼。前款规定的机关或者组织提起诉讼的,人民检察院可以支持起诉。

第五十九条 对当事人双方的诉讼标的,第三人认为有独立请求权的,有权提起诉讼。

对当事人双方的诉讼标的,第三人虽然没有独立请求权,但案件处理结果同他有法律上的利害关系的,可以申请参加诉讼,或者由人民法院通知他参加诉讼。人民法院判决承担民事责任的第三人,有当事人的诉讼权利义务。

前两款规定的第三人,因不能归责于本人的事由未参加诉讼,但有证据证明发生法律效力的判决、裁定、调解书的部分或者全部内容错误,损害其民事权益的,可以自知道或者应当知道其民事权益受到损害之日起六个月内,向作出该判决、裁定、调解书的人民法院提起诉讼。人民法院经审理,诉讼请求成立的,应当改变或者撤销原判决、裁定、调解书;诉讼请求不成立的,驳回诉讼请求。

第二节 诉讼代理人

第六十条 无诉讼行为能力人由他的监护人作为法定代理人代为诉讼。法定代理人之间互相推诿代理责任的,由人民法院指定其中一人代为诉讼。

第六十一条 当事人、法定代理人可以委托一至二人作为诉讼代理人。

下列人员可以被委托为诉讼代理人:

(一)律师、基层法律服务工作者;

(二)当事人的近亲属或者工作人员;

(三)当事人所在社区、单位以及有关社会团体推荐的公民。

第六十二条 委托他人代为诉讼,必须向人民法院提交由委托人签名或者盖章的授权委托书。

授权委托书必须记明委托事项和权限。诉讼代理人代为承认、放弃、变更诉讼请求,进行和解,提起反诉或者上诉,必须有委托人的特别授权。

侨居在国外的中华人民共和国公民从国外寄交或者托交的授权委托书,必须经中华人民共和国驻该国的使领馆证明;没有使领馆的,由与中华人民共和国有外交关系的第三国驻该国的使领馆证明,再转由中华人民共和国驻该第三国使领馆证明,或者由当地的爱国华侨团体证明。

第六十三条　诉讼代理人的权限如果变更或者解除，当事人应当书面告知人民法院，并由人民法院通知对方当事人。

第六十四条　代理诉讼的律师和其他诉讼代理人有权调查收集证据，可以查阅本案有关材料。查阅本案有关材料的范围和办法由最高人民法院规定。

第六十五条　离婚案件有诉讼代理人的，本人除不能表达意思的以外，仍应出庭；确因特殊情况无法出庭的，必须向人民法院提交书面意见。

第六章　证　据

第六十六条　证据包括：

（一）当事人的陈述；

（二）书证；

（三）物证；

（四）视听资料；

（五）电子数据；

（六）证人证言；

（七）鉴定意见；

（八）勘验笔录。

证据必须查证属实，才能作为认定事实的根据。

第六十七条　当事人对自己提出的主张，有责任提供证据。

当事人及其诉讼代理人因客观原因不能自行收集的证据，或者人民法院认为审理案件需要的证据，人民法院应当调查收集。

人民法院应当按照法定程序，全面地、客观地审查核实证据。

第六十八条　当事人对自己提出的主张应当及时提供证据。

人民法院根据当事人的主张和案件审理情况，确定当事人应当提供的证据及其期限。当事人在该期限内提供证据确有困难的，可以向人民法院申请延长期限，人民法院根据当事人的申请适当延长。当事人逾期提供证据的，人民法院应当责令其说明理由；拒不说明理由或者理由不成立的，人民法院根据不同情形可以不予采纳该证据，或者采纳该证据但予以训诫、罚款。

第六十九条　人民法院收到当事人提交的证据材料，应当出具收据，写明证据名称、页数、份数、原件或者复印件以及收到时间等，并由经办人员签名或者盖章。

第七十条 人民法院有权向有关单位和个人调查取证，有关单位和个人不得拒绝。

人民法院对有关单位和个人提出的证明文书，应当辨别真伪，审查确定其效力。

第七十一条 证据应当在法庭上出示，并由当事人互相质证。对涉及国家秘密、商业秘密和个人隐私的证据应当保密，需要在法庭出示的，不得在公开开庭时出示。

第七十二条 经过法定程序公证证明的法律事实和文书，人民法院应当作为认定事实的根据，但有相反证据足以推翻公证证明的除外。

第七十三条 书证应当提交原件。物证应当提交原物。提交原件或者原物确有困难的，可以提交复制品、照片、副本、节录本。

提交外文书证，必须附有中文译本。

第七十四条 人民法院对视听资料，应当辨别真伪，并结合本案的其他证据，审查确定能否作为认定事实的根据。

第七十五条 凡是知道案件情况的单位和个人，都有义务出庭作证。有关单位的负责人应当支持证人作证。

不能正确表达意思的人，不能作证。

第七十六条 经人民法院通知，证人应当出庭作证。有下列情形之一的，经人民法院许可，可以通过书面证言、视听传输技术或者视听资料等方式作证：

（一）因健康原因不能出庭的；

（二）因路途遥远，交通不便不能出庭的；

（三）因自然灾害等不可抗力不能出庭的；

（四）其他有正当理由不能出庭的。

第七十七条 证人因履行出庭作证义务而支出的交通、住宿、就餐等必要费用以及误工损失，由败诉一方当事人负担。当事人申请证人作证的，由该当事人先行垫付；当事人没有申请，人民法院通知证人作证的，由人民法院先行垫付。

第七十八条 人民法院对当事人的陈述，应当结合本案的其他证据，审查确定能否作为认定事实的根据。

当事人拒绝陈述的，不影响人民法院根据证据认定案件事实。

第七十九条 当事人可以就查明事实的专门性问题向人民法院申请鉴定。当事人申请鉴定的，由双方当事人协商确定具备资格的鉴定人；协商不成的，由人民法院指定。

当事人未申请鉴定，人民法院对专门性问题认为需要鉴定的，应当委托具备资格的鉴定人进行鉴定。

第八十条 鉴定人有权了解进行鉴定所需要的案件材料，必要时可以询问当事人、证人。

鉴定人应当提出书面鉴定意见，在鉴定书上签名或者盖章。

第八十一条 当事人对鉴定意见有异议或者人民法院认为鉴定人有必要出庭的，鉴定人应当出庭作证。经人民法院通知，鉴定人拒不出庭作证的，鉴定意见不得作为认定事实的根据；支付鉴定费用的当事人可以要求返还鉴定费用。

第八十二条 当事人可以申请人民法院通知有专门知识的人出庭，就鉴定人作出的鉴定意见或者专业问题提出意见。

第八十三条 勘验物证或者现场，勘验人必须出示人民法院的证件，并邀请当地基层组织或者当事人所在单位派人参加。当事人或者当事人的成年家属应当到场，拒不到场的，不影响勘验的进行。

有关单位和个人根据人民法院的通知，有义务保护现场，协助勘验工作。

勘验人应当将勘验情况和结果制作笔录，由勘验人、当事人和被邀参加人签名或者盖章。

第八十四条 在证据可能灭失或者以后难以取得的情况下，当事人可以在诉讼过程中向人民法院申请保全证据，人民法院也可以主动采取保全措施。

因情况紧急，在证据可能灭失或者以后难以取得的情况下，利害关系人可以在提起诉讼或者申请仲裁前向证据所在地、被申请人住所地或者对案件有管辖权的人民法院申请保全证据。

证据保全的其他程序，参照适用本法第九章保全的有关规定。

第七章 期间、送达

第一节 期 间

第八十五条 期间包括法定期间和人民法院指定的期间。

期间以时、日、月、年计算。期间开始的时和日，不计算在期间内。

期间届满的最后一日是法定休假日的，以法定休假日后的第一日为期间届满的日期。

期间不包括在途时间，诉讼文书在期满前交邮的，不算过期。

第八十六条 当事人因不可抗拒的事由或者其他正当理由耽误期限的，在障碍消除后的十日内，可以申请顺延期限，是否准许，由人民法院决定。

第二节 送 达

第八十七条 送达诉讼文书必须有送达回证，由受送达人在送达回证上记明收到日期，签名或者盖章。

受送达人在送达回证上的签收日期为送达日期。

第八十八条 送达诉讼文书，应当直接送交受送达人。受送达人是公民的，本人不在交他的同住成年家属签收；受送达人是法人或者其他组织的，应当由法人的法定代表人、其他组织的主要负责人或者该法人、组织负责收件的人签收；受送达人有诉讼代理人的，可以送交其代理人签收；受送达人已向人民法院指定代收人的，送交代收人签收。

受送达人的同住成年家属，法人或者其他组织的负责收件的人，诉讼代理人或者代收人在送达回证上签收的日期为送达日期。

第八十九条 受送达人或者他的同住成年家属拒绝接收诉讼文书的，送达人可以邀请有关基层组织或者所在单位的代表到场，说明情况，在送达回证上记明拒收事由和日期，由送达人、见证人签名或者盖章，把诉讼文书留在受送达人的住所；也可以把诉讼文书留在受送达人的住所，并采用拍照、录像等方式记录送达过程，即视为送达。

第九十条 经受送达人同意，人民法院可以采用能够确认其收悉的电子方式送达诉讼文书。通过电子方式送达的判决书、裁定书、调解书，受送达人提出需要纸质文书的,人民法院应当提供。

采用前款方式送达的,以送达信息到达受送达人特定系统的日期为送达日期。

第九十一条 直接送达诉讼文书有困难的,可以委托其他人民法院代为送达,或者邮寄送达。邮寄送达的,以回执上注明的收件日期为送达日期。

第九十二条 受送达人是军人的,通过其所在部队团以上单位的政治机关转交。

第九十三条 受送达人被监禁的,通过其所在监所转交。

受送达人被采取强制性教育措施的,通过其所在强制性教育机构转交。

第九十四条 代为转交的机关、单位收到诉讼文书后,必须立即交受送达人签收,以在送达回证上的签收日期,为送达日期。

第九十五条 受送达人下落不明,或者用本节规定的其他方式无法送达的,公告送达。自发出公告之日起,经过三十日,即视为送达。

公告送达,应当在案卷中记明原因和经过。

第八章 调 解

第九十六条 人民法院审理民事案件,根据当事人自愿的原则,在事实清楚的基础上,分清是非,进行调解。

第九十七条 人民法院进行调解,可以由审判员一人主持,也可以由合议庭主持,并尽可能就地进行。

人民法院进行调解,可以用简便方式通知当事人、证人到庭。

第九十八条 人民法院进行调解,可以邀请有关单位和个人协助。被邀请的单位和个人,应当协助人民法院进行调解。

第九十九条 调解达成协议,必须双方自愿,不得强迫。调解协议的内容不得违反法律规定。

第一百条 调解达成协议,人民法院应当制作调解书。调解书应当写明诉讼请求、案件的事实和调解结果。

调解书由审判人员、书记员署名,加盖人民法院印章,送达双方当事人。

调解书经双方当事人签收后,即具有法律效力。

第一百零一条 下列案件调解达成协议,人民法院可以不制作调解书:

（一）调解和好的离婚案件；

（二）调解维持收养关系的案件；

（三）能够即时履行的案件；

（四）其他不需要制作调解书的案件。

对不需要制作调解书的协议，应当记入笔录，由双方当事人、审判人员、书记员签名或者盖章后，即具有法律效力。

第一百零二条 调解未达成协议或者调解书送达前一方反悔的，人民法院应当及时判决。

第九章　保全和先予执行

第一百零三条 人民法院对于可能因当事人一方的行为或者其他原因，使判决难以执行或者造成当事人其他损害的案件，根据对方当事人的申请，可以裁定对其财产进行保全、责令其作出一定行为或者禁止其作出一定行为；当事人没有提出申请的，人民法院在必要时也可以裁定采取保全措施。

人民法院采取保全措施，可以责令申请人提供担保，申请人不提供担保的，裁定驳回申请。

人民法院接受申请后，对情况紧急的，必须在四十八小时内作出裁定；裁定采取保全措施的，应当立即开始执行。

第一百零四条 利害关系人因情况紧急，不立即申请保全将会使其合法权益受到难以弥补的损害的，可以在提起诉讼或者申请仲裁前向被保全财产所在地、被申请人住所地或者对案件有管辖权的人民法院申请采取保全措施。申请人应当提供担保，不提供担保的，裁定驳回申请。

人民法院接受申请后，必须在四十八小时内作出裁定；裁定采取保全措施的，应当立即开始执行。

申请人在人民法院采取保全措施后三十日内不依法提起诉讼或者申请仲裁的，人民法院应当解除保全。

第一百零五条 保全限于请求的范围，或者与本案有关的财物。

第一百零六条 财产保全采取查封、扣押、冻结或者法律规定的其他方法。人民法院保全财产后，应当立即通知被保全财产的人。

财产已被查封、冻结的，不得重复查封、冻结。

第一百零七条 财产纠纷案件,被申请人提供担保的,人民法院应当裁定解除保全。

第一百零八条 申请有错误的,申请人应当赔偿被申请人因保全所遭受的损失。

第一百零九条 人民法院对下列案件,根据当事人的申请,可以裁定先予执行:

(一)追索赡养费、扶养费、抚养费、抚恤金、医疗费用的;

(二)追索劳动报酬的;

(三)因情况紧急需要先予执行的。

第一百一十条 人民法院裁定先予执行的,应当符合下列条件:

(一)当事人之间权利义务关系明确,不先予执行将严重影响申请人的生活或者生产经营的;

(二)被申请人有履行能力。

人民法院可以责令申请人提供担保,申请人不提供担保的,驳回申请。申请人败诉的,应当赔偿被申请人因先予执行遭受的财产损失。

第一百一十一条 当事人对保全或者先予执行的裁定不服的,可以申请复议一次。复议期间不停止裁定的执行。

第十章 对妨害民事诉讼的强制措施

第一百一十二条 人民法院对必须到庭的被告,经两次传票传唤,无正当理由拒不到庭的,可以拘传。

第一百一十三条 诉讼参与人和其他人应当遵守法庭规则。

人民法院对违反法庭规则的人,可以予以训诫,责令退出法庭或者予以罚款、拘留。

人民法院对哄闹、冲击法庭,侮辱、诽谤、威胁、殴打审判人员,严重扰乱法庭秩序的人,依法追究刑事责任;情节较轻的,予以罚款、拘留。

第一百一十四条 诉讼参与人或者其他人有下列行为之一的,人民法院可以根据情节轻重予以罚款、拘留;构成犯罪的,依法追究刑事责任:

(一)伪造、毁灭重要证据,妨碍人民法院审理案件的;

(二)以暴力、威胁、贿买方法阻止证人作证或者指使、贿买、胁迫他人作伪证的；

（三）隐藏、转移、变卖、毁损已被查封、扣押的财产，或者已被清点并责令其保管的财产，转移已被冻结的财产的；

（四）对司法工作人员、诉讼参加人、证人、翻译人员、鉴定人、勘验人、协助执行的人，进行侮辱、诽谤、诬陷、殴打或者打击报复的；

（五）以暴力、威胁或者其他方法阻碍司法工作人员执行职务的；

（六）拒不履行人民法院已经发生法律效力的判决、裁定的。

人民法院对有前款规定的行为之一的单位，可以对其主要负责人或者直接责任人员予以罚款、拘留；构成犯罪的，依法追究刑事责任。

第一百一十五条 当事人之间恶意串通，企图通过诉讼、调解等方式侵害国家利益、社会公共利益或者他人合法权益的，人民法院应当驳回其请求，并根据情节轻重予以罚款、拘留；构成犯罪的，依法追究刑事责任。

当事人单方捏造民事案件基本事实，向人民法院提起诉讼，企图侵害国家利益、社会公共利益或者他人合法权益的，适用前款规定。

第一百一十六条 被执行人与他人恶意串通，通过诉讼、仲裁、调解等方式逃避履行法律文书确定的义务的，人民法院应当根据情节轻重予以罚款、拘留；构成犯罪的，依法追究刑事责任。

第一百一十七条 有义务协助调查、执行的单位有下列行为之一的，人民法院除责令其履行协助义务外，并可以予以罚款：

（一）有关单位拒绝或者妨碍人民法院调查取证的；

（二）有关单位接到人民法院协助执行通知书后，拒不协助查询、扣押、冻结、划拨、变价财产的；

（三）有关单位接到人民法院协助执行通知书后，拒不协助扣留被执行人的收入、办理有关财产权证照转移手续、转交有关票证、证照或者其他财产的；

（四）其他拒绝协助执行的。

人民法院对有前款规定的行为之一的单位，可以对其主要负责人或者直接责任人员予以罚款；对仍不履行协助义务的，可以予以拘留；并可以向监察机关或者有关机关提出予以纪律处分的司法建议。

第一百一十八条 对个人的罚款金额，为人民币十万元以下。对单位的罚款金额，为人民币五万元以上一百万元以下。

拘留的期限，为十五日以下。

被拘留的人，由人民法院交公安机关看管。在拘留期间，被拘留人承认并改正错误的，人民法院可以决定提前解除拘留。

第一百一十九条 拘传、罚款、拘留必须经院长批准。

拘传应当发拘传票。

罚款、拘留应当用决定书。对决定不服的，可以向上一级人民法院申请复议一次。复议期间不停止执行。

第一百二十条 采取对妨害民事诉讼的强制措施必须由人民法院决定。任何单位和个人采取非法拘禁他人或者非法私自扣押他人财产追索债务的，应当依法追究刑事责任，或者予以拘留、罚款。

第十一章 诉讼费用

第一百二十一条 当事人进行民事诉讼，应当按照规定交纳案件受理费。财产案件除交纳案件受理费外，并按照规定交纳其他诉讼费用。

当事人交纳诉讼费用确有困难的，可以按照规定向人民法院申请缓交、减交或者免交。

收取诉讼费用的办法另行制定。

第二编 审判程序

第十二章 第一审普通程序

第一节 起诉和受理

第一百二十二条 起诉必须符合下列条件：

（一）原告是与本案有直接利害关系的公民、法人和其他组织；

（二）有明确的被告；

（三）有具体的诉讼请求和事实、理由；

（四）属于人民法院受理民事诉讼的范围和受诉人民法院管辖。

第一百二十三条 起诉应当向人民法院递交起诉状，并按照被告人数提出副本。

书写起诉状确有困难的，可以口头起诉，由人民法院记入笔录，并告知对方当事人。

第一百二十四条 起诉状应当记明下列事项：

（一）原告的姓名、性别、年龄、民族、职业、工作单位、住所、联系方式，法人或者其他组织的名称、住所和法定代表人或者主要负责人的姓名、职务、联系方式；

（二）被告的姓名、性别、工作单位、住所等信息，法人或者其他组织的名称、住所等信息；

（三）诉讼请求和所根据的事实与理由；

（四）证据和证据来源，证人姓名和住所。

第一百二十五条 当事人起诉到人民法院的民事纠纷，适宜调解的，先行调解，但当事人拒绝调解的除外。

第一百二十六条 人民法院应当保障当事人依照法律规定享有的起诉权利。对符合本法第一百二十二条的起诉，必须受理。符合起诉条件的，应当在七日内立案，并通知当事人；不符合起诉条件的，应当在七日内作出裁定书，不予受理；原告对裁定不服的，可以提起上诉。

第一百二十七条 人民法院对下列起诉，分别情形，予以处理：

（一）依照行政诉讼法的规定，属于行政诉讼受案范围的，告知原告提起行政诉讼；

（二）依照法律规定，双方当事人达成书面仲裁协议申请仲裁、不得向人民法院起诉的，告知原告向仲裁机构申请仲裁；

（三）依照法律规定，应当由其他机关处理的争议，告知原告向有关机关申请解决；

（四）对不属于本院管辖的案件，告知原告向有管辖权的人民法院起诉；

（五）对判决、裁定、调解书已经发生法律效力的案件，当事人又起诉的，告知原告申请再审，但人民法院准许撤诉的裁定除外；

（六）依照法律规定，在一定期限内不得起诉的案件，在不得起诉的期限内起诉的，不予受理；

（七）判决不准离婚和调解和好的离婚案件，判决、调解维持收养关系的案件，没有新情况、新理由，原告在六个月内又起诉的，不予受理。

第二节 审理前的准备

第一百二十八条 人民法院应当在立案之日起五日内将起诉状副本发送被告，被告应当在收到之日起十五日内提出答辩状。答辩状应当记明被告的姓名、性别、年龄、民族、职业、工作单位、住所、联系方式；法人或者其他组织的名称、住所和法定代表人或者主要负责人的姓名、职务、联系方式。人民法院应当在收到答辩状之日起五日内将答辩状副本发送原告。

被告不提出答辩状的，不影响人民法院审理。

第一百二十九条 人民法院对决定受理的案件，应当在受理案件通知书和应诉通知书中向当事人告知有关的诉讼权利义务，或者口头告知。

第一百三十条 人民法院受理案件后，当事人对管辖权有异议的，应当在提交答辩状期间提出。人民法院对当事人提出的异议，应当审查。异议成立的，裁定将案件移送有管辖权的人民法院；异议不成立的，裁定驳回。

当事人未提出管辖异议，并应诉答辩或者提出反诉的，视为受诉人民法院有管辖权，但违反级别管辖和专属管辖规定的除外。

第一百三十一条 审判人员确定后，应当在三日内告知当事人。

第一百三十二条 审判人员必须认真审核诉讼材料，调查收集必要的证据。

第一百三十三条 人民法院派出人员进行调查时，应当向被调查人出示证件。

调查笔录经被调查人校阅后，由被调查人、调查人签名或者盖章。

第一百三十四条 人民法院在必要时可以委托外地人民法院调查。

委托调查，必须提出明确的项目和要求。受委托人民法院可以主动补充调查。

受委托人民法院收到委托书后，应当在三十日内完成调查。因故不能完成的，应当在上述期限内函告委托人民法院。

第一百三十五条 必须共同进行诉讼的当事人没有参加诉讼的，人民法院应当通知其参加诉讼。

第一百三十六条 人民法院对受理的案件，分别情形，予以处理：

（一）当事人没有争议，符合督促程序规定条件的，可以转入督促程序；

（二）开庭前可以调解的，采取调解方式及时解决纠纷；

（三）根据案件情况，确定适用简易程序或者普通程序；

（四）需要开庭审理的，通过要求当事人交换证据等方式，明确争议焦点。

第三节 开庭审理

第一百三十七条 人民法院审理民事案件，除涉及国家秘密、个人隐私或者法律另有规定的以外，应当公开进行。

离婚案件，涉及商业秘密的案件，当事人申请不公开审理的，可以不公开审理。

第一百三十八条 人民法院审理民事案件，根据需要进行巡回审理，就地办案。

第一百三十九条 人民法院审理民事案件，应当在开庭三日前通知当事人和其他诉讼参与人。公开审理的，应当公告当事人姓名、案由和开庭的时间、地点。

第一百四十条 开庭审理前，书记员应当查明当事人和其他诉讼参与人是否到庭，宣布法庭纪律。

开庭审理时，由审判长或者独任审判员核对当事人，宣布案由，宣布审判人员、法官助理、书记员等的名单，告知当事人有关的诉讼权利义务，询问当事人是否提出回避申请。

第一百四十一条 法庭调查按照下列顺序进行：

（一）当事人陈述；

（二）告知证人的权利义务，证人作证，宣读未到庭的证人证言；

（三）出示书证、物证、视听资料和电子数据；

（四）宣读鉴定意见；

（五）宣读勘验笔录。

第一百四十二条 当事人在法庭上可以提出新的证据。

当事人经法庭许可，可以向证人、鉴定人、勘验人发问。

当事人要求重新进行调查、鉴定或者勘验的，是否准许，由人民法院决定。

第一百四十三条　原告增加诉讼请求，被告提出反诉，第三人提出与本案有关的诉讼请求，可以合并审理。

第一百四十四条　法庭辩论按照下列顺序进行：

（一）原告及其诉讼代理人发言；

（二）被告及其诉讼代理人答辩；

（三）第三人及其诉讼代理人发言或者答辩；

（四）互相辩论。

法庭辩论终结，由审判长或者独任审判员按照原告、被告、第三人的先后顺序征询各方最后意见。

第一百四十五条　法庭辩论终结，应当依法作出判决。判决前能够调解的，还可以进行调解，调解不成的，应当及时判决。

第一百四十六条　原告经传票传唤，无正当理由拒不到庭的，或者未经法庭许可中途退庭的，可以按撤诉处理；被告反诉的，可以缺席判决。

第一百四十七条　被告经传票传唤，无正当理由拒不到庭的，或者未经法庭许可中途退庭的，可以缺席判决。

第一百四十八条　宣判前，原告申请撤诉的，是否准许，由人民法院裁定。

人民法院裁定不准许撤诉的，原告经传票传唤，无正当理由拒不到庭的，可以缺席判决。

第一百四十九条　有下列情形之一的，可以延期开庭审理：

（一）必须到庭的当事人和其他诉讼参与人有正当理由没有到庭的；

（二）当事人临时提出回避申请的；

（三）需要通知新的证人到庭，调取新的证据，重新鉴定、勘验，或者需要补充调查的；

（四）其他应当延期的情形。

第一百五十条　书记员应当将法庭审理的全部活动记入笔录，由审判人员和书记员签名。

法庭笔录应当当庭宣读，也可以告知当事人和其他诉讼参与人当庭或者在五日内阅读。当事人和其他诉讼参与人认为对自己的陈述记录有遗漏或者差错的，有权申请补正。如果不予补正，应当将申请记录在案。

法庭笔录由当事人和其他诉讼参与人签名或者盖章。拒绝签名盖章的，记明情况附卷。

第一百五十一条 人民法院对公开审理或者不公开审理的案件，一律公开宣告判决。

当庭宣判的，应当在十日内发送判决书；定期宣判的，宣判后立即发给判决书。

宣告判决时，必须告知当事人上诉权利、上诉期限和上诉的法院。

宣告离婚判决，必须告知当事人在判决发生法律效力前不得另行结婚。

第一百五十二条 人民法院适用普通程序审理的案件，应当在立案之日起六个月内审结。有特殊情况需要延长的，经本院院长批准，可以延长六个月；还需要延长的，报请上级人民法院批准。

第四节　诉讼中止和终结

第一百五十三条 有下列情形之一的，中止诉讼：

（一）一方当事人死亡，需要等待继承人表明是否参加诉讼的；

（二）一方当事人丧失诉讼行为能力，尚未确定法定代理人的；

（三）作为一方当事人的法人或者其他组织终止，尚未确定权利义务承受人的；

（四）一方当事人因不可抗拒的事由，不能参加诉讼的；

（五）本案必须以另一案的审理结果为依据，而另一案尚未审结的；

（六）其他应当中止诉讼的情形。

中止诉讼的原因消除后，恢复诉讼。

第一百五十四条 有下列情形之一的，终结诉讼：

（一）原告死亡，没有继承人，或者继承人放弃诉讼权利的；

（二）被告死亡，没有遗产，也没有应当承担义务的人的；

（三）离婚案件一方当事人死亡的；

（四）追索赡养费、扶养费、抚养费以及解除收养关系案件的一方当事人死亡的。

第五节 判决和裁定

第一百五十五条 判决书应当写明判决结果和作出该判决的理由。判决书内容包括：

（一）案由、诉讼请求、争议的事实和理由；

（二）判决认定的事实和理由、适用的法律和理由；

（三）判决结果和诉讼费用的负担；

（四）上诉期间和上诉的法院。

判决书由审判人员、书记员署名，加盖人民法院印章。

第一百五十六条 人民法院审理案件，其中一部分事实已经清楚，可以就该部分先行判决。

第一百五十七条 裁定适用于下列范围：

（一）不予受理；

（二）对管辖权有异议的；

（三）驳回起诉；

（四）保全和先予执行；

（五）准许或者不准许撤诉；

（六）中止或者终结诉讼；

（七）补正判决书中的笔误；

（八）中止或者终结执行；

（九）撤销或者不予执行仲裁裁决；

（十）不予执行公证机关赋予强制执行效力的债权文书；

（十一）其他需要裁定解决的事项。

对前款第一项至第三项裁定，可以上诉。

裁定书应当写明裁定结果和作出该裁定的理由。裁定书由审判人员、书记员署名，加盖人民法院印章。口头裁定的，记入笔录。

第一百五十八条 最高人民法院的判决、裁定，以及依法不准上诉或者超过上诉期没有上诉的判决、裁定，是发生法律效力的判决、裁定。

第一百五十九条 公众可以查阅发生法律效力的判决书、裁定书，但涉及国家秘密、商业秘密和个人隐私的内容除外。

第十三章 简易程序

第一百六十条 基层人民法院和它派出的法庭审理事实清楚、权利义务关系明确、争议不大的简单的民事案件,适用本章规定。

基层人民法院和它派出的法庭审理前款规定以外的民事案件,当事人双方也可以约定适用简易程序。

第一百六十一条 对简单的民事案件,原告可以口头起诉。

当事人双方可以同时到基层人民法院或者它派出的法庭,请求解决纠纷。基层人民法院或者它派出的法庭可以当即审理,也可以另定日期审理。

第一百六十二条 基层人民法院和它派出的法庭审理简单的民事案件,可以用简便方式传唤当事人和证人、送达诉讼文书、审理案件,但应当保障当事人陈述意见的权利。

第一百六十三条 简单的民事案件由审判员一人独任审理,并不受本法第一百三十九条、第一百四十一条、第一百四十四条规定的限制。

第一百六十四条 人民法院适用简易程序审理案件,应当在立案之日起三个月内审结。有特殊情况需要延长的,经本院院长批准,可以延长一个月。

第一百六十五条 基层人民法院和它派出的法庭审理事实清楚、权利义务关系明确、争议不大的简单金钱给付民事案件,标的额为各省、自治区、直辖市上年度就业人员年平均工资百分之五十以下的,适用小额诉讼的程序审理,实行一审终审。

基层人民法院和它派出的法庭审理前款规定的民事案件,标的额超过各省、自治区、直辖市上年度就业人员年平均工资百分之五十但在二倍以下的,当事人双方也可以约定适用小额诉讼的程序。

第一百六十六条 人民法院审理下列民事案件,不适用小额诉讼的程序:

(一)人身关系、财产确权案件;

(二)涉外案件;

(三)需要评估、鉴定或者对诉前评估、鉴定结果有异议的案件;

(四)一方当事人下落不明的案件;

(五)当事人提出反诉的案件;

(六)其他不宜适用小额诉讼的程序审理的案件。

第一百六十七条　人民法院适用小额诉讼的程序审理案件，可以一次开庭审结并且当庭宣判。

第一百六十八条　人民法院适用小额诉讼的程序审理案件，应当在立案之日起两个月内审结。有特殊情况需要延长的，经本院院长批准，可以延长一个月。

第一百六十九条　人民法院在审理过程中，发现案件不宜适用小额诉讼的程序的，应当适用简易程序的其他规定审理或者裁定转为普通程序。

当事人认为案件适用小额诉讼的程序审理违反法律规定的，可以向人民法院提出异议。人民法院对当事人提出的异议应当审查，异议成立的，应当适用简易程序的其他规定审理或者裁定转为普通程序；异议不成立的，裁定驳回。

第一百七十条　人民法院在审理过程中，发现案件不宜适用简易程序的，裁定转为普通程序。

第十四章　第二审程序

第一百七十一条　当事人不服地方人民法院第一审判决的，有权在判决书送达之日起十五日内向上一级人民法院提起上诉。

当事人不服地方人民法院第一审裁定的，有权在裁定书送达之日起十日内向上一级人民法院提起上诉。

第一百七十二条　上诉应当递交上诉状。上诉状的内容，应当包括当事人的姓名，法人的名称及其法定代表人的姓名或者其他组织的名称及其主要负责人的姓名；原审人民法院名称、案件的编号和案由；上诉的请求和理由。

第一百七十三条　上诉状应当通过原审人民法院提出，并按照对方当事人或者代表人的人数提出副本。

当事人直接向第二审人民法院上诉的，第二审人民法院应当在五日内将上诉状移交原审人民法院。

第一百七十四条　原审人民法院收到上诉状，应当在五日内将上诉状副本送达对方当事人，对方当事人在收到之日起十五日内提出答辩状。人民法院应当在收到答辩状之日起五日内将副本送达上诉人。对方当事人不提出答辩状的，不影响人民法院审理。

原审人民法院收到上诉状、答辩状，应当在五日内连同全部案卷和证据，报送第二审人民法院。

第一百七十五条 第二审人民法院应当对上诉请求的有关事实和适用法律进行审查。

第一百七十六条 第二审人民法院对上诉案件应当开庭审理。经过阅卷、调查和询问当事人，对没有提出新的事实、证据或者理由，人民法院认为不需要开庭审理的，可以不开庭审理。

第二审人民法院审理上诉案件，可以在本院进行，也可以到案件发生地或者原审人民法院所在地进行。

第一百七十七条 第二审人民法院对上诉案件，经过审理，按照下列情形，分别处理：

（一）原判决、裁定认定事实清楚，适用法律正确的，以判决、裁定方式驳回上诉，维持原判决、裁定；

（二）原判决、裁定认定事实错误或者适用法律错误的，以判决、裁定方式依法改判、撤销或者变更；

（三）原判决认定基本事实不清的，裁定撤销原判决，发回原审人民法院重审，或者查清事实后改判；

（四）原判决遗漏当事人或者违法缺席判决等严重违反法定程序的，裁定撤销原判决，发回原审人民法院重审。

原审人民法院对发回重审的案件作出判决后，当事人提起上诉的，第二审人民法院不得再次发回重审。

第一百七十八条 第二审人民法院对不服第一审人民法院裁定的上诉案件的处理，一律使用裁定。

第一百七十九条 第二审人民法院审理上诉案件，可以进行调解。调解达成协议，应当制作调解书，由审判人员、书记员署名，加盖人民法院印章。调解书送达后，原审人民法院的判决即视为撤销。

第一百八十条 第二审人民法院判决宣告前，上诉人申请撤回上诉的，是否准许，由第二审人民法院裁定。

第一百八十一条 第二审人民法院审理上诉案件，除依照本章规定外，适用第一审普通程序。

第一百八十二条 第二审人民法院的判决、裁定，是终审的判决、裁定。

第一百八十三条 人民法院审理对判决的上诉案件，应当在第二审立案之日起三个月内审结。有特殊情况需要延长的，由本院院长批准。

人民法院审理对裁定的上诉案件，应当在第二审立案之日起三十日内作出终审裁定。

第十五章 特别程序

第一节 一般规定

第一百八十四条 人民法院审理选民资格案件、宣告失踪或者宣告死亡案件、指定遗产管理人案件、认定公民无民事行为能力或者限制民事行为能力案件、认定财产无主案件、确认调解协议案件和实现担保物权案件，适用本章规定。本章没有规定的，适用本法和其他法律的有关规定。

第一百八十五条 依照本章程序审理的案件，实行一审终审。选民资格案件或者重大、疑难的案件，由审判员组成合议庭审理；其他案件由审判员一人独任审理。

第一百八十六条 人民法院在依照本章程序审理案件的过程中，发现本案属于民事权益争议的，应当裁定终结特别程序，并告知利害关系人可以另行起诉。

第一百八十七条 人民法院适用特别程序审理的案件，应当在立案之日起三十日内或者公告期满后三十日内审结。有特殊情况需要延长的，由本院院长批准。但审理选民资格的案件除外。

第二节 选民资格案件

第一百八十八条 公民不服选举委员会对选民资格的申诉所作的处理决定，可以在选举日的五日以前向选区所在地基层人民法院起诉。

第一百八十九条 人民法院受理选民资格案件后，必须在选举日前审结。

审理时，起诉人、选举委员会的代表和有关公民必须参加。

人民法院的判决书，应当在选举日前送达选举委员会和起诉人，并通知有关公民。

第三节　宣告失踪、宣告死亡案件

第一百九十条　公民下落不明满二年，利害关系人申请宣告其失踪的，向下落不明人住所地基层人民法院提出。

申请书应当写明失踪的事实、时间和请求，并附有公安机关或者其他有关机关关于该公民下落不明的书面证明。

第一百九十一条　公民下落不明满四年，或者因意外事件下落不明满二年，或者因意外事件下落不明，经有关机关证明该公民不可能生存，利害关系人申请宣告其死亡的，向下落不明人住所地基层人民法院提出。

申请书应当写明下落不明的事实、时间和请求，并附有公安机关或者其他有关机关关于该公民下落不明的书面证明。

第一百九十二条　人民法院受理宣告失踪、宣告死亡案件后，应当发出寻找下落不明人的公告。宣告失踪的公告期间为三个月，宣告死亡的公告期间为一年。因意外事件下落不明，经有关机关证明该公民不可能生存的，宣告死亡的公告期间为三个月。

公告期间届满，人民法院应当根据被宣告失踪、宣告死亡的事实是否得到确认，作出宣告失踪、宣告死亡的判决或者驳回申请的判决。

第一百九十三条　被宣告失踪、宣告死亡的公民重新出现，经本人或者利害关系人申请，人民法院应当作出新判决，撤销原判决。

第四节　指定遗产管理人案件

第一百九十四条　对遗产管理人的确定有争议，利害关系人申请指定遗产管理人的，向被继承人死亡时住所地或者主要遗产所在地基层人民法院提出。

申请书应当写明被继承人死亡的时间、申请事由和具体请求，并附有被继承人死亡的相关证据。

第一百九十五条　人民法院受理申请后，应当审查核实，并按照有利于遗产管理的原则，判决指定遗产管理人。

第一百九十六条　被指定的遗产管理人死亡、终止、丧失民事行为能力或者存在其他无法继续履行遗产管理职责情形的，人民法院可以根据利害关系人或者本人的申请另行指定遗产管理人。

第一百九十七条 遗产管理人违反遗产管理职责，严重侵害继承人、受遗赠人或者债权人合法权益的，人民法院可以根据利害关系人的申请，撤销其遗产管理人资格，并依法指定新的遗产管理人。

第五节 认定公民无民事行为能力、限制民事行为能力案件

第一百九十八条 申请认定公民无民事行为能力或者限制民事行为能力，由利害关系人或者有关组织向该公民住所地基层人民法院提出。

申请书应当写明该公民无民事行为能力或者限制民事行为能力的事实和根据。

第一百九十九条 人民法院受理申请后，必要时应当对被请求认定为无民事行为能力或者限制民事行为能力的公民进行鉴定。申请人已提供鉴定意见的，应当对鉴定意见进行审查。

第二百条 人民法院审理认定公民无民事行为能力或者限制民事行为能力的案件，应当由该公民的近亲属为代理人，但申请人除外。近亲属互相推诿的，由人民法院指定其中一人为代理人。该公民健康情况许可的，还应当询问本人的意见。

人民法院经审理认定申请有事实根据的，判决该公民为无民事行为能力或者限制民事行为能力人；认定申请没有事实根据的，应当判决予以驳回。

第二百零一条 人民法院根据被认定为无民事行为能力人、限制民事行为能力人本人、利害关系人或者有关组织的申请，证实该公民无民事行为能力或者限制民事行为能力的原因已经消除的，应当作出新判决，撤销原判决。

第六节 认定财产无主案件

第二百零二条 申请认定财产无主，由公民、法人或者其他组织向财产所在地基层人民法院提出。

申请书应当写明财产的种类、数量以及要求认定财产无主的根据。

第二百零三条 人民法院受理申请后，经审查核实，应当发出财产认领公告。公告满一年无人认领的，判决认定财产无主，收归国家或者集体所有。

第二百零四条 判决认定财产无主后,原财产所有人或者继承人出现,在民法典规定的诉讼时效期间可以对财产提出请求,人民法院审查属实后,应当作出新判决,撤销原判决。

第七节 确认调解协议案件

第二百零五条 经依法设立的调解组织调解达成调解协议,申请司法确认的,由双方当事人自调解协议生效之日起三十日内,共同向下列人民法院提出:

(一)人民法院邀请调解组织开展先行调解的,向作出邀请的人民法院提出;

(二)调解组织自行开展调解的,向当事人住所地、标的物所在地、调解组织所在地的基层人民法院提出;调解协议所涉纠纷应当由中级人民法院管辖的,向相应的中级人民法院提出。

第二百零六条 人民法院受理申请后,经审查,符合法律规定的,裁定调解协议有效,一方当事人拒绝履行或者未全部履行的,对方当事人可以向人民法院申请执行;不符合法律规定的,裁定驳回申请,当事人可以通过调解方式变更原调解协议或者达成新的调解协议,也可以向人民法院提起诉讼。

第八节 实现担保物权案件

第二百零七条 申请实现担保物权,由担保物权人以及其他有权请求实现担保物权的人依照民法典等法律,向担保财产所在地或者担保物权登记地基层人民法院提出。

第二百零八条 人民法院受理申请后,经审查,符合法律规定的,裁定拍卖、变卖担保财产,当事人依据该裁定可以向人民法院申请执行;不符合法律规定的,裁定驳回申请,当事人可以向人民法院提起诉讼。

第十六章 审判监督程序

第二百零九条 各级人民法院院长对本院已经发生法律效力的判决、裁定、调解书,发现确有错误,认为需要再审的,应当提交审判委员会讨论决定。

最高人民法院对地方各级人民法院已经发生法律效力的判决、裁定、调解书，上级人民法院对下级人民法院已经发生法律效力的判决、裁定、调解书，发现确有错误的，有权提审或者指令下级人民法院再审。

第二百一十条 当事人对已经发生法律效力的判决、裁定，认为有错误的，可以向上一级人民法院申请再审；当事人一方人数众多或者当事人双方为公民的案件，也可以向原审人民法院申请再审。当事人申请再审的，不停止判决、裁定的执行。

第二百零一十一条 当事人的申请符合下列情形之一的，人民法院应当再审：

（一）有新的证据，足以推翻原判决、裁定的；

（二）原判决、裁定认定的基本事实缺乏证据证明的；

（三）原判决、裁定认定事实的主要证据是伪造的；

（四）原判决、裁定认定事实的主要证据未经质证的；

（五）对审理案件需要的主要证据，当事人因客观原因不能自行收集，书面申请人民法院调查收集，人民法院未调查收集的；

（六）原判决、裁定适用法律确有错误的；

（七）审判组织的组成不合法或者依法应当回避的审判人员没有回避的；

（八）无诉讼行为能力人未经法定代理人代为诉讼或者应当参加诉讼的当事人，因不能归责于本人或者其诉讼代理人的事由，未参加诉讼的；

（九）违反法律规定，剥夺当事人辩论权利的；

（十）未经传票传唤，缺席判决的；

（十一）原判决、裁定遗漏或者超出诉讼请求的；

（十二）据以作出原判决、裁定的法律文书被撤销或者变更的；

（十三）审判人员审理该案件时有贪污受贿，徇私舞弊，枉法裁判行为的。

第二百一十二条 当事人对已经发生法律效力的调解书，提出证据证明调解违反自愿原则或者调解协议的内容违反法律的，可以申请再审。经人民法院审查属实的，应当再审。

第二百一十三条 当事人对已经发生法律效力的解除婚姻关系的判决、调解书，不得申请再审。

第二百一十四条 当事人申请再审的，应当提交再审申请书等材料。人民法院应当自收到再审申请书之日起五日内将再审申请书副本发送对方当事人。对方当事人应当自收到再审申请书副本之日起十五日内提交书面意见；不提交书面意见的，不影响人民法院审查。人民法院可以要求申请人和对方当事人补充有关材料，询问有关事项。

第二百一十五条 人民法院应当自收到再审申请书之日起三个月内审查，符合本法规定的，裁定再审；不符合本法规定的，裁定驳回申请。有特殊情况需要延长的，由本院院长批准。

因当事人申请裁定再审的案件由中级人民法院以上的人民法院审理，但当事人依照本法第二百一十条的规定选择向基层人民法院申请再审的除外。最高人民法院、高级人民法院裁定再审的案件，由本院再审或者交其他人民法院再审，也可以交原审人民法院再审。

第二百一十六条 当事人申请再审，应当在判决、裁定发生法律效力后六个月内提出；有本法第二百一十一条第一项、第三项、第十二项、第十三项规定情形的，自知道或者应当知道之日起六个月内提出。

第二百一十七条 按照审判监督程序决定再审的案件，裁定中止原判决、裁定、调解书的执行，但追索赡养费、扶养费、抚养费、抚恤金、医疗费用、劳动报酬等案件，可以不中止执行。

第二百一十八条 人民法院按照审判监督程序再审的案件，发生法律效力的判决、裁定是由第一审法院作出的，按照第一审程序审理，所作的判决、裁定，当事人可以上诉；发生法律效力的判决、裁定是由第二审法院作出的，按照第二审程序审理，所作的判决、裁定，是发生法律效力的判决、裁定；上级人民法院按照审判监督程序提审的，按照第二审程序审理，所作的判决、裁定是发生法律效力的判决、裁定。

人民法院审理再审案件，应当另行组成合议庭。

第二百一十九条 最高人民检察院对各级人民法院已经发生法律效力的判决、裁定，上级人民检察院对下级人民法院已经发生法律效力的判决、裁定，发现有本法第二百一十一条规定情形之一的，或者发现调解书损害国家利益、社会公共利益的，应当提出抗诉。

地方各级人民检察院对同级人民法院已经发生法律效力的判决、裁定，发现有本法第二百一十一条规定情形之一的,或者发现调解书损害国家利益、社会公共利益的,可以向同级人民法院提出检察建议,并报上级人民检察院备案;也可以提请上级人民检察院向同级人民法院提出抗诉。

各级人民检察院对审判监督程序以外的其他审判程序中审判人员的违法行为,有权向同级人民法院提出检察建议。

第二百二十条 有下列情形之一的,当事人可以向人民检察院申请检察建议或者抗诉:

(一)人民法院驳回再审申请的;

(二)人民法院逾期未对再审申请作出裁定的;

(三)再审判决、裁定有明显错误的。

人民检察院对当事人的申请应当在三个月内进行审查,作出提出或者不予提出检察建议或者抗诉的决定。当事人不得再次向人民检察院申请检察建议或者抗诉。

第二百二十一条 人民检察院因履行法律监督职责提出检察建议或者抗诉的需要,可以向当事人或者案外人调查核实有关情况。

第二百二十二条 人民检察院提出抗诉的案件,接受抗诉的人民法院应当自收到抗诉书之日起三十日内作出再审的裁定;有本法第二百一十一条第一项至第五项规定情形之一的,可以交下一级人民法院再审,但经该下一级人民法院再审的除外。

第二百二十三条 人民检察院决定对人民法院的判决、裁定、调解书提出抗诉的,应当制作抗诉书。

第二百二十四条 人民检察院提出抗诉的案件,人民法院再审时,应当通知人民检察院派员出席法庭。

第十七章　督促程序

第二百二十五条 债权人请求债务人给付金钱、有价证券,符合下列条件的,可以向有管辖权的基层人民法院申请支付令:

(一)债权人与债务人没有其他债务纠纷的;

(二)支付令能够送达债务人的。

申请书应当写明请求给付金钱或者有价证券的数量和所根据的事实、

证据。

第二百二十六条　债权人提出申请后，人民法院应当在五日内通知债权人是否受理。

第二百二十七条　人民法院受理申请后，经审查债权人提供的事实、证据，对债权债务关系明确、合法的，应当在受理之日起十五日内向债务人发出支付令；申请不成立的，裁定予以驳回。

债务人应当自收到支付令之日起十五日内清偿债务，或者向人民法院提出书面异议。

债务人在前款规定的期间不提出异议又不履行支付令的，债权人可以向人民法院申请执行。

第二百二十八条　人民法院收到债务人提出的书面异议后，经审查，异议成立的，应当裁定终结督促程序，支付令自行失效。

支付令失效的，转入诉讼程序，但申请支付令的一方当事人不同意提起诉讼的除外。

第十八章　公示催告程序

第二百二十九条　按照规定可以背书转让的票据持有人，因票据被盗、遗失或者灭失，可以向票据支付地的基层人民法院申请公示催告。依照法律规定可以申请公示催告的其他事项，适用本章规定。

申请人应当向人民法院递交申请书，写明票面金额、发票人、持票人、背书人等票据主要内容和申请的理由、事实。

第二百三十条　人民法院决定受理申请，应当同时通知支付人停止支付，并在三日内发出公告，催促利害关系人申报权利。公示催告的期间，由人民法院根据情况决定，但不得少于六十日。

第二百三十一条　支付人收到人民法院停止支付的通知，应当停止支付，至公示催告程序终结。

公示催告期间，转让票据权利的行为无效。

第二百三十二条　利害关系人应当在公示催告期间向人民法院申报。

人民法院收到利害关系人的申报后，应当裁定终结公示催告程序，并通知申请人和支付人。

申请人或者申报人可以向人民法院起诉。

第二百三十三条 没有人申报的,人民法院应当根据申请人的申请,作出判决,宣告票据无效。判决应当公告,并通知支付人。自判决公告之日起,申请人有权向支付人请求支付。

第二百三十四条 利害关系人因正当理由不能在判决前向人民法院申报的,自知道或者应当知道判决公告之日起一年内,可以向作出判决的人民法院起诉。

第三编 执行程序

第十九章 一般规定

第二百三十五条 发生法律效力的民事判决、裁定,以及刑事判决、裁定中的财产部分,由第一审人民法院或者与第一审人民法院同级的被执行的财产所在地人民法院执行。

法律规定由人民法院执行的其他法律文书,由被执行人住所地或者被执行的财产所在地人民法院执行。

第二百三十六条 当事人、利害关系人认为执行行为违反法律规定的,可以向负责执行的人民法院提出书面异议。当事人、利害关系人提出书面异议的,人民法院应当自收到书面异议之日起十五日内审查,理由成立的,裁定撤销或者改正;理由不成立的,裁定驳回。当事人、利害关系人对裁定不服的,可以自裁定送达之日起十日内向上一级人民法院申请复议。

第二百三十七条 人民法院自收到申请执行书之日起超过六个月未执行的,申请执行人可以向上一级人民法院申请执行。上一级人民法院经审查,可以责令原人民法院在一定期限内执行,也可以决定由本院执行或者指令其他人民法院执行。

第二百三十八条 执行过程中,案外人对执行标的提出书面异议的,人民法院应当自收到书面异议之日起十五日内审查,理由成立的,裁定中止对该标的的执行;理由不成立的,裁定驳回。案外人、当事人对裁定不服,认为原判决、裁定错误的,依照审判监督程序办理;与原判决、裁定无关的,可以自裁定送达之日起十五日内向人民法院提起诉讼。

第二百三十九条 执行工作由执行员进行。

采取强制执行措施时，执行员应当出示证件。执行完毕后，应当将执行情况制作笔录，由在场的有关人员签名或者盖章。

人民法院根据需要可以设立执行机构。

第二百四十条 被执行人或者被执行的财产在外地的，可以委托当地人民法院代为执行。受委托人民法院收到委托函件后，必须在十五日内开始执行，不得拒绝。执行完毕后，应当将执行结果及时函复委托人民法院；在三十日内如果还未执行完毕，也应当将执行情况函告委托人民法院。

受委托人民法院自收到委托函件之日起十五日内不执行的，委托人民法院可以请求受委托人民法院的上级人民法院指令受委托人民法院执行。

第二百四十一条 在执行中，双方当事人自行和解达成协议的，执行员应当将协议内容记入笔录，由双方当事人签名或者盖章。

申请执行人因受欺诈、胁迫与被执行人达成和解协议，或者当事人不履行和解协议的，人民法院可以根据当事人的申请，恢复对原生效法律文书的执行。

第二百四十二条 在执行中，被执行人向人民法院提供担保，并经申请执行人同意的，人民法院可以决定暂缓执行及暂缓执行的期限。被执行人逾期仍不履行的，人民法院有权执行被执行人的担保财产或者担保人的财产。

第二百四十三条 作为被执行人的公民死亡的，以其遗产偿还债务。作为被执行人的法人或者其他组织终止的，由其权利义务承受人履行义务。

第二百四十四条 执行完毕后，据以执行的判决、裁定和其他法律文书确有错误，被人民法院撤销的，对已被执行的财产，人民法院应当作出裁定，责令取得财产的人返还；拒不返还的，强制执行。

第二百四十五条 人民法院制作的调解书的执行，适用本编的规定。

第二百四十六条 人民检察院有权对民事执行活动实行法律监督。

第二十章 执行的申请和移送

第二百四十七条 发生法律效力的民事判决、裁定，当事人必须履行。一方拒绝履行的，对方当事人可以向人民法院申请执行，也可以由审判员移送执行员执行。

调解书和其他应当由人民法院执行的法律文书，当事人必须履行。一方拒绝履行的，对方当事人可以向人民法院申请执行。

第二百四十八条 对依法设立的仲裁机构的裁决，一方当事人不履行的，对方当事人可以向有管辖权的人民法院申请执行。受申请的人民法院应当执行。

被申请人提出证据证明仲裁裁决有下列情形之一的，经人民法院组成合议庭审查核实，裁定不予执行：

（一）当事人在合同中没有订有仲裁条款或者事后没有达成书面仲裁协议的；

（二）裁决的事项不属于仲裁协议的范围或者仲裁机构无权仲裁的；

（三）仲裁庭的组成或者仲裁的程序违反法定程序的；

（四）裁决所根据的证据是伪造的；

（五）对方当事人向仲裁机构隐瞒了足以影响公正裁决的证据的；

（六）仲裁员在仲裁该案时有贪污受贿，徇私舞弊，枉法裁决行为的。

人民法院认定执行该裁决违背社会公共利益的，裁定不予执行。

裁定书应当送达双方当事人和仲裁机构。

仲裁裁决被人民法院裁定不予执行的，当事人可以根据双方达成的书面仲裁协议重新申请仲裁，也可以向人民法院起诉。

第二百四十九条 对公证机关依法赋予强制执行效力的债权文书，一方当事人不履行的，对方当事人可以向有管辖权的人民法院申请执行，受申请的人民法院应当执行。

公证债权文书确有错误的，人民法院裁定不予执行，并将裁定书送达双方当事人和公证机关。

第二百五十条 申请执行的期间为二年。申请执行时效的中止、中断，适用法律有关诉讼时效中止、中断的规定。

前款规定的期间，从法律文书规定履行期间的最后一日起计算；法律文书规定分期履行的，从最后一期履行期限届满之日起计算；法律文书未规定履行期间的，从法律文书生效之日起计算。

第二百五十一条 执行员接到申请执行书或者移交执行书，应当向被执行人发出执行通知，并可以立即采取强制执行措施。

第二十一章 执行措施

第二百五十二条 被执行人未按执行通知履行法律文书确定的义务，应当报告当前以及收到执行通知之日前一年的财产情况。被执行人拒绝报告或者虚假报告的，人民法院可以根据情节轻重对被执行人或者其法定代理人、有关单位的主要负责人或者直接责任人员予以罚款、拘留。

第二百五十三条 被执行人未按执行通知履行法律文书确定的义务，人民法院有权向有关单位查询被执行人的存款、债券、股票、基金份额等财产情况。人民法院有权根据不同情形扣押、冻结、划拨、变价被执行人的财产。人民法院查询、扣押、冻结、划拨、变价的财产不得超出被执行人应当履行义务的范围。

人民法院决定扣押、冻结、划拨、变价财产，应当作出裁定，并发出协助执行通知书，有关单位必须办理。

第二百五十四条 被执行人未按执行通知履行法律文书确定的义务，人民法院有权扣留、提取被执行人应当履行义务部分的收入。但应当保留被执行人及其所扶养家属的生活必需费用。

人民法院扣留、提取收入时，应当作出裁定，并发出协助执行通知书，被执行人所在单位、银行、信用合作社和其他有储蓄业务的单位必须办理。

第二百五十五条 被执行人未按执行通知履行法律文书确定的义务，人民法院有权查封、扣押、冻结、拍卖、变卖被执行人应当履行义务部分的财产。但应当保留被执行人及其所扶养家属的生活必需品。

采取前款措施，人民法院应当作出裁定。

第二百五十六条 人民法院查封、扣押财产时，被执行人是公民的，应当通知被执行人或者他的成年家属到场；被执行人是法人或者其他组织的，应当通知其法定代表人或者主要负责人到场。拒不到场的，不影响执行。被执行人是公民的，其工作单位或者财产所在地的基层组织应当派人参加。

对被查封、扣押的财产，执行员必须造具清单，由在场人签名或者盖章后，交被执行人一份。被执行人是公民的，也可以交他的成年家属一份。

第二百五十七条 被查封的财产，执行员可以指定被执行人负责保管。

因被执行人的过错造成的损失，由被执行人承担。

第二百五十八条 财产被查封、扣押后，执行员应当责令被执行人在指定期间履行法律文书确定的义务。被执行人逾期不履行的，人民法院应当拍卖被查封、扣押的财产；不适于拍卖或者当事人双方同意不进行拍卖的，人民法院可以委托有关单位变卖或者自行变卖。国家禁止自由买卖的物品，交有关单位按照国家规定的价格收购。

第二百五十九条 被执行人不履行法律文书确定的义务，并隐匿财产的，人民法院有权发出搜查令，对被执行人及其住所或者财产隐匿地进行搜查。

采取前款措施，由院长签发搜查令。

第二百六十条 法律文书指定交付的财物或者票证，由执行员传唤双方当事人当面交付，或者由执行员转交，并由被交付人签收。

有关单位持有该项财物或者票证的，应当根据人民法院的协助执行通知书转交，并由被交付人签收。

有关公民持有该项财物或者票证的，人民法院通知其交出。拒不交出的，强制执行。

第二百六十一条 强制迁出房屋或者强制退出土地，由院长签发公告，责令被执行人在指定期间履行。被执行人逾期不履行的，由执行员强制执行。

强制执行时，被执行人是公民的，应当通知被执行人或者他的成年家属到场；被执行人是法人或者其他组织的，应当通知其法定代表人或者主要负责人到场。拒不到场的，不影响执行。被执行人是公民的，其工作单位或者房屋、土地所在地的基层组织应当派人参加。执行员应当将强制执行情况记入笔录，由在场人签名或者盖章。

强制迁出房屋被搬出的财物，由人民法院派人运至指定处所，交给被执行人。被执行人是公民的，也可以交给他的成年家属。因拒绝接收而造成的损失，由被执行人承担。

第二百六十二条 在执行中，需要办理有关财产权证照转移手续的，人民法院可以向有关单位发出协助执行通知书，有关单位必须办理。

第二百六十三条 对判决、裁定和其他法律文书指定的行为，被执行人未按执行通知履行的，人民法院可以强制执行或者委托有关单位或者其他人完成，费用由被执行人承担。

第二百六十四条　被执行人未按判决、裁定和其他法律文书指定的期间履行给付金钱义务的，应当加倍支付迟延履行期间的债务利息。被执行人未按判决、裁定和其他法律文书指定的期间履行其他义务的，应当支付迟延履行金。

第二百六十五条　人民法院采取本法第二百五十三条、第二百五十四条、第二百五十五条规定的执行措施后，被执行人仍不能偿还债务的，应当继续履行义务。债权人发现被执行人有其他财产的，可以随时请求人民法院执行。

第二百六十六条　被执行人不履行法律文书确定的义务的，人民法院可以对其采取或者通知有关单位协助采取限制出境，在征信系统记录、通过媒体公布不履行义务信息以及法律规定的其他措施。

第二十二章　执行中止和终结

第二百六十七条　有下列情形之一的，人民法院应当裁定中止执行：

（一）申请人表示可以延期执行的；

（二）案外人对执行标的提出确有理由的异议的；

（三）作为一方当事人的公民死亡，需要等待继承人继承权利或者承担义务的；

（四）作为一方当事人的法人或者其他组织终止，尚未确定权利义务承受人的；

（五）人民法院认为应当中止执行的其他情形。

中止的情形消失后，恢复执行。

第二百六十八条　有下列情形之一的，人民法院裁定终结执行：

（一）申请人撤销申请的；

（二）据以执行的法律文书被撤销的；

（三）作为被执行人的公民死亡，无遗产可供执行，又无义务承担人的；

（四）追索赡养费、扶养费、抚养费案件的权利人死亡的；

（五）作为被执行人的公民因生活困难无力偿还借款，无收入来源，又丧失劳动能力的；

（六）人民法院认为应当终结执行的其他情形。

第二百六十九条　中止和终结执行的裁定，送达当事人后立即生效。

第四编 涉外民事诉讼程序的特别规定

第二十三章 一般原则

第二百七十条 在中华人民共和国领域内进行涉外民事诉讼，适用本编规定。本编没有规定的，适用本法其他有关规定。

第二百七十一条 中华人民共和国缔结或者参加的国际条约同本法有不同规定的，适用该国际条约的规定，但中华人民共和国声明保留的条款除外。

第二百七十二条 对享有外交特权与豁免的外国人、外国组织或者国际组织提起的民事诉讼，应当依照中华人民共和国有关法律和中华人民共和国缔结或者参加的国际条约的规定办理。

第二百七十三条 人民法院审理涉外民事案件，应当使用中华人民共和国通用的语言、文字。当事人要求提供翻译的，可以提供，费用由当事人承担。

第二百七十四条 外国人、无国籍人、外国企业和组织在人民法院起诉、应诉，需要委托律师代理诉讼的，必须委托中华人民共和国的律师。

第二百七十五条 在中华人民共和国领域内没有住所的外国人、无国籍人、外国企业和组织委托中华人民共和国律师或者其他人代理诉讼，从中华人民共和国领域外寄交或者托交的授权委托书，应当经所在国公证机关证明，并经中华人民共和国驻该国使领馆认证，或者履行中华人民共和国与该所在国订立的有关条约中规定的证明手续后，才具有效力。

第二十四章 管 辖

第二百七十六条 因涉外民事纠纷，对在中华人民共和国领域内没有住所的被告提起除身份关系以外的诉讼，如果合同签订地、合同履行地、诉讼标的物所在地、可供扣押财产所在地、侵权行为地、代表机构住所地位于中华人民共和国领域内的，可以由合同签订地、合同履行地、诉讼标的物所在地、可供扣押财产所在地、侵权行为地、代表机构住所地人民法院管辖。

除前款规定外，涉外民事纠纷与中华人民共和国存在其他适当联系的，可以由人民法院管辖。

第二百七十七条 涉外民事纠纷的当事人书面协议选择人民法院管辖的，可以由人民法院管辖。

第二百七十八条 当事人未提出管辖异议，并应诉答辩或者提出反诉的，视为人民法院有管辖权。

第二百七十九条 下列民事案件，由人民法院专属管辖：

（一）因在中华人民共和国领域内设立的法人或者其他组织的设立、解散、清算，以及该法人或者其他组织作出的决议的效力等纠纷提起的诉讼；

（二）因与在中华人民共和国领域内审查授予的知识产权的有效性有关的纠纷提起的诉讼；

（三）因在中华人民共和国领域内履行中外合资经营企业合同、中外合作经营企业合同、中外合作勘探开发自然资源合同发生纠纷提起的诉讼。

第二百八十条 当事人之间的同一纠纷，一方当事人向外国法院起诉，另一方当事人向人民法院起诉，或者一方当事人既向外国法院起诉，又向人民法院起诉，人民法院依照本法有管辖权的，可以受理。当事人订立排他性管辖协议选择外国法院管辖且不违反本法对专属管辖的规定，不涉及中华人民共和国主权、安全或者社会公共利益的，人民法院可以裁定不予受理；已经受理的，裁定驳回起诉。

第二百八十一条 人民法院依据前条规定受理案件后，当事人以外国法院已经先于人民法院受理为由，书面申请人民法院中止诉讼的，人民法院可以裁定中止诉讼，但是存在下列情形之一的除外：

（一）当事人协议选择人民法院管辖，或者纠纷属于人民法院专属管辖；

（二）由人民法院审理明显更为方便。

外国法院未采取必要措施审理案件，或者未在合理期限内审结的，依当事人的书面申请，人民法院应当恢复诉讼。

外国法院作出的发生法律效力的判决、裁定，已经被人民法院全部或者部分承认，当事人对已经获得承认的部分又向人民法院起诉的，裁定不予受理；已经受理的，裁定驳回起诉。

第二百八十二条 人民法院受理的涉外民事案件，被告提出管辖异议，且同时有下列情形的，可以裁定驳回起诉，告知原告向更为方便的外国法院提起诉讼：

（一）案件争议的基本事实不是发生在中华人民共和国领域内，人民法院审理案件和当事人参加诉讼均明显不方便；

（二）当事人之间不存在选择人民法院管辖的协议；

（三）案件不属于人民法院专属管辖；

（四）案件不涉及中华人民共和国主权、安全或者社会公共利益；

（五）外国法院审理案件更为方便。

裁定驳回起诉后，外国法院对纠纷拒绝行使管辖权，或者未采取必要措施审理案件，或者未在合理期限内审结，当事人又向人民法院起诉的，人民法院应当受理。

第二十五章 送达、调查取证、期间

第二百八十三条 人民法院对在中华人民共和国领域内没有住所的当事人送达诉讼文书，可以采用下列方式：

（一）依照受送达人所在国与中华人民共和国缔结或者共同参加的国际条约中规定的方式送达；

（二）通过外交途径送达；

（三）对具有中华人民共和国国籍的受送达人，可以委托中华人民共和国驻受送达人所在国的使领馆代为送达；

（四）向受送达人在本案中委托的诉讼代理人送达；

（五）向受送达人在中华人民共和国领域内设立的独资企业、代表机构、分支机构或者有权接受送达的业务代办人送达；

（六）受送达人为外国人、无国籍人，其在中华人民共和国领域内设立的法人或者其他组织担任法定代表人或者主要负责人，且与该法人或者其他组织为共同被告的，向该法人或者其他组织送达；

（七）受送达人为外国法人或者其他组织，其法定代表人或者主要负责人在中华人民共和国领域内的，向其法定代表人或者主要负责人送达；

（八）受送达人所在国的法律允许邮寄送达的，可以邮寄送达，自邮寄之日起满三个月，送达回证没有退回，但根据各种情况足以认定已经送达的，期间届满之日视为送达；

（九）采用能够确认受送达人收悉的电子方式送达，但是受送达人所在国法律禁止的除外；

（十）以受送达人同意的其他方式送达，但是受送达人所在国法律禁止的除外。

不能用上述方式送达的，公告送达，自发出公告之日起，经过六十日，即视为送达。

第二百八十四条 当事人申请人民法院调查收集的证据位于中华人民共和国领域外，人民法院可以依照证据所在国与中华人民共和国缔结或者共同参加的国际条约中规定的方式，或者通过外交途径调查收集。

在所在国法律不禁止的情况下，人民法院可以采用下列方式调查收集：

（一）对具有中华人民共和国国籍的当事人、证人，可以委托中华人民共和国驻当事人、证人所在国的使领馆代为取证；

（二）经双方当事人同意，通过即时通讯工具取证；

（三）以双方当事人同意的其他方式取证。

第二百八十五条 被告在中华人民共和国领域内没有住所的，人民法院应当将起诉状副本送达被告，并通知被告在收到起诉状副本后三十日内提出答辩状。被告申请延期的，是否准许，由人民法院决定。

第二百八十六条 在中华人民共和国领域内没有住所的当事人，不服第一审人民法院判决、裁定的，有权在判决书、裁定书送达之日起三十日内提起上诉。被上诉人在收到上诉状副本后，应当在三十日内提出答辩状。当事人不能在法定期间提起上诉或者提出答辩状，申请延期的，是否准许，由人民法院决定。

第二百八十七条 人民法院审理涉外民事案件的期间，不受本法第一百五十二条、第一百八十三条规定的限制。

第二十六章 仲 裁

第二百八十八条 涉外经济贸易、运输和海事中发生的纠纷，当事人在合同中订有仲裁条款或者事后达成书面仲裁协议，提交中华人民共和国涉外仲裁机构或者其他仲裁机构仲裁的，当事人不得向人民法院起诉。

当事人在合同中没有订有仲裁条款或者事后没有达成书面仲裁协议的，

可以向人民法院起诉。

第二百八十九条　当事人申请采取保全的，中华人民共和国的涉外仲裁机构应当将当事人的申请，提交被申请人住所地或者财产所在地的中级人民法院裁定。

第二百九十条　经中华人民共和国涉外仲裁机构裁决的，当事人不得向人民法院起诉。一方当事人不履行仲裁裁决的，对方当事人可以向被申请人住所地或者财产所在地的中级人民法院申请执行。

第二百九十一条　对中华人民共和国涉外仲裁机构作出的裁决，被申请人提出证据证明仲裁裁决有下列情形之一的，经人民法院组成合议庭审查核实，裁定不予执行：

（一）当事人在合同中没有订有仲裁条款或者事后没有达成书面仲裁协议的；

（二）被申请人没有得到指定仲裁员或者进行仲裁程序的通知，或者由于其他不属于被申请人负责的原因未能陈述意见的；

（三）仲裁庭的组成或者仲裁的程序与仲裁规则不符的；

（四）裁决的事项不属于仲裁协议的范围或者仲裁机构无权仲裁的。

人民法院认定执行该裁决违背社会公共利益的，裁定不予执行。

第二百九十二条　仲裁裁决被人民法院裁定不予执行的，当事人可以根据双方达成的书面仲裁协议重新申请仲裁，也可以向人民法院起诉。

第二十七章　司法协助

第二百九十三条　根据中华人民共和国缔结或者参加的国际条约，或者按照互惠原则，人民法院和外国法院可以相互请求，代为送达文书、调查取证以及进行其他诉讼行为。

外国法院请求协助的事项有损于中华人民共和国的主权、安全或者社会公共利益的，人民法院不予执行。

第二百九十四条　请求和提供司法协助，应当依照中华人民共和国缔结或者参加的国际条约所规定的途径进行；没有条约关系的，通过外交途径进行。

外国驻中华人民共和国的使领馆可以向该国公民送达文书和调查取证，

但不得违反中华人民共和国的法律，并不得采取强制措施。

除前款规定的情况外，未经中华人民共和国主管机关准许，任何外国机关或者个人不得在中华人民共和国领域内送达文书、调查取证。

第二百九十五条 外国法院请求人民法院提供司法协助的请求书及其所附文件，应当附有中文译本或者国际条约规定的其他文字文本。

人民法院请求外国法院提供司法协助的请求书及其所附文件，应当附有该国文字译本或者国际条约规定的其他文字文本。

第二百九十六条 人民法院提供司法协助，依照中华人民共和国法律规定的程序进行。外国法院请求采用特殊方式的，也可以按照其请求的特殊方式进行，但请求采用的特殊方式不得违反中华人民共和国法律。

第二百九十七条 人民法院作出的发生法律效力的判决、裁定，如果被执行人或者其财产不在中华人民共和国领域内，当事人请求执行的，可以由当事人直接向有管辖权的外国法院申请承认和执行，也可以由人民法院依照中华人民共和国缔结或者参加的国际条约的规定，或者按照互惠原则，请求外国法院承认和执行。

在中华人民共和国领域内依法作出的发生法律效力的仲裁裁决，当事人请求执行的，如果被执行人或者其财产不在中华人民共和国领域内，当事人可以直接向有管辖权的外国法院申请承认和执行。

第二百九十八条 外国法院作出的发生法律效力的判决、裁定，需要人民法院承认和执行的，可以由当事人直接向有管辖权的中级人民法院申请承认和执行，也可以由外国法院依照该国与中华人民共和国缔结或者参加的国际条约的规定，或者按照互惠原则，请求人民法院承认和执行。

第二百九十九条 人民法院对申请或者请求承认和执行的外国法院作出的发生法律效力的判决、裁定，依照中华人民共和国缔结或者参加的国际条约，或者按照互惠原则进行审查后，认为不违反中华人民共和国法律的基本原则且不损害国家主权、安全、社会公共利益的，裁定承认其效力；需要执行的，发出执行令，依照本法的有关规定执行。

第三百条 对申请或者请求承认和执行的外国法院作出的发生法律效力的判决、裁定，人民法院经审查，有下列情形之一的，裁定不予承认和执行：

（一）依据本法第三百零一条的规定，外国法院对案件无管辖权；

（二）被申请人未得到合法传唤或者虽经合法传唤但未获得合理的陈述、辩论机会，或者无诉讼行为能力的当事人未得到适当代理；

（三）判决、裁定是通过欺诈方式取得；

（四）人民法院已对同一纠纷作出判决、裁定，或者已经承认第三国法院对同一纠纷作出的判决、裁定；

（五）违反中华人民共和国法律的基本原则或者损害国家主权、安全、社会公共利益。

第三百零一条 有下列情形之一的，人民法院应当认定该外国法院对案件无管辖权：

（一）外国法院依照其法律对案件没有管辖权，或者虽然依照其法律有管辖权但与案件所涉纠纷无适当联系；

（二）违反本法对专属管辖的规定；

（三）违反当事人排他性选择法院管辖的协议。

第三百零二条 当事人向人民法院申请承认和执行外国法院作出的发生法律效力的判决、裁定，该判决、裁定涉及的纠纷与人民法院正在审理的纠纷属于同一纠纷的，人民法院可以裁定中止诉讼。

外国法院作出的发生法律效力的判决、裁定不符合本法规定的承认条件的，人民法院裁定不予承认和执行，并恢复已经中止的诉讼；符合本法规定的承认条件的，人民法院裁定承认其效力；需要执行的，发出执行令，依照本法的有关规定执行；对已经中止的诉讼，裁定驳回起诉。

第三百零三条 当事人对承认和执行或者不予承认和执行的裁定不服的，可以自裁定送达之日起十日内向上一级人民法院申请复议。

第三百零四条 在中华人民共和国领域外作出的发生法律效力的仲裁裁决，需要人民法院承认和执行的，当事人可以直接向被执行人住所地或者其财产所在地的中级人民法院申请。被执行人住所地或者其财产不在中华人民共和国领域内的，当事人可以向申请人住所地或者与裁决的纠纷有适当联系的地点的中级人民法院申请。人民法院应当依照中华人民共和国缔结或者参加的国际条约，或者按照互惠原则办理。

第三百零五条 涉及外国国家的民事诉讼，适用中华人民共和国有关外国国家豁免的法律规定；有关法律没有规定的，适用本法。

第三百零六条 本法自公布之日起施行,《中华人民共和国民事诉讼法(试行)》同时废止。

最高人民法院
关于修改《最高人民法院关于人民法院民事调解工作若干问题的规定》等十九件民事诉讼类司法解释的决定

法释〔2020〕20号

(2020年12月23日最高人民法院审判委员会第1823次会议通过 2020年12月29日最高人民法院公告公布 自2021年1月1日起施行)

根据审判实践需要,经最高人民法院审判委员会第1823次会议决定,对《最高人民法院关于人民法院民事调解工作若干问题的规定》等十九件司法解释作如下修改:

一、修改《最高人民法院关于人民法院民事调解工作若干问题的规定》

1. 删除第一条、第二条、第十三条、第十八条。

2. 将第三条修改为:

"根据民事诉讼法第九十五条[①]的规定,人民法院可以邀请与当事人有特定关系或者与案件有一定联系的企业事业单位、社会团体或者其他组织,和具有专门知识、特定社会经验、与当事人有特定关系并有利于促成调解的个人协助调解工作。

经各方当事人同意,人民法院可以委托前款规定的单位或者个人对案件进行调解,达成调解协议后,人民法院应当依法予以确认。"

3. 将第十一条修改为:

---

① 现为《民事诉讼法》(2023年修正)第九十八条。

"调解协议约定一方提供担保或者案外人同意为当事人提供担保的,人民法院应当准许。

案外人提供担保的,人民法院制作调解书应当列明担保人,并将调解书送交担保人。担保人不签收调解书的,不影响调解书生效。

当事人或者案外人提供的担保符合民法典规定的条件时生效。"

4. 将第十九条修改为:

"调解书确定的担保条款条件或者承担民事责任的条件成就时,当事人申请执行的,人民法院应当依法执行。

不履行调解协议的当事人按照前款规定承担了调解书确定的民事责任后,对方当事人又要求其承担民事诉讼法第二百五十三条[①]规定的迟延履行责任的,人民法院不予支持。"

5. 将第二十条修改为:

"调解书约定给付特定标的物的,调解协议达成前该物上已经存在的第三人的物权和优先权不受影响。第三人在执行过程中对执行标的物提出异议的,应当按照民事诉讼法第二百二十七条[②]规定处理。"

6. 条文顺序作相应调整。

二、修改《最高人民法院关于适用〈中华人民共和国民事诉讼法〉的解释》

1. 将第六十八条修改为:

"居民委员会、村民委员会或者村民小组与他人发生民事纠纷的,居民委员会、村民委员会或者有独立财产的村民小组为当事人。"

2. 将第七十一条修改为:

"原告起诉被代理人和代理人,要求承担连带责任的,被代理人和代理人为共同被告。

原告起诉代理人和相对人,要求承担连带责任的,代理人和相对人为共同被告。"

---

① 现为《民事诉讼法》(2023年修正)第二百六十四条。
② 现为《民事诉讼法》(2023年修正)第二百三十八条。

3. 将第八十三条修改为：

"在诉讼中，无民事行为能力人、限制民事行为能力人的监护人是他的法定代理人。事先没有确定监护人的，可以由有监护资格的人协商确定；协商不成的，由人民法院在他们之中指定诉讼中的法定代理人。当事人没有民法典第二十七条、第二十八条规定的监护人的，可以指定民法典第三十二条规定的有关组织担任诉讼中的法定代理人。"

4. 将第三百四十三条修改为：

"宣告失踪或者宣告死亡案件，人民法院可以根据申请人的请求，清理下落不明人的财产，并指定案件审理期间的财产管理人。公告期满后，人民法院判决宣告失踪的，应当同时依照民法典第四十二条的规定指定失踪人的财产代管人。"

5. 将第三百五十一条修改为：

"被指定的监护人不服居民委员会、村民委员会或者民政部门指定，应当自接到通知之日起三十日内向人民法院提出异议。经审理，认为指定并无不当的，裁定驳回异议；指定不当的，判决撤销指定，同时另行指定监护人。判决书应当送达异议人、原指定单位及判决指定的监护人。

有关当事人依照民法典第三十一条第一款规定直接向人民法院申请指定监护人的，适用特别程序审理，判决指定监护人。判决书应当送达申请人、判决指定的监护人。"

6. 将第三百五十二条修改为：

"申请认定公民无民事行为能力或者限制民事行为能力的案件，被申请人没有近亲属的，人民法院可以指定经被申请人住所地的居民委员会、村民委员会或者民政部门同意，且愿意担任代理人的个人或者组织为代理人。

没有前款规定的代理人的，由被申请人住所地的居民委员会、村民委员会或者民政部门担任代理人。

代理人可以是一人，也可以是同一顺序中的两人。"

7. 将第三百六十五条修改为：

"依照民法典第三百九十二条的规定，被担保的债权既有物的担保又有人的担保，当事人对实现担保物权的顺序有约定，实现担保物权的申请违反该约定的，人民法院裁定不予受理；没有约定或者约定不明的，人民法院应当受理。"

8. 将第四百七十条修改为:

"根据民事诉讼法第二百三十一条①规定向人民法院提供执行担保的,可以由被执行人或者他人提供财产担保,也可以由他人提供保证。担保人应当具有代为履行或者代为承担赔偿责任的能力。

他人提供执行保证的,应当向执行法院出具保证书,并将保证书副本送交申请执行人。被执行人或者他人提供财产担保的,应当参照民法典的有关规定办理相应手续。"

三、修改《最高人民法院、最高人民检察院关于检察公益诉讼案件适用法律若干问题的解释》

1. 将第一条修改为:

"为正确适用《中华人民共和国民法典》《中华人民共和国民事诉讼法》《中华人民共和国行政诉讼法》关于人民检察院提起公益诉讼制度的规定,结合审判、检察工作实际,制定本解释。"

2. 将第七条修改为:

"人民法院审理人民检察院提起的第一审公益诉讼案件,适用人民陪审制。"

3. 将第十三条修改为:

"人民检察院在履行职责中发现破坏生态环境和资源保护,食品药品安全领域侵害众多消费者合法权益,侵害英雄烈士等的姓名、肖像、名誉、荣誉等损害社会公共利益的行为,拟提起公益诉讼的,应当依法公告,公告期间为三十日。

公告期满,法律规定的机关和有关组织、英雄烈士等的近亲属不提起诉讼的,人民检察院可以向人民法院提起诉讼。

人民检察院办理侵害英雄烈士等的姓名、肖像、名誉、荣誉的民事公益诉讼案件,也可以直接征询英雄烈士等的近亲属的意见。"

4. 将第十四条修改为:

---

① 现为《民事诉讼法》(2023年修正)第二百四十二条。

"人民检察院提起民事公益诉讼应当提交下列材料：

（一）民事公益诉讼起诉书，并按照被告人数提出副本；

（二）被告的行为已经损害社会公共利益的初步证明材料；

（三）已经履行公告程序、征询英雄烈士等的近亲属意见的证明材料。"

5. 将第二十条修改为：

"人民检察院对破坏生态环境和资源保护，食品药品安全领域侵害众多消费者合法权益，侵害英雄烈士等的姓名、肖像、名誉、荣誉等损害社会公共利益的犯罪行为提起刑事公诉时，可以向人民法院一并提起附带民事公益诉讼，由人民法院同一审判组织审理。

人民检察院提起的刑事附带民事公益诉讼案件由审理刑事案件的人民法院管辖。"

6. 将第二十二条修改为：

"人民检察院提起行政公益诉讼应当提交下列材料：

（一）行政公益诉讼起诉书，并按照被告人数提出副本；

（二）被告违法行使职权或者不作为，致使国家利益或者社会公共利益受到侵害的证明材料；

（三）已经履行诉前程序，行政机关仍不依法履行职责或者纠正违法行为的证明材料。"

7. 将第二十五条修改为：

"人民法院区分下列情形作出行政公益诉讼判决：

（一）被诉行政行为具有行政诉讼法第七十四条、第七十五条规定情形之一的，判决确认违法或者确认无效，并可以同时判决责令行政机关采取补救措施；

（二）被诉行政行为具有行政诉讼法第七十条规定情形之一的，判决撤销或者部分撤销，并可以判决被诉行政机关重新作出行政行为；

（三）被诉行政机关不履行法定职责的，判决在一定期限内履行；

（四）被诉行政机关作出的行政处罚明显不当，或者其他行政行为涉及对款额的确定、认定确有错误的，可以判决予以变更；

（五）被诉行政行为证据确凿，适用法律、法规正确，符合法定程序，未超越职权，未滥用职权，无明显不当，或者人民检察院诉请被诉行政机关履行法定职责理由不成立的,判决驳回诉讼请求。

人民法院可以将判决结果告知被诉行政机关所属的人民政府或者其他相关的职能部门。"

四、修改《最高人民法院关于审理环境民事公益诉讼案件适用法律若干问题的解释》

1. 将引言修改为:

"为正确审理环境民事公益诉讼案件,根据《中华人民共和国民法典》《中华人民共和国环境保护法》《中华人民共和国民事诉讼法》等法律的规定,结合审判实践,制定本解释。"

2. 将第二条修改为:

"依照法律、法规的规定,在设区的市级以上人民政府民政部门登记的社会团体、基金会以及社会服务机构等,可以认定为环境保护法第五十八条规定的社会组织。"

3. 将第九条修改为:

"人民法院认为原告提出的诉讼请求不足以保护社会公共利益的,可以向其释明变更或者增加停止侵害、修复生态环境等诉讼请求。"

4. 将第十一条修改为:

"检察机关、负有环境资源保护监督管理职责的部门及其他机关、社会组织、企业事业单位依据民事诉讼法第十五条的规定,可以通过提供法律咨询、提交书面意见、协助调查取证等方式支持社会组织依法提起环境民事公益诉讼。"

5. 将第十二条修改为:

"人民法院受理环境民事公益诉讼后,应当在十日内告知对被告行为负有环境资源保护监督管理职责的部门。"

6. 将第十五条修改为:

"当事人申请通知有专门知识的人出庭,就鉴定人作出的鉴定意见或者就因果关系、生态环境修复方式、生态环境修复费用以及生态环境受到损害至修复完成期间服务功能丧失导致的损失等专门性问题提出意见的,人民法院可以准许。

前款规定的专家意见经质证，可以作为认定事实的根据。"

7. 将第十八条修改为：

"对污染环境、破坏生态，已经损害社会公共利益或者具有损害社会公共利益重大风险的行为，原告可以请求被告承担停止侵害、排除妨碍、消除危险、修复生态环境、赔偿损失、赔礼道歉等民事责任。"

8. 将第二十条修改为：

"原告请求修复生态环境的，人民法院可以依法判决被告将生态环境修复到损害发生之前的状态和功能。无法完全修复的，可以准许采用替代性修复方式。

人民法院可以在判决被告修复生态环境的同时，确定被告不履行修复义务时应承担的生态环境修复费用；也可以直接判决被告承担生态环境修复费用。

生态环境修复费用包括制定、实施修复方案的费用，修复期间的监测、监管费用，以及修复完成后的验收费用、修复效果后评估费用等。"

9. 将第二十一条修改为：

"原告请求被告赔偿生态环境受到损害至修复完成期间服务功能丧失导致的损失、生态环境功能永久性损害造成的损失的，人民法院可以依法予以支持。"

10. 将第二十二条修改为：

"原告请求被告承担以下费用的，人民法院可以依法予以支持：

（一）生态环境损害调查、鉴定评估等费用；

（二）清除污染以及防止损害的发生和扩大所支出的合理费用；

（三）合理的律师费以及为诉讼支出的其他合理费用。"

11. 将第二十三条修改为：

"生态环境修复费用难以确定或者确定具体数额所需鉴定费用明显过高的，人民法院可以结合污染环境、破坏生态的范围和程度，生态环境的稀缺性，生态环境恢复的难易程度，防治污染设备的运行成本，被告因侵害行为所获得的利益以及过错程度等因素，并可以参考负有环境资源保护监督管理职责的部门的意见、专家意见等，予以合理确定。"

12. 将第二十四条修改为：

"人民法院判决被告承担的生态环境修复费用、生态环境受到损害至修复完成期间服务功能丧失导致的损失、生态环境功能永久性损害造成的损失等款项，应当用于修复被损害的生态环境。

其他环境民事公益诉讼中败诉原告所需承担的调查取证、专家咨询、检验、鉴定等必要费用，可以酌情从上述款项中支付。"

13. 将第二十六条修改为：

"负有环境资源保护监督管理职责的部门依法履行监管职责而使原告诉讼请求全部实现，原告申请撤诉的，人民法院应予准许。"

五、修改《最高人民法院关于当事人申请承认澳大利亚法院出具的离婚证明书人民法院应否受理问题的批复》

将答复内容修改为：

"当事人持澳大利亚法院出具的离婚证明书向人民法院申请承认其效力的，人民法院应予受理，并依照《中华人民共和国民事诉讼法》第二百八十一条[①]和第二百八十二条[②]以及最高人民法院《关于中国公民申请承认外国法院离婚判决程序问题的规定》的有关规定进行审查，依法作出承认或者不予承认的裁定。"

六、修改《最高人民法院关于对与证券交易所监管职能相关的诉讼案件管辖与受理问题的规定》

将第一条修改为：

"根据《中华人民共和国民事诉讼法》第三十七条[③]和《中华人民共和国行政诉讼法》第二十三条的有关规定，指定上海证券交易所和深圳证券交易所所在地的中级人民法院分别管辖以上海证券交易所和深圳证券交易所为被告或第三人的与证券交易所监管职能相关的第一审民事和行政案件。"

---

① 现为《民事诉讼法》(2023年修正) 第二百九十八条。
② 现为《民事诉讼法》(2023年修正) 第二百九十九条。
③ 现为《民事诉讼法》(2023年修正) 第三十八条。

七、修改《最高人民法院关于审理民事级别管辖异议案件若干问题的规定》

1. 删除第四条。
2. 条文顺序作相应调整。

八、修改《最高人民法院关于军事法院管辖民事案件若干问题的规定》

将第二条第（四）项修改为：

"民事诉讼法第三十三条^① 规定的不动产所在地、港口所在地、被继承人死亡时住所地或者主要遗产所在地在营区内，且当事人一方为军人或者军队单位的案件；"

九、修改《最高人民法院关于产品侵权案件的受害人能否以产品的商标所有人为被告提起民事诉讼的批复》

将正文修改为：

"你院京高法〔2001〕271号《关于荆其廉、张新荣等诉美国通用汽车公司、美国通用汽车海外公司损害赔偿案诉讼主体确立问题处理结果的请示报告》收悉。经研究，我们认为，任何将自己的姓名、名称、商标或者可资识别的其他标识体现在产品上，表示其为产品制造者的企业或个人，均属于《中华人民共和国民法典》和《中华人民共和国产品质量法》规定的'生产者'。本案中美国通用汽车公司为事故车的商标所有人，根据受害人的起诉和本案的实际情况，本案以通用汽车公司、通用汽车海外公司、通用汽车巴西公司为被告并无不当。"

十、修改《最高人民法院关于诉讼代理人查阅民事案件材料的规定》

将第九条修改为：

"诉讼代理人查阅案件材料时不得涂改、损毁、抽取案件材料。

---

① 现为《民事诉讼法》(2023年修正）第三十四条。

人民法院对修改、损毁、抽取案卷材料的诉讼代理人，可以参照民事诉讼法第一百一十一条①第一款第（一）项的规定处理。"

十一、修改《最高人民法院关于适用〈中华人民共和国民事诉讼法〉审判监督程序若干问题的解释》

1. 将引言修改为：

"为了保障当事人申请再审权利，规范审判监督程序，维护各方当事人的合法权益，根据《中华人民共和国民事诉讼法》，结合审判实践，对审判监督程序中适用法律的若干问题作出如下解释："

2. 将第一条修改为：

"当事人在民事诉讼法第二百零五条②规定的期限内，以民事诉讼法第二百条③所列明的再审事由，向原审人民法院的上一级人民法院申请再审的，上一级人民法院应当依法受理。"

3. 将第二条修改为：

"民事诉讼法第二百零五条规定的申请再审期间不适用中止、中断和延长的规定。"

4. 删除第五条、第十条、第十一条、第十三条至第十五条、第十七条、第十八条、第二十五条、第三十二条、第三十三条、第三十九条、第四十二条。

5. 将第十二条修改为：

"民事诉讼法第二百条第（五）项规定的'对审理案件需要的主要证据'，是指人民法院认定案件基本事实所必需的证据。"

6. 将第十六条修改为：

"原判决、裁定对基本事实和案件性质的认定系根据其他法律文书作出，而上述其他法律文书被撤销或变更的，人民法院可以认定为民事诉讼法第二百条第（十二）项规定的情形。"

7. 将第十九条修改为：

---

① 现为《民事诉讼法》（2023年修正）第一百一十四条。
② 现为《民事诉讼法》（2023年修正）第二百一十六条。
③ 现为《民事诉讼法》（2023年修正）第二百一十一条。

"人民法院经审查再审申请书等材料，认为申请再审事由成立的，应当径行裁定再审。

当事人申请再审超过民事诉讼法第二百零五条规定的期限，或者超出民事诉讼法第二百条所列明的再审事由范围的，人民法院应当裁定驳回再审申请。"

8. 将第二十六条修改为：

"人民法院审查再审申请期间，人民检察院对该案提出抗诉的，人民法院应依照民事诉讼法第二百一十一条[①]的规定裁定再审。申请再审人提出的具体再审请求应纳入审理范围。"

9. 将第二十八条修改为：

"上一级人民法院可以根据案件的影响程度以及案件参与人等情况，决定是否指定再审。需要指定再审的，应当考虑便利当事人行使诉讼权利以及便利人民法院审理等因素。

接受指定再审的人民法院，应当按照民事诉讼法第二百零七条[②]第一款规定的程序审理。"

10. 将第三十条修改为：

"当事人未申请再审、人民检察院未抗诉的案件，人民法院发现原判决、裁定、调解协议有损害国家利益、社会公共利益等确有错误情形的，应当依照民事诉讼法第一百九十八条[③]的规定提起再审。"

11. 将第三十一条修改为：

"人民法院应当依照民事诉讼法第二百零七条的规定，按照第一审程序或者第二审程序审理再审案件。

人民法院审理再审案件应当开庭审理。但按照第二审程序审理的，双方当事人已经其他方式充分表达意见，且书面同意不开庭审理的除外。"

12. 条文顺序作相应调整。

---

① 现为《民事诉讼法》（2023年修正）第二百二十二条。
② 现为《民事诉讼法》（2023年修正）第二百一十八条。
③ 现为《民事诉讼法》（2023年修正）第二百零九条。

十二、修改《最高人民法院关于涉外民商事案件诉讼管辖若干问题的规定》

将引言修改为：

"为正确审理涉外民商事案件，依法保护中外当事人的合法权益，根据《中华人民共和国民事诉讼法》第十八条①的规定，现将有关涉外民商事案件诉讼管辖的问题规定如下："

十三、修改《最高人民法院关于涉外民事或商事案件司法文书送达问题若干规定》

1. 将第四条修改为：

"除受送达人在授权委托书中明确表明其诉讼代理人无权代为接收有关司法文书外，其委托的诉讼代理人为民事诉讼法第二百六十七条②第（四）项规定的有权代其接受送达的诉讼代理人，人民法院可以向该诉讼代理人送达。"

2. 将第六条修改为：

"人民法院向在中华人民共和国领域内没有住所的受送达人送达司法文书时，若该受送达人所在国与中华人民共和国签订有司法协助协定，可以依照司法协助协定规定的方式送达；若该受送达人所在国是《关于向国外送达民事或商事司法文书和司法外文书公约》的成员国，可以依照该公约规定的方式送达。

依照受送达人所在国与中华人民共和国缔结或者共同参加的国际条约中规定的方式送达的，根据《最高人民法院关于依据国际公约和双边司法协助条约办理民商事案件司法文书送达和调查取证司法协助请求的规定》办理。"

3. 将第八条修改为：

"受送达人所在国允许邮寄送达的，人民法院可以邮寄送达。

邮寄送达时应附有送达回证。受送达人未在送达回证上签收但在邮件回执上签收的，视为送达，签收日期为送达日期。

---

① 现为《民事诉讼法》（2023年修正）第十九条。
② 现为《民事诉讼法》（2023年修正）第二百八十三条。

自邮寄之日起满三个月，如果未能收到送达与否的证明文件，且根据各种情况不足以认定已经送达的，视为不能用邮寄方式送达。"

4. 将第九条修改为：

"人民法院依照民事诉讼法第二百六十七条第（八）项规定的公告方式送达时，公告内容应在国内外公开发行的报刊上刊登。"

十四、修改《最高人民法院关于依据国际公约和双边司法协助条约办理民商事案件司法文书送达和调查取证司法协助请求的规定》

将第五条修改为：

"人民法院委托外国送达民商事案件司法文书和进行民商事案件调查取证，需要提供译文的，应当委托中华人民共和国领域内的翻译机构进行翻译。

翻译件不加盖人民法院印章，但应由翻译机构或翻译人员签名或盖章证明译文与原文一致。"

十五、修改《最高人民法院关于审理涉及公证活动相关民事案件的若干规定》

将引言修改为：

"为正确审理涉及公证活动相关民事案件，维护当事人的合法权益，根据《中华人民共和国民法典》《中华人民共和国公证法》《中华人民共和国民事诉讼法》等法律的规定，结合审判实践，制定本规定。"

十六、修改《最高人民法院关于审理消费民事公益诉讼案件适用法律若干问题的解释》

1. 将引言修改为：

"为正确审理消费民事公益诉讼案件，根据《中华人民共和国民事诉讼法》《中华人民共和国民法典》《中华人民共和国消费者权益保护法》等法律规定，结合审判实践，制定本解释。"

2. 将第二条修改为：

"经营者提供的商品或者服务具有下列情形之一的，适用消费者权益保护法第四十七条规定：

（一）提供的商品或者服务存在缺陷，侵害众多不特定消费者合法权益的；

（二）提供的商品或者服务可能危及消费者人身、财产安全，未作出真实的说明和明确的警示，未标明正确使用商品或者接受服务的方法以及防止危害发生方法的；对提供的商品或者服务质量、性能、用途、有效期限等信息作虚假或引人误解宣传的；

（三）宾馆、商场、餐馆、银行、机场、车站、港口、影剧院、景区、体育场馆、娱乐场所等经营场所存在危及消费者人身、财产安全危险的；

（四）以格式条款、通知、声明、店堂告示等方式，作出排除或者限制消费者权利、减轻或者免除经营者责任、加重消费者责任等对消费者不公平、不合理规定的；

（五）其他侵害众多不特定消费者合法权益或者具有危及消费者人身、财产安全危险等损害社会公共利益的行为。"

3. 将第十三条修改为：

"原告在消费民事公益诉讼案件中，请求被告承担停止侵害、排除妨碍、消除危险、赔礼道歉等民事责任的，人民法院可予支持。

经营者利用格式条款或者通知、声明、店堂告示等，排除或者限制消费者权利、减轻或者免除经营者责任、加重消费者责任，原告认为对消费者不公平、不合理主张无效的，人民法院应依法予以支持。"

4. 将第十七条修改为：

"原告为停止侵害、排除妨碍、消除危险采取合理预防、处置措施而发生的费用，请求被告承担的，人民法院应依法予以支持。"

十七、修改《最高人民法院关于适用简易程序审理民事案件的若干规定》

1. 将引言修改为：

"为保障和方便当事人依法行使诉讼权利，保证人民法院公正、及时审理民事案件，根据《中华人民共和国民事诉讼法》的有关规定，结合审判实践，制定本规定。"

2. 将第一条修改为:

"基层人民法院根据民事诉讼法第一百五十七条①规定审理简单的民事案件,适用本规定,但有下列情形之一的案件除外:

(一)起诉时被告下落不明的;

(二)发回重审的;

(三)共同诉讼中一方或者双方当事人人数众多的;

(四)法律规定应当适用特别程序、审判监督程序、督促程序、公示催告程序和企业法人破产还债程序的;

(五)人民法院认为不宜适用简易程序进行审理的。"

3. 将第四条修改为:

"原告本人不能书写起诉状,委托他人代写起诉状确有困难的,可以口头起诉。

原告口头起诉的,人民法院应当将当事人的基本情况、联系方式、诉讼请求、事实及理由予以准确记录,将相关证据予以登记。人民法院应当将上述记录和登记的内容向原告当面宣读,原告认为无误后应当签名或者按指印。"

4. 将第五条修改为:

"当事人应当在起诉或者答辩时向人民法院提供自己准确的送达地址、收件人、电话号码等其他联系方式,并签名或者按指印确认。

送达地址应当写明受送达人住所地的邮政编码和详细地址;受送达人是有固定职业的自然人的,其从业的场所可以视为送达地址。"

5. 将第七条修改为:

"双方当事人到庭后,被告同意口头答辩的,人民法院可以当即开庭审理;被告要求书面答辩的,人民法院应当将提交答辩状的期限和开庭的具体日期告知各方当事人,并向当事人说明逾期举证以及拒不到庭的法律后果,由各方当事人在笔录和开庭传票的送达回证上签名或者按指印。"

6. 将第九条修改为:

"被告到庭后拒绝提供自己的送达地址和联系方式的,人民法院应当告知

---

① 现为《民事诉讼法》(2023年修正)第一百六十条。

其拒不提供送达地址的后果；经人民法院告知后被告仍然拒不提供的，按下列方式处理：

（一）被告是自然人的，以其户籍登记中的住所或者经常居所为送达地址；

（二）被告是法人或者非法人组织的，应当以其在登记机关登记、备案中的住所为送达地址。

人民法院应当将上述告知的内容记入笔录。"

7. 将第十一条修改为：

"受送达的自然人以及他的同住成年家属拒绝签收诉讼文书的，或者法人、非法人组织负责收件的人拒绝签收诉讼文书的，送达人应当依据民事诉讼法第八十六条①的规定邀请有关基层组织或者所在单位的代表到场见证，被邀请的人不愿到场见证的，送达人应当在送达回证上记明拒收事由、时间和地点以及被邀请人不愿到场见证的情形，将诉讼文书留在受送达人的住所或者从业场所，即视为送达。

受送达人的同住成年家属或者法人、非法人组织负责收件的人是同一案件中另一方当事人的，不适用前款规定。"

8. 将第十二条修改为：

"适用简易程序审理的民事案件，当事人及其诉讼代理人申请证人出庭作证，应当在举证期限届满前提出。"

9. 将第十四条修改为：

"下列民事案件，人民法院在开庭审理时应当先行调解：

（一）婚姻家庭纠纷和继承纠纷；

（二）劳务合同纠纷；

（三）交通事故和工伤事故引起的权利义务关系较为明确的损害赔偿纠纷；

（四）宅基地和相邻关系纠纷；

（五）合伙合同纠纷；

（六）诉讼标的额较小的纠纷。

但是根据案件的性质和当事人的实际情况不能调解或者显然没有调解必

---

① 现为《民事诉讼法》（2023年修正）第八十九条。

要的除外。"

10. 将第十五条修改为:

"调解达成协议并经审判人员审核后,双方当事人同意该调解协议经双方签名或者按指印生效的,该调解协议自双方签名或者按指印之日起发生法律效力。当事人要求摘录或者复制该调解协议的,应予准许。

调解协议符合前款规定,且不属于不需要制作调解书的,人民法院应当另行制作民事调解书。调解协议生效后一方拒不履行的,另一方可以持民事调解书申请强制执行。"

11. 将第三十二条修改为:

"适用简易程序审理的民事案件,有下列情形之一的,人民法院在制作裁判文书时对认定事实或者判决理由部分可以适当简化:

(一)当事人达成调解协议并需要制作民事调解书的;

(二)一方当事人在诉讼过程中明确表示承认对方全部诉讼请求或者部分诉讼请求的;

(三)当事人对案件事实没有争议或者争议不大的;

(四)涉及自然人的隐私、个人信息,或者商业秘密的案件,当事人一方要求简化裁判文书中的相关内容,人民法院认为理由正当的;

(五)当事人双方一致同意简化裁判文书的。"

十八、修改《最高人民法院关于人民法院受理申请承认外国法院离婚判决案件有关问题的规定》

将第二条修改为:

"外国公民向人民法院申请承认外国法院离婚判决,如果其离婚的原配偶是中国公民的,人民法院应予受理;如果其离婚的原配偶是外国公民的,人民法院不予受理,但可告知其直接向婚姻登记机关申请结婚登记。"

十九、修改《最高人民法院关于中国公民申请承认外国法院离婚判决程序问题的规定》

1. 将第十条修改为:

"按照第八条、第九条要求提供的证明文件,应经该外国公证部门公证和我国驻该国使、领馆认证，或者履行中华人民共和国与该所在国订立的有关条约中规定的证明手续。同时应由申请人提供经证明无误的中文译本。"

2. 将第十七条修改为：

"申请承认外国法院的离婚判决，委托他人代理的，必须向人民法院提交由委托人签名或盖章的授权委托书。委托人在国外出具的委托书，必须经我国驻该国的使、领馆证明，或者履行中华人民共和国与该所在国订立的有关条约中规定的证明手续。"

本决定自 2021 年 1 月 1 日起施行。

根据本决定，《最高人民法院关于人民法院民事调解工作若干问题的规定》等十九件民事诉讼类司法解释作相应修改后重新公布。

最高人民法院
关于互联网法院审理案件若干问题的规定

法释〔2018〕16 号

（2018 年 9 月 3 日最高人民法院审判委员会第 1747 次会议通过
2018 年 9 月 6 日最高人民法院公告公布　自 2018 年 9 月 7 日起施行）

为规范互联网法院诉讼活动，保护当事人及其他诉讼参与人合法权益，确保公正高效审理案件，根据《中华人民共和国民事诉讼法》《中华人民共和国行政诉讼法》等法律，结合人民法院审判工作实际，就互联网法院审理案件相关问题规定如下。

第一条　互联网法院采取在线方式审理案件，案件的受理、送达、调解、证据交换、庭前准备、庭审、宣判等诉讼环节一般应当在线上完成。

根据当事人申请或者案件审理需要，互联网法院可以决定在线下完成部分诉讼环节。

第二条　北京、广州、杭州互联网法院集中管辖所在市的辖区内应当由基层人民法院受理的下列第一审案件：

（一）通过电子商务平台签订或者履行网络购物合同而产生的纠纷；

（二）签订、履行行为均在互联网上完成的网络服务合同纠纷；

（三）签订、履行行为均在互联网上完成的金融借款合同纠纷、小额借款合同纠纷；

（四）在互联网上首次发表作品的著作权或者邻接权权属纠纷；

（五）在互联网上侵害在线发表或者传播作品的著作权或者邻接权而产生的纠纷；

（六）互联网域名权属、侵权及合同纠纷；

（七）在互联网上侵害他人人身权、财产权等民事权益而产生的纠纷；

（八）通过电子商务平台购买的产品，因存在产品缺陷，侵害他人人身、财产权益而产生的产品责任纠纷；

（九）检察机关提起的互联网公益诉讼案件；

（十）因行政机关作出互联网信息服务管理、互联网商品交易及有关服务管理等行政行为而产生的行政纠纷；

（十一）上级人民法院指定管辖的其他互联网民事、行政案件。

第三条 当事人可以在本规定第二条确定的合同及其他财产权益纠纷范围内，依法协议约定与争议有实际联系地点的互联网法院管辖。

电子商务经营者、网络服务提供商等采取格式条款形式与用户订立管辖协议的，应当符合法律及司法解释关于格式条款的规定。

第四条 当事人对北京互联网法院作出的判决、裁定提起上诉的案件，由北京市第四中级人民法院审理，但互联网著作权权属纠纷和侵权纠纷、互联网域名纠纷的上诉案件，由北京知识产权法院审理。

当事人对广州互联网法院作出的判决、裁定提起上诉的案件，由广州市中级人民法院审理，但互联网著作权权属纠纷和侵权纠纷、互联网域名纠纷的上诉案件，由广州知识产权法院审理。

当事人对杭州互联网法院作出的判决、裁定提起上诉的案件，由杭州市中级人民法院审理。

第五条 互联网法院应当建设互联网诉讼平台（以下简称诉讼平台），作为法院办理案件和当事人及其他诉讼参与人实施诉讼行为的专用平台。通过诉讼平台作出的诉讼行为，具有法律效力。

互联网法院审理案件所需涉案数据，电子商务平台经营者、网络服务提供商、相关国家机关应当提供，并有序接入诉讼平台，由互联网法院在线核实、实时固定、安全管理。诉讼平台对涉案数据的存储和使用，应当符合《中华人民共和国网络安全法》等法律法规的规定。

第六条　当事人及其他诉讼参与人使用诉讼平台实施诉讼行为的，应当通过证件证照比对、生物特征识别或者国家统一身份认证平台认证等在线方式完成身份认证，并取得登录诉讼平台的专用账号。

使用专用账号登录诉讼平台所作出的行为，视为被认证人本人行为，但因诉讼平台技术原因导致系统错误，或者被认证人能够证明诉讼平台账号被盗用的除外。

第七条　互联网法院在线接收原告提交的起诉材料，并于收到材料后七日内，在线作出以下处理：

（一）符合起诉条件的，登记立案并送达案件受理通知书、诉讼费交纳通知书、举证通知书等诉讼文书。

（二）提交材料不符合要求的，及时发出补正通知，并于收到补正材料后次日重新起算受理时间；原告未在指定期限内按要求补正的，起诉材料作退回处理。

（三）不符合起诉条件的，经释明后，原告无异议的，起诉材料作退回处理；原告坚持继续起诉的，依法作出不予受理裁定。

第八条　互联网法院受理案件后，可以通过原告提供的手机号码、传真、电子邮箱、即时通讯账号等，通知被告、第三人通过诉讼平台进行案件关联和身份验证。

被告、第三人应当通过诉讼平台了解案件信息，接收和提交诉讼材料，实施诉讼行为。

第九条　互联网法院组织在线证据交换的，当事人应当将在线电子数据上传、导入诉讼平台，或者将线下证据通过扫描、翻拍、转录等方式进行电子化处理后上传至诉讼平台进行举证，也可以运用已经导入诉讼平台的电子数据证明自己的主张。

第十条　当事人及其他诉讼参与人通过技术手段将身份证明、营业执照副本、授权委托书、法定代表人身份证明等诉讼材料，以及书证、鉴定意见、勘验笔录等证据材料进行电子化处理后提交的，经互联网法院审核通过后，视为符合原件形式要求。对方当事人对上述材料真实性提出异议且有合理理由的，互联网法院应当要求当事人提供原件。

第十一条 当事人对电子数据真实性提出异议的，互联网法院应当结合质证情况，审查判断电子数据生成、收集、存储、传输过程的真实性，并着重审查以下内容：

（一）电子数据生成、收集、存储、传输所依赖的计算机系统等硬件、软件环境是否安全、可靠；

（二）电子数据的生成主体和时间是否明确，表现内容是否清晰、客观、准确；

（三）电子数据的存储、保管介质是否明确，保管方式和手段是否妥当；

（四）电子数据提取和固定的主体、工具和方式是否可靠，提取过程是否可以重现；

（五）电子数据的内容是否存在增加、删除、修改及不完整等情形；

（六）电子数据是否可以通过特定形式得到验证。

当事人提交的电子数据，通过电子签名、可信时间戳、哈希值校验、区块链等证据收集、固定和防篡改的技术手段或者通过电子取证存证平台认证，能够证明其真实性的，互联网法院应当确认。

当事人可以申请具有专门知识的人就电子数据技术问题提出意见。互联网法院可以根据当事人申请或者依职权，委托鉴定电子数据的真实性或者调取其他相关证据进行核对。

第十二条 互联网法院采取在线视频方式开庭。存在确需当庭查明身份、核对原件、查验实物等特殊情形的，互联网法院可以决定在线下开庭，但其他诉讼环节仍应当在线完成。

第十三条 互联网法院可以视情决定采取下列方式简化庭审程序：

（一）开庭前已经在线完成当事人身份核实、权利义务告知、庭审纪律宣示的，开庭时可以不再重复进行；

（二）当事人已经在线完成证据交换的，对于无争议的证据，法官在庭审中说明后，可以不再举证、质证；

（三）经征得当事人同意，可以将当事人陈述、法庭调查、法庭辩论等庭审环节合并进行。对于简单民事案件，庭审可以直接围绕诉讼请求或者案件要素进行。

第十四条 互联网法院根据在线庭审特点，适用《中华人民共和国人民法院法庭规则》的有关规定。除经查明确属网络故障、设备损坏、电力中断或者不可抗力等原因外，当事人不按时参加在线庭审的，视为"拒不到庭"，庭审中擅自退出的，视为"中途退庭"，分别按照《中华人民共和国民事诉讼法》《中华人民共和国行政诉讼法》及相关司法解释的规定处理。

第十五条 经当事人同意，互联网法院应当通过中国审判流程信息公开网、诉讼平台、手机短信、传真、电子邮件、即时通讯账号等电子方式送达诉讼文书及当事人提交的证据材料等。

当事人未明确表示同意，但已经约定发生纠纷时在诉讼中适用电子送达的，或者通过回复收悉、作出相应诉讼行为等方式接受已经完成的电子送达，并且未明确表示不同意电子送达的，可以视为同意电子送达。

经告知当事人权利义务，并征得其同意，互联网法院可以电子送达裁判文书。当事人提出需要纸质版裁判文书的，互联网法院应当提供。

第十六条 互联网法院进行电子送达，应当向当事人确认电子送达的具体方式和地址，并告知电子送达的适用范围、效力、送达地址变更方式以及其他需告知的送达事项。

受送达人未提供有效电子送达地址的，互联网法院可以将能够确认为受送达人本人的近三个月内处于日常活跃状态的手机号码、电子邮箱、即时通讯账号等常用电子地址作为优先送达地址。

第十七条 互联网法院向受送达人主动提供或者确认的电子地址进行送达的，送达信息到达受送达人特定系统时，即为送达。

互联网法院向受送达人常用电子地址或者能够获取的其他电子地址进行送达的，根据下列情形确定是否完成送达：

（一）受送达人回复已收到送达材料，或者根据送达内容作出相应诉讼行为的，视为完成有效送达。

（二）受送达人的媒介系统反馈受送达人已阅知，或者有其他证据可以证明受送达人已经收悉的，推定完成有效送达，但受送达人能够证明存在媒介系统错误、送达地址非本人所有或者使用、非本人阅知等未收悉送达内容的情形除外。

完成有效送达的，互联网法院应当制作电子送达凭证。电子送达凭证具有送达回证效力。

第十八条　对需要进行公告送达的事实清楚、权利义务关系明确的简单民事案件，互联网法院可以适用简易程序审理。

第十九条　互联网法院在线审理的案件，审判人员、法官助理、书记员、当事人及其他诉讼参与人等通过在线确认、电子签章等在线方式对调解协议、笔录、电子送达凭证及其他诉讼材料予以确认的，视为符合《中华人民共和国民事诉讼法》有关"签名"的要求。

第二十条　互联网法院在线审理的案件，可以在调解、证据交换、庭审、合议等诉讼环节运用语音识别技术同步生成电子笔录。电子笔录以在线方式核对确认后，与书面笔录具有同等法律效力。

第二十一条　互联网法院应当利用诉讼平台随案同步生成电子卷宗，形成电子档案。案件纸质档案已经全部转化为电子档案的，可以以电子档案代替纸质档案进行上诉移送和案卷归档。

第二十二条　当事人对互联网法院审理的案件提起上诉的，第二审法院原则上采取在线方式审理。第二审法院在线审理规则参照适用本规定。

第二十三条　本规定自 2018 年 9 月 7 日起施行。最高人民法院之前发布的司法解释与本规定不一致的，以本规定为准。

人民法院在线诉讼规则

法释〔2021〕12 号

（2021 年 5 月 18 日最高人民法院审判委员会第 1838 次会议通过　2021 年 6 月 16 日最高人民法院公告公布　自 2021 年 8 月 1 日起施行）

为推进和规范在线诉讼活动，完善在线诉讼规则，依法保障当事人及其他诉讼参与人等诉讼主体的合法权利，确保公正高效审理案件，根据《中华人民共和国刑事诉讼法》《中华人民共和国民事诉讼法》《中华人民共和国行政诉讼法》等相关法律规定，结合人民法院工作实际，制定本规则。

第一条 人民法院、当事人及其他诉讼参与人等可以依托电子诉讼平台（以下简称"诉讼平台"），通过互联网或者专用网络在线完成立案、调解、证据交换、询问、庭审、送达等全部或者部分诉讼环节。

在线诉讼活动与线下诉讼活动具有同等法律效力。

第二条 人民法院开展在线诉讼应当遵循以下原则：

（一）公正高效原则。严格依法开展在线诉讼活动，完善审判流程，健全工作机制，加强技术保障，提高司法效率，保障司法公正。

（二）合法自愿原则。尊重和保障当事人及其他诉讼参与人对诉讼方式的选择权，未经当事人及其他诉讼参与人同意，人民法院不得强制或者变相强制适用在线诉讼。

（三）权利保障原则。充分保障当事人各项诉讼权利，强化提示、说明、告知义务，不得随意减少诉讼环节和减损当事人诉讼权益。

（四）便民利民原则。优化在线诉讼服务，完善诉讼平台功能，加强信息技术应用，降低当事人诉讼成本，提升纠纷解决效率。统筹兼顾不同群体司法需求，对未成年人、老年人、残障人士等特殊群体加强诉讼引导，提供相应司法便利。

（五）安全可靠原则。依法维护国家安全，保护国家秘密、商业秘密、个人隐私和个人信息，有效保障在线诉讼数据信息安全。规范技术应用，确保技术中立和平台中立。

第三条 人民法院综合考虑案件情况、当事人意愿和技术条件等因素，可以对以下案件适用在线诉讼：

（一）民事、行政诉讼案件；

（二）刑事速裁程序案件，减刑、假释案件，以及因其他特殊原因不宜线下审理的刑事案件；

（三）民事特别程序、督促程序、破产程序和非诉执行审查案件；

（四）民事、行政执行案件和刑事附带民事诉讼执行案件；

（五）其他适宜采取在线方式审理的案件。

第四条 人民法院开展在线诉讼，应当征得当事人同意，并告知适用在线诉讼的具体环节、主要形式、权利义务、法律后果和操作方法等。

人民法院应当根据当事人对在线诉讼的相应意思表示，作出以下处理：

（一）当事人主动选择适用在线诉讼的，人民法院可以不再另行征得其同意，相应诉讼环节可以直接在线进行；

（二）各方当事人均同意适用在线诉讼的，相应诉讼环节可以在线进行；

（三）部分当事人同意适用在线诉讼，部分当事人不同意的，相应诉讼环节可以采取同意方当事人线上、不同意方当事人线下的方式进行；

（四）当事人仅主动选择或者同意对部分诉讼环节适用在线诉讼的，人民法院不得推定其对其他诉讼环节均同意适用在线诉讼。

对人民检察院参与的案件适用在线诉讼的，应当征得人民检察院同意。

第五条 在诉讼过程中，如存在当事人欠缺在线诉讼能力、不具备在线诉讼条件或者相应诉讼环节不宜在线办理等情形之一的，人民法院应当将相应诉讼环节转为线下进行。

当事人已同意对相应诉讼环节适用在线诉讼，但诉讼过程中又反悔的，应当在开展相应诉讼活动前的合理期限内提出。经审查，人民法院认为不存在故意拖延诉讼等不当情形的，相应诉讼环节可以转为线下进行。

在调解、证据交换、询问、听证、庭审等诉讼环节中，一方当事人要求其他当事人及诉讼参与人在线下参与诉讼的，应当提出具体理由。经审查，人民法院认为案件存在案情疑难复杂、需证人现场作证、有必要线下举证质证、陈述辩论等情形之一的，相应诉讼环节可以转为线下进行。

第六条 当事人已同意适用在线诉讼，但无正当理由不参与在线诉讼活动或者不作出相应诉讼行为，也未在合理期限内申请提出转为线下进行的，应当依照法律和司法解释的相关规定承担相应法律后果。

第七条 参与在线诉讼的诉讼主体应当先行在诉讼平台完成实名注册。人民法院应当通过证件证照在线比对、身份认证平台认证等方式，核实诉讼主体的实名手机号码、居民身份证件号码、护照号码、统一社会信用代码等信息，确认诉讼主体身份真实性。诉讼主体在线完成身份认证后，取得登录诉讼平台的专用账号。

参与在线诉讼的诉讼主体应当妥善保管诉讼平台专用账号和密码。除有证据证明存在账号被盗用或者系统错误的情形外，使用专用账号登录诉讼平台所作出的行为，视为被认证人本人行为。

人民法院在线开展调解、证据交换、庭审等诉讼活动，应当再次验证诉讼主体的身份；确有必要的，应当在线下进一步核实身份。

第八条 人民法院、特邀调解组织、特邀调解员可以通过诉讼平台、人民法院调解平台等开展在线调解活动。在线调解应当按照法律和司法解释相关规定进行，依法保护国家秘密、商业秘密、个人隐私和其他不宜公开的信息。

第九条 当事人采取在线方式提交起诉材料的，人民法院应当在收到材料后的法定期限内，在线作出以下处理：

（一）符合起诉条件的，登记立案并送达案件受理通知书、交纳诉讼费用通知书、举证通知书等诉讼文书；

（二）提交材料不符合要求的，及时通知其补正，并一次性告知补正内容和期限，案件受理时间自收到补正材料后次日重新起算；

（三）不符合起诉条件或者起诉材料经补正仍不符合要求，原告坚持起诉的，依法裁定不予受理或者不予立案；

当事人已在线提交符合要求的起诉状等材料的，人民法院不得要求当事人再提供纸质件。

上诉、申请再审、特别程序、执行等案件的在线受理规则，参照本条第一款、第二款规定办理。

第十条 案件适用在线诉讼的，人民法院应当通知被告、被上诉人或者其他诉讼参与人，询问其是否同意以在线方式参与诉讼。被通知人同意采用在线方式的，应当在收到通知的三日内通过诉讼平台验证身份、关联案件，并在后续诉讼活动中通过诉讼平台了解案件信息、接收和提交诉讼材料，以及实施其他诉讼行为。

被通知人未明确表示同意采用在线方式，且未在人民法院指定期限内注册登录诉讼平台的，针对被通知人的相关诉讼活动在线下进行。

第十一条 当事人可以在诉讼平台直接填写录入起诉状、答辩状、反诉状、代理意见等诉讼文书材料。

当事人可以通过扫描、翻拍、转录等方式，将线下的诉讼文书材料或者证据材料作电子化处理后上传至诉讼平台。诉讼材料为电子数据，且诉讼平台与存储该电子数据的平台已实现对接的，当事人可以将电子数据直接提交至诉讼平台。

当事人提交电子化材料确有困难的，人民法院可以辅助当事人将线下材料作电子化处理后导入诉讼平台。

第十二条　当事人提交的电子化材料，经人民法院审核通过后，可以直接在诉讼中使用。诉讼中存在下列情形之一的，人民法院应当要求当事人提供原件、原物：

（一）对方当事人认为电子化材料与原件、原物不一致，并提出合理理由和依据的；

（二）电子化材料呈现不完整、内容不清晰、格式不规范的；

（三）人民法院卷宗、档案管理相关规定要求提供原件、原物的；

（四）人民法院认为有必要提交原件、原物的。

第十三条　当事人提交的电子化材料，符合下列情形之一的，人民法院可以认定符合原件、原物形式要求：

（一）对方当事人对电子化材料与原件、原物的一致性未提出异议的；

（二）电子化材料形成过程已经过公证机构公证的；

（三）电子化材料已在之前诉讼中提交并经人民法院确认的；

（四）电子化材料已通过在线或者线下方式与原件、原物比对一致的；

（五）有其他证据证明电子化材料与原件、原物一致的。

第十四条　人民法院根据当事人选择和案件情况，可以组织当事人开展在线证据交换，通过同步或者非同步方式在线举证、质证。

各方当事人选择同步在线交换证据的，应当在人民法院指定的时间登录诉讼平台，通过在线视频或者其他方式，对已经导入诉讼平台的证据材料或者线下送达的证据材料副本，集中发表质证意见。

各方当事人选择非同步在线交换证据的，应当在人民法院确定的合理期限内，分别登录诉讼平台，查看已经导入诉讼平台的证据材料，并发表质证意见。

各方当事人均同意在线证据交换，但对具体方式无法达成一致意见的，适用同步在线证据交换。

第十五条　当事人作为证据提交的电子化材料和电子数据，人民法院应当按照法律和司法解释的相关规定，经当事人举证质证后，依法认定其真实性、合法性和关联性。未经人民法院查证属实的证据，不得作为认定案件事实的根据。

第十六条 当事人作为证据提交的电子数据系通过区块链技术存储，并经技术核验一致的，人民法院可以认定该电子数据上链后未经篡改，但有相反证据足以推翻的除外。

第十七条 当事人对区块链技术存储的电子数据上链后的真实性提出异议，并有合理理由的，人民法院应当结合下列因素作出判断：

（一）存证平台是否符合国家有关部门关于提供区块链存证服务的相关规定；

（二）当事人与存证平台是否存在利害关系，并利用技术手段不当干预取证、存证过程；

（三）存证平台的信息系统是否符合清洁性、安全性、可靠性、可用性的国家标准或者行业标准；

（四）存证技术和过程是否符合相关国家标准或者行业标准中关于系统环境、技术安全、加密方式、数据传输、信息验证等方面的要求。

第十八条 当事人提出电子数据上链存储前已不具备真实性，并提供证据证明或者说明理由的，人民法院应当予以审查。

人民法院根据案件情况，可以要求提交区块链技术存储电子数据的一方当事人，提供证据证明上链存储前数据的真实性，并结合上链存储前数据的具体来源、生成机制、存储过程、公证机构公证、第三方见证、关联印证数据等情况作出综合判断。当事人不能提供证据证明或者作出合理说明，该电子数据也无法与其他证据相互印证的，人民法院不予确认其真实性。

第十九条 当事人可以申请具有专门知识的人就区块链技术存储电子数据相关技术问题提出意见。人民法院可以根据当事人申请或者依职权，委托鉴定区块链技术存储电子数据的真实性，或者调取其他相关证据进行核对。

第二十条 经各方当事人同意，人民法院可以指定当事人在一定期限内，分别登录诉讼平台，以非同步的方式开展调解、证据交换、调查询问、庭审等诉讼活动。

适用小额诉讼程序或者民事、行政简易程序审理的案件，同时符合下列情形的，人民法院和当事人可以在指定期限内，按照庭审程序环节分别录制

参与庭审视频并上传至诉讼平台,非同步完成庭审活动:

（一）各方当事人同时在线参与庭审确有困难的;

（二）一方当事人提出书面申请,各方当事人均表示同意的;

（三）案件经过在线证据交换或者调查询问,各方当事人对案件主要事实和证据不存在争议。

第二十一条 人民法院开庭审理的案件,应当根据当事人意愿、案件情况、社会影响、技术条件等因素,决定是否采取视频方式在线庭审,但具有下列情形之一的,不得适用在线庭审:

（一）各方当事人均明确表示不同意,或者一方当事人表示不同意且有正当理由的;

（二）各方当事人均不具备参与在线庭审的技术条件和能力的;

（三）需要通过庭审现场查明身份、核对原件、查验实物的;

（四）案件疑难复杂、证据繁多,适用在线庭审不利于查明事实和适用法律的;

（五）案件涉及国家安全、国家秘密的;

（六）案件具有重大社会影响,受到广泛关注的;

（七）人民法院认为存在其他不宜适用在线庭审情形的。

采取在线庭审方式审理的案件,审理过程中发现存在上述情形之一的,人民法院应当及时转为线下庭审。已完成的在线庭审活动具有法律效力。

在线询问的适用范围和条件参照在线庭审的相关规则。

第二十二条 适用在线庭审的案件,应当按照法律和司法解释的相关规定开展庭前准备、法庭调查、法庭辩论等庭审活动,保障当事人申请回避、举证、质证、陈述、辩论等诉讼权利。

第二十三条 需要公告送达的案件,人民法院可以在公告中明确线上或者线下参与庭审的具体方式,告知当事人选择在线庭审的权利。被公告方当事人未在开庭前向人民法院表示同意在线庭审的,被公告方当事人适用线下庭审。其他同意适用在线庭审的当事人,可以在线参与庭审。

第二十四条 在线开展庭审活动,人民法院应当设置环境要素齐全的在线法庭。在线法庭应当保持国徽在显著位置,审判人员及席位名称等在视频画面合理区域。因存在特殊情形,确需在在线法庭之外的其他场所组织在线庭审的,应当报请本院院长同意。

出庭人员参加在线庭审,应当选择安静、无干扰、光线适宜、网络信号良好、相对封闭的场所,不得在可能影响庭审音频视频效果或者有损庭审严肃性的场所参加庭审。必要时,人民法院可以要求出庭人员到指定场所参加在线庭审。

第二十五条 出庭人员参加在线庭审应当尊重司法礼仪,遵守法庭纪律。人民法院根据在线庭审的特点,适用《中华人民共和国人民法院法庭规则》相关规定。

除确属网络故障、设备损坏、电力中断或者不可抗力等原因外,当事人无正当理由不参加在线庭审,视为"拒不到庭";在庭审中擅自退出,经提示、警告后仍不改正的,视为"中途退庭",分别按照相关法律和司法解释的规定处理。

第二十六条 证人通过在线方式出庭的,人民法院应当通过指定在线出庭场所、设置在线作证室等方式,保证其不旁听案件审理和不受他人干扰。当事人对证人在线出庭提出异议且有合理理由的,或者人民法院认为确有必要的,应当要求证人线下出庭作证。

鉴定人、勘验人、具有专门知识的人在线出庭的,参照前款规定执行。

第二十七条 适用在线庭审的案件,应当按照法律和司法解释的相关规定公开庭审活动。

对涉及国家安全、国家秘密、个人隐私的案件,庭审过程不得在互联网上公开。对涉及未成年人、商业秘密、离婚等民事案件,当事人申请不公开审理的,在线庭审过程可以不在互联网上公开。

未经人民法院同意,任何人不得违法违规录制、截取、传播涉及在线庭审过程的音频视频、图文资料。

第二十八条 在线诉讼参与人故意违反本规则第八条、第二十四条、第二十五条、第二十六条、第二十七条的规定,实施妨害在线诉讼秩序行为的,人民法院可以根据法律和司法解释关于妨害诉讼的相关规定作出处理。

第二十九条 经受送达人同意,人民法院可以通过送达平台,向受送达人的电子邮箱、即时通讯账号、诉讼平台专用账号等电子地址,按照法律和司法解释的相关规定送达诉讼文书和证据材料。

具备下列情形之一的，人民法院可以确定受送达人同意电子送达：

（一）受送达人明确表示同意的；

（二）受送达人在诉讼前对适用电子送达已作出约定或者承诺的；

（三）受送达人在提交的起诉状、上诉状、申请书、答辩状中主动提供用于接收送达的电子地址的；

（四）受送达人通过回复收悉、参加诉讼等方式接受已经完成的电子送达，并且未明确表示不同意电子送达的。

第三十条 人民法院可以通过电话确认、诉讼平台在线确认、线下发送电子送达确认书等方式，确认受送达人是否同意电子送达，以及受送达人接收电子送达的具体方式和地址，并告知电子送达的适用范围、效力、送达地址变更方式以及其他需告知的送达事项。

第三十一条 人民法院向受送达人主动提供或者确认的电子地址送达的，送达信息到达电子地址所在系统时，即为送达。

受送达人未提供或者未确认有效电子送达地址，人民法院向能够确认为受送达人本人的电子地址送达的，根据下列情形确定送达是否生效：

（一）受送达人回复已收悉，或者根据送达内容已作出相应诉讼行为的，即为完成有效送达；

（二）受送达人的电子地址所在系统反馈受送达人已阅知，或者有其他证据可以证明受送达人已经收悉的，推定完成有效送达，但受送达人能够证明存在系统错误、送达地址非本人使用或者非本人阅知等未收悉送达内容的情形除外。

人民法院开展电子送达，应当在系统中全程留痕，并制作电子送达凭证。电子送达凭证具有送达回证效力。

对同一内容的送达材料采取多种电子方式发送受送达人的，以最先完成的有效送达时间作为送达生效时间。

第三十二条 人民法院适用电子送达，可以同步通过短信、即时通讯工具、诉讼平台提示等方式，通知受送达人查阅、接收、下载相关送达材料。

第三十三条 适用在线诉讼的案件，各方诉讼主体可以通过在线确认、电子签章等方式，确认和签收调解协议、笔录、电子送达凭证及其他诉讼材料。

第三十四条 适用在线诉讼的案件,人民法院应当在调解、证据交换、庭审、合议等诉讼环节同步形成电子笔录。电子笔录以在线方式核对确认后,与书面笔录具有同等法律效力。

第三十五条 适用在线诉讼的案件,人民法院应当利用技术手段随案同步生成电子卷宗,形成电子档案。电子档案的立卷、归档、存储、利用等,按照档案管理相关法律法规的规定执行。

案件无纸质材料或者纸质材料已经全部转化为电子材料的,第一审人民法院可以采用电子卷宗代替纸质卷宗进行上诉移送。

适用在线诉讼的案件存在纸质卷宗材料的,应当按照档案管理相关法律法规立卷、归档和保存。

第三十六条 执行裁决案件的在线立案、电子材料提交、执行和解、询问当事人、电子送达等环节,适用本规则的相关规定办理。

人民法院可以通过财产查控系统、网络询价评估平台、网络拍卖平台、信用惩戒系统等,在线完成财产查明、查封、扣押、冻结、划扣、变价和惩戒等执行实施环节。

第三十七条 符合本规定第三条第二项规定的刑事案件,经公诉人、当事人、辩护人同意,可以根据案件情况,采取在线方式讯问被告人、开庭审理、宣判等。

案件采取在线方式审理的,按照以下情形分别处理:

(一)被告人、罪犯被羁押的,可以在看守所、监狱等羁押场所在线出庭;

(二)被告人、罪犯未被羁押的,因特殊原因确实无法到庭的,可以在人民法院指定的场所在线出庭;

(三)证人、鉴定人一般应当在线下出庭,但法律和司法解释另有规定的除外。

第三十八条 参与在线诉讼的相关主体应当遵守数据安全和个人信息保护的相关法律法规,履行数据安全和个人信息保护义务。除人民法院依法公开的以外,任何人不得违法违规披露、传播和使用在线诉讼数据信息。出现上述情形的,人民法院可以根据具体情况,依照法律和司法解释关于数据安全、个人信息保护以及妨害诉讼的规定追究相关单位和人员法律责任,构成犯罪的，依法追究刑事责任。

第三十九条 本规则自2021年8月1日起施行。最高人民法院之前发布的司法解释涉及在线诉讼的规定与本规则不一致的，以本规则为准。

人民法院在线调解规则

法释〔2021〕23号

（2021年12月27日最高人民法院审判委员会第1859次会议通过 2021年12月30日最高人民法院公告公布 自2022年1月1日起施行）

为方便当事人及时解决纠纷，规范依托人民法院调解平台开展的在线调解活动，提高多元化解纠纷效能，根据《中华人民共和国民事诉讼法》《中华人民共和国行政诉讼法》《中华人民共和国刑事诉讼法》等法律的规定，结合人民法院工作实际，制定本规则。

第一条 在立案前或者诉讼过程中依托人民法院调解平台开展在线调解的，适用本规则。

第二条 在线调解包括人民法院、当事人、调解组织或者调解员通过人民法院调解平台开展的在线申请、委派委托、音视频调解、制作调解协议、申请司法确认调解协议、制作调解书等全部或者部分调解活动。

第三条 民事、行政、执行、刑事自诉以及被告人、罪犯未被羁押的刑事附带民事诉讼等法律规定可以调解或者和解的纠纷，可以开展在线调解。

行政、刑事自诉和刑事附带民事诉讼案件的在线调解，法律和司法解释另有规定的，从其规定。

第四条 人民法院采用在线调解方式应当征得当事人同意，并综合考虑案件具体情况、技术条件等因素。

第五条 人民法院审判人员、专职或者兼职调解员、特邀调解组织和特邀调解员以及人民法院邀请的其他单位或者个人，可以开展在线调解。

在线调解组织和调解员的基本情况、纠纷受理范围、擅长领域、是否收费、作出邀请的人民法院等信息应当在人民法院调解平台进行公布，方便当事人选择。

第六条 人民法院可以邀请符合条件的外国人入驻人民法院调解平台，参与调解当事人一方或者双方为外国人、无国籍人、外国企业或者组织的民商事纠纷。

符合条件的港澳地区居民可以入驻人民法院调解平台，参与调解当事人一方或者双方为香港特别行政区、澳门特别行政区居民、法人或者非法人组织以及大陆港资澳资企业的民商事纠纷。

符合条件的台湾地区居民可以入驻人民法院调解平台，参与调解当事人一方或者双方为台湾地区居民、法人或者非法人组织以及大陆台资企业的民商事纠纷。

第七条 人民法院立案人员、审判人员在立案前或者诉讼过程中，认为纠纷适宜在线调解的，可以通过口头、书面、在线等方式充分释明在线调解的优势，告知在线调解的主要形式、权利义务、法律后果和操作方法等，引导当事人优先选择在线调解方式解决纠纷。

第八条 当事人同意在线调解的，应当在人民法院调解平台填写身份信息、纠纷简要情况、有效联系电话以及接收诉讼文书电子送达地址等，并上传电子化起诉申请材料。当事人在电子诉讼平台已经提交过电子化起诉申请材料的，不再重复提交。

当事人填写或者提交电子化起诉申请材料确有困难的，人民法院可以辅助当事人将纸质材料作电子化处理后导入人民法院调解平台。

第九条 当事人在立案前申请在线调解，属于下列情形之一的，人民法院退回申请并分别予以处理：

（一）当事人申请调解的纠纷不属于人民法院受案范围，告知可以采用的其他纠纷解决方式；

（二）与当事人选择的在线调解组织或者调解员建立邀请关系的人民法院对该纠纷不具有管辖权，告知选择对纠纷有管辖权的人民法院邀请的调解组织或者调解员进行调解；

（三）当事人申请调解的纠纷不适宜在线调解，告知到人民法院诉讼服务大厅现场办理调解或者立案手续。

第十条 当事人一方在立案前同意在线调解的,由人民法院征求其意见后指定调解组织或者调解员。

当事人双方同意在线调解的,可以在案件管辖法院确认的在线调解组织和调解员中共同选择调解组织或者调解员。当事人同意由人民法院指定调解组织或者调解员,或者无法在同意在线调解后两个工作日内共同选择调解组织或者调解员的,由人民法院指定调解组织或者调解员。

人民法院应当在收到当事人在线调解申请后三个工作日内指定调解组织或者调解员。

第十一条 在线调解一般由一名调解员进行,案件重大、疑难复杂或者具有较强专业性的,可以由两名以上调解员调解,并由当事人共同选定其中一人主持调解。无法共同选定的,由人民法院指定一名调解员主持。

第十二条 调解组织或者调解员应当在收到人民法院委派委托调解信息或者当事人在线调解申请后三个工作日内,确认接受人民法院委派委托或者当事人调解申请。纠纷不符合调解组织章程规定的调解范围或者行业领域,明显超出调解员擅长领域或者具有其他不适宜接受情形的,调解组织或者调解员可以写明理由后不予接受。

调解组织或者调解员不予接受或者超过规定期限未予确认的,人民法院、当事人可以重新指定或者选定。

第十三条 主持或者参与在线调解的人员有下列情形之一,应当在接受调解前或者调解过程中进行披露:

(一)是纠纷当事人或者当事人、诉讼代理人近亲属的;

(二)与纠纷有利害关系的;

(三)与当事人、诉讼代理人有其他可能影响公正调解关系的。

当事人在调解组织或者调解员披露上述情形后或者明知其具有上述情形,仍同意调解的,由该调解组织或者调解员继续调解。

第十四条 在线调解过程中,当事人可以申请更换调解组织或者调解员;更换后,当事人仍不同意且拒绝自行选择的,视为当事人拒绝调解。

第十五条 人民法院对当事人一方立案前申请在线调解的,应当征询对方当事人的调解意愿。调解员可以在接受人民法院委派调解之日起三个工作日内协助人民法院通知对方当事人,询问是否同意调解。

对方当事人拒绝调解或者无法联系对方当事人的，调解员应当写明原因，终结在线调解程序，即时将相关材料退回人民法院，并告知当事人。

第十六条　主持在线调解的人员应当在组织调解前确认当事人参与调解的方式，并按照下列情形作出处理：

（一）各方当事人均具备使用音视频技术条件的，指定在同一时间登录人民法院调解平台；无法在同一时间登录的，征得各方当事人同意后，分别指定时间开展音视频调解；

（二）部分当事人不具备使用音视频技术条件的，在人民法院诉讼服务中心、调解组织所在地或者其他便利地点，为其参与在线调解提供场所和音视频设备。

各方当事人均不具备使用音视频技术条件或者拒绝通过音视频方式调解的，确定现场调解的时间、地点。

在线调解过程中，部分当事人提出不宜通过音视频方式调解的，调解员在征得其他当事人同意后，可以组织现场调解。

第十七条　在线调解开始前，主持调解的人员应当通过证件证照在线比对等方式核实当事人和其他参与调解人员的身份，告知虚假调解法律后果。立案前调解的，调解员还应当指导当事人填写《送达地址确认书》等相关材料。

第十八条　在线调解过程中，当事人可以通过语音、文字、视频等形式自主表达意愿，提出纠纷解决方案。除共同确认的无争议事实外，当事人为达成调解协议作出妥协而认可的事实、证据等，不得在诉讼程序中作为对其不利的依据或者证据，但法律另有规定或者当事人均同意的除外。

第十九条　调解员组织当事人就所有或者部分调解请求达成一致意见的，应当在线制作或者上传调解协议，当事人和调解员应当在调解协议上进行电子签章；由调解组织主持达成调解协议的，还应当加盖调解组织电子印章，调解组织没有电子印章的，可以将加盖印章的调解协议上传至人民法院调解平台。

调解协议自各方当事人均完成电子签章之时起发生法律效力，并通过人民法院调解平台向当事人送达。调解协议有给付内容的，当事人应当按照调解协议约定内容主动履行。

第二十条 各方当事人在立案前达成调解协议的，调解员应当记入调解笔录并按诉讼外调解结案，引导当事人自动履行。依照法律和司法解释规定可以申请司法确认调解协议的，当事人可以在线提出申请，人民法院经审查符合法律规定的，裁定调解协议有效。

各方当事人在立案后达成调解协议的，可以请求人民法院制作调解书或者申请撤诉。人民法院经审查符合法律规定的，可以制作调解书或者裁定书结案。

第二十一条 经在线调解达不成调解协议，调解组织或者调解员应当记录调解基本情况、调解不成的原因、导致其他当事人诉讼成本增加的行为以及需要向人民法院提示的其他情况。人民法院按照下列情形作出处理：

（一）当事人在立案前申请在线调解的，调解组织或者调解员可以建议通过在线立案或者其他途径解决纠纷，当事人选择在线立案的，调解组织或者调解员应当将电子化调解材料在线推送给人民法院，由人民法院在法定期限内依法登记立案；

（二）立案前委派调解的，调解不成后，人民法院应当依法登记立案；

（三）立案后委托调解的，调解不成后，人民法院应当恢复审理。

审判人员在诉讼过程中组织在线调解的，调解不成后，应当及时审判。

第二十二条 调解员在线调解过程中，同步形成电子笔录，并确认无争议事实。经当事人双方明确表示同意的，可以以调解录音录像代替电子笔录，但无争议事实应当以书面形式确认。

电子笔录以在线方式核对确认后，与书面笔录具有同等法律效力。

第二十三条 人民法院在审查司法确认申请或者出具调解书过程中，发现当事人可能采取恶意串通、伪造证据、捏造事实、虚构法律关系等手段实施虚假调解行为，侵害他人合法权益的，可以要求当事人提供相关证据。当事人不提供相关证据的，人民法院不予确认调解协议效力或者出具调解书。

经审查认为构成虚假调解的，依照《中华人民共和国民事诉讼法》等相关法律规定处理。发现涉嫌刑事犯罪的，及时将线索和材料移送有管辖权的机关。

第二十四条 立案前在线调解期限为三十日。各方当事人同意延长的，不受此限。立案后在线调解，适用普通程序的调解期限为十五日，适用简易程序的调解期限为七日，各方当事人同意延长的，不受此限。立案后延长的调解期限不计入审理期限。

委派委托调解或者当事人申请调解的调解期限，自调解组织或者调解员在人民法院调解平台确认接受委派委托或者确认接受当事人申请之日起算。审判人员主持调解的，自各方当事人同意之日起算。

第二十五条 有下列情形之一的，在线调解程序终结：

（一）当事人达成调解协议；

（二）当事人自行和解，撤回调解申请；

（三）在调解期限内无法联系到当事人；

（四）当事人一方明确表示不愿意继续调解；

（五）当事人分歧较大且难以达成调解协议；

（六）调解期限届满，未达成调解协议，且各方当事人未达成延长调解期限的合意；

（七）当事人一方拒绝在调解协议上签章；

（八）其他导致调解无法进行的情形。

第二十六条 立案前调解需要鉴定评估的，人民法院工作人员、调解组织或者调解员可以告知当事人诉前委托鉴定程序，指导通过电子诉讼平台或者现场办理等方式提交诉前委托鉴定评估申请，鉴定评估期限不计入调解期限。

诉前委托鉴定评估经人民法院审查符合法律规定的，可以作为证据使用。

第二十七条 各级人民法院负责本级在线调解组织和调解员选任确认、业务培训、资质认证、指导入驻、权限设置、业绩评价等管理工作。上级人民法院选任的在线调解组织和调解员，下级人民法院在征得其同意后可以确认为本院在线调解组织和调解员。

第二十八条 人民法院可以建立婚姻家庭、劳动争议、道路交通、金融消费、证券期货、知识产权、海事海商、国际商事和涉港澳台侨纠纷等专业行业特邀调解名册，按照不同专业邀请具备相关专业能力的组织和人员加入。

最高人民法院建立全国性特邀调解名册，邀请全国人大代表、全国政协委员、知名专家学者、具有较高知名度的调解组织以及较强调解能力的人员加入，参与调解全国法院有重大影响、疑难复杂、适宜调解的案件。

高级人民法院、中级人民法院可以建立区域性特邀调解名册，参与本辖区法院案件的调解。

第二十九条 在线调解组织和调解员在调解过程中，存在下列行为之一的，当事人可以向作出邀请的人民法院投诉：

（一）强迫调解；

（二）无正当理由多次拒绝接受人民法院委派委托或者当事人调解申请；

（三）接受当事人请托或者收受财物；

（四）泄露调解过程、调解协议内容以及调解过程中获悉的国家秘密、商业秘密、个人隐私和其他不宜公开的信息，但法律和行政法规另有规定的除外；

（五）其他违反调解职业道德应当作出处理的行为。

人民法院经核查属实的，应当视情形作出解聘等相应处理，并告知有关主管部门。

第三十条 本规则自2022年1月1日起施行。最高人民法院以前发布的司法解释与本规则不一致的，以本规则为准。

最高人民法院
关于人民法院合议庭工作的若干规定

法释〔2002〕25号

（2002年7月30日最高人民法院审判委员会第1234次会议通过 2002年8月12日最高人民法院公告公布 自2002年8月17日起施行）

为了进一步规范合议庭的工作程序，充分发挥合议庭的职能作用，根据《中华人民共和国人民法院组织法》、《中华人民共和国刑事诉讼法》、《中华人民共和国民事诉讼法》、《中华人民共和国行政诉讼法》等法律的有关规定，结合人民法院审判工作实际，制定本规定。

第一条 人民法院实行合议制审判第一审案件，由法官或者由法官和人民陪审员组成合议庭进行；人民法院实行合议制审判第二审案件和其他应当组成合议庭审判的案件，由法官组成合议庭进行。

人民陪审员在人民法院执行职务期间，除不能担任审判长外，同法官有同等的权利义务。

第二条 合议庭的审判长由符合审判长任职条件的法官担任。

院长或者庭长参加合议庭审判案件的时候，自己担任审判长。

第三条 合议庭组成人员确定后，除因回避或者其他特殊情况，不能继续参加案件审理的之外，不得在案件审理过程中更换。更换合议庭成员，应当报请院长或者庭长决定。合议庭成员的更换情况应当及时通知诉讼当事人。

第四条 合议庭的审判活动由审判长主持，全体成员平等参与案件的审理、评议、裁判，共同对案件认定事实和适用法律负责。

第五条 合议庭承担下列职责：

（一）根据当事人的申请或者案件的具体情况，可以作出财产保全、证据保全、先予执行等裁定；

（二）确定案件委托评估、委托鉴定等事项；

（三）依法开庭审理第一审、第二审和再审案件；

（四）评议案件；

（五）提请院长决定将案件提交审判委员会讨论决定；

（六）按照权限对案件及其有关程序性事项作出裁判或者提出裁判意见；

（七）制作裁判文书；

（八）执行审判委员会决定；

（九）办理有关审判的其他事项。

第六条 审判长履行下列职责：

（一）指导和安排审判辅助人员做好庭前调解、庭前准备及其他审判业务辅助性工作；

（二）确定案件审理方案、庭审提纲、协调合议庭成员的庭审分工以及做好其他必要的庭审准备工作；

（三）主持庭审活动；

（四）主持合议庭对案件进行评议；

（五）依照有关规定，提请院长决定将案件提交审判委员会讨论决定；

（六）制作裁判文书，审核合议庭其他成员制作的裁判文书；

（七）依照规定权限签发法律文书；

（八）根据院长或者庭长的建议主持合议庭对案件复议；

（九）对合议庭遵守案件审理期限制度的情况负责；

（十）办理有关审判的其他事项。

第七条 合议庭接受案件后，应当根据有关规定确定案件承办法官，或者由审判长指定案件承办法官。

第八条 在案件开庭审理过程中，合议庭成员必须认真履行法定职责，遵守《中华人民共和国法官职业道德基本准则》中有关司法礼仪的要求。

第九条 合议庭评议案件应当在庭审结束后五个工作日内进行。

第十条 合议庭评议案件时，先由承办法官对认定案件事实、证据是否确实、充分以及适用法律等发表意见，审判长最后发表意见；审判长作为承办法官的，由审判长最后发表意见。对案件的裁判结果进行评议时，由审判长最后发表意见。审判长应当根据评议情况总结合议庭评议的结论性意见。

合议庭成员进行评议的时候，应当认真负责，充分陈述意见，独立行使表决权，不得拒绝陈述意见或者仅作同意与否的简单表态。同意他人意见的，也应当提出事实根据和法律依据，进行分析论证。

合议庭成员对评议结果的表决，以口头表决的形式进行。

第十一条 合议庭进行评议的时候，如果意见分歧，应当按多数人的意见作出决定，但是少数人的意见应当写入笔录。

评议笔录由书记员制作，由合议庭的组成人员签名。

第十二条 合议庭应当依照规定的权限，及时对评议意见一致或者形成多数意见的案件直接作出判决或者裁定。但是对于下列案件，合议庭应当提请院长决定提交审判委员会讨论决定：

（一）拟判处死刑的；

（二）疑难、复杂、重大或者新类型的案件，合议庭认为有必要提交审判委员会讨论决定的；

（三）合议庭在适用法律方面有重大意见分歧的；

（四）合议庭认为需要提请审判委员会讨论决定的其他案件，或者本院审判委员会确定的应当由审判委员会讨论决定的案件。

第十三条 合议庭对审判委员会的决定有异议，可以提请院长决定提交审判委员会复议一次。

第十四条 合议庭一般应当在作出评议结论或者审判委员会作出决定后的五个工作日内制作出裁判文书。

第十五条 裁判文书一般由审判长或者承办法官制作。但是审判长或者承办法官的评议意见与合议庭评议结论或者审判委员会的决定有明显分歧的，也可以由其他合议庭成员制作裁判文书。

对制作的裁判文书，合议庭成员应当共同审核，确认无误后签名。

第十六条 院长、庭长可以对合议庭的评议意见和制作的裁判文书进行审核，但是不得改变合议庭的评议结论。

第十七条 院长、庭长在审核合议庭的评议意见和裁判文书过程中，对评议结论有异议的，可以建议合议庭复议，同时应当对要求复议的问题及理由提出书面意见。

合议庭复议后，庭长仍有异议的，可以将案件提请院长审核，院长可以提交审判委员会讨论决定。

第十八条 合议庭应当严格执行案件审理期限的有关规定。遇有特殊情况需要延长审理期限的，应当在审限届满前按规定的时限报请审批。

最高人民法院
关于进一步加强合议庭职责的若干规定

法释〔2010〕1号

（2009年12月14日最高人民法院审判委员会第1479次会议通过 2010年1月11日最高人民法院公告公布 自2010年2月1日起施行）

为了进一步加强合议庭的审判职责，充分发挥合议庭的职能作用，根据《中华人民共和国人民法院组织法》和有关法律规定，结合人民法院工作实际，制定本规定。

第一条 合议庭是人民法院的基本审判组织。合议庭全体成员平等参与案件的审理、评议和裁判，依法履行审判职责。

第二条　合议庭由审判员、助理审判员或者人民陪审员随机组成。合议庭成员相对固定的，应当定期交流。人民陪审员参加合议庭的，应当从人民陪审员名单中随机抽取确定。

第三条　承办法官履行下列职责：

（一）主持或者指导审判辅助人员进行庭前调解、证据交换等庭前准备工作；

（二）拟定庭审提纲，制作阅卷笔录；

（三）协助审判长组织法庭审理活动；

（四）在规定期限内及时制作审理报告；

（五）案件需要提交审判委员会讨论的，受审判长指派向审判委员会汇报案件；

（六）制作裁判文书提交合议庭审核；

（七）办理有关审判的其他事项。

第四条　依法不开庭审理的案件，合议庭全体成员均应当阅卷，必要时提交书面阅卷意见。

第五条　开庭审理时，合议庭全体成员应当共同参加，不得缺席、中途退庭或者从事与该庭审无关的活动。合议庭成员未参加庭审、中途退庭或者从事与该庭审无关的活动，当事人提出异议的，应当纠正。合议庭仍不纠正的，当事人可以要求休庭，并将有关情况记入庭审笔录。

第六条　合议庭全体成员均应当参加案件评议。评议案件时，合议庭成员应当针对案件的证据采信、事实认定、法律适用、裁判结果以及诉讼程序等问题充分发表意见。必要时，合议庭成员还可提交书面评议意见。

合议庭成员评议时发表意见不受追究。

第七条　除提交审判委员会讨论的案件外，合议庭对评议意见一致或者形成多数意见的案件，依法作出判决或者裁定。下列案件可以由审判长提请院长或者庭长决定组织相关审判人员共同讨论，合议庭成员应当参加：

（一）重大、疑难、复杂或者新类型的案件；

（二）合议庭在事实认定或法律适用上有重大分歧的案件；

（三）合议庭意见与本院或上级法院以往同类型案件的裁判有可能不一致的案件；

（四）当事人反映强烈的群体性纠纷案件；

（五）经审判长提请且院长或者庭长认为确有必要讨论的其他案件。

上述案件的讨论意见供合议庭参考，不影响合议庭依法作出裁判。

第八条 各级人民法院的院长、副院长、庭长、副庭长应当参加合议庭审理案件，并逐步增加审理案件的数量。

第九条 各级人民法院应当建立合议制落实情况的考评机制，并将考评结果纳入岗位绩效考评体系。考评可采取抽查卷宗、案件评查、检查庭审情况、回访当事人等方式。考评包括以下内容：

（一）合议庭全体成员参加庭审的情况；

（二）院长、庭长参加合议庭庭审的情况；

（三）审判委员会委员参加合议庭庭审的情况；

（四）承办法官制作阅卷笔录、审理报告以及裁判文书的情况；

（五）合议庭其他成员提交阅卷意见、发表评议意见的情况；

（六）其他应当考核的事项。

第十条 合议庭组成人员存在违法审判行为的，应当按照《人民法院审判人员违法审判责任追究办法（试行）》等规定追究相应责任。合议庭审理案件有下列情形之一的，合议庭成员不承担责任：

（一）因对法律理解和认识上的偏差而导致案件被改判或者发回重审的；

（二）因对案件事实和证据认识上的偏差而导致案件被改判或者发回重审的；

（三）因新的证据而导致案件被改判或者发回重审的；

（四）因法律修订或者政策调整而导致案件被改判或者发回重审的；

（五）因裁判所依据的其他法律文书被撤销或变更而导致案件被改判或者发回重审的；

（六）其他依法履行审判职责不应当承担责任的情形。

第十一条 执行工作中依法需要组成合议庭的，参照本规定执行。

第十二条 本院以前发布的司法解释与本规定不一致的，以本规定为准。

最高人民法院
关于依据原告起诉时提供的被告住址无法送达应如何处理问题的批复

法释〔2004〕17号

（2004年10月9日最高人民法院审判委员会第1328次会议通过 2004年11月25日最高人民法院公告公布 自2004年12月2日起施行）

近来，一些高级人民法院就人民法院依据民事案件的原告起诉时提供的被告住址无法送达应如何处理问题请示我院。为了正确适用法律，保障当事人行使诉讼权利，根据《中华人民共和国民事诉讼法》的有关规定，批复如下：

人民法院依据原告起诉时所提供的被告住址无法直接送达或者留置送达，应当要求原告补充材料。原告因客观原因不能补充或者依据原告补充的材料仍不能确定被告住址的，人民法院应当依法向被告公告送达诉讼文书。人民法院不得仅以原告不能提供真实、准确的被告住址为由裁定驳回起诉或者裁定终结诉讼。

因有关部门不准许当事人自行查询其他当事人的住址信息，原告向人民法院申请查询的，人民法院应当依原告的申请予以查询。

最高人民法院
关于审理环境民事公益诉讼案件适用法律若干问题的解释

（2014年12月8日最高人民法院审判委员会第1631次会议通过 根据2020年12月23日最高人民法院审判委员会第1823次会议通过的《最高人民法院关于修改〈最高人民法院关于人民法院民事调解工作若干问题的规定〉等十九件民事诉讼类司法解释的决定》修正）

为正确审理环境民事公益诉讼案件，根据《中华人民共和国民法典》《中华人民共和国环境保护法》《中华人民共和国民事诉讼法》等法律的规定，结合审判实践，制定本解释。

第一条 法律规定的机关和有关组织依据民事诉讼法第五十五条[①]、环境保护法第五十八条等法律的规定，对已经损害社会公共利益或者具有损害社会公共利益重大风险的污染环境、破坏生态的行为提起诉讼，符合民事诉讼法第一百一十九条[②]第二项、第三项、第四项规定的，人民法院应予受理。

第二条 依照法律、法规的规定，在设区的市级以上人民政府民政部门登记的社会团体、基金会以及社会服务机构等，可以认定为环境保护法第五十八条规定的社会组织。

第三条 设区的市、自治州、盟、地区，不设区的地级市，直辖市的区以上人民政府民政部门，可以认定为环境保护法第五十八条规定的"设区的市级以上人民政府民政部门"。

第四条 社会组织章程确定的宗旨和主要业务范围是维护社会公共利益，且从事环境保护公益活动的，可以认定为环境保护法第五十八条规定的"专

[①] 现为《民事诉讼法》(2023年修正)第五十八条。
[②] 现为《民事诉讼法》(2023年修正)第一百二十二条。

门从事环境保护公益活动"。

社会组织提起的诉讼所涉及的社会公共利益，应与其宗旨和业务范围具有关联性。

第五条 社会组织在提起诉讼前五年内未因从事业务活动违反法律、法规的规定受过行政、刑事处罚的，可以认定为环境保护法第五十八条规定的"无违法记录"。

第六条 第一审环境民事公益诉讼案件由污染环境、破坏生态行为发生地、损害结果地或者被告住所地的中级以上人民法院管辖。

中级人民法院认为确有必要的，可以在报请高级人民法院批准后，裁定将本院管辖的第一审环境民事公益诉讼案件交由基层人民法院审理。

同一原告或者不同原告对同一污染环境、破坏生态行为分别向两个以上有管辖权的人民法院提起环境民事公益诉讼的，由最先立案的人民法院管辖，必要时由共同上级人民法院指定管辖。

第七条 经最高人民法院批准，高级人民法院可以根据本辖区环境和生态保护的实际情况，在辖区内确定部分中级人民法院受理第一审环境民事公益诉讼案件。

中级人民法院管辖环境民事公益诉讼案件的区域由高级人民法院确定。

第八条 提起环境民事公益诉讼应当提交下列材料：

（一）符合民事诉讼法第一百二十一条[①]规定的起诉状，并按照被告人数提出副本；

（二）被告的行为已经损害社会公共利益或者具有损害社会公共利益重大风险的初步证明材料；

（三）社会组织提起诉讼的，应当提交社会组织登记证书、章程、起诉前连续五年的年度工作报告书或者年检报告书，以及由其法定代表人或者负责人签字并加盖公章的无违法记录的声明。

第九条 人民法院认为原告提出的诉讼请求不足以保护社会公共利益的，可以向其释明变更或者增加停止侵害、修复生态环境等诉讼请求。

第十条 人民法院受理环境民事公益诉讼后，应当在立案之日起五日内

---

① 现为《民事诉讼法》（2023年修正）第一百二十四条。

将起诉状副本发送被告,并公告案件受理情况。

有权提起诉讼的其他机关和社会组织在公告之日起三十日内申请参加诉讼,经审查符合法定条件的,人民法院应当将其列为共同原告;逾期申请的,不予准许。

公民、法人和其他组织以人身、财产受到损害为由申请参加诉讼的,告知其另行起诉。

第十一条 检察机关、负有环境资源保护监督管理职责的部门及其他机关、社会组织、企业事业单位依据民事诉讼法第十五条的规定,可以通过提供法律咨询、提交书面意见、协助调查取证等方式支持社会组织依法提起环境民事公益诉讼。

第十二条 人民法院受理环境民事公益诉讼后,应当在十日内告知对被告行为负有环境资源保护监督管理职责的部门。

第十三条 原告请求被告提供其排放的主要污染物名称、排放方式、排放浓度和总量、超标排放情况以及防治污染设施的建设和运行情况等环境信息,法律、法规、规章规定被告应当持有或者有证据证明被告持有而拒不提供,如果原告主张相关事实不利于被告的,人民法院可以推定该主张成立。

第十四条 对于审理环境民事公益诉讼案件需要的证据,人民法院认为必要的,应当调查收集。

对于应当由原告承担举证责任且为维护社会公共利益所必要的专门性问题,人民法院可以委托具备资格的鉴定人进行鉴定。

第十五条 当事人申请通知有专门知识的人出庭,就鉴定人作出的鉴定意见或者就因果关系、生态环境修复方式、生态环境修复费用以及生态环境受到损害至修复完成期间服务功能丧失导致的损失等专门性问题提出意见的,人民法院可以准许。

前款规定的专家意见经质证,可以作为认定事实的根据。

第十六条 原告在诉讼过程中承认的对己方不利的事实和认可的证据,人民法院认为损害社会公共利益的,应当不予确认。

第十七条 环境民事公益诉讼案件审理过程中,被告以反诉方式提出诉讼请求的,人民法院不予受理。

第十八条 对污染环境、破坏生态,已经损害社会公共利益或者具有损害社会公共利益重大风险的行为，原告可以请求被告承担停止侵害、排除妨碍、消除危险、修复生态环境、赔偿损失、赔礼道歉等民事责任。

第十九条　原告为防止生态环境损害的发生和扩大，请求被告停止侵害、排除妨碍、消除危险的，人民法院可以依法予以支持。

原告为停止侵害、排除妨碍、消除危险采取合理预防、处置措施而发生的费用，请求被告承担的，人民法院可以依法予以支持。

第二十条　原告请求修复生态环境的，人民法院可以依法判决被告将生态环境修复到损害发生之前的状态和功能。无法完全修复的，可以准许采用替代性修复方式。

人民法院可以在判决被告修复生态环境的同时，确定被告不履行修复义务时应承担的生态环境修复费用；也可以直接判决被告承担生态环境修复费用。

生态环境修复费用包括制定、实施修复方案的费用，修复期间的监测、监管费用，以及修复完成后的验收费用、修复效果后评估费用等。

第二十一条　原告请求被告赔偿生态环境受到损害至修复完成期间服务功能丧失导致的损失、生态环境功能永久性损害造成的损失的，人民法院可以依法予以支持。

第二十二条　原告请求被告承担以下费用的，人民法院可以依法予以支持：

（一）生态环境损害调查、鉴定评估等费用；

（二）清除污染以及防止损害的发生和扩大所支出的合理费用；

（三）合理的律师费以及为诉讼支出的其他合理费用。

第二十三条　生态环境修复费用难以确定或者确定具体数额所需鉴定费用明显过高的，人民法院可以结合污染环境、破坏生态的范围和程度，生态环境的稀缺性，生态环境恢复的难易程度，防治污染设备的运行成本，被告因侵害行为所获得的利益以及过错程度等因素，并可以参考负有环境资源保护监督管理职责的部门的意见、专家意见等，予以合理确定。

第二十四条　人民法院判决被告承担的生态环境修复费用、生态环境受到损害至修复完成期间服务功能丧失导致的损失、生态环境功能永久性损害造成的损失等款项，应当用于修复被损害的生态环境。

其他环境民事公益诉讼中败诉原告所需承担的调查取证、专家咨询、检验、鉴定等必要费用，可以酌情从上述款项中支付。

第二十五条 环境民事公益诉讼当事人达成调解协议或者自行达成和解协议后，人民法院应当将协议内容公告，公告期间不少于三十日。

公告期满后，人民法院审查认为调解协议或者和解协议的内容不损害社会公共利益的，应当出具调解书。当事人以达成和解协议为由申请撤诉的，不予准许。

调解书应当写明诉讼请求、案件的基本事实和协议内容，并应当公开。

第二十六条 负有环境资源保护监督管理职责的部门依法履行监管职责而使原告诉讼请求全部实现，原告申请撤诉的，人民法院应予准许。

第二十七条 法庭辩论终结后，原告申请撤诉的，人民法院不予准许，但本解释第二十六条规定的情形除外。

第二十八条 环境民事公益诉讼案件的裁判生效后，有权提起诉讼的其他机关和社会组织就同一污染环境、破坏生态行为另行起诉，有下列情形之一的，人民法院应予受理：

（一）前案原告的起诉被裁定驳回的；

（二）前案原告申请撤诉被裁定准许的，但本解释第二十六条规定的情形除外。

环境民事公益诉讼案件的裁判生效后，有证据证明存在前案审理时未发现的损害，有权提起诉讼的机关和社会组织另行起诉的，人民法院应予受理。

第二十九条 法律规定的机关和社会组织提起环境民事公益诉讼的，不影响因同一污染环境、破坏生态行为受到人身、财产损害的公民、法人和其他组织依据民事诉讼法第一百一十九条的规定提起诉讼。

第三十条 已为环境民事公益诉讼生效裁判认定的事实，因同一污染环境、破坏生态行为依据民事诉讼法第一百一十九条规定提起诉讼的原告、被告均无需举证证明，但原告对该事实有异议并有相反证据足以推翻的除外。

对于环境民事公益诉讼生效裁判就被告是否存在法律规定的不承担责任或者减轻责任的情形、行为与损害之间是否存在因果关系、被告承担责任的大小等所作的认定，因同一污染环境、破坏生态行为依据民事诉讼法第一百一十九条规定提起诉讼的原告主张适用的，人民法院应予支持，但被告有相反证据足以推翻的除外。被告主张直接适用对其有利的认定的,人民法院不予支持,被告仍应举证证明。

第三十一条 被告因污染环境、破坏生态在环境民事公益诉讼和其他民事诉讼中均承担责任,其财产不足以履行全部义务的,应当先履行其他民事诉讼生效裁判所确定的义务,但法律另有规定的除外。

第三十二条 发生法律效力的环境民事公益诉讼案件的裁判,需要采取强制执行措施的,应当移送执行。

第三十三条 原告交纳诉讼费用确有困难,依法申请缓交的,人民法院应予准许。

败诉或者部分败诉的原告申请减交或者免交诉讼费用的,人民法院应当依照《诉讼费用交纳办法》的规定,视原告的经济状况和案件的审理情况决定是否准许。

第三十四条 社会组织有通过诉讼违法收受财物等牟取经济利益行为的,人民法院可以根据情节轻重依法收缴其非法所得、予以罚款;涉嫌犯罪的,依法移送有关机关处理。

社会组织通过诉讼牟取经济利益的,人民法院应当向登记管理机关或者有关机关发送司法建议,由其依法处理。

第三十五条 本解释施行前最高人民法院发布的司法解释和规范性文件,与本解释不一致的,以本解释为准。

最高人民法院
关于审理消费民事公益诉讼案件适用法律若干问题的解释

（2016年2月1日最高人民法院审判委员会第1677次会议通过 根据2020年12月23日最高人民法院审判委员会第1823次会议通过的《最高人民法院关于修改〈最高人民法院关于人民法院民事调解工作若干问题的规定〉等十九件民事诉讼类司法解释的决定》修正）

为正确审理消费民事公益诉讼案件，根据《中华人民共和国民事诉讼法》《中华人民共和国民法典》《中华人民共和国消费者权益保护法》等法律规定，结合审判实践，制定本解释。

第一条 中国消费者协会以及在省、自治区、直辖市设立的消费者协会，对经营者侵害众多不特定消费者合法权益或者具有危及消费者人身、财产安全危险等损害社会公共利益的行为提起消费民事公益诉讼的，适用本解释。

法律规定或者全国人大及其常委会授权的机关和社会组织提起的消费民事公益诉讼，适用本解释。

第二条 经营者提供的商品或者服务具有下列情形之一的，适用消费者权益保护法第四十七条规定：

（一）提供的商品或者服务存在缺陷，侵害众多不特定消费者合法权益的；

（二）提供的商品或者服务可能危及消费者人身、财产安全，未作出真实的说明和明确的警示，未标明正确使用商品或者接受服务的方法以及防止危害发生方法的；对提供的商品或者服务质量、性能、用途、有效期限等信息作虚假或引人误解宣传的；

（三）宾馆、商场、餐馆、银行、机场、车站、港口、影剧院、景区、体育场馆、娱乐场所等经营场所存在危及消费者人身、财产安全危险的；

（四）以格式条款、通知、声明、店堂告示等方式，作出排除或者限制消费者权利、减轻或者免除经营者责任、加重消费者责任等对消费者不公平、不合理规定的；

（五）其他侵害众多不特定消费者合法权益或者具有危及消费者人身、财产安全危险等损害社会公共利益的行为。

第三条 消费民事公益诉讼案件管辖适用《最高人民法院关于适用〈中华人民共和国民事诉讼法〉的解释》第二百八十五条①的有关规定。

经最高人民法院批准，高级人民法院可以根据本辖区实际情况，在辖区内确定部分中级人民法院受理第一审消费民事公益诉讼案件。

第四条 提起消费民事公益诉讼应当提交下列材料：

（一）符合民事诉讼法第一百二十一条②规定的起诉状，并按照被告人数提交副本；

（二）被告的行为侵害众多不特定消费者合法权益或者具有危及消费者人身、财产安全危险等损害社会公共利益的初步证据；

（三）消费者组织就涉诉事项已按照消费者权益保护法第三十七条第四项或者第五项的规定履行公益性职责的证明材料。

第五条 人民法院认为原告提出的诉讼请求不足以保护社会公共利益的，可以向其释明变更或者增加停止侵害等诉讼请求。

第六条 人民法院受理消费民事公益诉讼案件后，应当公告案件受理情况，并在立案之日起十日内书面告知相关行政主管部门。

第七条 人民法院受理消费民事公益诉讼案件后，依法可以提起诉讼的其他机关或者社会组织，可以在一审开庭前向人民法院申请参加诉讼。

人民法院准许参加诉讼的，列为共同原告；逾期申请的，不予准许。

第八条 有权提起消费民事公益诉讼的机关或者社会组织，可以依据民事诉讼法第八十一条③规定申请保全证据。

第九条 人民法院受理消费民事公益诉讼案件后，因同一侵权行为受到损害的消费者申请参加诉讼的，人民法院应当告知其根据民事诉讼法第一百

---

① 现为《民事诉讼法解释》（2022年修正）第二百八十三条。
② 现为《民事诉讼法》（2023年修正）第一百二十四条。
③ 现为《民事诉讼法》（2023年修正）第八十四条。

一十九条①规定主张权利。

第十条 消费民事公益诉讼案件受理后,因同一侵权行为受到损害的消费者请求对其根据民事诉讼法第一百一十九条规定提起的诉讼予以中止,人民法院可以准许。

第十一条 消费民事公益诉讼案件审理过程中,被告提出反诉的,人民法院不予受理。

第十二条 原告在诉讼中承认对己方不利的事实,人民法院认为损害社会公共利益的,不予确认。

第十三条 原告在消费民事公益诉讼案件中,请求被告承担停止侵害、排除妨碍、消除危险、赔礼道歉等民事责任的,人民法院可予支持。

经营者利用格式条款或者通知、声明、店堂告示等,排除或者限制消费者权利、减轻或者免除经营者责任、加重消费者责任,原告认为对消费者不公平、不合理主张无效的,人民法院应依法予以支持。

第十四条 消费民事公益诉讼案件裁判生效后,人民法院应当在十日内书面告知相关行政主管部门,并可发出司法建议。

第十五条 消费民事公益诉讼案件的裁判发生法律效力后,其他依法具有原告资格的机关或者社会组织就同一侵权行为另行提起消费民事公益诉讼的,人民法院不予受理。

第十六条 已为消费民事公益诉讼生效裁判认定的事实,因同一侵权行为受到损害的消费者根据民事诉讼法第一百一十九条规定提起的诉讼,原告、被告均无需举证证明,但当事人对该事实有异议并有相反证据足以推翻的除外。

消费民事公益诉讼生效裁判认定经营者存在不法行为,因同一侵权行为受到损害的消费者根据民事诉讼法第一百一十九条规定提起的诉讼,原告主张适用的,人民法院可予支持,但被告有相反证据足以推翻的除外。被告主张直接适用对其有利认定的,人民法院不予支持,被告仍应承担相应举证证明责任。

第十七条 原告为停止侵害、排除妨碍、消除危险采取合理预防、处置

---

① 现为《民事诉讼法》(2023年修正)第一百二十二条。

措施而发生的费用,请求被告承担的,人民法院应依法予以支持。

第十八条 原告及其诉讼代理人对侵权行为进行调查、取证的合理费用、鉴定费用、合理的律师代理费用,人民法院可根据实际情况予以相应支持。

第十九条 本解释自2016年5月1日起施行。

本解释施行后人民法院新受理的一审案件,适用本解释。

本解释施行前人民法院已经受理、施行后尚未审结的一审、二审案件,以及本解释施行前已经终审、施行后当事人申请再审或者按照审判监督程序决定再审的案件,不适用本解释。

最高人民法院 最高人民检察院
关于检察公益诉讼案件适用法律若干问题的解释

(2018年2月23日最高人民法院审判委员会第1734次会议、2018年2月11日最高人民检察院第十二届检察委员会第73次会议通过 根据2020年12月23日最高人民法院审判委员会第1823次会议、2020年12月28日最高人民检察院第十三届检察委员会第58次会议修正)

一、一般规定

第一条 为正确适用《中华人民共和国民法典》《中华人民共和国民事诉讼法》《中华人民共和国行政诉讼法》关于人民检察院提起公益诉讼制度的规定,结合审判、检察工作实际,制定本解释。

第二条 人民法院、人民检察院办理公益诉讼案件主要任务是充分发挥司法审判、法律监督职能作用,维护宪法法律权威,维护社会公平正义,维护国家利益和社会公共利益,督促适格主体依法行使公益诉权,促进依法行政、严格执法。

第三条 人民法院、人民检察院办理公益诉讼案件,应当遵守宪法法律规定，遵循诉讼制度的原则，遵循审判权、检察权运行规律。

第四条 人民检察院以公益诉讼起诉人身份提起公益诉讼，依照民事诉讼法、行政诉讼法享有相应的诉讼权利，履行相应的诉讼义务，但法律、司法解释另有规定的除外。

第五条 市（分、州）人民检察院提起的第一审民事公益诉讼案件，由侵权行为地或者被告住所地中级人民法院管辖。

基层人民检察院提起的第一审行政公益诉讼案件，由被诉行政机关所在地基层人民法院管辖。

第六条 人民检察院办理公益诉讼案件，可以向有关行政机关以及其他组织、公民调查收集证据材料；有关行政机关以及其他组织、公民应当配合；需要采取证据保全措施的，依照民事诉讼法、行政诉讼法相关规定办理。

第七条 人民法院审理人民检察院提起的第一审公益诉讼案件，适用人民陪审制。

第八条 人民法院开庭审理人民检察院提起的公益诉讼案件，应当在开庭三日前向人民检察院送达出庭通知书。

人民检察院应当派员出庭，并应当自收到人民法院出庭通知书之日起三日内向人民法院提交派员出庭通知书。派员出庭通知书应当写明出庭人员的姓名、法律职务以及出庭履行的具体职责。

第九条 出庭检察人员履行以下职责：

（一）宣读公益诉讼起诉书；

（二）对人民检察院调查收集的证据予以出示和说明，对相关证据进行质证；

（三）参加法庭调查，进行辩论并发表意见；

（四）依法从事其他诉讼活动。

第十条 人民检察院不服人民法院第一审判决、裁定的，可以向上一级人民法院提起上诉。

第十一条 人民法院审理第二审案件，由提起公益诉讼的人民检察院派员出庭，上一级人民检察院也可以派员参加。

第十二条 人民检察院提起公益诉讼案件判决、裁定发生法律效力，被告不履行的，人民法院应当移送执行。

二、民事公益诉讼

第十三条 人民检察院在履行职责中发现破坏生态环境和资源保护,食品药品安全领域侵害众多消费者合法权益,侵害英雄烈士等的姓名、肖像、名誉、荣誉等损害社会公共利益的行为,拟提起公益诉讼的,应当依法公告,公告期间为三十日。

公告期满,法律规定的机关和有关组织、英雄烈士等的近亲属不提起诉讼的,人民检察院可以向人民法院提起诉讼。

人民检察院办理侵害英雄烈士等的姓名、肖像、名誉、荣誉的民事公益诉讼案件,也可以直接征询英雄烈士等的近亲属的意见。

第十四条 人民检察院提起民事公益诉讼应当提交下列材料:

(一)民事公益诉讼起诉书,并按照被告人数提出副本;

(二)被告的行为已经损害社会公共利益的初步证明材料;

(三)已经履行公告程序、征询英雄烈士等的近亲属意见的证明材料。

第十五条 人民检察院依据民事诉讼法第五十五条①第二款的规定提起民事公益诉讼,符合民事诉讼法第一百一十九条②第二项、第三项、第四项及本解释规定的起诉条件的,人民法院应当登记立案。

第十六条 人民检察院提起的民事公益诉讼案件中,被告以反诉方式提出诉讼请求的,人民法院不予受理。

第十七条 人民法院受理人民检察院提起的民事公益诉讼案件后,应当在立案之日起五日内将起诉书副本送达被告。

人民检察院已履行诉前公告程序的,人民法院立案后不再进行公告。

第十八条 人民法院认为人民检察院提出的诉讼请求不足以保护社会公共利益的,可以向其释明变更或者增加停止侵害、恢复原状等诉讼请求。

第十九条 民事公益诉讼案件审理过程中,人民检察院诉讼请求全部实现而撤回起诉的,人民法院应予准许。

第二十条 人民检察院对破坏生态环境和资源保护,食品药品安全领域

---

① 现为《民事诉讼法》(2023年修正)第五十八条。
② 现为《民事诉讼法》(2023年修正)第一百二十二条。

侵害众多消费者合法权益，侵害英雄烈士等的姓名、肖像、名誉、荣誉等损害社会公共利益的犯罪行为提起刑事公诉时，可以向人民法院一并提起附带民事公益诉讼，由人民法院同一审判组织审理。

人民检察院提起的刑事附带民事公益诉讼案件由审理刑事案件的人民法院管辖。

三、行政公益诉讼

第二十一条 人民检察院在履行职责中发现生态环境和资源保护、食品药品安全、国有财产保护、国有土地使用权出让等领域负有监督管理职责的行政机关违法行使职权或者不作为，致使国家利益或者社会公共利益受到侵害，应当向行政机关提出检察建议，督促其依法履行职责。

行政机关应当在收到检察建议书之日起两个月内依法履行职责，并书面回复人民检察院。出现国家利益或者社会公共利益损害继续扩大等紧急情形的，行政机关应当在十五日内书面回复。

行政机关不依法履行职责的，人民检察院依法向人民法院提起诉讼。

第二十二条 人民检察院提起行政公益诉讼应当提交下列材料：

（一）行政公益诉讼起诉书，并按照被告人数提出副本；

（二）被告违法行使职权或者不作为，致使国家利益或者社会公共利益受到侵害的证明材料；

（三）已经履行诉前程序，行政机关仍不依法履行职责或者纠正违法行为的证明材料。

第二十三条 人民检察院依据行政诉讼法第二十五条第四款的规定提起行政公益诉讼，符合行政诉讼法第四十九条第二项、第三项、第四项及本解释规定的起诉条件的，人民法院应当登记立案。

第二十四条 在行政公益诉讼案件审理过程中，被告纠正违法行为或者依法履行职责而使人民检察院的诉讼请求全部实现，人民检察院撤回起诉的，人民法院应当裁定准许；人民检察院变更诉讼请求，请求确认原行政行为违法的，人民法院应当判决确认违法。

第二十五条 人民法院区分下列情形作出行政公益诉讼判决：

（一）被诉行政行为具有行政诉讼法第七十四条、第七十五条规定情形之一的，判决确认违法或者确认无效，并可以同时判决责令行政机关采取补救措施；

（二）被诉行政行为具有行政诉讼法第七十条规定情形之一的，判决撤销或者部分撤销，并可以判决被诉行政机关重新作出行政行为；

（三）被诉行政机关不履行法定职责的，判决在一定期限内履行；

（四）被诉行政机关作出的行政处罚明显不当，或者其他行政行为涉及对款额的确定、认定确有错误的，可以判决予以变更；

（五）被诉行政行为证据确凿，适用法律、法规正确，符合法定程序，未超越职权，未滥用职权，无明显不当，或者人民检察院诉请被诉行政机关履行法定职责理由不成立的，判决驳回诉讼请求。

人民法院可以将判决结果告知被诉行政机关所属的人民政府或者其他相关的职能部门。

四、附则

第二十六条　本解释未规定的其他事项，适用民事诉讼法、行政诉讼法以及相关司法解释的规定。

第二十七条　本解释自2018年3月2日起施行。

最高人民法院、最高人民检察院之前发布的司法解释和规范性文件与本解释不一致的，以本解释为准。

最高人民法院　最高人民检察院
关于办理海洋自然资源与生态环境
公益诉讼案件若干问题的规定

法释〔2022〕15 号

（2021 年 12 月 27 日最高人民法院审判委员会第 1858 次会议、2022 年 3 月 16 日最高人民检察院第十三届检察委员会第九十三次会议通过　2022 年 5 月 10 日最高人民法院、最高人民检察院公告公布　自 2022 年 5 月 15 日起施行）

为依法办理海洋自然资源与生态环境公益诉讼案件，根据《中华人民共和国海洋环境保护法》《中华人民共和国民事诉讼法》《中华人民共和国刑事诉讼法》《中华人民共和国行政诉讼法》《中华人民共和国海事诉讼特别程序法》等法律规定，结合审判、检察工作实际，制定本规定。

第一条　本规定适用于损害行为发生地、损害结果地或者采取预防措施地在海洋环境保护法第二条第一款规定的海域内，因破坏海洋生态、海洋水产资源、海洋保护区而提起的民事公益诉讼、刑事附带民事公益诉讼和行政公益诉讼。

第二条　依据海洋环境保护法第八十九条第二款规定，对破坏海洋生态、海洋水产资源、海洋保护区，给国家造成重大损失的，应当由依照海洋环境保护法规定行使海洋环境监督管理权的部门，在有管辖权的海事法院对侵权人提起海洋自然资源与生态环境损害赔偿诉讼。

有关部门根据职能分工提起海洋自然资源与生态环境损害赔偿诉讼的，人民检察院可以支持起诉。

第三条　人民检察院在履行职责中发现破坏海洋生态、海洋水产资源、海洋保护区的行为，可以告知行使海洋环境监督管理权的部门依据本规定第二条提起诉讼。在有关部门仍不提起诉讼的情况下，人民检察院就海洋自然资源与生态环境损害，向有管辖权的海事法院提起民事公益诉讼的，海事法院应予受理。

第四条 破坏海洋生态、海洋水产资源、海洋保护区，涉嫌犯罪的，在行使海洋环境监督管理权的部门没有另行提起海洋自然资源与生态环境损害赔偿诉讼的情况下，人民检察院可以在提起刑事公诉时一并提起附带民事公益诉讼，也可以单独提起民事公益诉讼。

第五条 人民检察院在履行职责中发现对破坏海洋生态、海洋水产资源、海洋保护区的行为负有监督管理职责的部门违法行使职权或者不作为，致使国家利益或者社会公共利益受到侵害的，应当向有关部门提出检察建议，督促其依法履行职责。

有关部门不依法履行职责的，人民检察院依法向被诉行政机关所在地的海事法院提起行政公益诉讼。

第六条 本规定自 2022 年 5 月 15 日起施行。